a

Albert Durer ou Dure naquit à Nuremberg en 1471, fils d'un habile Orfèvre et mourut en 1528 dans sa patrie où il étoit Sénateur desolé par la méchanceté de sa femme. Cet Durer contrediet le premier Peintre et le 1.er graveur de l'Ecole allemande. Ses Ouvrages sont d'une expression infinie. Il étoit d'ailleurs savant, Géomètre et même Ingénieur. Il a écrit sur ces Matières et delivré qu'il a composé en Latin, *en allemand et qui a été trad.* *y par camerarius* est un Ouvrage très estimé. Nous n'en avons que cette Trad.on y. en François; les 1.res Ed.ons originales sont de Nuremberg 1532. et de Paris 1534 1537.

ce fut la veuve d'albert durer qui publia la 1.ere ed.on latine

LES
QVATRE LIVRES
D'ALBERT DVRER,

Peinctre & Geometrien tres excellent,
De la proportion des parties &
pourtraicts des corps
humains.

TRADVICTS PAR LOYS MEIGRET LION-
nois, de langue Latine en Françoise.

De rechef Reueu & courigé de Nouueau.

A ARNHEM,
Chez Iean Ieansz. 1614.

LOYS MEIGRET.
AVX LECTEVRS.

IE tien pour tout certain qu'vne partie de ceux qui ont la crainte, l'honneur, & reuerence de Dieu deuant les yeux, & en affection grande, pourra de prime face tenir pour execrable ceste presente œuure d'Albert Durer, touchant les proportions de la pourtraicteure de l'homme, comme attainte de crime de lese maiesté Diuine : & par consequence, ceste mienne translation, comme faite d'vn mesme consentement de coulpe. A la verité aussi il est escrit au xx. chapitre d'Exode. Tu n'auras point autre Dieu que moy. Tu ne te feras images de chose qui soit la sus au ciel, ou ça bas en terre, ou es eaues soubs terre : ny ne les honoreras, ou leur porteras reuerance : car ie suis ton Seigneur & Dieu, qui ne souffre poinct de compagnon : vengeant au surplus la coulpe des peres sur les enfans iusques à la quatrieme generation de mes malueillans : la ou ie vse de clemêce iusques à la millienne, enuers ceux qui me portent amour, & gardent mes commâdemens. Somme qu'il n'est point de crime si souuant defendu, ne puny de si grande rigueur, ne si souuent repeté en la saincte escriture. Quel crime aussi scauroit on imaginer plus grand que la mecognoissance de celuy qui est ton Createur, ta Vie, ta suffisance, & ton salut? pour en son lieu recognoistre l'artifice d'vn homme, ou bien quelque creature qui ne peut estre que sous la puissance & volonté diuine? Ou a iamais esté la faueur d'vn Roy si grande enuers son mignon, quelque grand pouuoir qu'il luy ait donné qu'il ne se soit tousiours reserué ceste preéminence Royale, par laquelle tous ses subiectz le recognoissent pour leur souuerain Seigneur, Or sembleroit il donc suyuant la rigueur des parolles de ce sainct commandement, que l'artifice des images ne fust aucunement licite à l'homme, comme mauuais de soy : si ce n'estoit que nous trouuons d'autres passages en la saincte escriture par lesquelz nous voyons aucunes images auoir esté ordonneés de Dieu : comme celles des Cherubins d'or massif sur son arche, & autres de tissure dedans les courtines du tabernacle : dont il est escrit au xxv. d'Exode. Quands Cherubins aussi ont esté dressez au temple de Salomon auec palmes, & fleurs? Que diron nous de ceste tant grande cuue de fonte portee sur douze bœufs? & d'assez d'autres images : côme les Lions, grenades, dont il est fait mention au viij. chapitre du premier liure des Roys? Parquoy il est euidét que l'artifice des images, n'est pas de soy vicieux : & que la defence faite de Dieu de ne les faire, se doit refraindre, en tant que son hôneur, ou ses loix, y sont offenceés : veu que nous trouuons (comme il est escrit au xxj. chapitre des Nombres) que quand les Iuifs se mutinerent contre Dieu, & Moyse, à la descente du mont d'Hore, & qu'à ceste occasion Dieu leur eust enuoyé des serpens, dont ceux qui en estoient picquez mouroient, il ordonna à Moyse (en exauçant sa priere) de faire vn Serpant d'erain, & de l'esleuer haut sur vne tronche de boys : disant que quicôque de ceux qui seroient picquez le regarderoient, receuroient par ce moyen guarison. Mais comme ce Serpent se fust conserué iusques au temps du Roy Ezechias, & que le peuple d'Israel luy feist des sacrifices, il le feit briser tout ainsi que les autres statues & images, Pour autant qu'ils en abusoient. Confessons donc que le seul abuz des hommes en la reuerence deüe à Dieu qu'ils portent aux images & statues, est reproueé de luy, & non par l'artifice. Et combien que par auanture on me pourra mettre en auant que les images donnent occasion de ceste façon d'idolatrie, si est ce toutesfois que la faute ne prouient pas de l'image : mais plus tost de la fauce opinion qu'vn aueuglement d'entendement cause en l'homme, par vne negligence en la recherche de la

A ij   cognoissance

cognoissance d'vn vray Dieu. Au surplus si nous voulions attribuer la coulpe aux choses dont les hommes, & mesmes pour son salut, qui ne donne quelque occasion d'abus, & de mechanceté. Et à fin que ie ne poursuyue ce nombre infiny des œuures de Dieu exposées en la veüe de l'homme: comme le Soleil, & toute ceste innumerable armée d'estoilles, que plusieurs nations ont adoré comme Dieux: & que ie laisse les meurtres, pilleries, guerres, & cruautés, qui ne s'executent gueres sans ce fer, dont la commodité de la vie de l'homme a si grand besoin: Quantes veangeauces, iniustes, & tyranies ont esté commises par Roys, & autres Potentats, sous couleur de iustice? Quelles hypocrisies, abus, & heresies, ont infecté le monde sous couleur de la saincte escriture? De laquelle s'il estoit licite banir les langues pour l'abus, il estoit beaucoup plus raisonnable, d'en priuer la Grecque & Latine, que la Françoise: veu que les plus notables & execrables heresies anciennes ont esté forgées par Grecz & Latins, & publiées en leurs langues. Concluons donc que la coulpe des fautes que l'homme fait en ses œuures, & en celles de Dieu, preuiennent de son ignorance, ou de sa malice, & de ceste longue suyte de vices: comme entre autres de l'ambicion d'enuie, auarice, & outrecuydance en son propre sens, que cause la concupiscence. Reste qu'on pourra dire que les images, & statues sont plus de plaisir, que de necesité, ne de proffit. Pour à quoy satisfaire ie dy premieremét, que quand elles ne seruiroyent que de plaisir, qu'elles ne seroyent pas pourtant dignes d'estre reprouuées, sinon de tant que le deuoir deu à Dieu, ou au prochain, ou à nostre propre conseruation y seroit offensé: combié qu'outre le contentement qu'elles donnent à l'œil, on trouuera qu'elles ne sont pas de petite consequence pour refreschir la memoire, & émouuoir les hommes à quelque affection. Ou est l'homme de vray qui ait quelquefois veu les histoires de la saincte escriture, auquel il ne souuienne de la grande affection & obeissance d'Abraham à Dieu, & de son fils à luy, & le voyant haussant le bras, l'espée au poing, pour sacrifier de sa main son enfant Isaac, à son Dieu souuerain? Qui ne s'emerueille de la grace de Dieu voyant sainct Paul, homme & cheual par terre, & rendu Chrestien de persecuteur? Quant grande force de foy nous montrera la pourrtraiture des trois freres en l'ardente fournaise? Or entendez que tout ainsi qu'vne parolle elegante & bien ordonnée a vne grande puissance d'attraire les hommes à vne audiance, & de les rendre affectionnés à la substance du propos, qu'en semblable aussi vne pourtraiture bien ordonnée attrait plus aisément l'homme à la consideration du faict de ses qualitez. Considerant donc la diligence & doctrine d'Albert Durer en la recherche des proportions de l'homme, ioinct aussi le bon renon & authorité qu'il s'est acquis entre tous les plus excellens peinctres, i'ay bien voulu à la requeste d'aucuns miens amys, traduire les quatre liures qu'il a fait touchant la proportion de l'homme: à celle fin que nos peinctres & imagers soient plus diligens & plus addroicts à bien compasser leur artifice, & qu'au surplus ceux qui portent si grande reuerence aux ouurages antiques, ayant quelque moyen de iugemét pour ne se laisser tromper (cõme il aduié bien souuenu) sous ombre de l'antiquitté: & que la cognoissance de la perfection des ouurages, ne les souffre auoir tant en dédain la suffisance des peinctres & imagers de nostre temps.

A vn seul Dieu honneur & gloire.

LE PREMIER LIVRE
D'ALBERT DVRER PEINCTRE
& Geometrien tres-excellent, touchant
la proportion de L'homme.

QVAND tu voudras poutraire l'image de l'homme, suis ceste raison. Tire vne ligne de la mesme hauteur dõt tu voudras faire le pourtraict, à vne certaine regle excedent en longueur l'image que tu veux pourtraire: de sorte que le premier poinct marque la syme de la teste, & l'autre la plante. Puis apres tu accommoderas à vne chacune forme ses lignes, & les departiras par le menu selon leur diversité, & ainsi que tu les trouveras longues, ou courtes. Parquoy toutes les fois que tu orras cy dedãs les nõbres des parties, pense qu'il les faut recercher sur la stature de toute la hauteur, depuis la syme, iusques à la plante du pourtraict qu'on a deliberé de faire : duquel ceste seule ligne doit estre departie d'vne extreme diligence : lequel departement se poursuyura de deux portions à cinquante, ou cent, ou bien à tãt qu'il en sera besoin. Toutes lesquelles parties notées de leur nombre, tu r'apporteras à cest' autre longue ligne tirée sur la regle: de sorte que leur commencement soit au lieu de son premier poinct, estans au demeurant en leur étendue differente, comme il est necessaire selon leur diversité. Par ce moyen les plus longues parties seront notées de moindres nombres, & les plus courtes, des plus grans. Or se fera le deuxiéme partie de la moitié de la ligne, la tierce de la troisieme, la quatre, de la quatrieme : & ainsi des autres consequemment Lesquelles parties ainsi notées, tu diviseras à ton bon plaisir (s'il en est besoin) en autres nombres pers, ou impers. Car quiconque veut mesurer exactement quelque chose, il est par necessité forcé de venir à vn menu departement, s'il ne peut tout comprendre par vne division. Ce que par cy apres on me verra auoir faict : car tu verras souvent des nombres ordonnez doublez, triples, grans, moyens, pers, & impers, selon que i'ay pésé pouuoir approcher de plus pres à la verité. Au demeurant l'ordonnance des nombres que i'ay noté, pourra estre à la fantasie d'vn autre changée : ou receue. Et au sur plus ie pourtrairay la regle, avec ses parties, & leurs notes, ainsi que ie l'ay enseigné : à fin que les choses que nous auons dit, & dirons par cy apres, soiẽt mieux entendues. Premierement donc il faut qu'elle soit droicte: car autrement à peine pourroit on trouuer auec vn bien grand trauail, & infiny temps, les longueurs nommées des parties en la stature de toute la longueur, depuis la syme, iusques à la plante.

La Regle.
La Syme.

La plante.

a

OR maintenant ie montreray comme tu pourras compasser l'image que tu entreprens. Soit donques par exemple le pourtraict viril qu'on veut faire, d'vn homme villageois & charnu:duquel la teste soit la septieme partie de sa hauteur. Tire donc vne ligne droicte croisiere,à laquelle tu ioindras à plôb trois autres de telle espace que tu as proposé de faire l'image. La premiere desquelles sera ordônée pour l'image de pourfil, l'autre pour celle de front,& la tierce,pour celle de dos. Estans donc ces trois lignes equidistantes ordonnées de la sorte que i'ay dit,compasse la hauteur des membres, i'enten des plus notables parties,depuis la syme iusques à rés de la plante. Et par ce moyen tu decouuriras que nous auons noté en noz ordonnances la hauteur des membres,recerchée, & departie par ses nôbres, au moyen des lignes à plomb,auec les croisieres tirées au lineau: ou bien droictes, en aioustâs par tout le nombre à la mesure de la partie:à fin que la certitude de toute ceste raison, fust incontinent entenduë,à celuy qui la contemple. Au demeurât tu trouueras les plus notables de ces lignes croisieres,estre souuentesfois nômées en bô nombre,quelque fois aussi en petit. Au plus haut lieu est assise celle du sommet, au dessous de laquelle est celle du front,apres laquelle est celle des sourcils,& au dessous,celle du nés:puis plus bas, celle du menton. Suyuant donc cest ordre, on descendra au haut des pallerons aux oz trauersiers, à la poictrine, aux aisselles,aux mammelles,au soumammelles, à la partie des reins à laquelle nous nous ceignons, au nombril,aux hanches, à la boite de la cuysse,au ventre, au penil, au bout de la glande, à l'extremité des fesses,au mylieu des cuysses,au surgenouil, aux iarretz,à la pallette, au mygenouil, au sou-iarret, au bas du gras en dehors, à celuy du dedans,au coup du pied, au bas de la cheuille en dehors: & finallement à la plante.

Au demeurant nous ioindrons ces noms aux lignes à plomb, ou perpendiculaires, chacun à son lieu es pourtraicts, par lesquelles les longueurs des membres serôt demontrées: à celle fin que l'euidence sont manifeste de la raison que i'ay suiuy en toute cest œnure.

Ces choses estans ainsi ordonnées,tu compasseras de ceste
sorte les longueurs des membres.

Soit donc qu'il ait depuis la syme du surfront qu'on appelle Bregma, iusques au haut des oz trauersiers vne dizieme, & onzieme: & iusques au haut des pallerons, deux onziemes, puis iusques au bout du menton, vne septieme. Le sommet de la teste est assis au mylieu d'entre la syme & le front. Au demeurant il y a vne dizieme depuis le menton iusques à la source des cheueux. Laquelle dizieme si tu depars en trois égaux espaces, le premier figurera le front, le second les yeulx, & le nés: & le tiers la bouche, & le menton. Il y a depuis les oz trauersiers, vne trentieme partie iusques au commencement de la poinctrine: & au dessous des aisselles,vne treizieme,iusques aux mammelles, vne dizieme. Au dessous d'elles vne huictieme, iusques aux reins deux onziemes, & depuis les reins iusques au nôbril vne quarantieme, & iusques aux haches vne tretieme: puis iusques au bras de la boite vne dizieme:iusques aux parties honteuses vne huictieme, & iusques au bout de la glande vne sixieme, iusques à l'extremité des fesses vne dizieme, & onzieme. Et depuis le bout des fesses iusques à mycuysse vne dixhuictieme. Et depuis la plante iusques au bas de la cheuille vne vingthuictieme, & depuis la plante iusques au coup du pied vne vingtieme.

Ayant donques ainsi proportionné la longueur de l'homme iusques à la iointe de la cuysse, il reste d'asseoir le genouil en son lieu. Ce qu'apres auoir faict il se trouuera trois inegales mesures de toute la stature du corps. Car depuis le haut du milieu des oz trauersiers iusques à la iointe de la cuysse sera la plus lôgue mesure, & depuis la iointe de la cuysse, iusques au mygenouil vn'autre:mais beaucoup moindre: & depuis le mygenouil iusques au bout de la greue est la tierce; qui est la plus courte de toutes. De vray aussi les plus hauts membres (ce qu'on peut bien aisémét decouurir en l'homme) ont de coutume d'estre les plus longs, & les plus fermes. Au demeurant prens le corps dont tu oys souuent parler par vne longueur bien composée, & proportionnée, ayant pouuoir de mouuement. Ie reuien

PROPORTION DE L'HOMME. LIVRE I.

maintenant à ces trois mesures, & saches qu'il est besoin qu'elles ayét entre elles vne conuenáce d'vne certaine proportion: de sorte que la longueur depuis le haut de la cuysse jusques à mygenouil, soit equipareé auec la iambe de la mesme porportion, & par mesme raison que la longueur du corps a auecques la longueur de la cuysse.

Au surplus tu feras ce qui s'ensuit: combien que ie ne le garde pas par tout. Tire donc le triangle a.b.c. & soit a.b.la ligne croisiere ou croisée, & b.c. la ligne à plomb: de sorte que b, face le coin du quarré: puis tu diuiseras la ligne droite, b, c. par deux points, d. e. en trois egaux espaces: & tireras de l'angle. a. deux lignes droites aux points, d. e. par lesquels tu tireras la proportion dont i'ay parlé, en ceste sorte.

Tu marqueras en la regle par deux points la longueur de tout le corps entre les os trauersiers, & la iointe de la cuysse. Tu noteras aussi au dessous de la iambe le bas de la cheuille: au regard du point des os trauersiers, tu marqueras d'vne .f. la iointe de la cuysse, du. g. & le bas de la cheuille, de. h. Puis tu dresseras ta regle de sorte que le point du. g. touche la ligne. a. d. du ja-dit triangle: lequel point tu ne detourneras de ladite ligne. Tu remueras toutesfois la regle sur ladite ligne, jusques à ce que le point. f. touche à la ligne du triangle. a. c. & jusques à ce que le point. h. touche à la ligne. a. b. Apres lesquelles choses faites, la ligne. a. e. croisera la regle entre. g. & h, auquel point tu marqueras vn. I. par ce moyë tu trouueras trois mesures descrites & proportionnées auecques la longueur du corps. Car telle est la proportion de l'espace. g. I. à l'espace. I. h. qu'est celle de. f. g. à l'espace de. g. I, Quant au point. f. tu entendras par luy le haut des os trauersiers: & par celuy du. g. la iointe de la cuysse, par le point de. I. le mygenouil, & par celuy de. h. le bas de la cheuille au dessous de la iambe. Au surplus il te faut entendre que la regle qui est coniointe au triangle, doit iouer au droit du point, f. au haut de la ligne droite. e. b. Lequel triangle tu peux appeller le compasseur: & la ou tu voudras faire quelque chose à l'enuers, tu pourras t'ayder de ce moyen tout au contraire. Il sera de vray de grand profit pour mener à fin beaucoup de choses a ceux qui s'en scauront bien ayder.

Estant donques le genouil assis en son lieu en l'image proposée, tu proportionneras le reste ainsi. Depuis le mygenouil, iusques au surgenouil, aura vne vingtvniéme, & au sougenouil, vne quarantiéme. Par ce moyen le genouil est comprins en ce que contient le mygenouil, le surgenouil, & le sougenouil. Au bas du gras en dehors, aura deux dixneufiémes: & en dedans vne huytiéme.

Mais avant que de poursuyure mon entreprinse, ie mettray cy dessous la figure triangle.

a ij

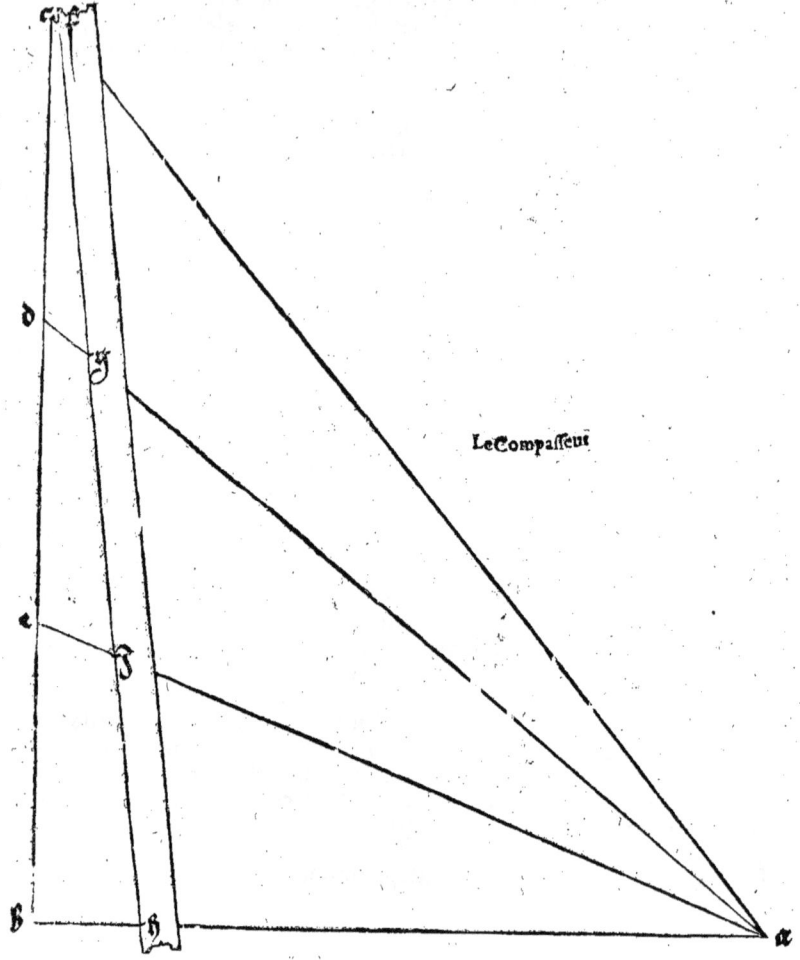

Subsequemment apres on vient à la mesure du bras ainsi que nous l'auons par cy apres mis.
Car depuis l'espaule la ou elle se conioinct aux os trauersiers, iusques au coulde, a deux vnziémes.
Depuis la mesme espaule, iusques au bout des muscles, vne dixiéme.
Depuis le coulde, iusques au bout des doigts, vne quatriéme.
Et depuis le bout des doigts revenant à la iointe de la main, vne dixiéme : combien que si quelqu'vn la feut faire d'vne neufiéme, elle ne se trouuera pas déraisonnable.

PROPORTION DE L'HOMME LIVRE I.

Voyla cóme il va de la mesure de la haulteur de tous les membres. Nous monstrerons maintenāt la largeur des lignes croisées, qui sont tirées selon le pourfil des membres de l'image.

Tu tireras doncques la teste par le sommet, & au dessoubs du surfront en vne, 9.
Par le hault du front vne, 14, & 15.
Par les sourcils, vne, 7.
Par le nés vne, 8.
Par le menton & le hault du col vne, 8.
Par le col mesme, vne, 12.
Par les os trauersiers, vne, 9.
Par le hault du pis, deux, 13.
Par les aisselles, vne, 6.
Par les mammelles, vne, 6.
Au dessoubs d'elles, vne, 12. auec vne, 13.
Par les reins la ou nous nous ceignons, vne 12, & 13.
Par la hanche, vne, 6.
Par la boite, & par le ventre, & fesses, vne 11, & 12.
Par le penil, aussi vne 11, & 12.
Par le hault de la cuysse à rés des fesses, vne 7.
Par la mycuysse, vne, 14. & 15.
Par le surgenouil, vne. 10.
Par le mygenouil, vne, 12.
Par le sougenouil, vné, 12.
Par le plus large du mol de la iambe, vne 20 & 21.
Par le bas du gras, vne, 13.
Par les cheuilles la ou la iambe se ioinct auecques le pied, vne, 18.
Au regard du pied auec le talon, tu luy bailleras, vne, 6.

Subsequemment tu bailleras l'espesseur au bras par le pourfil de ceste sorte, selon ses parties.
A l'espaule, deux, 21.
Au dessoubs des aisselles, vne, 13.
A la laison du coulde, vne, 18.
Aux muselles du bras, vne, 18.
A la ioincte de la main, vne, 32.
A la main ainsi penchente, vne, 30.

Au demourant la mesure du bras se monstrera es ordonnances separées des corps: afin que l'intelligence en soit plus manifeste, & moins obscure.

Mais doresenauant nous parlerons par le menu de la largeur des mēbres du front.

Soit doncques la largeur de la teste par le sommet, d'vne, 10.
Par le front, d'vne, 8.
Par les sourcils, d'vne, 9.
Par les oreils, d'vne, 8.
Par le nés, d'vue, 10.
La largeur du col soubs le mēton, d'vne, 12.
Par les os trauersiers, d'vne, 5.
Par la poictrine, de trois, 10.
Par l'entreaisselles, d'vne, 5.
Par l'entremammelles, de deux, 15.
Par le menu du corps, d'vne, 5.
Par les hanches, d'vne 9, & de deux, 19.
Par la cuysse, d'vne, 4.
Et la ou on marquera l'entreboites des cuysses, vne, 6.
Par le penil, vne, 4.
Par la cuysse à rés de fesses, deux, 17.
Par la mycuysse, vne, 10.

Auquel endroict tu marqueras la concauité qui est au dedans.
Au surgenouil, vne, 12.
Par le genouil, vne. 14.
Par le sougenouil, vne, 26.
Par le mygras de la iambe, vne, 22. & 24.
Par le bas du gras, vne, 14.
Par la greue au dessus des cheuillé, vne, 27.
Par les cheuilles, vne, 22.
Tu elargiras le pied par l'extremité des arteils, d'vne, 15.

Au demourant, tu departiras le bras ainsi qu'il s'ensuit.
Par les aisselles, vne, 18.
Au dessus de la ioincte du coulde, vne, 21.
Et au dessoubs, vne, 16.
Par le bras au dessus du poignet, vne, 25.
Tu estédras aussi la paulme de la main, par vne, 15.
Finablement quant au tiers pourtraict de dos, tu le feras au droict des espaules (c'est à dire entre les deux aisselles) large d'vne, 4.
Tu marqueras aussi l'entrefesses, à la haulteur d'vne, 8.
Et feras le talon de la largeur d'vne, 24.

Et apres la haulteur & largeur de tous les membres de ce corps pourtraictes en trois sortes par ceste raison & voye, tu luy donneras par apres selon ta fantasie tes lineamens, esprit, & figure, le plus naifuement qu'il sera possible. N'y n'est pas de petit profit ce que par coustume ie fay voluntiers: c'est que les lineamens, & la figure, soiet tirez selon l'image proposée de semblable stature de l'homme vif. Car par ce moyé ils seront de meilleur proportion & grace, que s'ils estoient pourtraicts à l'aduenture.

a iij

ALBERT DVRER DE LA

Au surplus i'ay tout pourtraict aux ordonnances le plus exactement qu'il m'a esté possible. On peult aussi en cecy voir oultre toutes autres choses, de quant grand artifice nature a basty l'homme, quasi comme forme de deux parties, & comme elle a conglutiné le tronc assis sur les cuysses, comme pour fondement. Auquel lieu nous auons tiré vne ligne courbe es ordonnances autour du ventre, & du cropion pour le marquer. Lesquelles comme ordonnances de la premiere image, tu pourras noter pour mieux discerner le tout de quelque signe : comme de l'A .

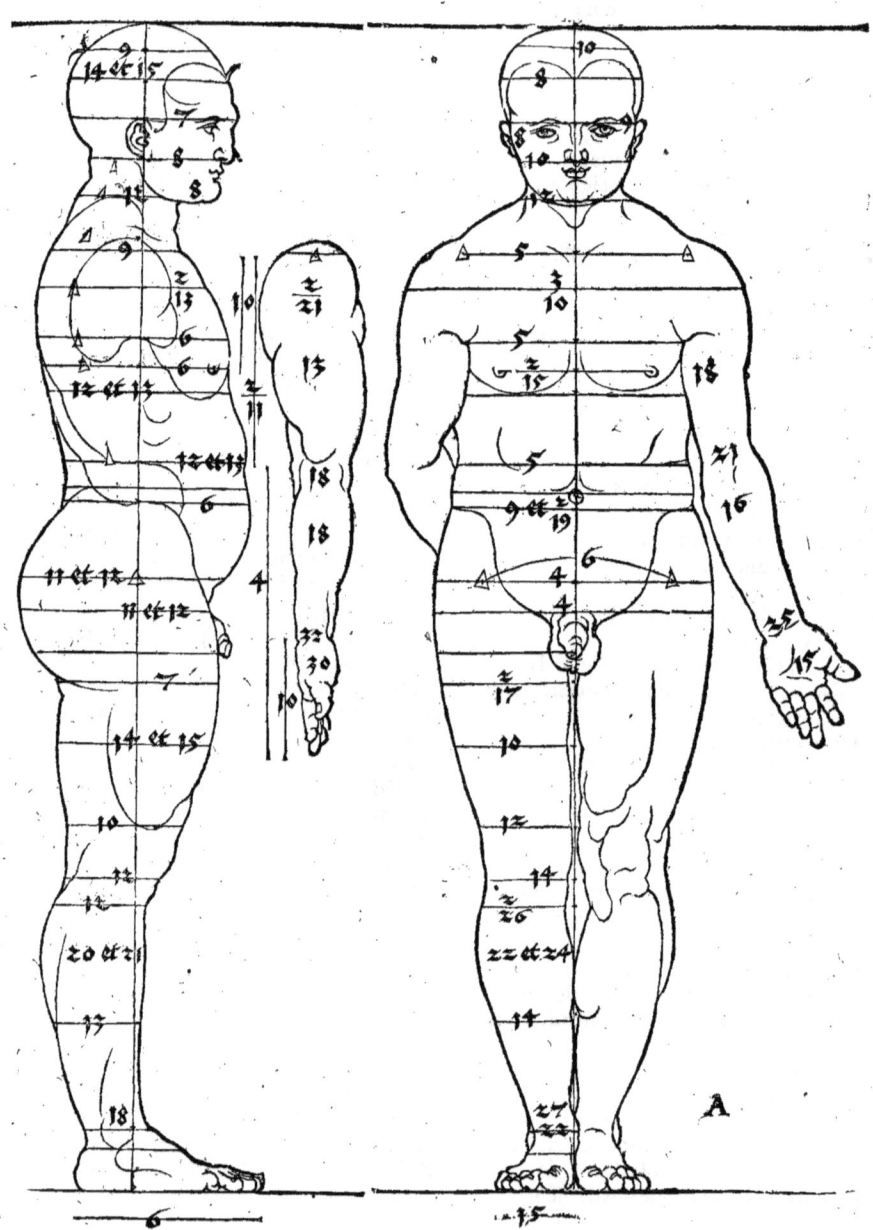

PROPORTION DE L'HOMME LIVRE I.
Les hauteurs des membres virils.

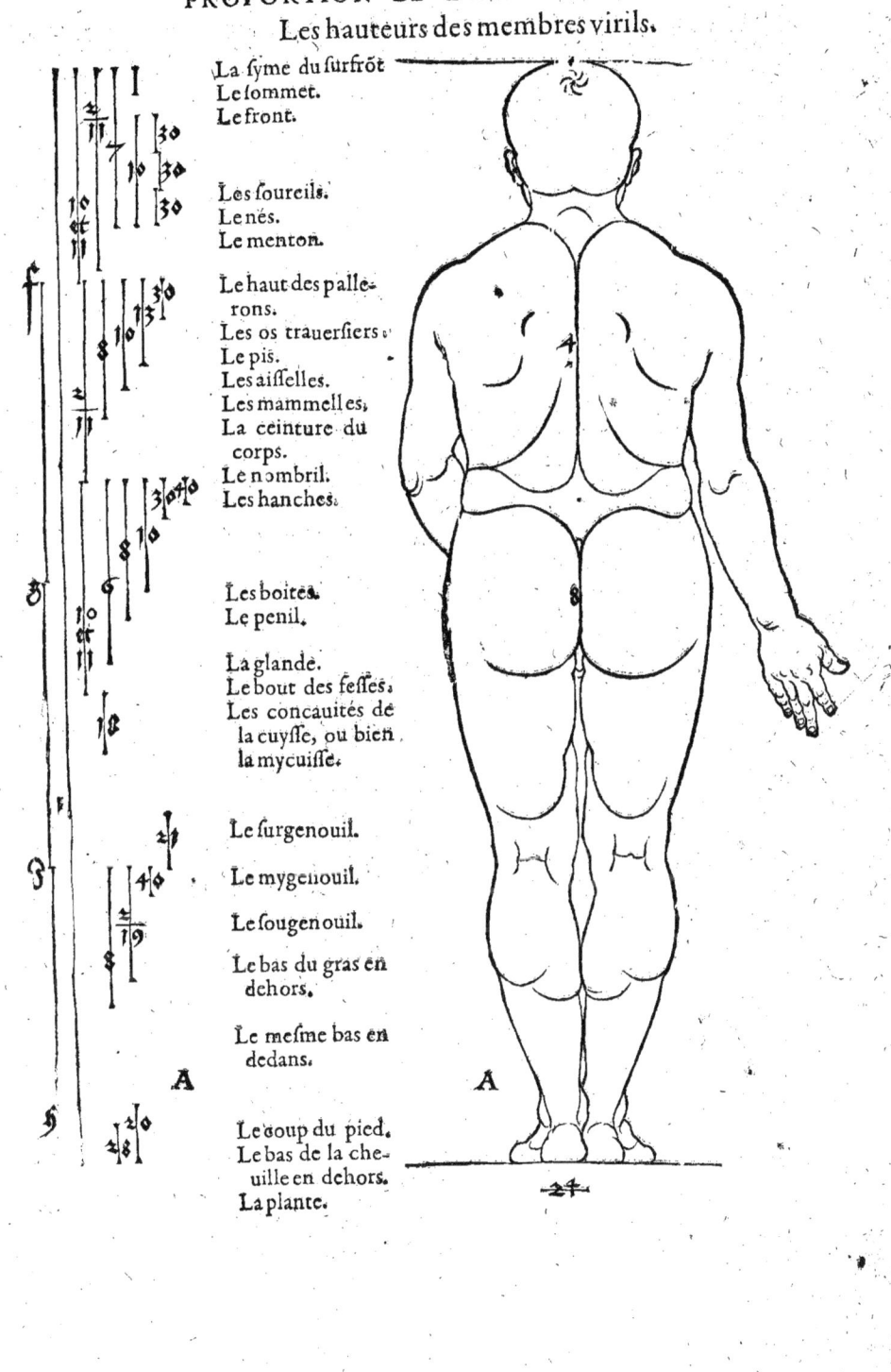

La ſyme du ſurfrõt
Le ſommet.
Le front.

Les ſourcils.
Le nés.
Le menton.

Le haut des palle-
  rons.
Les os trauerſiers.
Le pis.
Les aiſſelles.
Les mammelles.
La ceinture du
  corps.
Le nombril.
Les hanches.

Les boites.
Le penil.

La glande.
Le bout des feſſes.
Les concauités de
  la cuyſſe, ou bien
  la mycuiſſe.

Le ſurgenouil.

Le mygenouil.

Le ſougenouil.

Le bas du gras en
  dehors.

Le meſme bas en
  dedans.

Le coup du pied.
Le bas de la che-
  uille en dehors.
La plante.

Svbsequemment nous pourtrairons l'image d'vne femme villageoise, grassette, & en bon poinct: de qui la forme sera de mesme semblance de celle de l'homme, par cy auant pourtraicte, & la hauteur sera de 7. testes. Suy doncques la raison cy dessus baillée, suyuant laquelle aussi compasse les parties de ce corps. Au demeurant, il m'a semblé bon delaisser doresenauant les lignes croisées des largeurs, & de ne pourtraire seulement que les nombres denotans la largeur, en marquant toutesfois tous les lieux auec leurs poincts. Ce que ie pense deuoir estre faict pour fuyr l'ennuy de tant souuent tirer les lineamens. Tu formeras doncques selon ceste proportion les membres d'vn tel corps femenin.

Depuis la syme du surfrōt, iusques au haut des pallerons, y aura vne, 10. & deux 23.
Duquel de rechef iusques aux os trauersiers, aura deux 11.
Depuis lequel aussi & le bas du menton, vne 7.
Et entre le menton & le sommet, vne, 8.
Et depuis le dessus du menton iusques au hault du front, vne 10. laquelle, 10. tu diuiseras en trois parties egales, dont la plus haulte aura le front, la moyenne le nés, les yeulx, & les oreilles : & la basse, la bouché, & le menton.
Au demourant tu pourtrairas au dessoubs du menton en corbeure, vne carnosité.
Depuis les os trauersiers iusques à la ceincture, vne, 5,
Et de la encores iusques au dessoubs des mammelles, vne, 7.
Et des mesmes os trauersiers iusques aux tetillons, vne 9.
Et iusques aux aisselles, vne 15.
Et iusques au pis, vne 28.
Il fault icy noter que le derriere des aisselles c'est à dire, qui sont du costé du dos, sont plus basses, que sur le deuant.
Entre la ceincture & le nombril vne, 22.
Et entre la ceincture & la iointe de la cuysse, vne 9.
Depuis laquelle ceincture iusques audessus du penil, vne 8.
Et depuis elles encores & le dessoubs du penil, deux 11.
Et de ladicte ceincture iusques au bout des fesses, vne 5.
Depuis la plante iusques au coup du pied, vne 20.
Depuis laquelle iusques à la cheuille en dehors, vne 28.
Et entre le bas des cheuilles, & le mygenouil, deux 9.
Tu feras bien aussi ces choses comme nous l'auons monstré auoir de coustume estre faict par le compasseur. Et lors le genouil sera assis vn peu plus bas que nous n'auōs dit. suy toutesfois à tō plaisir laquelle des raisons tu vouldras.
Et entre le mygenouil, & le bas du gras, vne 8.
Au demourāt tu feras le pied long d'vne, 6,
Subsequémēt apres tu tireras la longueur du bras depuis le hault de l'espaule, iusques au coulde, de deux 11.
Et depuis le coulde iusques au bout des doigts, vne 4.
Depuis lesquels en reuenant à la iointe de la main, vne 10.
Estant doncques par ce moyen pourtraicte la haulteur des membres, tu noteras consequemment la largeur: & premierement celle de pourfil en ceste sorte.
Tu assembleras dōcques le pourfil de la teste par le sommet, d'vne 9.
Quand ie nomme le sommet, ou quelque autre partie es pourtraicts, pren garde à leurs poincts: par ce moyen la matiere te sera clare.
Par le front, vne 14, & 15.
Par les sourcils aussi, vne 14, & 15.
Par le nez, vne 8.
Par le menton, & la nucque, vne 12.
Et par les os trauersiers, le pourfil sera d'vne 10.
Par le pis (i'entē au dessus des tetins) vne 7.
Par les aisselles, deux 13.
Par les tetillons, vne 12, & vne 13.
Par le bas de la mammelle, vne 7.
Par les reins (c'est à dire, au dessoubs des costez la ou nous nous ceignons) vne 7.
Par le nombril, vne 10, & 11.
Par la iointe de la cuysse, vne 8, & 10,
La cuysse aussi aura tout aupres des fesses, le pourfil d'vne 7.
Le surgenouil aura le pourfil, de deux 19.
Le mygenouil, vne 12.
Le sougenouil aussi, vne 12.

PROPORTION DE L'HOMME LIVRE I.

Par le my gras de la iambe, vne, 20, & 22,
Par le bas du gras. vne, 12,
Par le bas de la iambe, vne, 18.
Au surplus, tu noteras le pourfil du bras, en ceste sorte.
Que par les espaules, il y ayt vne, 11.
Par les muscles, vne, 12,
Par la iointe du coulde, vne, 20.
Par les muscles du couldet, vne, 7.
Par la iointe de la main, vne, 34,
Par la main pendante, vne, 27.
Semblablement aussi tu pourtrairas en ceste sorte la forme de la femme en front.
La teste sera à la hauteur du sommet, d'vne, 18, & 19,
Le front, d'vne, 15, & 16,
Les sourcils, d'vne, 9.
Par les oreilles, vne, 8.
Par le nés, vne, 10.
Par la gorge sous le menton, vne, 12.
Par les os trauersiers, vne, 5,
La ou sont assises les espaules, ou leurs boites, elles seront separees de deux, 11.
Par le pis, quatre, 15.
Par le surmammelle au dedās des aisselles, vne, 6.
Au dessous des tetillons, vne, 8.
Par le soumammelle, vne, 10, & 11.
Par les reins au dessous des costes, la ou nous uous ceignons, vne, 5.
Par le nombril, vne 4.
Par la iointe de la cuysse, vne, 7, & 8,
Et la tu feras l'entreiointes de deux, 11.

Et au dessous du penil tu feras à la cuysse, vne, 15, & 16.
Au surgenouil, deux, 21.
Par le mygenouil, deux, 25.
Par le mygras de la iambe, vne, 22, & 24.
Par le plus bas du gras, vne, 14.
Par le bout de la iambe, vne, 26.
Par les cheuilles, vne, 25.
Tu entendras aussi les pieds par les orteils, d'vne, 16.
Et le talon, d'vne, 28.
Au demeurant tu feras le pourtraict feminin de dos, large entre deux espaules: c'est à dire, depuis les aisselles, d'vne, 5. l'entrefesses au droict du siege, tiédra l'espace d'vne, 6.
Et quant au bras de frōt, tu luy bailleras par les muscles de l'espaule. vne, 16.
Par la iointe du coulde, vne, 19.
Par les muscles de la couldée, vne, 15.
Par la iointe de la main, vne, 27.
Par la paulme, vne, 16.

En ayant donques ainsi cōpassé toutes les parties, tu pourtrairas & peindras vne forme de corps bien propre & proportionnée, comme tu le peux voir auoir esté par nous faict dedans l'ordonnance, en exprimant diligemmēt toutes les curuatures & traicts de lineamēs par tout selon leur lieu. Et apres auoir ainsi fait le pourtraict feminin, tu noteras l'ordōnance comme dessus d'vn A.I.

ALBERT DVRER DE LA

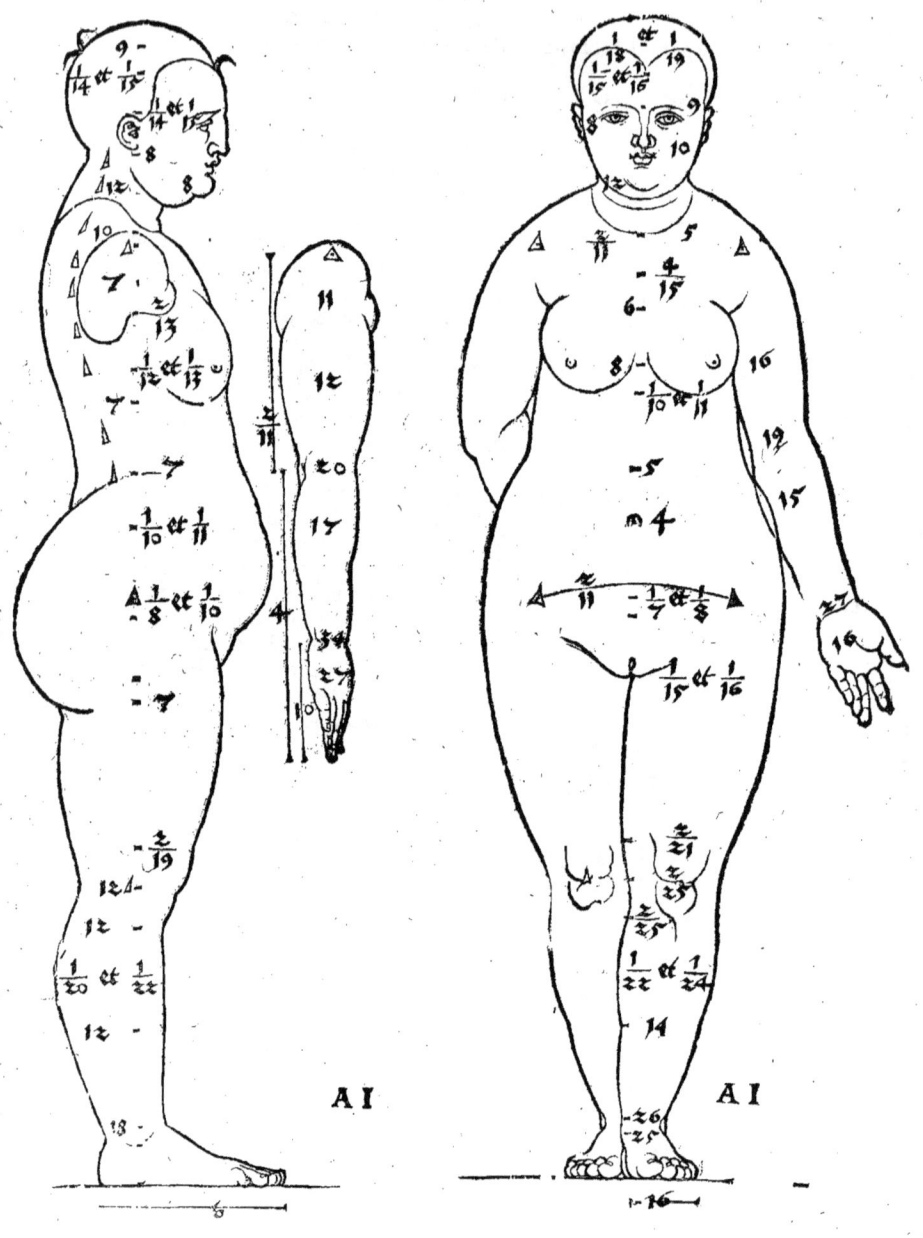

PROPORTION DE L'HOMME LIVRE I.
Les hauteurs des membres femenins.

La fyme du furfrõt
Le fommet.
Le front.

Les foureils.
Le nés.
Le menton.

Le haut des épaules.
Les os trauerfiers.
Le pis.
Les aiffelles.
Les mammelles.
Les foumámelles.

Le menu du corps
ou l'on fe ceint.

Le nombril.
Les iointes des
 cuyffes.
Le bas du ventre.

Le bas du penil.

Le bout des feſſes.

Le furgenouil.

Le mygenouil.

Le fougenouil.

Le bas du gras en
 dehors.

A I Le coup du pied.
Le bas de la cheuille.
La plante.

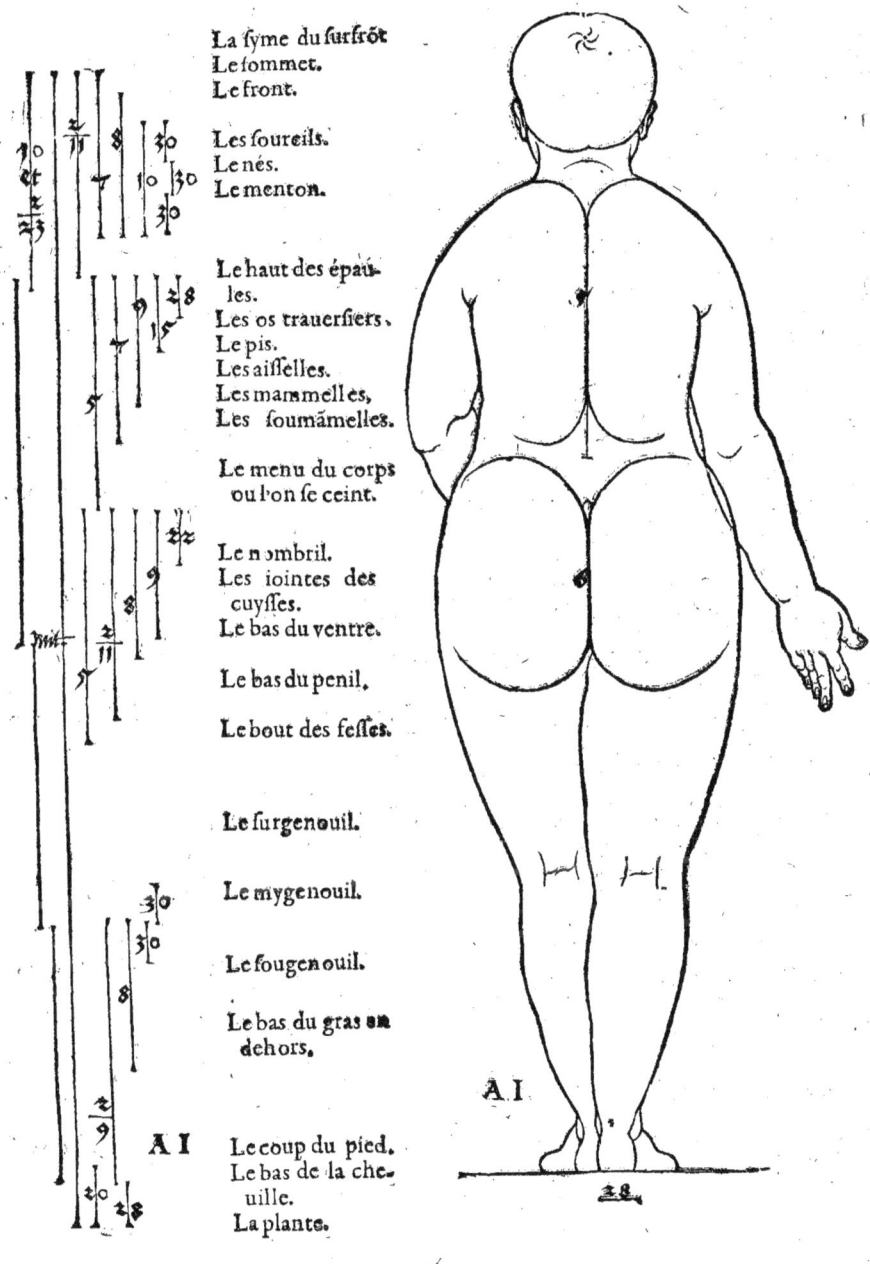

S'Enfuit la proportion des membres d'vn corps viril, duquel la hauteur de la teste soit d'vne 8. La ou tu procederas d'vne mesme voye: de sorte toutesfois que tu ordonneras la hauteur des membres en ceste maniere.

Entre la syme & les oz trauersiers, y aura l'espace d'vne.6.
Entre le bas du menton, & le plus haut du front, vne. 10.
Par laquelle 10. tu diuiseras la face en trois: comme il a esté cy dessus monstré.
Et entre la syme & les reins, la ou nous nous ceignons, vne 3.
Entre les oz trauersiers & les aisselles, vne 14. au surplus les aisselles s'abbaissent plus par derriere.
Entre les oz trauersiers & les tetillons, vne 10.
Depuis le surfront iusques à l'entrefesson, vne, 2.
Depuis la ceincture, iusques au nombril, vne, 29.
Depuis la ceincture, iusques aux hanches, vne, 18.
Depuis laquelle aussi iusques aux boites, vne, 20. & vne, 18.
Et d'elle encores iusques au penil, deux 13.
Et d'elle iusques aux extremités des fesses, vne 10. & 11.
Puis des extremités des fesses iusques au bout de la bourse, vne 40.
Et d'elles encores iusques à mycuisse, vne, 15.
Entre la plate aussi, & la cheuille en dehors, vne, 27.
Et depuis la plante iusques la ou le pied commence à se courber, vne, 21.
Depuis la cheuille iusques à mygenouil, vne 4.
Et pour la proportion du genouil, tu pourras suyure la raison ia monstrée par le Compasseur.
Entre le mygenouil & surgenouil, vne. 30.
Entre le mygenouil & sougenouil, vne, 30. dedans lesquelles parties, le genouil sera enclos.
Et entre le mygenouil & le bas du gras de la iambe en dehors, vne, 6.
E entre luy encores & le bas du gras en dedans, vne, 15. & 16.

Et par ce moyen tu viendras au bras. Depuis le haut de l'épaule iusques au coulde, vne. 5.
Et depuis le coulde iusques au bout des doigts, vne, 4.
Depuis le bout des doigts iusques à la ioincte de la main, vne, 10.
Subsequemment tu commenceras la largeur du pourtraict de pourfil en ceste sorte.
Tu feras par le sommet la teste de pourfil, d'vne, 10.
Et par les sourcils, d'vne, 8,
Par le nés, d'vne, 9.
Par le menton & par le col, d'vne, 10.
Et le col au dessous du menton, d'vne, 16. & vn peu plus bas, d'vne 14.
Le corps au droict des oz trauersiers, aura vne, 12.
Par la poictrine, vne 7.
Par les mammelles, vne, 7.
Par les soumammelles, vne, 14. & 15.
Par la ceincture, vne 16. & 17.
Par le nombril, vne 17. & 18.
Par les hanches, vne, 8.
Par les boites de la cuysse, vne. 7.
Par le penil, fesses, & cuysse. deux, 15. & donneras à la cuysse sous les fesses, vne. 9.
Par la mycuisse, vne 19. & 20.
Par le surgenouil, vne, 14.
Par le mygenouil, vne. 15.
Par le sougenouil, vne, 16.
Par le mygras, vne, 13.
Par le bas du gras, vne, 17.
Sus le coup du pied, vne, 24.
Et tireras le pied d'vne, 6.
Subsequemment tu élargiras le bras de pourfil, en ceste sorte.
Par l'épaule, d'vne, 13.
Au dessous des aisselles, vne 17.
Par la ioincte du coulde, vne, 24,
Par les muscles du couldet, vne, 22.
Par la ioincte de la main, vne, 10.
Par le trauers de la main pendente, vne, 34.

Outre plus tu noteras de ceste sorte la largeur du pourtraict de front.
Tu elargiras la teste par le front d'vne 9.
Par les sourcils, d'vne 16.
Par les oreilles, de deux 17.
Par le nés, d'vne 12.
Le col aussi aura sous le menton, vne 16.
Tu feras le tronc au droict des os trauersiers, d'vne 6. de front : & la entre les os des espaules, aura vne 11, & 12.
Tu feras la poictrine, auec les espaules, d'vne 4.
L'entreaisselles, aura l'espace d'vne 6.
L'entretetins, l'aura d'vne 9.
Par la ceinture, de deux 13.
Par les hanches, d'vne 6.
Par la teste de l'os de la cuysse, d'vne 10, & 11, & la les boites auront entre elles l'espace, d'vne 14, & 15.
La cuysse aura à rés des fesses, vne 11, & la mycuisse à sa concauité, vne 13.
Le surgenouil sera, d'une 16.
Le mygenouil, d'vne 18.
Le sougenouil, d'vne 20.
Le mygras de la iambe, d'vne 15.
Le plus bas du gras, d'vne 20.
Le bout de la iambe, d'une 34.
Le front des cheuilles, sera d'vne 27.
Et le pied sera par l'extremité des orteils, d'vne 16.
Venant donques par le mesme moyen au bras, tu feras le front au dessous des aisselles, d'vne 24.
Au surcoulde, d'vne 26.
Par les muscles du couldet, d'vne 19.
Par la iointe de la main, vne 16.
Le front de la paulme, sera d'une 16.
Quant au pourtraict à dos, tu le feras par les espaules, d'une 5.
L'entrefesses, sera d'une 10.
Le talon, d'une 28.

Apres ces choses ainsi gardées tu tireras le pourtraict par leurs proportions, tout ainsi que nous auons prins peine de le faire en l'ordonnance : laquelle tu marqueras de la lettre B. tout ainsi que les susdictes par A.

b

ALBERT DVRER DE LA

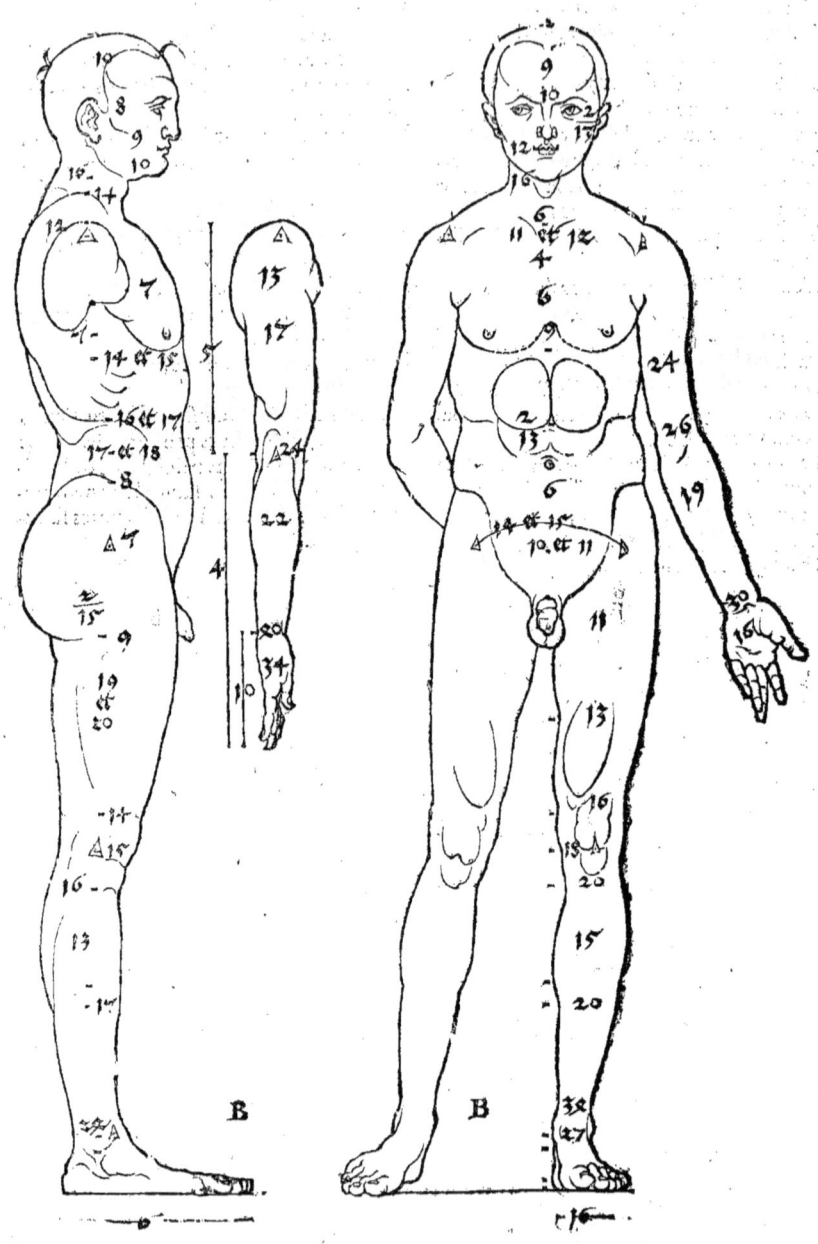

PROPORTION DE L'HOMME. LIVRE I.

Les hauteurs des membres virils.

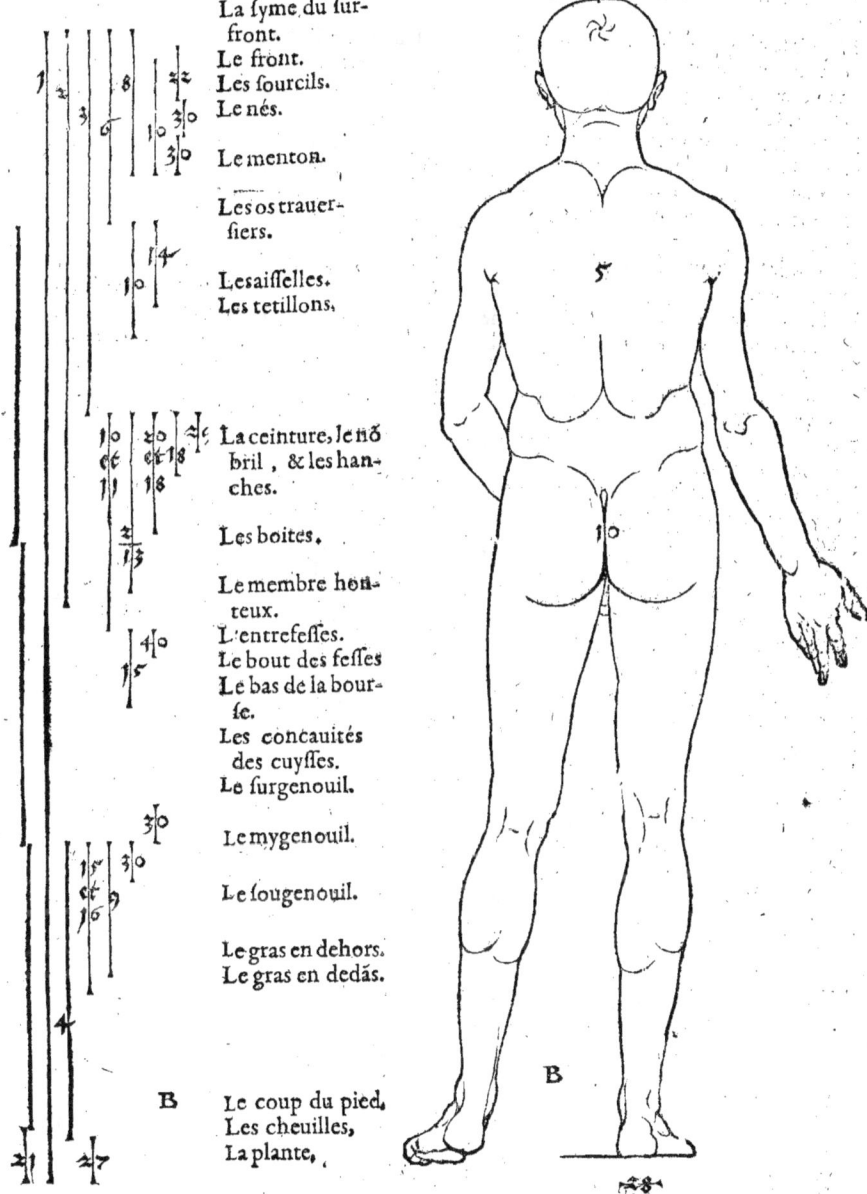

La syme du sur-
front.
Le front.
Les sourcils.
Le nés.

Le menton.

Les os trauer-
siers.

Les aisselles.
Les tetillons.

La ceinture, le nõ
bril, & les han-
ches.

Les boites.

Le membre hon-
teux.
L'entrefesses.
Le bout des fesses
Le bas de la bour-
se.
Les concauités
des cuysses.
Le surgenouil.

Le mygenouil.

Le sougenouil.

Le gras en dehors.
Le gras en dedãs.

B Le coup du pied.
Les cheuilles.
La plante.

b ij

OR à ceste forme virile nous adiouterons comme au parauant nous auons faict, vne feminine semblable: ayant la hauteur de la teste, d'vne 8. Tu l'ordonneras donc ainsi.

Depuis le plus haut de la teste, iusques aux os trauersiers, la hauteur sera d'vne 6. de la mesme aussi iusques au bas du menton, d'une .8.
Et depuis le menton en tirant au plus haut du front, vne 10, en la departant (comme ia nous auōs dit) en trois egales parties, qui seront distribuées au front, nés, & menton.
Depuis les os trauersiers iusques à la ceinture, vne 5.
Et de la encor iusques aux aisselles, vne 16.
Et de rechef iusques aux māmelles, vne 11.
Et iusques aux soumammelles, vne 9.
Depuis la ceinture iusques au bout des fesses, vne 11. & 12.
De laquelle encores iusques au bout du penil, vne 13, & 14.
Et iusques au haut de la cuysse, vne 10.
Et iusques au nombril, vne 40.
Depuis la plante iusques aux cheuilles, vne 30.
Depuis laquelle iusques au col du pied, vne 21.
Et d'ell' encores iusques au mygenouil, vne 8, & 9. ou bien tu ordonneras le genouil par le compasseur, comme il a esté dit.
Depuis le mygenouil iusques au surgenouil vne 26, & la commence le genouil.
Depuis le mygenouil iusques au bas du gras vne 8.
Subsequemmēt tu viendras au bras: de sorte qu'entre l'espaule, & le coulde, y aura vne 5.
Et depuis le coulde iusques au bout des doigts, vne 4.
Depuis laquelle extremité iusques à la ioin te de la main, vne 10.
Au surplus tu compasseras de ceste sorte les mēbres du pourtrait femenin par le pourfil.
Qui sera par le front, d'vne 9,
Par les sourcils, d'vne 16. & 17.
Par le nés, de deux 19
Par le menton, & la nuque, vne 11.
En assemblant sous le menton le col, d'vne 17.
Par les os trauersiers, vne 14.
Par la poitrine au dessus des mammelles, vne 9.
Par les tetillons, vne 8.
Au dessous des mammelles, vne 9.
Par la ceinture, ou bien au dessous des costés, vne 9.
Par le nombril, vne 8.
Par le haut de la cuysse, vne 6.
Par la cuysse ioint des fesses, deux 17.
Par le surgenouil, vne 14.
Par le mygenouil, vne 16.
Par le mygras, vne 14.
Par le bas du gras, vne 18.
Par le bout de la iambe, vne 26.
Par les cheuilles, vne 17.
La longueur du pied sera d'vne 7.
Au regard du bras il sera au droit des espaules d'vne 14. Et au dessous des aisselles, d'vne 18. & au dessus du coulde, d'vne 26. & par les muscles du couldét, d'vne 24.
Par la iointe de la main, d'vne 40.
Et par la main pendente, d'vne 36.
Puis tu compasseras la largeur de la figure en front, en ceste sorte.
La largeur par le front, sera de deux 19.
Par les sourcils, d'vne 10.
Par le nés, d'vne 12.
Le col sous le menton sera d'vne 17.
Par les os trauersiers, vne 7. & vn peu au dessous tu noteras la distance des boites des espaules, d'vne 7.
Par la poitrine, vne 9, & 10.
Par l'entreesselles, vne 7.
Par l'entretetillons, vne 10.
Par la ceinture, vne 7.
Par le nombril, deux 11.
Par le haut de la cuysse, vne 9, & 10. la ou tu asserras les boites distātes entre elles d'vne 7,
Par les cuysses au dessous du penil, vne 10.
Au surgenouil, vne 15.
Par le mygenouil, vne 18.
Par le mygras, vne 16.
Et par le bas, vne 19.
Par le bout de la iambe, une 34.
Par les cheuilles, vne 29.
Par le coup du pied, vne 31.
Le frōt du pied par les arteils, sera d'vne 20,
Tu rechercheras par apres le bras ainsi.
Le front duquel aura par les muscles de l'espaule, vne 24 Et au dessus du coulde, vne 28.
Par les muscles du couldét, vne 22.
Par la iointe de la main, vne 34.
Le paulme s'ouurira d'vne 20,
Finalement le pourtrait à dos aura par les espaules, c'est à dire, au dessous des aisselles deux 13,
L'entrefesses sera d'vne 9,
Le talon sera d'vne 30.

PROPORTION DE L'HOMME LIVRE I.

Voyla comment tu pourtrairas proprement l'ordonnance de tous les membres en fuyuant ceste figure : comme tu peux voir que nous auons prins peine en ceste cy. Laquelle sera marquée de B.I.

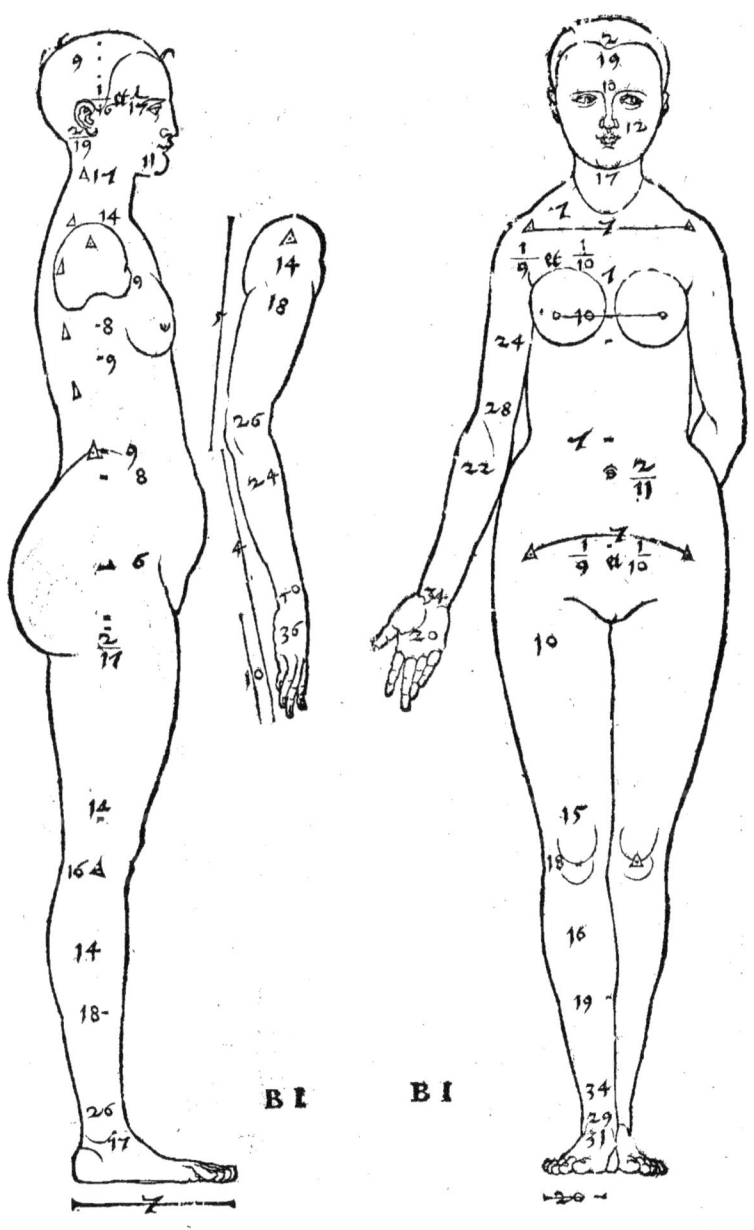

B I   B I

ALBERT DVRER DE LA
Les hauteurs des membres femenins.

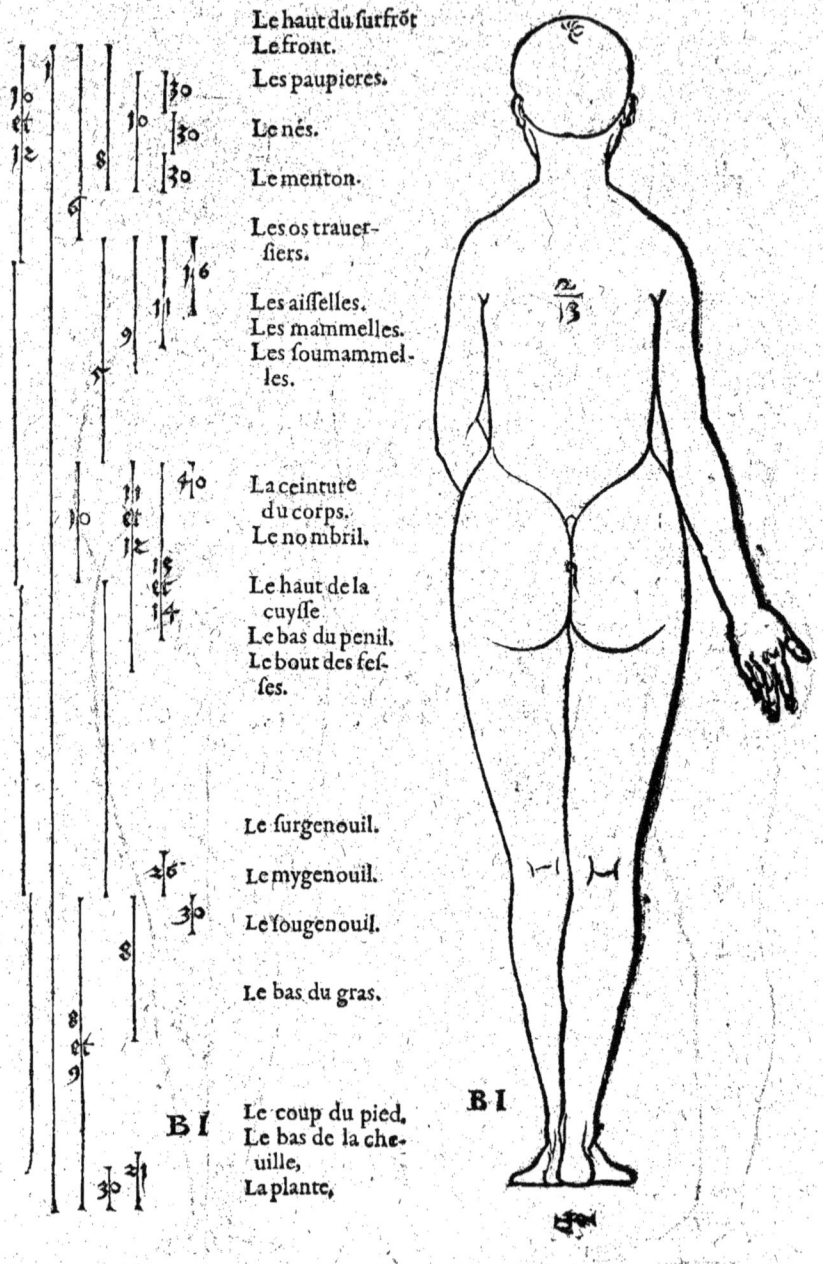

Le haut du surfrōt
Le front.
Les paupieres.
Le nés.
Le menton.
Les os trauersiers.
Les aisselles.
Les mammelles.
Les soumammelles.
La ceinture du corps.
Le nombril.
Le haut de la cuysse.
Le bas du penil.
Le bout des fesses.

Le surgenouil.
Le mygenouil.
Le sougenouil.
Le bas du gras.
Le coup du pied.
Le bas de la cheuille.
La plante.

PROPORTION DE L'HOMME. LIVRE. I.

TV peux aufsi changer en aucunes parties ces derniers pourtraicts comme il s'enfuyt.

Premieremét donques tu donneras la moitié de la hauteur au corps de l'homme iufques à l'entrefeſſon, d'vne 2.
Entre la ſyme, & les os trauerſiers, deux 11.
Entre la ſyme, & le haut des pallerons, vne 7.
Entre laquelle encores & le deſſous du menton, vne 8.
Entre le deſſous du menton, & le haut du front, vne 10.
Lequel eſpace tu diuiſeras en trois parties egales: qui ſont le front, le nés, & le menton, comme ia on l'a montré.
Depuis les os trauerſiers iufques à la ceinture, deux 11.
Et de la iufques au deſſous des mammelles, vne 9.
Et encores de la iufques aux mammelles, vne 11.
De la auſſi iufques aux aiſſelles, au deſſus des mammelles, vne 16.
Depuis la ceinture iufques au bout des feſſes, vne 12, & 13.
De la auſſi iufques au penil, vne 17, & 18.
De la auſſi iufques au gros os de la cuyſſe, vne 10.
Et iufques aux hanches, vne 24.
Et iufques au nombril, vne 35.
Et depuis le bout des feſſes la ou la cuyſſe eſt concauée, vne 40. Au reſte la concauité aſſiſe au dedans de la mycuiſſe dont ſouuent on a fait mention, ſera d'vne 14. de hauteur depuis l'extremité des feſſes.
Depuis la plante iufques au commencement du coup du pied, vne 22.
Depuis la plante iufques au deſſous de la cheuille, vne 22.
Depuis le bas de la cheuille iufques à mygenouil, vne 4.
Depuis le mygenouil iufques au ſurgenouil en dehors, vne 20, mais en dedans, vne 30.
Semblablement auſſi depuis le mygenouil iufques au fougenouil en dehors, vne 80, mais en dedans, vne 40.
Depuis le mygenouil iufques au bas du gras en dehors, vne 10.
Et iufques à celuy du gras en dedans, vne 9.
La longueur du pied ſera, d'vne 6.
Au regard de la longueur du bras, elle ſera de ceſte ſorte.
Depuis les os trauerſiers la ou l'eſpaule ſe lie à eux, iufques au coulde, vne 10, & 11.
Depuis la iointe du coulde iufques à celle de la main, vne 7.
Depuis la iointe de la main iufques au bout des doigts, vne 10.
Subſequemment tu noteras la largeur des membres par vne façon quelque peu differente, & premierement le pourtrait de pourfil.
Par le front, d'vne 10.
Par les ſourcils, d'vne 17, & 18.
Par le nés, & temples, de deux 19.
Par le menton, & la nuque, vne 10.
Le front auſſi du col ſous le menton, ſera d'vne 17.
Par les pallerons, d'vne 15.
Par les os trauerſiers, d'vne 12.
Par la poitrine, d'vne 8.
Par les aiſſelles au deſſus des mammelles, deux 15.
Pas les mammelles, deux 15.
Par les ſoumammelles, vne 15, & 16.
Par la ceinture, deux 19.
Par le nombril, vne 9.
Par les hanches, vne 16, & 17.
Par le haut de la cuyſſe, deux 15.
Le front auſſi de la cuyſſe ſera ſous les feſſes d'vne 19, & 20.
Par la mycuiſſe en ſa concauité, d'vne 10.
Par le ſurgenouil en dehors, d'vne 27.
Et en dedans, d'vne 14.
Par le mygenouil, d'vne 16.
Au fougenouil en dehors, d'vne 17.
Et en dedans d'vne 16.
Par le mygras, d'vne 14.
Par le bas du gras en dehors, d'vne 16.

b iiij

Et en dedans, d'vne 16.
Par le bas de la iambe iufques au deſſus du coup de pied, d'vne 26.
Par le coup du pied, d'vne 20.
Puis tu reprendras le bras & luy bailleras aux eſpaules, vne 14. de pourfil.
Et au deſſous des aiſſelles, vne 19.
Par la iointe du coulde, vne 26.
Par les muſcles du coulder, vne 25.
Par la iointure de la main, vne 44.
Par la main ainſi pendente, vne 54.
Et ainſi ſubſequemment tu viendras au pourtrait de front.
 Lequel tu feras large, de deux 19, par le front.
Par les oreilles, d'vne 9.
Par le nés, d'vne 12.
Par le col ſous le menton, d'vne 17.
Au deſſus des os trauerſiers, d'vne 14.
Par leſquels auſſi d'vne 6.
La ou vn peu au deſſous les os des eſpaules auront diſtance, d'vne 6.
Au deſſous des aiſſelles par la poitrine, & par les eſpaules, vne 8, & deux 17.
Par l'entreaiſſelles, vne 12. & 13.
Par les mammelles, vne 9.
Par la ceinture, deux 13.
Par les hanches, vne 11, & 12.
Par les cuyſſes, trois 20, & vne 21.
La ou auſſi l'entreboites ſera d'vne 7.
Par la cuyſſe au deſſous des feſſes, vne 11.
La concauité des cuyſſes, vne 13.

Le ſurgeuouil en dehors vne 16.
Et en dedans, vne 17.
Par le mygenouil, vne 19.
Par le ſougenouil, vne 20, en dehors.
Et par dedans auſſi, vne 20.
Par le mygras de la iambe, vne 16.
Par le bas du gras en dehors, vne 18.
Et en dedans, vne 20.
Par le bas de la iambe, vne 37.
Par les cheuilles, vne 29.
Par le deſſous d'eux, vne 30.
Le front du bout du pied par les orteils ſera d'vne 17.
 Au regard du bras du pourtrait en front, tu le changeras de ceſte ſorte.
Par les muſcles le front ſera d'vne 25.
Au ſurioint du coulde, d'vne 27.
Au ſouioint la ou le coulder a le plus grand front, vne 21.
Par la iointe de la main, vne 34.
Et feras la paulme, d'vne 18. de front.
Au regard du pourtrait de dos, tu le changeras de ſorte qu'il ayt entre deux aiſſelles, l'eſpace de deux 11. & que l'entrefeſſes ſoit, d'vne 11.
Tu feras le talon de la largeur d'vne 33.
 Apres leſquelles choſes faites, tu tireras diligemmēt les lignes du pourtrait, comme par cy auant i'ay montré.
 De toutes leſquelles raiſons, les ordonnances ſont cy apres miſes.

PROPORTION DE L'HOMME. LIVRE I.

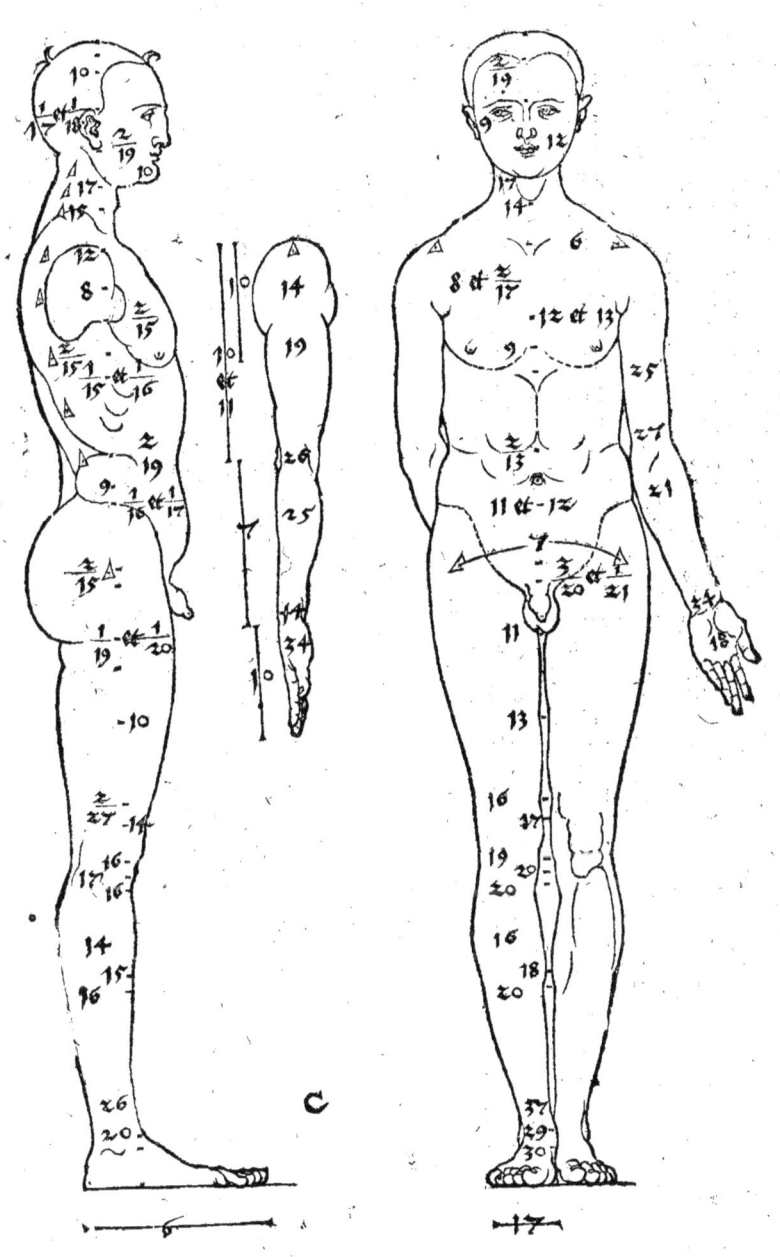

ALBERT DVRER DE LA

Le furfront.
Le front.

Les fourcils.
Le nés.
Le menton.

Le haut des pal-
lerons
Les os trauer-
fiers.

Les aiffelles.

Les mammelles.
Les foumammel-
les.

La ceinture.
Le nombril.
Les hanches.
La cyffe.
Le membre viril.
Le bout des fef-
fes.

La concauité des
cuyffes.
Le furgenouil en
dehors.
Le furgenouil en
dedans.
Le mygenouil.

Le fougenouil en
dehors.
Le fougenouil en
dedans.
Le bas du gras en
dehors.
Celuy en dedans.

Le coup du pied.
Les cheuilles.

La plante.

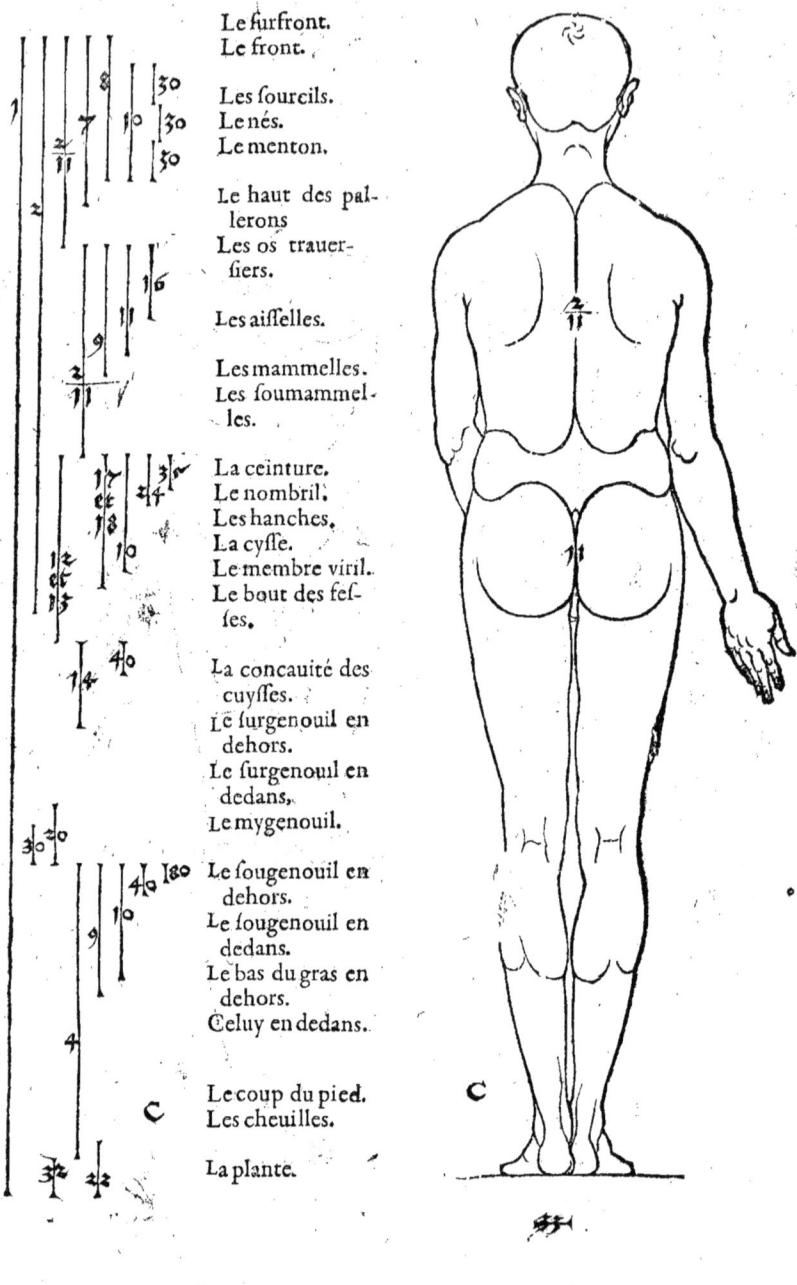

PROPORTION DE L'HOMME. LIVRE I.

Quant au pourtrait de la femme, tu le changeras ainsi.

Depuis le surfront la ou le haut de la greue commence, iusques aux os trauersiers, la hauteur sera, de deux 11.
Et iusques aux espaules, d'vne 7.
Iusques au bas du menton, d'vne 8.
Depuis lequel iusques au sommet, d'vne 9.
De la encores iusques au front, à vne 10.
Laquelle dixéme tu departiras selon la iasusdicte raison, suyuant l'assiete de la bouche, ou face.
Depuis les os trauersiers iusques au dessous des aisselles, une 17.
Iusques aux mammelles, vne 11.
Au dessous d'elles, une 9.
A la ceinture, deux 11.
De la iusques au nombril, vne 40.
Et iusques à la cuysse, vne 10.
Et iusques au bas du ventre, deux 17.
De la encores iusques au commencement du penil, vne 7.
Et iusques au bas du penil, deux 13.
Iusques au bas des fesses, vne 11. & 12.
Outreplus depuis la plante en tyrant contremont iusques au coup du pied, vne 23.
Et depuis elle iusques aux cheuilles, vne 35.
Et iusques à mygenouil, vne 4.
Tu pourras aussi par le moyen du compasseur, asseoir le genouil en son lieu.
Et depuis le mygenouil iusques au surgenouil, vne 25.
Et iusques au sougenouil, vne 36.
Et iusques au bas du gras de la iambe en dehors, vne 11. & en dedans, vne 9.
La longueur du pied sera, d'vne 12. & 13.
Quant au bras il aura depuis le haut de l'espaule iusques à la iointe du coulde, deux 11.
Et depuis la iointe iusques au bout des doigts, vne 4.
Desquels iusques à la iointe de la main vne 11.
S'ensuit le pourtrait femenin changé par la largeur, & premierement de pourfil: lequel aura le front d'vne 18. & 19.
Et les sourcils, d'vne 9.
Par les ioues & nés, vne 10.
Par le menton & par la gorge, vne 11.

Le col sous le menton sera d'vne, 18. de pourfil.
Le haut des pallerons aura l'espace de pourfil, d'vne 16.
Par les os trauersiers, vne 14.
Par les mammelles, vne 18. & 19.
Par les tettes, vne 16. & 17.
Par les soumammelles, vne 18. & 19.
Par la ceinture du corps, vne 9.
Par le nombril, vne 8.
Par les cuysses, vne 6.
Par le ventre, deux 13.
Par la cuysse au dessous des fesses, vne 9.
Par le surgenouil, vne 13.
Par le mygenouil, vne 16.
Par le sougenouil, vne 17.
Par le maygras de la iambe, vne 16.
Par le bas du gras en dedans, vne 17.
Tu doneras à la iambe au dessus du pied le pourfil d'vne 26.
On tirera aussi par le coup du pied, une 24.
On pourra aussi tirer ainsi le bras du pourtrait de pourfil, autrement qu'il n'a esté dit.
Lequel aura au suraisselles vne 18. de pourfil.
Et en la iointe du coulde, vne 26.
Aupres duquel au couldét, vne 24.
Par la iointe de la main, vne 24.
La paulme aura le pourfil d'vne 36.
Au demeurat voicy le changemét du poufstrait en front.
La teste aura le front, d'vne 19. & 20.
Les oreilles, vne 9.
Le nés, vne 12.
Le gorge sous le menton, aura vne 18. de front.
L'espace d'entre les deux pallerons aura par les haut, vne 19.
Les os des espaules ou leurs boites, auront à fleur des os trauersiers l'espace d'une 7.
Le frot de la poitrine & par les espaules, sera de deux 6.
Et l'entreaisselles, de deux 15.
Par les soumammelles, vne 10.
Et par la ceinture du corps, vne 7.
Par le nombril, deux 11.

Par les boites des cuysses, vne 5.
La aussi tu noteras l'entreboites, d'vne 7.
La cuysse aussi aura sous les fesses, le front d'vne 20, & 21.
Et le surgenouil aura de front, vne 15.
Le mygenouil, vne 17.
Le sougenouil, vne 17.
Par le bas du gras de la iābe en dehors, vne 16.
Par le bas du gras en dedans, vne 18.
Par le bas de la iambe, vne 35.
Par le coup du pied, & les cheuilles, vne 30.
Le bout du pied, c'est à dire, les orteils, auront de front vne 18.
Au regard du bras suyvant ceste raison, tu luy donneras au dessous des aisselles, vne 22. de front.
Et à la iurioīnte du coulde, vne 29.
Au dessous de laquelle par le couldet, vne 22.
Par la iointe de la main, vne 36.
Et la paulme aura vne 20.
Finalement tu feras le pourtrait de dos, de sorte que tu luy donneras entre les deux aisselles, vne 6.
L'entrefesses sera long, d'vne 9.
Le talon aura vne 34. de largeur.

Tu formeras dōques ce pourtrait auecques ces traicts proportiōnez en toutes ses parties, pour lequel nous auons icy mis nostre ordonnance.

PROPORTION DE L'HOMME. LIVRE. I.

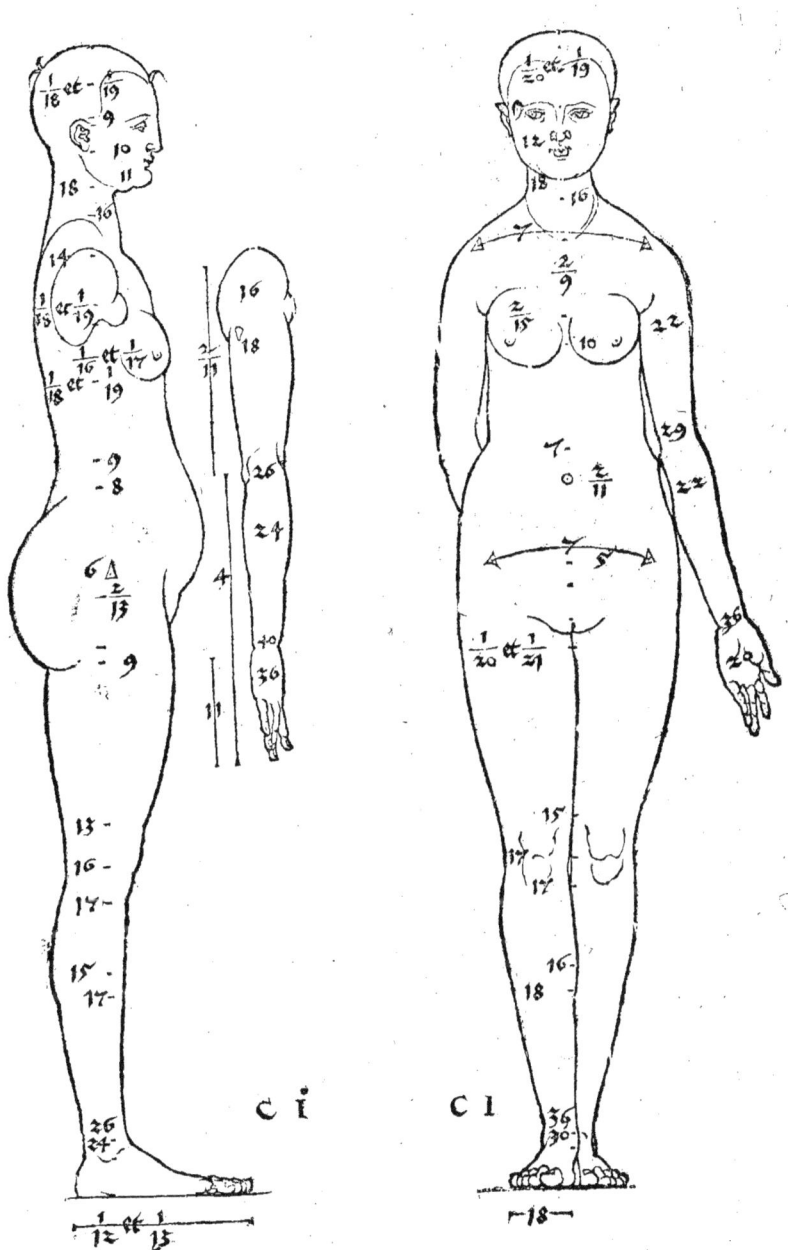

ALBERT DVRER DE LA

Le surfront la ou
  est la greue.
Le sommet.
Le front.
Les sourcils.
Le nés.
Le menton.
Le haut des es-
  paulles.
Les os trauer-
  siers.

Les aisselles.
Les mammelles.
Les soumammel-
  les.

La ceinture
  du corps.
Le nombril.

Le haut de la
  cuysse.
Le bas du ventre.
Le penil.
Le bout du penil.
Le bout des fes-
  ses.

Le surgenouil.

Le mygenouil.

Le sougenouil.

Le bas du gras en
  dehors.
Le bas du gras
  en dedans.

c i

Le coup du pied.
Le bout de la
  iambe.
La plante.

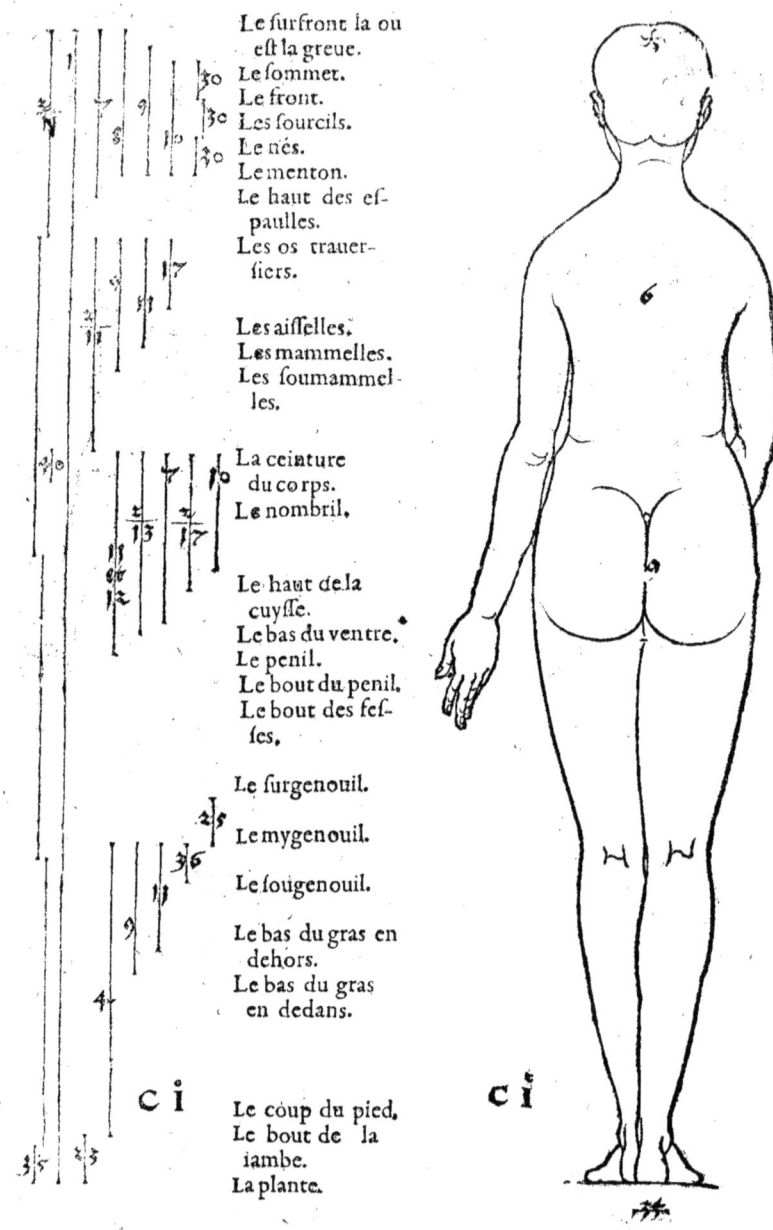

c i

PROPORTION DE L'HOMME. LIVRE. I.

S'Enſuit la proportion du corps viril, duquel la longueur de toute la teſte ſoit d'vne 9. dont ie bailleray la ſemblable raiſon que i'ay ſuiuy aux precedens. De vray tu compaſſeras ceſte façon de pourtrait par ſes parties: & premierement de ſa longueur.

Depuis la ſyme du ſurfrõt iuſques au bas du menton, vne 9, duquel iuſques au front en remontãt vne 10, qui ſera auſſi la hauteur du ſommet, en laquelle 10. tu departiras la face ſelon la raiſon au parauant cy deſſus montrée.

Depuis le ſurfront iuſques au haut des pallerons, la hauteur ſera d'vne 15. & 16.

Et de la encores iuſques aux os trauerſiers, d'vne 6.

Depuis elles iuſques au haut de la poitrine, d'vne 28.

Et iuſques au deſſous des aiſſelles, d'vne 14

Iuſques aux mammelles, d'vne 12.

Au deſſous d'elles, de deux 19.

Iuſques à la ceinture, d'vne 6.

Et de la iuſques au nombril, d'vne 26.

Et iuſques aux hanches, d'vne 22.

Et iuſques à la boite de la cuyſſe, d'vne 9.

Iuſques au bout du ventre, d'vne 8.

Iuſques au penil, d'une 7.

Iuſques au bout des feſſes, d'vne 6.

Depuis leſquelles iuſques au concaue de la cuyſſe, d'vne 11.

Depuis la plante iuſques au coup du pied, d'vne 23.

Et iuſques à la cheuille, d'vne 35.

Depuis la ſoucheuille iuſques à mygenouil, d'vne 4.

Depuis le mygenouil iuſques au ſurgenouil en dehors, vne 20.

Depuis lequel iuſques au ſurgenouil en dedans, d'vne 30.

Depuis lequel iuſques au ſougenouil en dehors, vne 80. & en dedans. vne 40.

Depuis lequel iuſques au bout du gras en dehors, vne 10, & en dedans, vne 9.

La longueur du pied ſera de deux 13.

Subſequemment, tu noteras auſſi la longueur du bras: de ſorte qu'elle ſoit depuis l'eſpaule iuſques à la iointe du coulde, de deux 11.

Depuis laquelle iointe iuſques aut bout des doigts, aura vne 4.

Depuis lequel iuſques à la iointe de la main vne 10.

Or apres auoir noté la hauteur des parties, tu noteras auſſi la largeur: & premieremẽt celle du pourtrait de pourfil en cette ſorte

La teſte ſera par le front, d'vne 12.

Par les ſourcils, d'vne 9.

Par le nés, de deux 10

Par la gorge & menton, de deux 23.

Par le col ſous le menton, d'vne 18.

Par le haut des pallerons, d'vne 17.

Par les os trauerſiers, vne 12.

Par le haut de la poitrine, d'vne 8.

Aupres des aiſſelles, d'vne 15. & 16.

Par les mammelles, d'vne 8.

Par les ſoumammelles, d'vne 16. & 17.

Par la ceinture, d'vne 18. & 19.

Par le nombril, d'vne 18. & 20.

Par les hanches, d'vne 18. & 19.

Par le haut de la cuyſſe, d'vne 15. & 16.

Par le bas du ventre, & feſſes, d'vne 8.

Par le penil, d'vne 16. & 17.

La cuyſſe aura ſous les feſſes, vne 10.

Et au bas en ſa concauité, vne 11.

Le ſurgenouil en dehors aura de pourfil une 15. & en dedans, deux 31.

Par le mygenouil, vne 18.

Par le ſougenouil en dehors, vne 19. & en dedans, vne 18.

Par le mygras, vne 15.

Par le bas du gras en dehors, vne 16, & en dedans, vne 18.

Le bas de la iambe aura, vne 28.

Le coup du pied, vne 24.

S'enſuit la deſcription du bras du pourtrait de pourfil.

Lequel tu feras par les eſpaules, d'vne 15 de pourfil.

Et ſous les aiſſelles, d'vne 20.

Par la iointe du coulde, d'vne 26.

Et au ſurioint, d'vne 25.

Par la iointe de la main, d'vne 48.

La paulme ſera d'vne 38. de pourfil.

Au demeurãt, tu noteras la largeur du pourtrait de front en cette ſorte.

Par le front, d'vne 11.

Et vn peu plus bas, d'vne 10.

Par les ſourcils, d'vne 11.

Par les oreilles, d'vne 18. & 19.

Par le nés, d'vne 12.

Par le col ſous le menton, d'vne 18.

Par le haut des pallerons, d'vne 16.

Par les os trauersiers, vne 6.
Sous lesquels les os des espaules auront entre eux l'espace de deux 13.
Par la poitrine, & espaules, deux 9.
Par l'entreaisselles, vne 7.
Par l'entremammelles, vne 9.
Par la ceinture, vne 7.
Par le nombril, vne 12, & deux 25.
Par les hanches, vne 12, & 13.
Par le haut des cuysses, vne 10. & 12. la ou il faudra marquer l'entreiointe des cuysses, d'vne 15. & 16.
La cuysse aura aux soufesses, vne 12.
Et par sa concauité, vne 14.
Le surgenouil en dehors aura de front, vne 18, & en dedans, vne 19.
Le mygenouil, vne 12.
Le sougenouil en dehors vne 21, & en dedans, vne 20.
Le mygras de la iambe, vne 17.
Le bas du gras en dehors, vne 19. & en dedans, vne 21.
Par le bas de la iambe la ou elle est la plus vuidée, vne 42.
Par les cheuilles, vne 33.
Par les orteils du pied, c'est à dire, par le bout du pied, vne 19.
A quoy il faudra ioindre le bras du pourtrait de front,
Lequel aura aux souaisselles, vne 26.
A la suriointe du coude, vne 31.
Et à la souiointe par le couldét, vne 22.
Par la iointe de la main, vne 38.
Par la paulme, vne 19.
Finalement tu doneras au pourtrait de dos vne 6. & à l'entreaisselles, & au talon, vne 35. Au regard de l'entrefesses il sera d'vne 11. Par ces espaces donques tu poursuyuras les traicts du pourtrait proposé auec leurs proportions, en notât comme nous auons montré les points, & les nombres dont nous auons cy dessous mis l'ordonnâce notée de la lettre D.

Et si par fortune il te semble bon de faire la teste de ce pourtrait plus grande, & plus haute, tu pourras prédre la huytiéme partie depuis le sommet de toute la lōgueur: ou bien à celle fin que ie parle plus rondement en ceste matiere, depuis la syme du surfront iusques à la plante : & selon elle fais depuis le méton tirant à mont, la teste plus haute, en changeât tout le reste. Par ce moyen il auiendra que le sommet de la teste se trouuera de la mesme hauteur de la syme de l'autre teste. Et faudra qu'au pourtrait de poursil, on figure le frōt plus auancé sur les sourcils. Toute la longueur donques de ce corps aura par ce moyen presque huit lōgueurs de testes. Ce que se manifeste par les ordōnances icy dessous mises.

PROPORTION DE L'HOMME LIVRE. I. 15

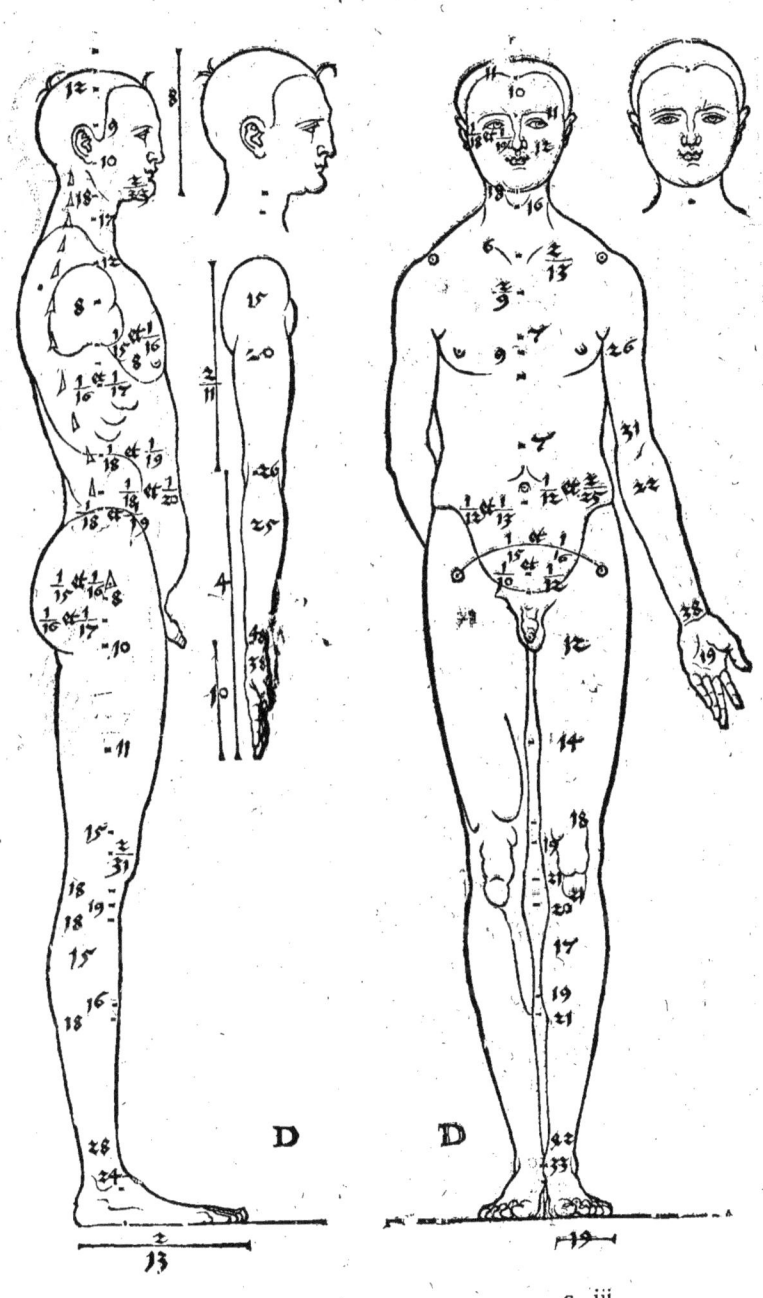

c iij

ALBERT DVRER DE LA

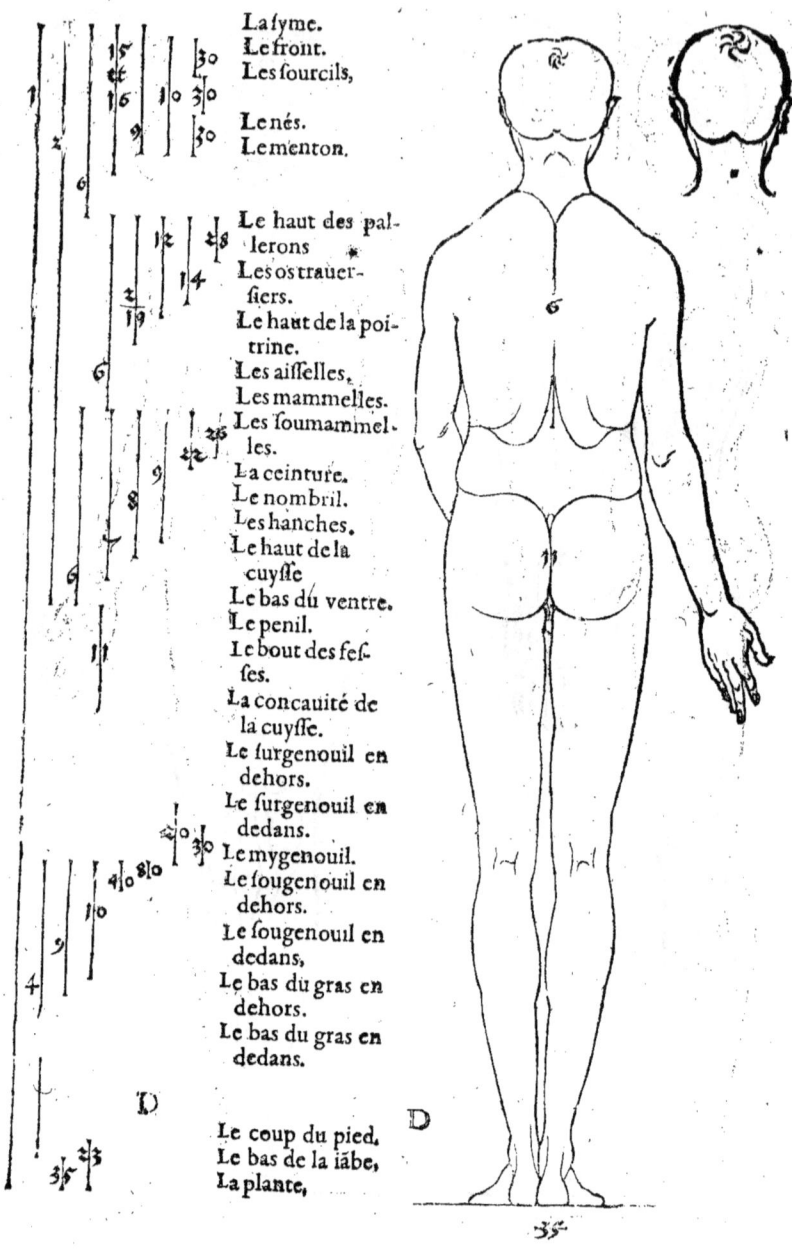

La fyme.
Le front.
Les fourcils,
Le nés.
Le menton.

Le haut des pallerons
Les os trauersiers.
Le haut de la poitrine.
Les aisselles.
Les mammelles.
Les foumammelles.
La ceinture.
Le nombril.
Les hanches.
Le haut de la cuysse
Le bas du ventre.
Le penil.
Le bout des fesses.
La concauité de la cuysse.
Le furgenouil en dehors.
Le furgenouil en dedans.
Le mygenouil.
Le fougenouil en dehors.
Le fougenouil en dedans.
Le bas du gras en dehors.
Le bas du gras en dedans.

Le coup du pied.
Le bas de la iābe.
La plante.

IL faut aiouter à ce corps viril, vn femenin de bonne conuenance, duquel la teste soit la 9. partie de la hauteur: laquelle tu departiras ainsi.

Depuis la syme du surfront, iusques au bas du menton, sera vne 9.
Duquel bas iusques au haut du front, à vne 10. en laquelle 10. tu cercheras ces trois egaux espaces du visage, suyuant ce que souuentesfois on a dit.
Depuis le surfront iusques au haut des pallerons, vne 15. & 16.
Et iusques aux os trauersiers, vne 6.
Depuis lesquels iusques à la poitrine, vne 30.
Et iusques au dessous des aisselles, vne 16.
Iusques aux tetins, vne 11.
Au soumammelles, vne 9.
Iusques à la ceinture, deux 11.
Et de la iusques au nombril, vne 26:
Et iusques au plus haut de la cuysse, vne 10.
Et iusques au bas du ventre, deux 17.
Et iusques au commencement du penil, vne 7.
Et iusques au bas du penil, vne 12. & 13.
Iusques au bout des fesses, vne 11. & 12.
De la iusques à mycuisse, vne 12.
Depuis la plante iusques au coup du pied, vne 42.
Et de la iusques à mygenouil, vne 4.
Depuis lequel iusques au surgenouil, vne 26.
Et iusques au sougenouil vne 30.
Et iusques au bas du gras en dehors, vne 11.
Et iusques au bas du gras en dedans, vne 9.
Au regard du pied, il aura vne 7. de longueur.
Le bras aura depuis le haut de l'espaule, iusques au coulde, deux 11.
Et de la iusques au bout des doigts, vne 4.
Depuis lesquels iusques à la iointe de la main, vne 11.

Quant au pourtrait de poursil, tu le compasseras ainsi par ses membres.
La teste aura au front, vne 12.
Par les sourcils, vne 10.
Par le nés, vne 11.
Par la gorge, & menton, vne 13
Le col sous le menton, sera d'vne 21.

Le haut des pallerons, d'vne 19.
Les os trauersiers, d'vne 14.
La poitrine, d'vne 10.
Aupres des aisselles, d'vne 19.
Par les tetillons, d'vne 18. & 19.
Le soumammelles aura, deux 19.
Par la ceinture deux 21.
Par le nombril, vne 9.
Par le haut de la cuysse, vne 7.
Par le bas du ventre, & par les fesses, vne 14. & 16.
Par la cuysse sous les fesses, vne 10.
Par la mycuisse, deux 21.
Par le surgenouil, vne 15.
Par le mygenouil, vne 18.
Par le sougenouil, vne 19.
Par le mygras, vne 16.
Par le bas du gras en dedans, vne 19.
Par le bas de la iambe, vne 28.
Par le coup du pied, & la cheuille, vne 26.
A quoy tu aiouteras la largeur du bras de pourfil, laquelle tu feras par l'espaule, d'vne 18.
Et sous les aisselles, d'vne 20.
Et par la iointe du coulde, d'vne 39.
Et au dessous d'elle par le coudet, vne 26.
Par la iointe de la main, d'vne 49.
La paulme tiendra, vne 40.
Tu feras le pourtrait de front ainsi.
Le front sera au plus haut, d'vne 11.
Et au milieu, d'vne 10.
Les sourcils, d'vne 11.
Les oreilles, d'vne 10.
Le nés, d'vne 13.
Le col sous le menton, d'vne 21.
Le hault des pallerons & espaules, d'vne 19
Les os trauersiers, de deux 13.
Auquel lieu tu marqueras l'espace de l'entre-espaules, d'vne 7.
Par la poitrine, d'vne 5.
Par l'entre-aisselles, d'vne 8.
Par l'entretetins, d'vne 11.
Au soumammelles, d'vne 15. & 16.
Par la ceinture, d'vne 8.
Par le nombril, d'vne 11. & 12.
Par le haut de la cuysse, d'vne 10. & deux

c iiij

21.la ou aussi seront marquées les entreiointes, d'vne 15, & 16
Par le bas du ventre, d'vne 10, & deux 21.
Par la cuysse au soufesses, deux 21.
Par la mycuisse, de deux 25.
Par le surgenouil, d'vne 17.
Par le mygenouil, d'vne 19.
Par le sougenouil, d'vne 20.
Par le mygras, d'vne 17.
Par le bas du gras en dedans, vne 20.
Par le bas de la iambe, d'vne 39.
Par le coup du pied, & cheuilles, d'vne 31.
Le front du pied par le bout des orteils, sera d'vne 10.

A quoy il faut aiouter de mesme le bras de front.
Par le souaisselles, vne 26.
Au suriointe du coulde, vne 33.
Au souiointe par le couldet, vne 23.
Par la iointe de la main, vne 40.
La paulme sera d'vne 22, de front.
Au demeurant tu feras le corps de dos large d'vne 7. à l'entreaisselles.
Et l'entrefesses, d'vne 10.
Le talon se montrera d'vne 37.

Ayant donques ainsi marqué tous les membres, tu leur donneras vne conuenante forme, comme souvent nous auons dit, & l'auons fait en ceste presente ordonnance, comme on le peut voir: laquelle sera notée de D.i.

Et si on veut ioindre à ce corps vne plus grande teste, suy la raison que nous auons montrée en l'ordonnance precedant ceste cy.

PROPORTION DE L'HOMME. LIVRE. I.

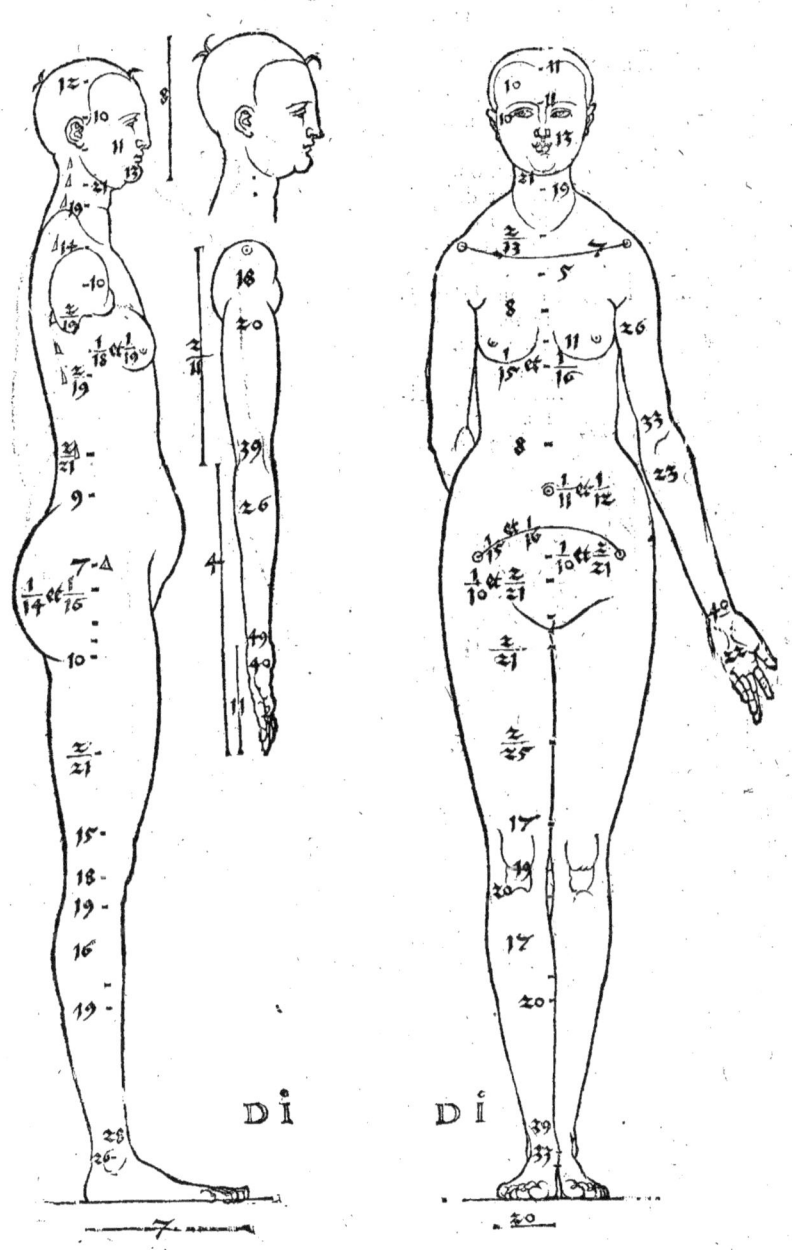

ALBERT DVRER DE LA

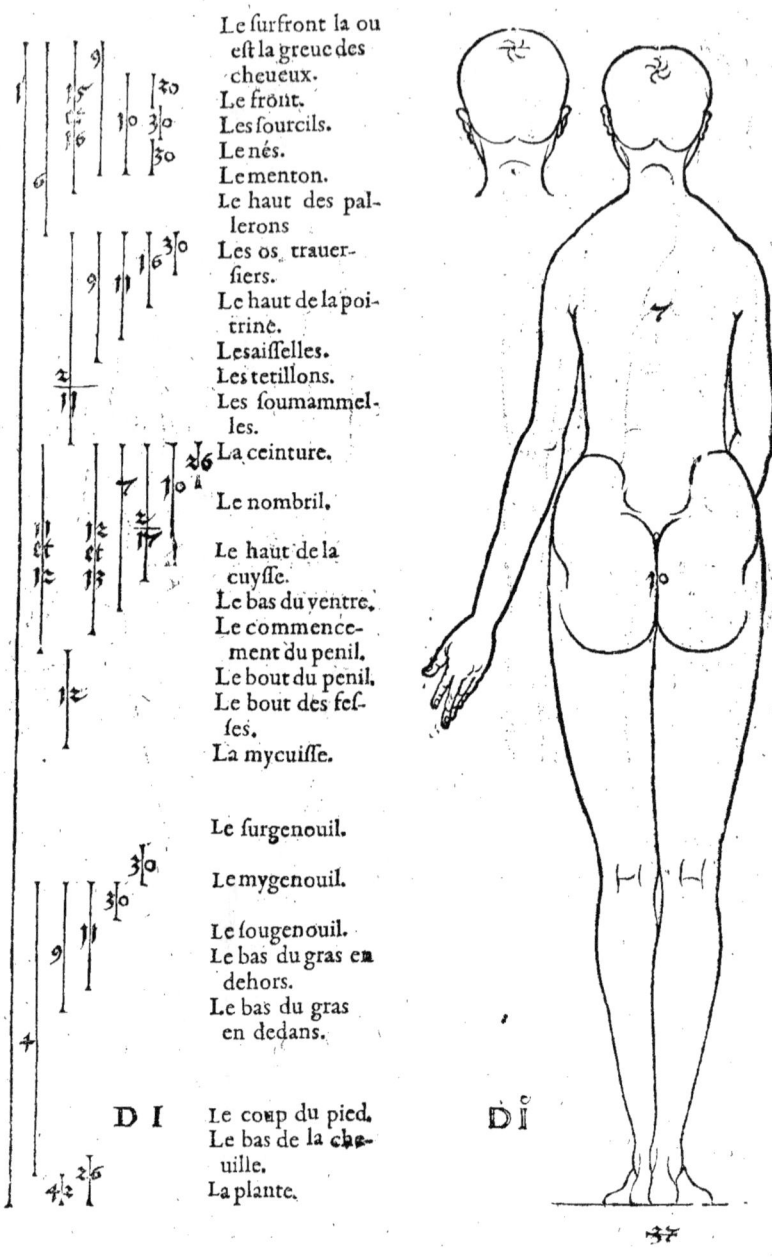

Le surfront la ou
  est la greue des
  cheueux.
Le front.
Les sourcils.
Le nés.
Le menton.
Le haut des pal-
  lerons
Les os trauer-
  siers.
Le haut de la poi-
  trine.
Les aisselles.
Les tetillons.
Les soumammel-
  les.
La ceinture.

Le nombril.

Le haut de la
  cuysse.
Le bas du ventre.
Le commence-
  ment du penil.
Le bout du penil.
Le bout des fes-
  ses.
La mycuisse.

Le surgenouil.

Le mygenouil.

Le sougenouil.
Le bas du gras en
  dehors.
Le bas du gras
  en dedans.

D I Le coup du pied.   D I
Le bas de la che-
  uille.
La plante.

PROPORTION DE L'HOMME. LIVRE. I.   18

Ie mettray encores vn pourtrait gresle, & d'une stature plus longue, & duquel la teste aura la longueur d'vne 10.

Au reste ie môtreray premieremêt le pourtrait du corps viril, duquel la hauteur sera telle.
Depuis la syme du surfront iusques au bas du menton, vne 10.
Duquel en tirant contre mont iusques au haut du front aura vne 11.
Dedans lequel espace la forme du visage & face sera pourtraite.
Depuis la syme iusques au haut des palleros deux 17.
Et iusques aux os trauersiers, vne 13. & 14.
Iusques aux espaules, vne 6.
Depuis lesquelles iusques au haut de la poitrine, vne 25.
Au souaisselles, vne 17.
Iusques aux mammelles, vne 13.
Au dessous d'elles, vne 21.
Iusques à la ceinture, deux 13.
Et la iusques au nombril, vne 30.
Et iusques aux hanches, vne 21.
A la boite de la cuysse, vne 8.
Iusques au membre viril, vne 14. & 15.
Iusques au bas de la bourse, deux 13.
Iusques au bout des fesses, deux 11.
Et de la iusques au cōcaue de la cuysse, vne 11.
Tu asserras aussi le mygenouil entre le bout des fesses, & la plante.
Depuis laquelle en môtant au bas de la cheuille aura, vne 33.
De la aussi iusques au coup du pied, vne 26.
Depuis le mygenouil iusques au surgenouil vne 30.
Et iusques au sougenouil, vne 40.
Depuis le mygenouil aussi iusques au bas du gras en dehors, vne 10, & en dedans, vne 9.
Le pied aura la longueur d'vne 7.
Au regard des lôgueurs du bras, tu les compasseras ainsi.
Depuis la iointe de l'espaule, iusques à celle du coulde, deux 11.
Et noteras la longueur depuis la iointe du coulde en deux sortes. Car ou tu la feras entiere d'vne 4. iusqs au bout des doigts: depuis lesquels tu remonteras d'vne 11. iusques à la iointe de la main. Ou bien tu tireras depuis ledit coude trois treiziemes iusques au bout des doigts : & depuis iusques à la iointe de la main, deux 21.
Subsequemmêt tu feras les largeurs, & noteras premierement celles de pourfil, suyuant les points de la hauteur.
Le front aura vne 13. de pourfil.
Les sourcils, vne 11.
Le nés, & temples, vne 11.
La bouche, & nuque, vne 13.
Le menton, & la gorge, vne 14.
Le col sous le menton, vne 22.
Le haut des pallerons, vne 20.
Les os trauersiers, vne 13.
Par le haut des espaules, vne 11.
Par le haut de la poitrine, deux 17.
Aupres des aisselles, vne 8.
Par les mammelles, vne 8.
Par les soumammelles, deux 17.
Par la ceinture, vne 11.
Par le nombril, vne 11.
Par les hanches, vne 10.
Par le haut de la cuysse, vne 17. & 18.
Par le membres honteux, vne 9.
La largeur de la cuysse, & sous les fesses, d'vne 11.
La mycuisse ou son concaue est, d'vne 12.
Le surgenouil est, d'vne 17.
Le mygenouil, d'vne 19.
Le sougenouil d'vne 20.
Le mygras est, d'vne 32. & 34.
le bas du gras en dehors est, d'vne 17.
Et en dedans, d'vne 19.
Et au dessus du coup du pied, d'vne 32.
Le coup du pied, d'vne 29.
Par le mycoup du pied, c'est à dire, au dessous de la cheuille, vne 23.
Le bras au reste aura ceste mesure de pourfil.
Par l'espaule, vne 17.
Par le souaisselles, vne 21.
Par la iointe du coulde, vne 30.
Et au dessous d'elle, vne 28.
Par la iointe de la main, vne 50.
La paulme aura, vne 42.
S'ensuit la croisée du pourtrait de front, laquelle tu feras large,
Par le front, d'vne 14.

Par le haut des temples, d'vne 12.
Par les sourcils, d'vne 13.
Par les oreilles, d'vne 12.
Par le nés, d'une, 15.
Par le col sous le menton, d'vne 22.
Par le haut des pallerons, d'vne 20.
Par les espaules, d'vne 12. & 13.
Et la au dessous on marquera les os des espaules, d'vne distance entre eux, d'vne 12. & 13.
Par la poitrine, & espaules, de trois, 18. & vne 19.
Par l'entreaisselles, d'vne 7.
Par l'entremammelles, d'vne 10.
Par les soumammelles, de deux 13.
Par la ceinture de, deux 15.
Par le nombril, d'vne 13. & deux 27.
Par les hanches, d'vne 13. & 14.
Par le haut de la cuysse, d'vne 6.
Auquel espace l'entreboite aura la distance de deux 15.
La cuysse aura au sousesses, vne 13. de front.
Et par sa concauité, vne 16.
Le front du surgenouil, sera d'vne 20.
Et du mygenouil, d'vne 22.
Du sougenouil, d'vne 23.
Le mygras, d'vne 19.
Le bas du gras en dedans, d'vne 23.
Par le bas de la iambe d'vne 45.
Par les cheuilles, d'vne 35.

Et au dessous, d'eux, vne 46.
Le front du pied par le bout des orteils, sera d'vne 21.
Au regard du bras de front tu le feras d'vne 28. aux souaisselles.
Et à la suriointe du coulde, d'vne 34.
Et au sousioint du coulde, vne 24.
Par la iointe de la main, vne 42.
La paulme aura de front, vne 22.
Le pourtrait de dos aura de croisée, vne 12. & 13.
L'entrefesses aura la longueur d'vne 11.
Et le talon aura de croisée, vne 37.
Estans donques toutes les parties ainsi ordonnées : tu pourtrairas ces images auec leurs proportions de lignes, cõme tu nous pourras bien decouvrir en noz ordõnances auoir fait diligence de le faire.
Au demeurant, si tu veux faire la teste plus longue de ce corps, tu prendras vne 9. de qui tu feras seruir le point d'embas au menton, & celuy du haut, au surfront : par ce moyen la teste prendra accroissement. Lequel vne plus grande largeur aussi suyura, comme il est raisonnable : le demourãt du visage demeurera en son entier. Ce que nous auons noté es ordonnances : & lors la teste ne sera plus la 10. mais presque la 9. de la stature de ce corps. Cette image sera marquée de E.

PROPORTION DE L'HOMME. LIVRE I.

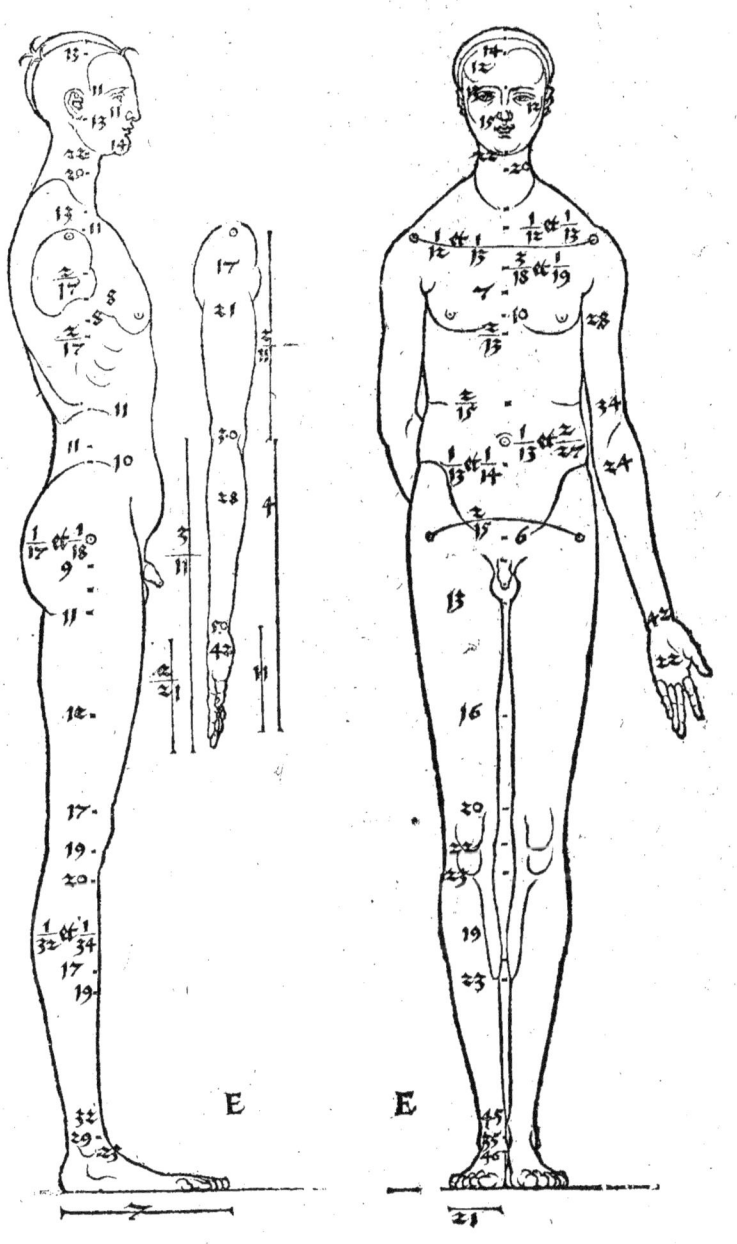

ALBERT DVRER DE LA

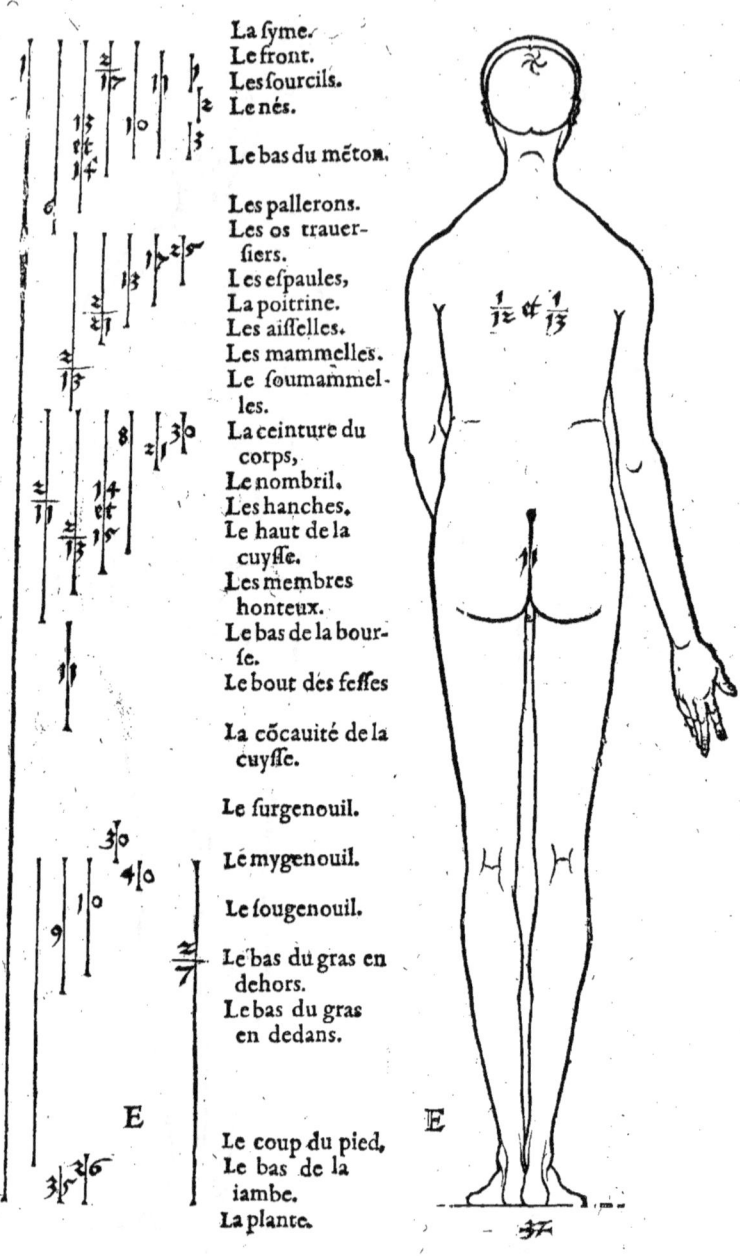

La fyme.
Le front.
Les fourcils.
Le nés.

Le bas du méton.

Les pallerons.
Les os trauer-
   fiers.
Les espaules,
La poitrine.
Les aiffelles.
Les mammelles.
Le foumammel-
   les.
La ceinture du
   corps,
Le nombril.
Les hanches.
Le haut de la
   cuyffe.
Les membres
   honteux.
Le bas de la bour-
   fe.
Le bout des feffes

La cōcauité de la
   cuyffe.

Le furgenouil.

Le mygenouil.

Le fougenouil.

Le bas du gras en
   dehors.
Le bas du gras
   en dedans.

Le coup du pied,
Le bas de la
   iambe.
La plante.

PROPORTION DE L'HOMME. LIVRE I.

COnsequemment ie declareray la proportion du corps feminin quadrant au pourtrait viril ia ordonné. Sa hauteur donques sera telle.

Depuis le surfront la ou est la greue, iusques au bas du menton, vne 10.
Duquel iusques au haut du front, vne 12,
En laquelle tout le visage sera departy, comme souuent a esté dit.
Depuis la syme iusques au redouble du menton, vne 18, & 19.
Et iusques au haut des pallerons, vne 8.
Iusques aux os trauersiers, deux 13.
Iusques aux espaules, vne 6.
Iusques au haut de la poitrine, vne 22,
Iusques au dessous des aisselles, vne 16.
Iusques aux tetillons, vne 11.
Au soumammelles, vne 9.
Iusques à la ceinture, deux 11,
Depuis laquelle iusques au nombril, vne 40.
Iusques au haut de la cuysse, vne 10.
Au bas du ventre, deux 17.
Au commencement du penil, vne 13, & 14.
Au bas du penil, vne 12, & 13.
Au bout des fesses, vne 11, & 12.
Et de la iusques à mycuisse, vne 12,
Depuis la plante iusques au mygenouil, deux 7.
Et iusques au bas de la cheuille, vne 38.
Depuis le mygenouil, iusques au coup du pied, vne 4.
Et iusques au bas du gras de la iambe en dedans, vne 9.
Et en dehors, vne 10.
Au sougenouil, vne 30.
Depuis le mygenouil encores iusques au surgenouil, vne 30.
Au regard du pied il aura, vne 14, & 15. de longueur.

La longueur du bras sera comme il s'ensuit.

Depuis l'os de l'espaule iusques à la iointe du coulde, de deux 11.
Et depuis la iointe du coulde, iusques à l'extremité des doigts, vne 4.
Depuis lesquels iusques à la iointe de la main vne 11.
Ayant donques ainsi disposé la hauteur des membres, & noté par tout en leur lieux, tu marqueras ainsi les espaces de la largeur: & premierement celle du pourfil.
Qui sera par le front, d'vne 13.
Par les sourcils, d'vne 11.
Par le nés &*bas de l'oreille, d'vne 12.
Par la gorge & menton, d'vne 14.
Tu feras le col sous le menton, d'vne 24 de pourfil.
Par le haut des pallerons, d'vne 22,
Par les os trauersiers, d'vne 17.
Par le haut des espaules d'vne 13.
Par la poitrine, d'vne 10.
Par les tetillons, d'vne 19, & 21.
Par les soumammelles, d'vne 20, & 21.
Par la ceinture, d'vne 11.
Par le nombril, vne 10.
Par le haut de la cuysse, d'vne 14, & 15.
Par le bas du ventre, d'vne 15, & 16.
Par le haut du penil & fesses, d'vne 16, & 17.
Par la cuysse au dessous des fesses, vne 10.
Et au dessous par la concauité d'elle, de deux 23.
Par le surgenouil, d'vne 17.
Par le mygenouil, d'vne 19.
Par le sougenouil, vne 20.
Par le mygras, vne 17.
Par le bas du gras en dehors, vne 18.
Et en dedans, d'vne 19.
Par le bas de la iambe, vne 32.
Par le coup du pied & cheuilles, vne 27.
Mais le bras sera tel.
Il aura par l'espaule, vne 19 de pourfil.
Et sous les aisselles, vne 23.
Au dessus de la iointe du coulde, vne 34.
Et au dessous d'elle, vne 30.
Par la iointe de la main, vne 60.
La paulme aura de pourfil, vne 45.

Sensuyuent les croisées du pourtrait de front.

Par le front, vne 13.
Par le haut des temples, vne 13.
Par les sourcils, vne 13.
Par les oreilles, vne 12.
Par le nés, vne 16.
Le col sous le menton aura, vne 25.
Par le haut des pallerons, vne 22.
Par les os trauersiers, deux 17.
Par le haut des espaules, vne 7. Et la pres serōt mis les os distās entre eux, de deux 15.
Par la poitrine & espaules, deux 11.
Par l'entre aisselles, vne 9.
Par l'entretettes, vne 12.
Au soumammelles, vne 8.
Par la ceinture, vne 8.

*Lego & imas auriculas, pro supercilia

d ij

Par le nombril, deux 13.
Par le haut des cuysses deux 11. La ou aussi l'entreboites sera, d'vne 8.
Par le bas du ventre, deux 11.
Par la cuysse au dessous des tesses, vne 12.
Par la concauité de la cuysse, deux 27.
Par le surgenouil, vne 19.
Par le mygenouil, vne 22.
Par le sougenouil, vne 22.
Par le mygras, vne 19.
Par le bas du gras en dehors, vne 21.
Et en dedans, vne 23.
Par le bas de la iambe, vne 48.
Par le coup du pied, & cheuilles, vne 43.
Et au dessous, vne 46.
Le front du pied par le bout des orteils, sera d'vne 22.
Au demeurant, le bras conuenant à ce pourtrait, aura de front aux souaisselles, vne 28.

Et au surioint du coulde, vne 34.
Et au dessous, vne 26.
Par la iointe de la main, vne 46.
La paulme aura, vne 24. de front.
Au regard du pourtrait de dos, il aura entre les deux aisselles, deux 15.
L'entresesses, vne 10.
Le talon, vne 40.

Au surplus tu rempliras, comme souuentesfois a esté dit, le pourtrait ainsi marqué de toutes pars, selon que chacune face le requerra, tant de pourfil, que de front, que de dos. Et si tu veux faire la teste de ce corps plus grande, tu la feras en la sorte que nous t'auons enseigné au corps viril, & comme nostre ordõnance cy dessous pourtraite, le montre. De laquelle la note sera.
E.I

PROPORTION DE L'HOMME. LIVRE I.

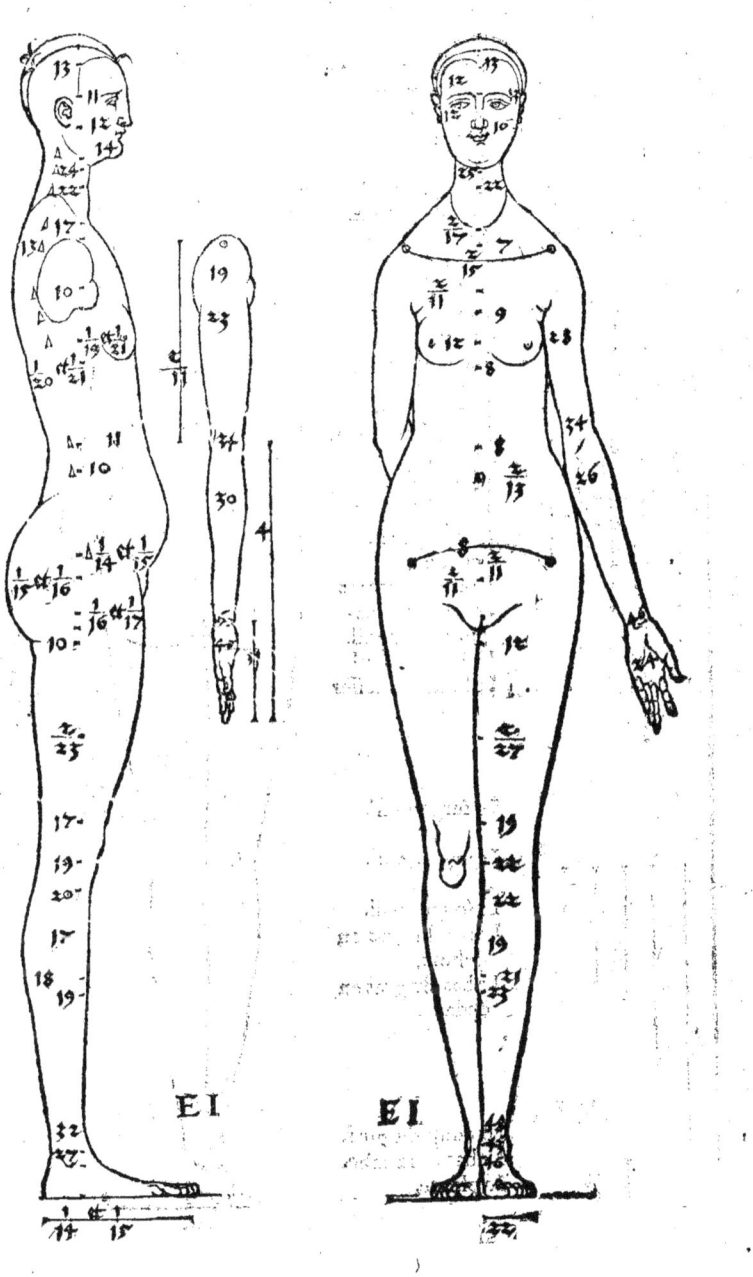

ALBERT DVRER DE LA

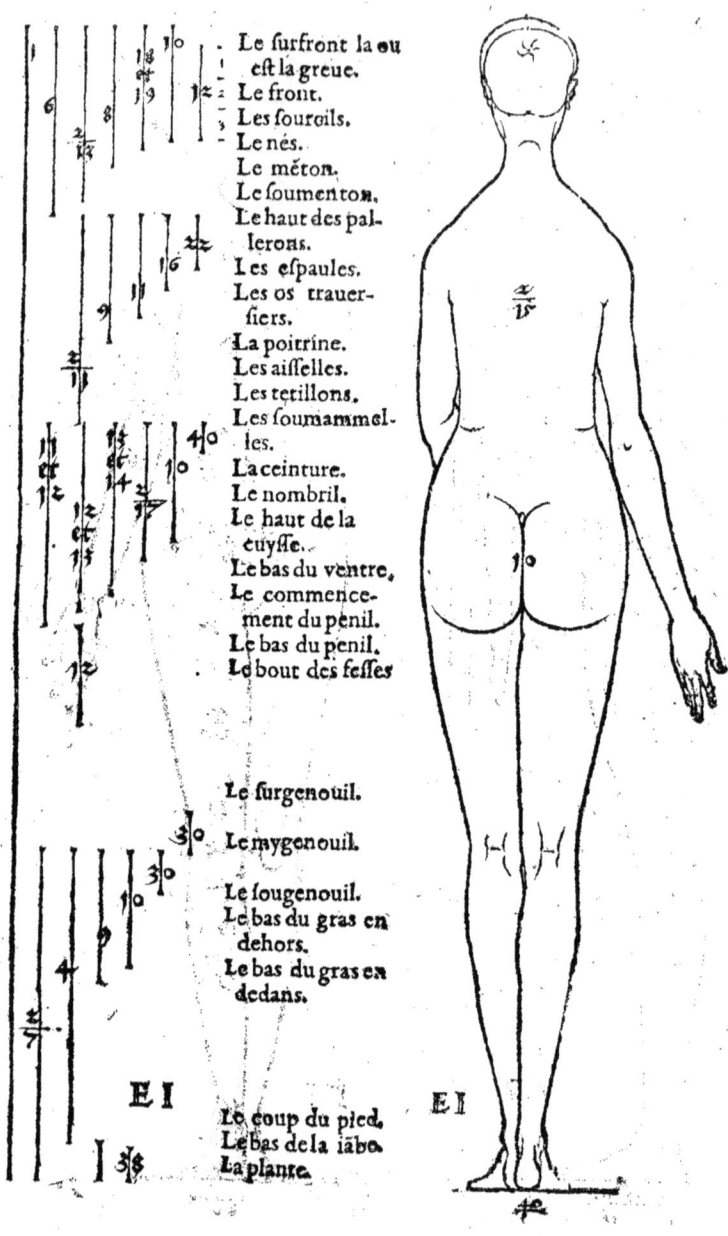

Le surfront la ou
est la greue.
Le front.
Les sourcils.
Le nés.
Le méton.
Le soumenton.
Le haut des pal-
lerons.
Les espaules.
Les os trauer-
siers.
La poitrine.
Les aisselles.
Les tetillons.
Les soumammel-
les.
La ceinture.
Le nombril.
Le haut de la
cuysse.
Le bas du ventre.
Le commence-
ment du penil.
Le bas du penil.
Le bout des fesses

Le surgenouil.
Le mygenouil.
Le sougenouil.
Le bas du gras en
dehors.
Le bas du gras en
dedans.

Le coup du pied.
Le bas de la iabe.
La plante.

PROPORTION DE L'HOMME. LIVRE. I.

ET combien qu'il fust necessaire aux lecteurs, de premieremēt cognoistre comme quoy ces presens pourtraits paints suyuant la susdite raison, se doyuent mouuoir par les reins & par les iointes des autres membres, nous l'auons toutesfois par cy auāt noté es images de pourfil, le long de l'eschine, & de sa soupplesse sur la derriere quarte partie de la largeur du corps, aueques petis triangles : à fin que pour la cognoissance d'eux, toutes choses fussent plus faciles. Tu verras aussi es pourtraits de front aucuns des membres notez de petits cercles.

Et combien que nous ayons cōpassé tous les susdits pourtraits d'vne mesme longueur, selon la regle mis en auant, à fin que la chose fust de moindre trauail : si toutesfois il les faut assembler en quelque ouurage, il ne faut pas ignorer q̄ les statures des plus gresles, deuront estre plus longues.

Et si au demeurant il faut par fortune dresser des pourtraits d'vn homme, & d'vne femme d'vne sorte, ou plus tost d'vne conuenance, la ligne proportionnée à la hauteur de la femme, deura estre plus courte d'vne 18, que celle de l'hōme. Car si cela s'oublie, la femme semblera plus haute que l'homme : d'autant qu'il faut pourtraire leurs corps plus charnus, & en meilleur point que ceux des hommes : lesquels sont mieux nouez, & plus solides ; & moins charnuz.

Au demeurant, nous auons cy dessus escrit cete raison de pourtraits tant esloingnée du plus gros, au plus gresle : à fin qu'il fust à chacun loysible de suffisamment, & en diuerses sortes faire l'ouurage qu'il aura deliberé ainsi que bon luy sembleroit. Dont par cy apres nous en tiendrons plus long propos.

Or auons nous cy dessus (comme il a esté entendu) pourtrait quatre differences de corps humains. Mais doresenauant nous recercherons plus diligemment & exactement la composition & lineamens d'vne partie, qui est la teste : & premierement de celle de l'homme. Nous suyurons toutesfois la susdicte raison. Ie ne feray tant seulement que tirer cete description auec vne plus longue regle, que celle dont i'ay vsé es precedens pourtraits : d'autant qu'il faudra montrer les plus menues parties, à quoy la courte regle pourroit donner obscurité.

Estant donques le pourtrait de pourfil d'vne teste d'homme proposé, qui ayt la 8. de la longueur d'vn corps, tu ietteras tout autour vn quarré egal de toutes pars. Apres lequel fait tu marqueras le costé, qui regarde le nés, d'vn a, & l'opposite d'vn b, & le dessus d'vn c. & le bas, d vn d. Apres lesquelles choses faictes, tu compasseras toutes les menues parties de la teste selon la hauteur, & les marqueras aueques lignes equidistantes, & croisées, ou croisieres, adioutant à chacune d'elles, leurs notes de lettres : par ce moyen tu pourras facilement trouuer la proportion de toutes les parties de la teste, comme aussi nous l'auons cy dessous mis à l'œil, es ordonnances. Au reste on tiendra ce moyen.

Tu tireras vne ligne, e, croisée du costé de d, & esloignée d'vne 10, comme il a esté montré cy dessus deuoir estre fait au pourtrait viril, ayant la longueur de huit hauteurs de sa teste. Cete ligne la separera le front des cheueux. Mais tu feras le sommet plus haut d'vne tierce entre c, e, puis tu diuiseras e, d, de deux lignes f, g, en trois espaces egaux, desquelles f. qui est la haute, touchera au sourcils, & le haut de l'oreille : & celle du g, tenant le bas donnera à fleur du bout du nés, & du bout de l'oreille : la aussi se ioindra la surnucque au col. Subsequemmēt tu diuiseras e, f, en trois egaux espaces par deux points, & tireras du plus bas point la ligne croisée h, laquelle ligne touchera le cōmencement du frōt, au dessus des soucils, & d'ou le trait du front sera pourfilé en rond, iusques à la racine du poil. Puis tu diuiseras de deux points, f, g, en trois egaux espaces, desquels tu trencheras le plus haut de la ligne croisiere. I, par ce moyen l'œil sera enclos entre F.I. dedans lesquels les deux coings de l'œil s'etendront. Tu departiras aussi f.g. en trois points, par quatre espaces egaux, desquelz tu diseras le plus bas, en croisiere par la ligne k, laquelle touchera le dessus des narines. Le bas aussi de l'oreille sera comprins dedans k, g. Tu diuiseras subsequemment g, d, par la ligne croisée l. en deux egaux espaces : laquelle ligne touchera le dessus du mēton, tout ainsi que celle de d.le bas. Puis tu separeras g, l, par le mylieu, aueques la ligne m, laquelle passera par la fente de la bouche : & la ou tu auras diuisé g, m, en trois egaux espaces, le plus bas occupera la leure de dessus, & les deux autres, celle qui se voit sous le nés, quasi cōme vne canelle. Or comme tu auras departy l, m, en deux egaux espaces, celuy qui tiēdra le dessus, occupera la leure basse, & l'autre cete, quasi comme vallée, qui est entre la leure, & le mēton.

d iiij

ton,qu'on appelle la bagnoire. Par ce moyen tu auras les plus notables parties de la teste, selon sa hauteur qu'on voit haut & bas notées par les lignes croisées. S'ensuit que par apres ie montre par ses parties la largeur, ou bien l'epesseur, ou bien comme les nostres disent la profondeur de la teste. Ce que nous ferons par lignes à plomb. Tu prendras donc pour la profondeur tout ce qui se tire en derriere de la partie de deuant, en laquelle est le nés.

Tu diuiseras les deux cotés a.b, par six lignes à plomb n,o,p,q,r.s, en sept egaux espaces, desquelles la ligne n, touchera la prunelle de l'œil, & les coins de la bouche. Au regard de l'angle interieur des yeux suyuant le present propos, c'est à dire, le plus prochain des temples, tu le confineras au mylieu de n,o. Ces choses se deuront prendre en deux ententes, c'est à dire, d'vn coté & d'autre, selon que la face regardera çà, ou là.

Puis tu tireras vne ligne dyagonalle: c'est à dire, vne ligne biésant de la ou la ligne croisée o. fait vn angle. aueques la ligne à plomb de n, à l'angle que fait a,f. & la noteras de la lettre t. Par apres aussi tu en tireras vn autre dyagonalle, ou biésante de l'angle c, n, à l'angle que font a,g, & y feras vne marque de v. Le front donc prédra sa curuature par n,t, & pourtrairas le nés par la ligne n,v. Au reste tu asserras la source des cheueux sur le front, la ou la ligne croisiere e, croise la dyagonale n,t. Subsequemmét, tu tireras entre les lignes à plôb a,n. & entre les croisées d.g. la ligne à plomb x, qui donnera aux extremités de la haute leure, & du menton. Puis tu diuiseras n,x. entre les croisées m.d, par deux lignes à plomb, en trois egaux espaces, desqlles la premiere touchera au bout de la leure basse, & la derniere, celle que par cy auāt ie disoys estre quasi comme vne vallée sous ceste leure. Puis tu tireras les sourcils approchans de o, de sorte qu'en leur mylieu ils soient quelque peu esseués outre la ligne croisiere f. Au demeurant, tu comprendras toute l'oreille au dedans des lignes à plomb q.r. & des lignes croisées f. g. combien que tu logeras le bout dedans la premiere partie du my espace, qui est entre q,r, & k.g. Tu asserras aussi le sommet de la teste entre s, b, & c,e, pres la tierce partie de cest espace, qui sera prochain de s, & de la tierce prochaine de la croisée ligne e. Et asserras la teste sur le col, en la ligne croisée g, entre s.b. & en la 4. partie prochaine de s. Ces choses estans ainsi ordonnées, tu pourfileras les lineamens de la teste de pourfil, quasi comme dedans ceste façon de treillis de lignes: de sorte que la syme de la teste touche c, entre p,q. & sur le derriere, celle de b. entre h,f. par ce moyé estát pourfilée tout autour iusques au col dedans ce quarré, elle peruiendra iusques au coté bas.

Et par apres tu pourfileras depuis la syme, le surfront iusques au front : lequel consequemment tu pourfileras aueques le nés, & la bouche. Le bout du nés touchera entre k, g. Par ce moyen toute la teste enclose dedās ce quarré atteindra chacun de ses cotés. Au demeurant, tu tireras la machouere contremont, au derriere de l'oreille, & pourtrairas les oreilles, & paupieres en leurs lieux. Au regard de tout le tour du front, qui est au dessous de la source des cheueux, & du surfront, tu le pourfileras par e, entre p.q. & au dedās iusques à la my oreille. Au regard de la gorge, tu la pourfileras du bas de la ligne d. au dedans de o, p, prenant son commécement à la quarte partie de l'espace prochaine de o, & pourras si bon te semble donner au col, vne 14, ou deux 27. de pourfil. Quiconque tu sois qui te mesleras de cete matiere, sois soigneux de bien prendre garde à ces lineamés: en quoy si quelqu'vn ost negligent, il fera soudain quelque difformité en l'ouurage, combien que les iointures & treillis des lignes cy dessus demontrées, ne souffriront pas faire notable erreur.

Estant donques le pourfil de la teste par cete voye recerché : il nous faut subsequemmét demonstrer par la mesme maniere celle qui est de front, en la tirant au dedans d'vn quarré droict angulaire: lequel sera vn peu plus long en vn sens, combien que de mesme hauteur: mais moins large.

Tu tireras les lignes croisées par la mesme raison que tu as fait en la face de pourfil, & d'vn mesme ordre, avec vn quarré, qui soit depuis e, iusques a, d, suyuant l'ordre des notes des lettres. Selon lesquelles lignes tu prédras garde aux parties hautes, & basses de la face. Puis tu les trancheras aueques les lignes à plomb, à fin que la largeur apparoisse.

Tu clorras donques des deux costés les lignes croisées, mises en auant, avec les lignes à plomb a, b, lesquelles seront equidistantes d'vne 10. Puis tu diuiseras cete espace egallement par quatre autres lignes à plomb c,d,e,f. Et ordōneras le surfront au mylieu de d,e, au dedans les lignes croisées c,e. Puis tu pourtrairas le nés de sorte que le relief dés narines touche d'vn coté & d'autre d,e, au dedans des croisées k,g. Au regard des angles de la bouche, tu les tireras par m, ligne croisée, iusques aux lignes d,e, entre lesquelles aussi tu pourfileras le menton. Et au furplus, tu logeras les yeux de forte que de leurs quatre coings ils touchent c, d, e, f. au dedans des croifées F, I.

Puis tu diuiferas par leur mylieu les lignes à plomb a, c, & f, b. par deux autres à plomb g. h, lefquelles deux lignes le plus haut des ioues toucheront par la croifée k. Au demeurant les fourcils ferōt confinez d'vn coté, & d'autre, entre g, c. & f, h, fous la croifée f. Outreplus tu diuiferas a, g, & h, b. par le mylieu, auec deux lignes à plomb, i, k. Et par elles fera feparé de la racine des cheueux le front, quafi comme vne plaine d'vn cofté, & d'autre entre les croifées e, f. Mais les téples outrepafferont ces lignes d'vn cofté & d'autre : de forte que la moytié des oreilles foit couuerte, & hors de la veue au dedans des croifées f, g. Et quant aux oreilles, tu les pourfileras entre a, i, & k, b. & les croifées f, g, de forte que le deffus outrepaffe les lignes à plomb a, b, & qu'au deffous elles tendent aux lignes à plomb, i, k.

Ces chofes ainfi faites tu fourniras les pourfileures, de forte que la ou la fyme de la tefte touchera c, au dedans des lignes à plomb d, e, la auffi on le pourfilera en fa rondeur d'vn coté, & d'autre, vers les lignes à plomb a, b, & vers la ligne croifiere h, & de la iufques aux oreilles, pres la ligne croifée f, d'vn coté, & d'autre, par le mylieu de a, i, & k, b. Subfequemment tu pourfileras la largeur du front auec les machelieres par les lignes à plomb g, h. & par la croifée m, & les clorras par le menton. De rechef, tu pourfileras le col depuis n, iufques à la plus baffe croifée d, lequel tu feras large d'vne 15, ou vn peu plus. Puis tu figureras la face auec la pourtraiture des yeux, du nés, de la bouche, du menton, & des autres parties.

Finalement, tu viendras au tiers quarré rectangle, auquel tu depeindras le derriere de la tefte, & le figureras felon le pourtrait & pourfil des lignes de la tefte de front, affeant le fommet en fon lieu, & en la partie baffe la ou la tefte s'arrōdift proprement fur la nucque.

Mais la ou tu voudras ietter la tefte pourtraite felon la raifon que nous auons ordonné, de forte que le tour de toutes les parties aueques leurs pourfils & fuperficies apparoiffent par les lignes croifieres, comme fi la tefte de laquelle i'ay demontré la pourtraiture faite par aduenture de cyre, eftoit coupée par aucune des lignes croifées, que nous auons montré, on fcauroit quelle feroit la fuperficie du retranchement : ce que les peintres appellent au iourd'huy communément renuerfer fur le fondement. Si donques tu le veux entreprendre, tu t'ayderas d'vn triangle comme ie te le montreray, lequel nous auons voulu appeller transferant : pour autant que ce qu'on propofe fe pourra trāfferer, ou tranfmuer autremēt, en gardant la raifon de la porportion. Or le dreferas tu ainfi. Tu noteras vn triāgle duquel vn feul angle fera à l'equierre par ces nombres 1.2.3. Il n'y aura (comme i'ay dit) de tous les angles qu'vn à l'equierre, à celle fin qu'on s'en puiffe ayder à tous fens : foit que fes cotés foient egaux, ou inegaux, longs, ou cours. Au demeurant, tu marqueras tel coté de points que bon te femblera (car il n'y a point de danger) comme pour le prefent de 4. 5. 6. Defquels tu tireras des lignes equidiftantes à l'autre coté du triangle dont il fera auffi diuifé : & de ces nouueaux points de diuifion, tu tireras d'autres lignes equidiftantes au coté qui refte à diuifer : cela fait, fa diuifion fera auffi faite.

Tu pourras par cefte figure decouurir beaucoup de diuerfités de chofes, laquelle nous auons pourtraite, auant que de montrer le moyen par lequel elle fe puiffe accommoder au renuerfement de la tefte dont nous auons parlé.

ALBERT DVRER DE LA

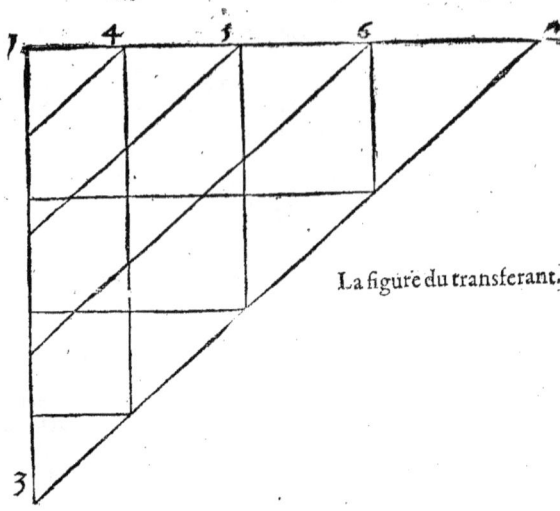

La figure du transferant.

TV accommoderas donques ce triangle transferant, à ce renuersement selon que nous l'appellons, comme il s'ensuit. Tu mettras premierement les pourtraits de la teste tant de pourfil, que de front, dressés comme dessus en leurs quarrés. Puis tu tireras toutes les lignes à plomb de la teste de pourfil a, n, o, p. q, r, s, iusques au bout selon qu'il sera necessaire. Tu tireras aussi toutes les lignes à plomb du quarré de la teste de front a, i, g, c, d, e, f, h, k, b. Puis tu tireras vne ligne droite croisée, & equidistante suyuant toutes ces lignes tirées au dessous des figures des susdictes testes. Cela fait, tu noteras en quel endroit ceste ligne croisée coupe les lignes a, b, de la teste de front : puis tu escriras 1, auprés de la ligne a, & 2, auprés de celle de b. Tu compasseras subsequemment en tirant en bas depuis la marque 1, autant d'espace que la largeur de la teste de front contient. A la fin duquel espace tu escriras 3, & conioindras 2, 3. par vne ligne oblique, c'est à dire ligne biesant: & lors tu auras parfait le triangle que i'ay appellé transferant. Puis tu prendras garde ou ceste ligne biesant 2, 3, tranche les lignes à plomb pourtraites en la figure de la teste de front : Tu tireras aussi par le moyen des mesmes points de ceste diuision, les lignes croisées, & equidistantes, par les lignes à plomb, qui sont tirées en la teste de pourfil. Et la ou la ligne biesante 2, 1, & la ligne 3. passeront les lignes à plomb des deux cotés de la teste de pourfil a, b, tu y mettras sur le deuant 4, 5. & en derriere 6. 7. Ce quarié sera oblong, auquel sera contenu ce renuersement de teste dont i'ay parlé.

Aprés lequel fait, & marqué par les nombres 4, 5. 6. 7, & les lignes pourtraites tant de la teste de pourfil, que de front, on montrera maintenant ou c'est qu'es les incisures de toutes les parties de la teste cherront, touchant les quarrés enclos que tu y verras au dedans. Car chacun d'eux tiendra la moindre place de ses parties comme des yeux, du nés, de la bouche, du menton, des oreilles, du col, & pour le faire court, des lineamens de toute la teste. Au demeurant nous auons cy dessous mis les ordonnances de toutes ces choses de la teste de pourfil, de front, de dos, & du renuersement, l'apellans ainsi que nous l'auons dit. La cognoissance de ceste recerche, & des plattes superficies de la sorte que i'ay dit, est d'vne grande vtilité.

Au demeurant si quelqu'vn trouue bon de pourtraire la teste, de sorte qu'elle soit la septiéme partie du corps, attendu que nous l'auons icy, depeinct comme octaue, il agrandira & elargira la teste de pourfil à ce compas, en gardant toutes les autres parties : & fera le col de deux 27, de pourfil. La teste aussi de front se pourra conuenablement étendre, de sorte que le front sera de deux 17. en se retraignant auprés des oreilles : lesquelles par consequence seront plus apparentes. Au surplus la source des cheueux, & le front, sera quasi comme vne plaine de plus grand'ouuerture. Toutes lesquelles choses les affectionnés à ces matieres, verront es ordonnances cy dessous mises. De vray il ne faut pas ignorer que la proportion exquise d'vn corps de la longueur auquel la teste soit la septiéme, n'est point à deprifer.

PROPORTION DE L'HOMME. LIVRE. I.

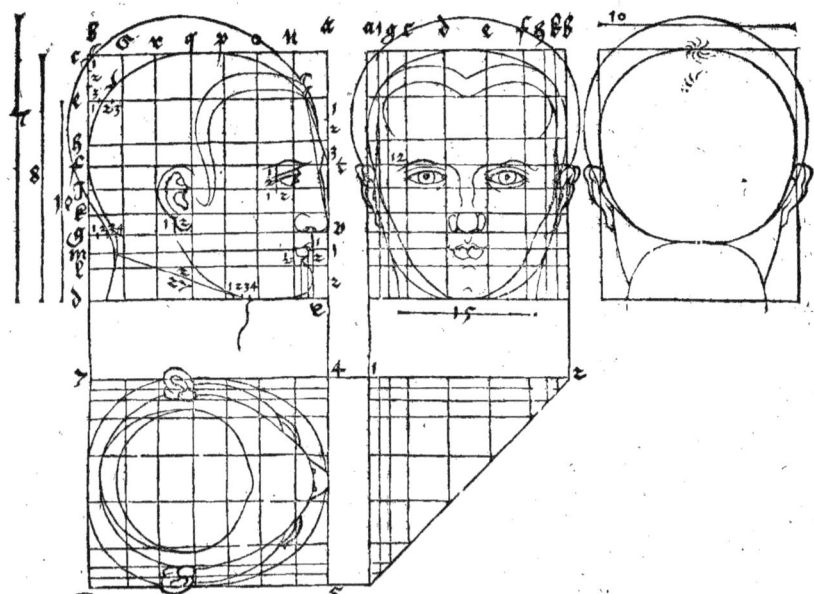

AV demeurant tu pourras renuerser tout le pourtrait estant droit, ou bien en quelque autre geste, par la mesme raison que i'ay montré la teste deuoir estre renuersée en son fondement.

Or maintenant ie pourtrairay la main d'vn homme robuste, plus exactement par toutes ses menues parties, laquelle ie fay longue d'vne 10. comme dessus ie l'ay mis. Tu tireras donques deux lignes croisées c. d. & les separeras d'vne ligne à plomb, de qui la hauteur sera d'vne 10, & ses marques a, b. Aussi feras tu par vne autre ligne à plomb esloignée de ceste autre, d'vn moyen espace e, f. Puis tu diuiseras a, b. en 18. points, ou signes par 19. egaux espaces: mais e, f. sera assise, de sorte qu'elle passera tout le long du mylieu de la main, tendãt de l'extremité du plus lõg des doigts, auquel elle touchera à la ligne c. iusques à celle de d. qui separera la iointe de la main, d'auecques le couldet. Subsequemmẽt tu tireras du point i. la ligne croisée g, qui touchera le bout du doigt, qui est le plus prochain du plus petit : lequel les Grecs appellent Parameson. Puis tu noteras au mylieu de 1, 2. vn point, duquel tu tireras la ligne croisée h, laquelle touchera au bout du second doigt. Et du 4. point, tu tireras la ligne croisée I, qui touchera l'extremité du petit doigt. Finalement tu tireras du 7. point la ligne croisée k, laquelle atteindra l'extremité du poulce.

Et apres que tu auras les extremités des doigts notées, tu marqueras de ceste sorte leurs parties basses, & qui sont comme racines naissantes de la main. Tu tireras du point 11. la ligne croisée l. laquelle passera par les basses iointes du second doigt, & du plus long. l'assiete desquelles se voit en la main egale. Par ce moyé le doigt du mylieu sera plus long que ne sera tout le reste du bas de la main. Et la ou la ligne l, croisera la ligne à plomb de e, f, tu y escriras m. & asserras l'vn des bras du compas, au point f, & l'autre en m. Puis tu tireras de la droite le long de la main du doigt du mylieu, en tournant vers le petit, selon qu'il en sera besoin : & marqueras dedans la curuature de ceste ligne, les basses iointes du petit doigt, & de son prochain Leur assiete de vray est plus basse, que des premiers. Puis tireras du nombre 14. la ligne trauersante n. laquelle s'estendra par la plus basse iointe du poulce.

Apres auoir donc compassé les hauteurs de la main, & des doigts, il est necessaire que tu ordonnes les assietes de toutes les iointes de ceste sorte.

Tu tireras la ligne croisée o, du 10 point, laquelle passera par la haute iointe du poulce. Puis tu diuiseras par vne ligne croisiere le second doigt par le mylieu, entre h, l. laquelle passera par la iointe du mylieu. Depuis laquelle tu diuiseras en six points par 7. espaces egaux, ce que dessus reste du doigt. Et lors tu tireras vne ligne croisiere du 3. point, laquelle passera la plus haute iointe du second doigt: & la ligne croisée p. tirée du 6. point, passera la iointe du mylieu du plus long doigt. Outre plus, tu departiras en 7. parties par 6. points egalement, l'espace d'entre les croisées c.p. & tireras vne ligne croisée du point 3. laquelle passera par la plus haute iointe du plus long doigt. Au regard de la ligne croisée k, on la verra passer par la iointe du mylieu du 4. doigt. Puis tu departiras ce que de ce doigt reste au dessus de ladite iointe, par 8. points en 9. espaces, & tireras du 4. vne ligne croisée, laquelle passera par la plus haute iointe de ce mesme doigt.

Au regard du petit doigt, tu lairras sa longueur de la sorte que par la raison ia dite il est aduenu: ou bien tu la feras telle qu'elle est celle du plus long doigt depuis la iointe du mylieu, iusques au bas. Laquelle longueur tu departiras en 10. points, & en 11. egaux espaces, tirant du point 6. vne ligne croisée qui passera par la iointe du petit doigt qui est au mylieu. Puis soudain tu departiras de rechef cest espace de six points, en 10. autres points, & en 11. egaux espaces: & tireras du point 8. vne croisée, laquelle passera par la plus haute iointe du petit doigt. Quoy faisant prens ce pendant garde quels nombres, & mesures sont prises de la ligne à plomb a, b. & quelles aussi des autres moindres espaces.

Au regard de la hauteur des ongles, tu la feras telle à chacune, qu'elle aura la my espace de ce qui est entre le bout de son doigt, iusques a la plus haute iointe.

Outreplus il faut entendre que la separation des doigts, se trouue d'vn costé, & d'autre du plus long doigt au mylieu de la main: & que celle du petit doigt, & de sõ plus prochain, est quelque peu au dessous, & celle du poulce, encor plus basse.

Or apres que tu auras estably la hauteur de la main, & de ses parties, tu chercheras maintenant ses largeurs. Au demeurant tu ne pourras pas icy (en gardant la proprieté des choses) tenir la raison que cy dessus i'ay proposé es pourtraits des images deuoir estre suyuie: comme qu'en premier lieu on cerchast la façon de la figure de pourfil. Parquoy tu ordonneras en premier lieu les largeurs de la main ouuerte, qui n'est pas de pourfil. de ceste sorte, par ses parties. Tu feras la main au droit de sa iointe la ou elle se lie au bras par la ligne croisée d. de 7. 19. parties de large, de la longueur de l'espace a, b. Au regard de la paulme qui est par la croisée m. tu le feras d'onze 19. parties susdites : de vray elle deura estre au droit de la iointe du poulce, en sa plus grande largeur. Au demeurant, tu compasseras par la longueur du second doigt, ceste largeur de main, qui est depuis le bas dudit doigt par la ligne croisée l. & par les basses iointes des doigts en ceste portion de curuature, dont nous auons parlé qui se fait pres la racine du petit doigt. Tu feras aussi le doigt du mylieu, & qui est le plus long en sa partie basse, d'vne 5. de large de sa propre longueur. Et en sa plus haute partie, tu retraindras ceste largeur, par le sustrait d'vne 4. Au regard du second doigt, tu le feras par le bas de la mesme largeur que tu as fait celuy du mylieu : & au haut, vn peu plus étroit. Tu feras aussi le bas du petit doigt, & de son prochain, de la largeur chacun d'vne 5. de leur longueur, en sustrayant par le haut, vne 4. Tu tiendras aussi le poulce large en son mylieu d'vne 3. de sa longueur.

Le bas des doigts est de sorte fiché en la main, que les racines d'vn chacun d'eux donnent au mylieu de leurs largeurs, ce que nous auons marqué es ordonnances aueques petits cercles.

Il faut aussi considerer en ce lieu, qu'il ne se trouue en la main aucun doigt, qui soit semblable, ne conforme l'vn à l'autre: ce que chacun pourra aisément decouurir en le recerchant Il faut aussi entendre que l'étendue de la main n'est pas droite, & que quasi elle extrauague aupres du petit doigt.

Ces choses ainsi expidées, tu chercheras la largeur de la main de pourfil, qui sera par l'endroit de la iointe la ou elle se lie au bras de cinq 19. de la longueur de a, b. Et par la basse iointe du poulce, & la ligne croisiere n. tu tireras la moytié de la largeur que cy dessus nous auons montré deuoir estre en la main étendue, & ouuerte. Tu en tireras autant par le muscle pres de la paulme. Mais pour autant qu'au droit de ceste partie là, la main prẽd quasi concauité en la paulme, par les parties inferieures du poulce, & du petit doigt tirás en dedans, il auient que l'espesseur du pourfil de la main ne soit pas si grande comme il apparoist, & qué sa pourfileure le montre. Tu feras le poulce autant espés au droit de sa premiere iointe, qu'est la longueur du petit doigt, depuis sa plus haute iointe iusques au bout

PROPORTION DE L'HOMME. LIVRE. I.

mais tu le retraindras au bout d'vne 4. Outreplus,tu feras la largeur,& espesseur de tous les doigts,presque telle que nous l'auons montré en la main ouuerte, la ou leur pourfil tend à la iointe basse,& grosse.Il est vray qu'au droit des iointes,il y a de la faute.

Ayant donques ainsi noté la longueur,largeur,& espesseur de la main,tu la pourfileras a-ueques ses lignes en bonne proportion dont tu voys l'ordonnance par nous cy dessous mi-se.Ce que voulant quelqu'vn ensuyure,ie suis d'advis qu'il a besoing d'vne supreme dilige-ce,pour ne deprauer rien,& qu'il ne s'abuse au trait des lignes. Par ce que le bon pourtrait d'elles,n'est pas vn ouvrage facile,ne d'vne main lourde.

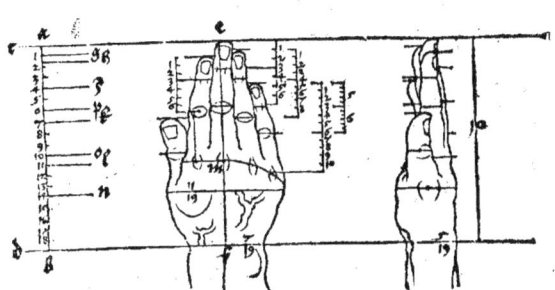

Or doresenauant ie descriray plus exactement , & de plus grande recerche le pied de l'homme robuste, comme i'ay fait la main,suyuant aussi la raison de la longueur du corps.& duquel le chef se trouuera d'vne huytiéme.

Duquel donques la 6. se baillera au pied, lequel se dilatera en vne 17. Lequel espace tu enclorras dedans vn quarré qui suyuant la nature du pied sera oblõg.Et le marqueras d'vn a. en la partie au dessus ou il est le plus long , & en la basse luy respondant aussi en sa lon-gueur d'vn b. Et au regard des cotés qui sõt plus courts,tu signeras du c. le premier, c'est à dire le dextre ou les orteils ont leur regard, & le derriere aupres du talon , d'vn d. De-dans lequel quarré tu pourfileras le pied, de sorte que soit qu'il soit en son assiette, ou ren-uersé.il touchera tous les cotés. Or diuiseras tu premierement la longueur de ce quarré de deux lignes e.f. entre c.d. en trois egaux espaces,de sorte que e. soit la premiere.En quoy il faut entendre, que combien que les marques des lettres soient entremeslées que toutes-fois celles doiuent estre tenues pour les premieres, qui sont les premieres nommées. E-stans donques les espaces ainsi disposées,tu ordonneras dedans le premier entre c. e. les orteils du pied: & à celuy du mylieu entre e f.tout ce qui se montre du pied entre les or-teils,& les cheuilles la ou sont les os, & les nerfs:& au dernier entre f. d. sera le talon, & le coup du pied,aueques la iambe. Puis tu diuiseras la ligne d, en six points g,h,i,k, l, m, & en sept espaces egaux:puis tireras du point g, vne droite ligne à celle de c, & la ou elle l'attain-dra,tu y escriras la lettre n.& la ou elle touchera la ligne à plomb f. tu y escriras o. Puis tu diuiseras l,m. par le mylieu,aueques le point p. duquel point tu tireras vn equidistante à la ligne à plomb f,& la ou elle l'atteindra,tu y asseras q duquel apres tu en tireras vne ligne biesante vers k. Puis tu logeras le point r. au mylieu du coté c, entre a,b. Puis tu diuiseras r, b. par les deux points S.T. en trois egaux espaces. Puis tu diuiseras b.c. d. en deux points v. x, en trois egaux espaces. Tu diuiseras aussi e, f, aueques deux lignes y z, en trois egaux espa-ces. Aussi feras tu t,d, par les deux points st,ſ. en trois egaux espaces. Et la ou tu verras la li-gne g,croisant la ligne e,tu escriras t;. Puis tu tireras du point h, vne ligne croisée à la ligne f,& la ou elle l'atteindra,tu y escriras a.i. Puis tu diuiseras r,ſ, de deux points, 1, 2, en trois e-gaux espaces. Aussi feras tu x.e, par les deux points r, 2, en trois egaux espaces : & subse-quemment ſ; d. de quatre points 1.2,3,4, en cinq egaux espaces. Et du point 3 , tu tireras vne ligne à plomb à la croisée h, a. i. & la tu mettras b i. Il faut aussi entendre icy que se-lon le moyen que nous tenons, toutes les marques de toutes les plus petites lignes,se trou-uent en la croisée a. De laquelle il faut tirer quelques lignes biesantes, dont e, n, sera tirée en dyagonage:aussi sera r, t;. & vne autre du point 2, entre r,s, au point y. Vne autre aussi t, 2.

ALBERT DVRER DE LA

Item b, o. qui est aussi dyagonalle. Puis vne autre v. a, i. Subsequemment tu tireras du point st. vne droite ligne à la ligne biesant de k. q. & la ou elle l'atteindra, tu marqueras, c. i. Puis tu asserras l'vn des bras du compas au point de t; en touchant de l'autre au point n. lequel (estant l'autre siché, comme il a esté dit au point t;) tu tourneras contre bas iusques à la ligne biesant r. t;. Et en poursuyvant encores, tu tireras iusques à la biesât t, z, & à icelle de b, o. Outreplus estant tousiours encores l'vn des bras du compas siché au mesme lieu tu ouvriras quelque peu l'autre, pour atteindre le point z. en la ligne b, entre x, e, & le tourneras iusques à la ligne b, o. De rechef aussi tu lairras encor le bras du compas siché au mesme point t;. lequel tu ouvriras quelque peu : de sorte que l'autre bras touche au point r. puis tu le contourneras contre bas iusques à la biesante t. z. Par lesquels petits girôs, les orteils, & extremités du pied seront notés. Desquels les plus hautes iointes ioignant le pied, seront ordonnées de ceste sorte. Tu asseras vn point en la ligne e, au mylieu des biesantes b, o. & v. a, i. & tu asserras la iointe haute de l'orteil, prochain du petit. Puis tu asserras vn bras du compas au point z, & l'autre en ce point ia fait en la ligne e. & estant ainsi assis, tu tourneras c est autre contremont, iusques à la ligne croisée g, n. & la ou le tour du bras du cōpas l'atteindra, la sera la place de la plus basse iointe du gros orteil du pied. Puis tu asserras deux points en ceste ligne courbe, ainsi tirée contremōt au mylieu du dedans des lignes biesantes S, y, T. z. b. o. Et la tu logeras les basses iointes de l'orteil du mylieu, & de celuy qui est prochain du gros. Desquels tu verras les lieux marqués par petits cercles oblongues, en l'ordonnance cy dessous mise. Au regard de la basse iointe du petit orteil, tu la noteras auecques vn point assis sur la ligne e, tenant le mylieu d'entre la croisée b, & la biesâte v, a. i. Au surplus tu trouveras que le gros orteil qui aura deux iointes au pied, a le devant quelque peu plus long. Quant aux trois orteils du mylieu, tu les diuiseras par les espaces qui sont au dedans de leurs iointes : de sorte que le plus bas egale les deux autres en longueut. Au demeurant leurs extremes espaces excederont ceux du mylieu, d'vne 4, ce qu'auient pour ceste quasi surcroissance de chair qui est sous les ongles. Quant au petit orteil, tu luy aiouteras aupres de la basse iointe vn puissant cal, l'extremité duquel sera confiné en la ligne x, & feras la plus basse partie, plus longue que les autres. Tu feras aussi chacun ongle des orteils moindre en longueur de la moitié, que n'est l'espace de la partie en laquelle elle est assise. Cela fait, tu asserras vn bras du compas au point y, & l'autre vn peu au dessus de la basse iointe du petit orteil sur la ligne e, & de la en tournant le compas contremont, tu marqueras à petites lignes, les lieux ou le pied commence à s'ouvrir en orteils.

Au demeurant tu tireras en derriere quelque peu plus loin les formes de l'ouverture, & les tireras quasi comme concauités. Puis tu prendras garde que la ligne f, touche à la supreme partie du pied, la ou il se conioint à la greue qu'auiourd'huy on appelle le coup du pied. Il est vray que la figure de ceste diuision & separation : c'est à dire du plan en ceste partie, excedera par le bas la ligne f, de deux tierces, vers la ligne z. Finalement tu diuiseras i; d, par quatre points, en cinq egaux espaces, & tireras du z. vne droite ligne à plomb qui atteindra les nerfs aupres du pied, que les Grecs appellent tenons.

Estans donques ainsi disposées les lignes croisieres en leur equidistance, & celles à plomb auecques les biesâtes dyagonalles & lignes courbes, par lesquelles la forme du pied de platte painture seroit pourtraite, tu en feras consequemment la figure de ceste sorte.

Tu pourfileras le gros orteil depuis la ligne e, vn peu au dessus de la ligne biesante, e, n. en sorte que la plus basse iointe se releue. Puis tu la courberas quelque peu au dessous de la ligne biesante e, n, puis de rechef tu recourberas contremont à la ligne e, n. selon que la première iointe s'enleue d'vn coté & d'autre. Puis tu le pourfileras droit iusques à ce qu'il soit comprins en ceste fus notée courbure, entre n, r. Et ainsi tu le pourtrairas en le ramenant sur la ligne r, t;. iusques à la fente du pied en ses orteils.

Et par apres tu enclorras semblablement chacun orteil en ses curuatures ordonnées au dedans des lignes biesantes tirées en long. En quoy tu prendras garde que le gros orteil ne tire pas droit en vn pied bien proportionné, ce qu'auient en aucuns corps mal composés. Et à celle fin que cela fut mieux entendu, i'ay pourtrait l'assiette des orteils, par ces lignes obliques en l'ordonnance : par lesquelles les orteils fussent plus ou moins abbaissés, selon que la grace & la raison de la liesion le requeroit. Et pourtant tu trouueras

PROPORTION DE L'HOMME. LIVRE. I.

vne espace delaissé entre le plus gros orteil, & son plus prochain : veu que tous les autres tirent vers le petit, lequel poussé contre eux en trauerse sur la ligne v, a, i, & le feras long d'vne tierce partie de la ligne b. en le compassant depuis le point e. auquel est assis sa basse iointe.

I'ay bon desir que tu congnoisses & contemples diligemment les faces des orteils qu'ils ont entre eux fort diuerses, & les petites bosses de iointes, & les formes des autres parties, qu'homme ne scauroit nommer par leurs noms. Parquoy ie te renuoye à l'ordonnance à laquelle elles ont deu, & peu estre pourtraites. Subsequemment tu tireras en rond quasi comme vn auancement depuis le bas du petit orteil rebroussant vers le pied, à l'angle b, y.

Au regard de la pourfileure du dedans du pied, tu la feras proprement en la courbant vers la ligne y, & au dedans des lignes croisées a, n, g, puis se releuant sur sa fin vers la ligne f, & en se recourbant au dedans de f, o, iusques au talon. Lequel tu commenceras à pourfiler en rond iusques à ce qu'il touche la ligne d, & le point h. Duquel tu pourfileras vne curuature inegale du talon iusques à la bielante k, q. Tu pourfileras aussi vne curuature au dessus pres la ligne st. Mais tu pourfuyuras aussi la pourfileure du pied, depuis le point q. iusques à ce que tu paruiennes à ceste quasi surcroissance que i'ay dit estre aupres du petit orteil, vers y, b, Au regard de la plante du pied, tu la trouueras en l'ordonnance marquée de certains points. Et quant à ceste quasi comme incisure du pied, la ou la iambe se conioint à luy, & la ou le pied fait concauité entre les deux cheuilles dedans la ligne st. elle aura vne 26. d'espace: & au dessous des cheuilles, vne 31. Quant à la forme de ceste incisure que nous auons dit, tu l'alongeras outre la ligne f, de deux tierces vers la ligne 3. Tu feras aussi la cheuille de au dedans, vn peu plus platte, & celle du dehors, plus en pointe : & d'auantage celle de dedans plus elongnée du talon que celle du dehors. Par ce moyen ceste concauité qui est entre la cheuille interieure, & le nerf aupres du talon, sera plus platte & plus longue que ne sera celle qui sera entre le talon, & l'exterieure. Puis tu pourtrairas dedans ce pied, vn cal quasi comme à part, depuis la ligne f, iusques à la ligne 2, afin qu'il soit plus agreable à l'œil. Tu pourtrairas aussi cest autre corps du petit orteil, par la ligne y, en la ramenant iusques à my espace d'entre y z. En quoy tu te donneras garde diligemment qu'en tortuant les lineamens, tu ne depraues la pourtraiture.

Ces choses estãs ainsi menées à fin, ie n'ay pas oublié de mettre en auant, ces incisures figurées à part par e, & par f, telles qu'elles apparoissent en vn plan : afin que toute nostre raison fust plus manifeste. De vray tu pourras cercher toutes les incisures de toutes les parties du corps, de quelques formes qu'elles se rencontreront, soit droite, soit oblique.

Doresenauant la ou tu vouldras faire le pied assis, & quasi planté sur la plaine, & de pourfil, tu feras ainsi. Tu marqueras le lieu comme tu le verras auoir esté fait par nous en l'ordonnance, de l'espace d'vne 24. Et la, tu tireras suyuant la premiere forme aueques les transferant les lignes c, e, y, z, f, d, & les autres choses qui y seront necessaires, par vn semblable moyen, & ordre de la susdite description. Lesquelles lignes tirées à plomb, tu clorras de deux croisées : par ce moyen tu auras fait vn quarré à quatre cotés, & plus long en vn sens. La longueur duquel sera de mesme que celle du pied dont nous auons parlé, & de la hauteur d'vne 24. Et la noteras de ceste maniere d'ordonnance de pied. Et par apres tu diuiseras le coté a. b. aueques les deux croisées e, f. en trois egaux espaces. Par ce moyen ces lignes à plomb te montreront l'assiete de toutes les parties du pied en sa longueur, comme le bout des orteils, puis les iointes & fentes, & l'assiete des ongles : & finablement comment se doit dresser (comme i'ay dit) la face de tout le pied, & l'incision en laquelle la iambe ou greue se ioint à luy. Au surplus les croisées te montreront la hauteur qui en ce lieu comprend l'espesseur en ceste sorte. Tu asseras la plante sur la ligne b, puis diuises le coté b, au dedans des croisées f, b. par les deux points 1, 2, en trois egaux espaces. Puis tu diuiseras la ligne à plomb, e, en quatre egaux espaces, aueques les trois points 1, 2, 3. dedans les croisieres e, f. Outreplus tire vne autre ligne croisée au dedans des croisieres a, e. & des lignes à plomb z, d, puis tu pourfileras le pied selon ses marques, commençant par l'angle a. f, tirer le col du pied iusques à la ligne à plomb, e. au point 3. Et de la tu rabaisseras iusques à la croisée f, ce relief de la basse iointe du gros orteil. Puis vn peu plus bas tu feras le bout du gros orteil aupres du point i. Tu pourfileras aussi la basse iointe du petit doigt & son

e ij

ALBERT DVRER DE LA

relief l'éleuant iusques à la quarte partie de l'espace qui est entre f, b. Au demeurant tu se ras diligence de pourtraire si bien le reste des orteils, que tout ainsi que chacun d'eux se trouuera plus long que son prochain, qu'il soit tant plus gros. Par ce moyen il auient que l'extremité du petit orteil doit estre bien amoindrie. Il est vray que quant à son auancement au droit de la basse iointe, & quasi outrepassement, tu le rameneras en derriere outre la ligne y. Au regard de cest autre cal du pied, & qui est à part, tu pourfileras le dessus vers la croisée e, & le bas au premier des trois espaces marqués au dedans des croisées f, b. Mais en ce qu'il a son regard vers les orteils, il deura atteindre l'angle de la croisiere f, & de la droite, 2, & vers le talon outrepasser la droite, st. iusque au dedans de la croisiere e, f. Subsequemment apres tu pourfileras le talon en rond, de sorte qu'il touche à la ligne croisiere f, par la ligne à plomb de d, & le pourfileras par le haut à l'angle qui se fait par la ligne tombant du point 3, sur la croisiere e, au dedâs de f, d, en la croisiere a. Et de la tu tireras le nerf ou le tenon cōtremont. Et quāt à la cheuille du dehors, c'est à dire qui est en veue, tu la tireras du point f, quelque peu au dessous de la ligne croisiere de celle qui est entre les croisieres a, e, mais au dessus du coup du pied, & de la cheuille, le pourfil & l'espesseur sera d'vne 24. Au regard de la iambe, elle sera pourfilée au dessus, depuis la ligne à plomb, f, d'vn costé & d'autre. Quant à la forme du talon, tant au pied que sous la cheuille, tu la tireras tant haut, que bas, depuis la ligne croisée, e.

Consequemment aussi nous mettrons en auant le pourtrait du derriere du pied, lequel aussi sera enclos dedans vn quarré conuenant à la hauteur, à l'espesseur, aussi à la largeur. Au demeurant les lignes & points seront poursuyuis selon le transmuant, par lesquels toutes les parties du pied soient distinctes & manifestes. Mais on gardera en la pourtraiture la diuersité de l'assiete des cheuilles: car celle de dedans sera plus haute, & celle de dehors plus basse. Quant à la largeur du coup du pied, tu la feras d'vne 26, au droit des cheuilles, & d'vne 31, par la ligne tirée au mylieu des croisées a, e. Au demeurant tu tireras la iambe d'vne 34, au dessus des cheuilles.

Tu pourras aussi par vne mesme raison figurer le pied de front. Toutes lesquelles choses nous nous sommes efforcés presenter paintes auec tous leurs lineamens à l'œil de ceux qui desireroient les cognoistre, tout ainsi que nous les auons compris par doctrine; afin de rendre aux preceptes, quasi comme vne lumiere.

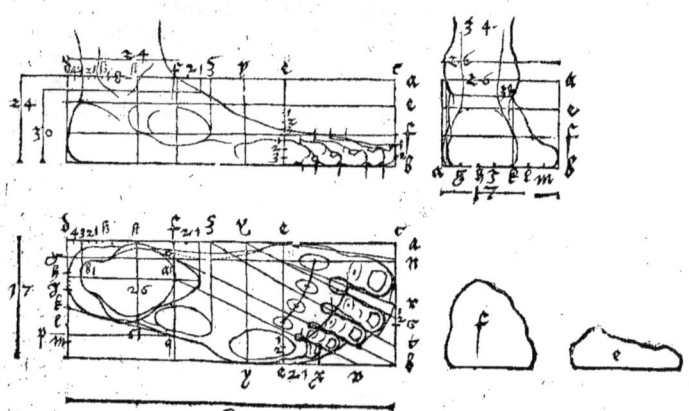

Apres auoir declaré la raison du pied, ie descriray subsequemment la teste de la femme plus exactement que dessus. Suyuant au demeurant la mesme voye, par laquelle i'ay cerché par le menu la teste de l'homme. Tout ainsi donques qu'es pourtraits que i'ay commandé en quelque endroit, de faire la teste de la femme d'vne octaue, tu la feras aussi maintenant, & accommoderas en ceste recerche la quantité à la façon de faire de la teste de l'hōme. Au demeurant tout se menera à fin de ceste sorte.

Tu feras trois quarrés par le moyen du trasmuant: chacun desquels aura la hauteur d'vne 8, & le premier la largeur de mesme, par ce moyen il sera quarré egal. Au regard des deux

PROPORTION DE L'HOMME. LIVRE I.

autres, tu feras leur largeur d'vne 10. Le quarré egal sera ordonné pour la teste de pourfil: & l'vn des autres à celle de front, & l'autre pour celle du sousommet. Au surplus tu marqueras les deux costés des lettres: desquels la lettre a, sera le dextre, la ou le nés & la bouche a son regard, & la lettre b, le senestre. De la en apres tu distingueras tout le pourfil de la teste ou la profondeur (comme nous auons dit) de toutes les parties par les autres lignes à plomb au dedans a, b, lesquelles tu noteras, en commençant à la face, tirant quasi en derriere, toutes aueques leurs marques, & seront les nombres de la proportion les parcelles extraites sur la longueur de tout ce pourtrait. Et pourtant tu mettras la premiere ligne c, apres a, de l'espace d'vne 80, laquelle la partie qui est au dessus du front touchera la ou commencent les cheueux: aussi seront les bouts des sourcils, lesquels ne se doiuent pas ioindre sur le nés : à elle aussi donnera la haute leure. Subsequemment aussi tu poseras vne autre ligne d, distant de a, d'vne 64, laquelle l'extremité des paupieres attaindra, aussi sera la leure de dessous, & le bout du menton. Et par apres tu en mettras vne autre e, distant de a, d'vne 56. A laquelle attouchera ce qui est quasi concaué au dessus des paupieres, & le bout de la prunelle: aussi sera cest interieur relief des narines, & le coing de la bouche, aueques la partie que nous auons appelé bagnoire. Par apres tu mettras la ligne f, distant de a, d'vne 40, laquelle les coings de l'œil toucheront aupres des temples. Puis vne autre ligne g, distant d'vne 32, de a, laquelle le dedans des sourcils attaindra aupres des temples, & ceste façon de retour, qui est sous les machoires. Puis tu mettras vne autre ligne h, distant de a, d'vne 22, laquelle l'extremité du col touchera. Subsequemment, tu mettras la ligne i, à vne 14, de a, laquelle le commencement de l'oreille attaindra. Puis celle du k, à vne 11, de a, que le bout de l'oreille touchera : mais le petit bout d'elle sera logé entre ceste cy, & celle de i. Puis tu tireras celle de l, à vne 9, de a, que le sommet de la teste touchera, & la iointe du sousommet aueques la nucque: laquelle tu tireras de la embas. Finalement, tu mettras la ligne m, à deux 17, de a, laquelle limitera la moitié de la nucque.

Or apres auoir tiré toutes les lignes à plomb, & marqué les parties, & quelles lignes elles doiuent toucher, tu discerneras consequemment la hauteur, c'est à dire, la teste, haut & bas, ce qu'on fera par les lignes croisieres, & equidistantes.

Desquelles tu feras la premiere n, qui sera le coté du dessus, à laquelle aussi la syme de la teste touchera : & la derniere qui est la basse, sera y. Subsequemment, tu tireras la ligne croisiere o, d'vne 80, au dessous n, laquelle le sommet touchera: puis tu tireras la croisée p, distante de n, d'vne 30, laquelle la source des cheueux touchera au dessus du frôt. Puis tu en tireras vne autre qui soit q, à vne 16, de n, laquelle le haut des paupieres touchera, aussi sera le haut des oreilles : sur laquelle aussi seront couchez les sourcils, la surpassans quelque peu sur le mylieu. Puis tu tireras la ligne t, au mylieu d'entre q, y, laquelle le bas du nés touchera, à laquelle aussi se ioindra la licon de la nucque aueques le sousommet. De la en apres tu tireras la ligne r, par laquelle sera departie la supreme tierce partie de l'espace egalement diuisé, qui est entre q, t, laquelle la basse paupiere touchera. Au regard des coings de l'œil, & de la prunelle, tu les ordonneras au mylieu d'entre q, r. Puis tireras encores la ligne s. par la basse 4, partie de l'espace d'entre q, t, diuisé egalement, laquelle le haut des narines, & le petit bout de l'oreille toucheront. Diuise subsequemment t, y, par le mylieu, aueques la ligne x, laquelle le haut du menton atteindra: puis tu diuiseras t.x. par le mylieu, aueques la ligne v. laquelle passera par le mylieu de la bouche. Puis tu diuiseras t, v, en trois egaux espaces, au plus bas desquels tu asseras la haute leure, & marqueras es deux autres, ce que nous auôs appellé quasi canelle, qui est au dessous du nés, & que les Grecs appellent philtrum. Tu diuiseras aussi v, x, en deux parties, & enclorras en la haute, la basse leure : & en la basse, ce que nous auons appellé la bagnoire, qui est vne petite vallée d'entre la leure, & le menton.

Puis apres tu tireras vne ligne diagonalle de l'angle que font c, p, à l'angle a, y, laquelle le front outrepassera dedans p, q, quant au nés, il descendra au dessous entre q, t.

Ces choses estás ainsi faites, vien au plus prochain quarré, lequel tu noteras des plus notables lignes croisées aueques le transmuant, en marquant aussi les deux plus longs costez, l'vn de a, & l'autre de b. Puis tu tireras neuf lignes à plomb, par lesquelles tu diuiseras a, b, en dix egaux espaces au dedans de a, b, lesquelz aussi seront distinguez par autant de marques de lettres, comme de d, e. f. g. h. i. k. l, m. Puis tu diuiseras a, d, & m. b. chacune par le mylieu par autres deux lignes c, n.

e iij

Estans donques toutes les parties de la face ainsi ordonnées, & notées dedans ces quar‑
rez preparez, tu pourtrairas consequemmét la forme: aueques toutesfois pourfileures plus
deliez, & quasi plus molles, & moins robustes, que n'ont esté celles des pourtraits des hom‑
mes. Tu tireras donc premierement la teste de pourfil, de sorte que la syme touche à la li‑
gne croisée n. aupres de la ligne à plomb. i. & que le sousommét donne au coté b. au dedans
p. q. Puis subsequemment tu tireras le sursront, le front, le nés, la bouche, & le menton: les
ioues, les oreilles les yeux, & la plaine du front, chacun selon la marque de son lieu : au re‑
gard du col, tu le feras d'vne 14. de pourfil.

Puis aussi tu pourtrairas celle de frõt. de sorte que la syme soit à rés de la ligne n. & que
les temples descendent aux lignes des cotés de a. & de b. ausquelles elles seront iointes au
dedans de p. q. puis on pourfilera l'arrondissement des machoires, depuis les lignes à plomb
c. n. sous la ligne croisiere r. iusques à ce qu'il, soit conioint au menton , les deux oreilles se‑
ront pourfilées dedans a. c, & n. b. & les croisées q. s. mais les petis bouts des oreilles se reti‑
reront d'vn coté outre c. & de l'autre au deça de n. Puis subsequemment il faut tirer le col,
depuis les oreilles iusques à ligne basse y. & la il aura vne 15. de front. Et par apres il faut
elargir le front d'vn coté & d'autre dedans les lignes à plomb a. c & n. b. & les croisées p. q.
Au regard de la source des cheueux, il les faudra pourtraire depuis l'angle h. p. en tirant con‑
tremont, d'vn coté & d'autre, iusques au mylieu des croisées p. o. Les yeux aussi seront as‑
sis de sorte qu'ils ferment les angles e. g. & i. l. Les sourcils aussi outrepasseront par leur my‑
lieu la ligne croisiere q. es lignes f. k. en finissant aupres des temples, au dedans des lignes à
plomb d. e. & l. m. Le nés subsequemment soit tiré de sorte toutesfois que ces deux quasi
tuyaux des narines eleuez d'vn coté & d'autre, soient enclos par les deux lignes à plomb g.
i. de toutes parts: ausquelles aussi les coings de la bouche toucheront.

Ces choses faites, tu asserras sa figure de la teste de sousommét dedans cest autre quarré
semblable à celuy auquel est pourtraite la teste de front. Puis tu viendras finalement à ceste
plate peinture, & à la recerche des superficeis de la hauteur d'vne chacune partie, par la
mesme voye que nous t'auons montré cy dessus deuoir estre suyuie au traité de la teste
d'homme.

Au demeurant, ie me suis efforcé de mettre par ordonances toutes choses d'vne si grande
diligence & cure: de sorte que ie les espere pouuoir facilement estre entédues sans escriture
de preeeptes si vn homme n'est du tout beste.

Au surplus. s'il faut donner plus grande hauteur à la teste de la femme, suy la raison mon‑
trèe cy dessus en celle de l'hõme: laquelle toutesfois tu modereras, en tant que toutes cho‑
ses en ce sexe doiuent apparoistre moindres.

PROPORTION DE L'HOMME. LIVRE I. 28

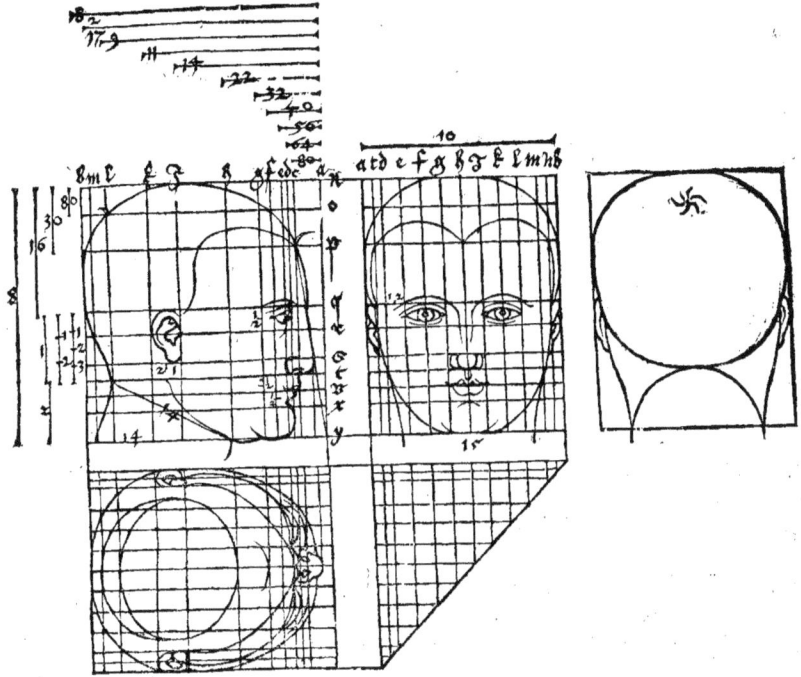

OR maintenant i'aiouteray à ces pourtraits des corps d'aage parfait des deux sexes, la description du corsage, de l'aage de la tédre enfance. La raisō duquel sera semblable aux autres. Car il faudra proposer trois lignes de longueur en ce lieu pour trois ordonnances, côme au parauant ie l'ay montré. L'vne desquelles sera pour la figure de pourfil, l'autre de frōt, & la tierce pour celle a dos. Ausquelles on aioutera sus, & sous deux lignes croisieres, dont a, sera la note de celle de dessus, & 2, de celle de dessous. Par ce moyen les hauteurs de ce petit corps seront distinguées comme il s'ensuyt par lignes croisieres. Comme donques les lignes proposées de la longueur tiennent l'espace de ce petit corps, depuis la syme de la teste, iusques à la plante, de sorte que la syme soit a, & la plante 2. tu compasseras premierement vne 4. depuis la syme de la teste, que nous appellons le surfront, & la tu tireras vne croisée b, laquelle separera de la teste le bas du col, pres les os trauersiers. Or enclorras tu ceste espace dedans vn quarré, auquel la teste sera comprinse, lequel i'ay bien voulu figurer exactement par toutes ses parties, auant que de venir aux autres porportions. Soit donques la ligne a, le coté droit de ce quarré, & la ou le nés a son regard : & tenu pour le premier, estant celuy de b, le dernier. Au demeurant, tu recercheras premieremēt les hauteurs des parties par les marques des croisieres, tout ainsi q̄ nous l'auons enseigné faire aux pourtraits passez: & tireras à vne 24, de la croisée : a, vne autre croisée, qui atteindra le front en son extreme hauteur. Puis au dessous de a, à vne 16. tu tireras la croisée c, laquelle passera par le sommét de la teste. Depuis laquelle à vne 6, tu tireras vne autre ligne croisiere d. qui touchera le bas du menton, & la liefon du sousommet, aueques la nucque. Au droit de laquelle aussi seront esleuez les surepaules. Car il faut ainsi figurer le col, veu qu'il le faut pourtraire aueques lignes courbes. Cela fait, tu diuiseras d.b, par deux point, en trois egaux espaces, desquels tu diuiseras le plus bas aueques la ligne e, sur laquelle se couchera ce petit redoublement de menton: par ce moyen tu vois comme les cols de cete maniere de petis

e iiij

corps, sont pourtraits fort courts. Outreplus, tu diuiseras a,b, par le mylieu, aueques la ligne f, sur laquelle serōt assises les extremitez des sourcils, en la surpassant quelque peu par leur mylieu. Ceste la mesme aussi atteindra le haut des oreilles, & sur elle s'abbaissera le sousommet au coté b. Tu diuiseras outreplus f. d, par le mylieu aueques la ligne g. laquelle le bas des narines, & des oreilles toucheront. Tu diuiseras d'auantage f, g. en trois egaux espaces auec deux lignes h, I, desquelles h, sera la plus haute, passant par la prunelle, & par les coings de l'œil. Au demeurant tout l'œil sera enclos dedans les lignes croisées f, I, la ligne I, aussi touchera aux éleués tuyaux des narines : & le bas de l'oteille sera comprins au dedans I, g. Puis tu diuiseras g, d, auec les quatre croisieres k, l, m, n, en cinq egaux espaces. Desquelles k, atteindra la haute leure J. la bouche. Puis tu diuiseras par le mylieu l, m, mettant au dessus la basse leure, & au dessous ceste valée, c'est à dire que la bagnoire sera figurée iusques à m. Au surplus, le sousommet se courbera notablement sur la ligne l, ce que plus certainement tu cognoistras en l'ordonnance. La ligne n, passera par le mylieu du menton, la ou lon voit ceste façon de cauité; aussi sera elle par le bas des maschoires, & par le haut du col. Subsequemment on tirera des lignes à plomb par ces croisées qui montreront la largeur, ou bien comme i'ay dit la profondeur de toutes les parties en ceste sorte. Tu tireras la ligne à plōb c, au mylieu des cotés a, b, laquelle passera au commencement de l'oreille, se reposant sur le mylieu du tronc du corps. Tu en tireras aussi vne autre entre a, c, qui sera d, laquelle descendra par l'extremité du sourcil, & de la templette aupres du front, iusques à ce qu'elle note le commencement du col.

Subsequemment tu diuiseras a, d, aueques quatre lignes e, f, g. h, en cinq egaux espaces. La ligne e, touchera la haute leure, & le nés, la ou lon voit vn rabaissement. La ligne f, touchera le bout du sourcil, & la hauteur de la narine, aueques ceste petite rondeur des ioues aupres de la bouche, & ceste quasi bagnoire, que nous auons dit estre au dessus du menton. La ligne g, rasera le poil au dessus du frōt, & la concauité de paupieres, aussi sera elle la prunelle de l'œil, & le bas du menton au dedans. La ligne h, touchera le coing de l'œil pres des temples : mais l'autre se trouuera au mylieu d'entre g, f. Puis tu diuiseras a, e, par le mylieu aueques la ligne I, laquelle touchera au bout du front, & la surpassera le nés quelque peu. Puis tu diuiseras e, f, par le mylieu, aueques vne autre ligne l, d, laquelle touchera le bout de la basse leure, & du menton. Puis tu asseras à trois 20, de a, la ligne k, à laquelle finira l'oreille. Mais le petit bout sera figuré en l'autre partie de l'espace d'entre c, k, mesmes qui sera la plus prochaine de c. Outreplus tu mettras la ligne l, distante de a, d'vne 5. laquelle touchera le bas du sousommet, la ou il se conioint à la nucque assise au dessous : laquelle sera confinée au mylieu de l'espace k, l. Finalement tu diuiseras en trois points l, b, & en quatre egaux espaces, le tiers desquels denotera le sommet. Et apres auoir ainsi noté toutes les parties de la teste, en vn certain quarré ordonné des hauteurs, & largeurs, ie poursuiuray subsequemment auant que de les figurer, la proportion des autres parties de la stature de ce petit pourtrait, aueques celle de front, & de dos.

Premierement donques il faut noter le haut des épaules au dessous de b, d'vne 60.
Et iusques au plus haut de la poitrine aura vne 16.
Au dessous de l'aisselle, vne 10.
Aux mammelles, vne 9.
Au soumammelles, vne 7.
A la ceinture du corps, vne 5.
Et de la iusques au nombril, vne 21.
Aux hanches, vne 14.
A la boite de la cuysse, vne 15.
Au bas du ventre, vne 6,
A la vergette, vne 10, & 11.
Au bout des genitoires, deux 9.
Au bout des fesses, vne 4.

Et de la en tirant à bas, vne 50, tu commenceras à faire les plis aux cuysses. Car cest aage la est ainsi refait inegalement. Puis tu en feras d'autres au dessus du genouil à vne 18, des fesses.
Tu figureras le genouil au mylieu d'entre le haut de la cuysse, & la plante.
Depuis le mylieu duquel iusques au dessous des cheuilles en dedans, y aura vne 36.
De la aussi iusques au bas du gras, vne 9,
Et depuis la plante tirant contremont à vne 20, sera l'assiete du coup du pied.
Au regard du bras, on le figure ainsi.
Depuis l'espace iusques à la iointe du coulde, aura deux 11.

PROPORTION DE L'HOMME. LIVRE. I.

Depuis la iointe du coulde, iusques au bas des doigts, vne 4.
Desquels iusques à la iointe de la main aura vne 9.

S'ensuit les notes des parties par la largeur du pourtrait de pourfil qui concernent l'espesseur.

Par les espaules, deux 15.
Par le haut de la poitrine, vne 6.
Par les mammelles, deux 11.
Au soumammelles, vne 11, & 12.
Par la ceinture, vne 6.
Par le nombril, deux 11.
Par les hanches, vne 10, & 11.
Par la boite de la cuysse, vne 9. & 10.
Par le penil, & fesses, vne 5.
Par le bout de la bource, vne 6.
L'espesseur de la cuysse à rés des fesses, sera d'vne septiéme: & vn peu au dessous, d'vne 14. & 15.
Le surgenouil, d'vne 8.
Le mygenouil, d'vne 10.
Le sougenouil, d'vne 11.
Par le mygras, vne 10.
Par le bas du gras, vne 12.
Au dessus du coup du pied, vne 16.
La longueur du pied, sera d'vne 13, & 14.

Au regard du bras de pourfil, tu étendras ainsi ses parties.
Par les espaules, d'vne 10.
Par sous l'aisselle, d'vne 12.
Par la iointe du coulde, vne 16.
Par le couldet pres la iointe, d'vne 14.
Et vn peu plus outre, d'vne 18.
Et vn peu au dessus de la main, d'vne 23.
Le pourfil de la paulme: aussi sera d'vne 21.

Estans donques toutes les parties du corps de pourfil notées, tu passeras à celuy de front, auquel tu tireras par le moyen du transmuant toutes les lignes de la longueur de celuy de pourfil. Puis subsequemment tu recercheras les largeurs. Et premierement de la teste plus par le menu, en y ordonnant vn quarré, qui ne sera pas de tous cotés egal: car sa largeur sera de deux 9, & par ce moyen quelque peu plus courte que sa longueur. Les cotés duquel par sa hauteur, c'est à dire qui sont droits, seront marqués de a, b, lequel tu separeras par le mylieu aueques la ligne à plomb de c, laquelle passera par le surfront, nés, bouche, & mentō. Puis tu diuiseras les espaces a, c, & c, b, par le mylieu aueques les deux lignes d, e, lesquelles limiteront les extremités des sourcils aupres des temples, aussi feront elles le col. Puis tu diuiseras d, e, en trois egaux espaces, par les deux lignes f, g, ausquelles toucheront les coings des yeux pres le nés. Le relief aussi des narines, les coings de la bouche, & le menton, seront par elles limités. Puis tu diuiseras a, d, en trois egaux espaces par les deux lignes h, l. Aussi feras tu e, b, en autant d'espaces par les lignes k, l. Dont h, l, limiteront la face de front par la ligne croisée h. Au regard des oreilles on les figurera de sorte que la sommité d'elles tendra aux lignes a. b, & le bas comme par vne retraite au dedans h, l. Les deux lignes à plomb I, k, toucheront les deux rondeurs des ioues: ou bien quasi comme l'enflure de la bouche. Puis tu diuiseras a, h, & aussi l, b, chacune en cinq egaux espaces, par quatre points, tirant d'vn coté & d'autre des points prochains de a, & de b, deux lignes à plomb m, n. Lesquelles limiteront la largeur de la teste de front, dedans les croisieres c, f. Au regard du front, il s'estendra d'vn coté & d'autre outre h, l, au dedans des croisées c, f. Les sourcils aussi d'vn coté & d'autre, finiront au dedans I, d, & e, k, au dessous de la croisiere, f.

Par ce moyen estant ceste ordonnance de toutes les parties du corps disposée dedans ce quarré, poursuy la recerche de front du reste de ce petit corps, lequel tu feras d'vne 4. de front par les espaules, & la tu asseras leurs os separés entre eux de deux 9.
Par le haut de la poitrine, deux 7.
Aux souaisselles, vne 5,
Par la ceinture, vne 5.
Par le nombril, vne 17.
Par les hanches, vne 17.
Par la cuysse, vne 15, & trois 16. Et la l'entreboites sera de deux 11.
Par le bas du ventre, quatre 15.
Pres le bout de la bource, le front de la cuysse sera, d'vne 15, & d'vne 16.
Par le bout des fesses, vne 8.
Par la concauité de la cuysse, deux 17.
Par le surgenouil, vne 19, & 20.

Par le mygenouil, vne 12,
Par le fougenouil, vne 13.
Par le mygras, deux 23.
Par le bas du gras, vne 15.
Par la iambe au deſſus du coup du pied, vne 19.
Le pied aura de front par le bout des orteils, deux 27.
Au regard du bras on l'accomdera de ceſte ſorte ſous l'aiſſelle, vne 17.
Par la iointe du coulde, vne 16.
Et à la ſou iointe, vne 14.
Par la iointe de la main, vne 20.
La paulme aura de front, vne 13.
   Au demeurant toute la longueur de ce petit corps, ſera la tierce partie de la longueur du corps de la mere. Apres lequel ainſi compaſſé, la forme conſequemment deura eſtre figurée de bonne grace, tant de pourfil, que de front, que de dos : comme nous le montrons autant bien par les ordonnances cy deſſous miſes, & plus euidemment que par l'eſcriture : la ou auſſi la ſoupleſſe de l'eſpine, & l'aſſiete des autres membres ſont montrés. Au demeurant le corps de dos aura les pourfilures telles que celuy de front. Il eſt vray qu'au dedans des aiſſelles la largeur ſera vn peu plus ample que d'vne 5, mais l'entrefeſſes aura, vne 9.
Et le talon ſe montrera d'vne 22.

PROPORTION DE L'HOMME. LIVRE I.

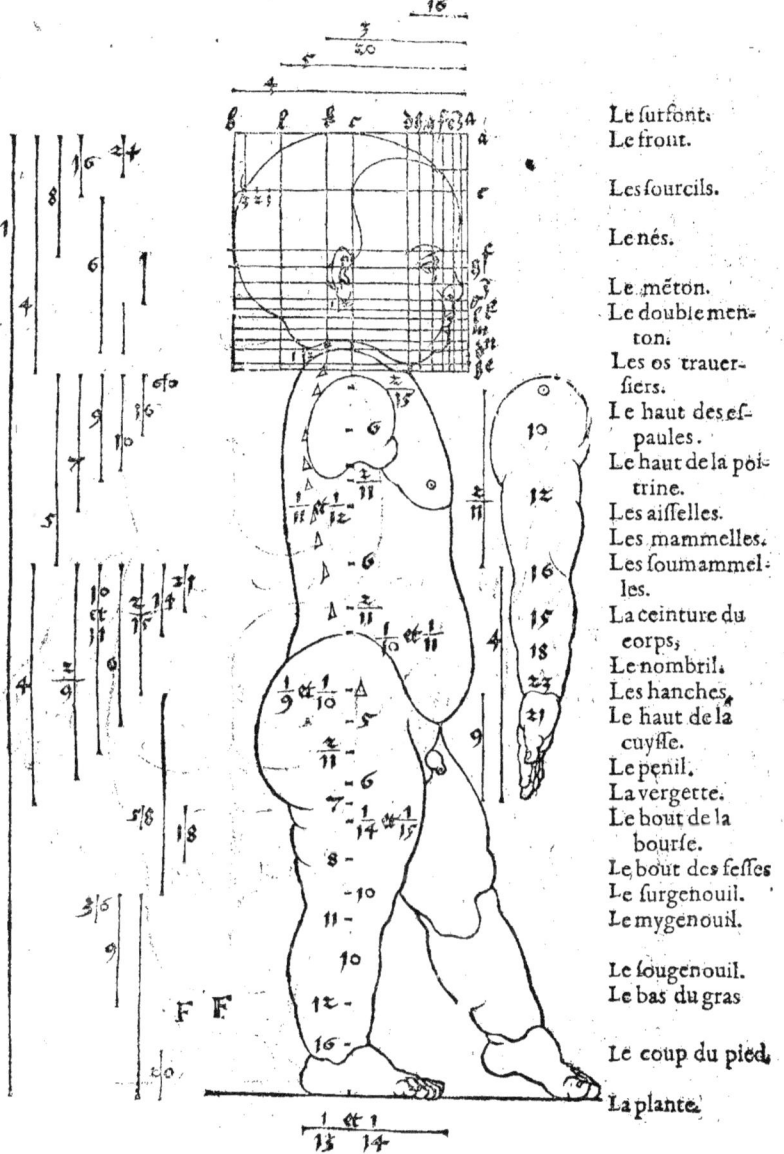

Le furfont.
Le front.
Les fourcils.
Le nés.
Le menton.
Le double menton.
Les os trauerfiers.
Le haut des espaules.
Le haut de la poitrine.
Les aiffelles.
Les mammelles.
Les foumammelles.
La ceinture du corps.
Le nombril.
Les hanches.
Le haut de la cuyffe.
Le penil.
La vergette.
Le bout de la bourfe.
Le bout des feffes
Le furgenouil.
Le mygenouil.
Le fougenouil.
Le bas du gras
Le coup du pied.
La plante.

ALBERT DVRER DE LA

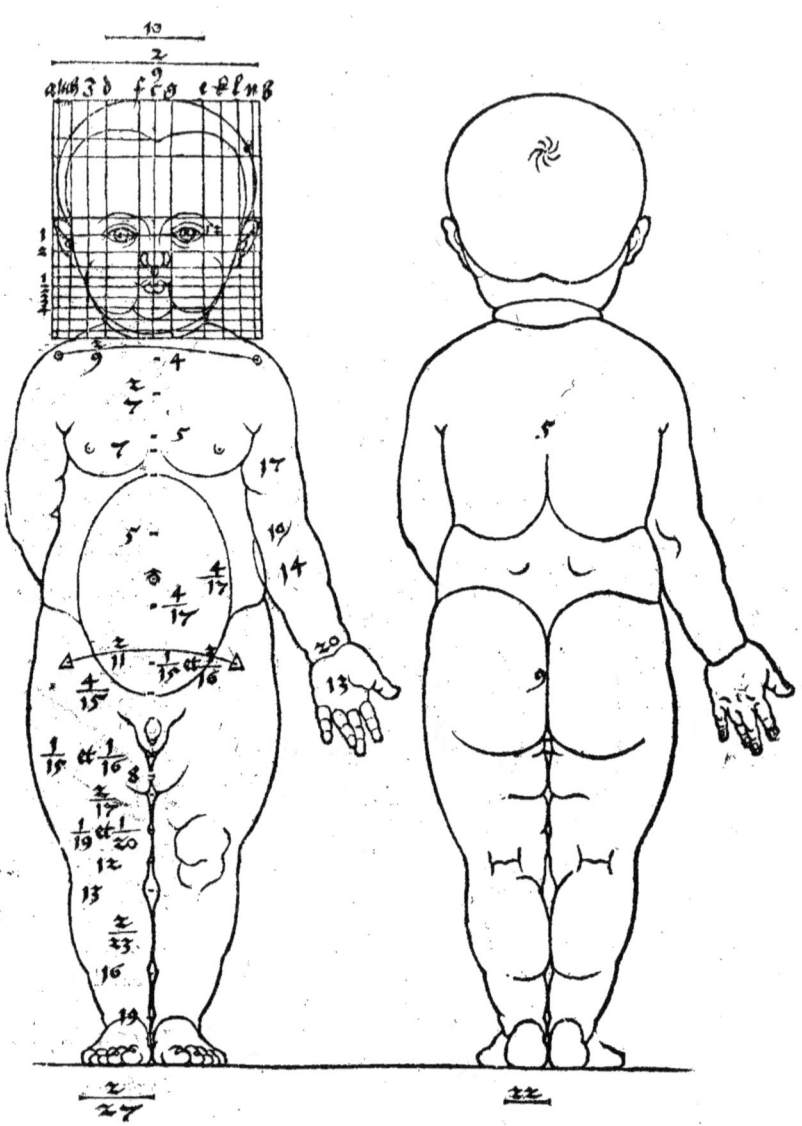

FIN DV PREMIER LIVRE.

LE SECOND LIVRE
D'ALBERT DVRER DE LA
proportion de l'homme.

LE second liure du compassement des membres du corps humain, contiendra la mesme chose que nous auons traicté au passé : mais il monstrera vn'autre voye par laquelle on paruiendra aux conuenantes grandeurs de ses parties. Laquelle sera quelque peu plus exquise, & se vuydera par vne ligne de mesure, & par ses diuisions, en ceste sorte.

Tu dresseras vne ligne ayant la longueur de la tierce partie de toute la stature que tu vouldras pourtraire : de laquelle nous auons faict en nostre doctrine ceste façon de marque, & note ⸺⸺⸺ ꝑ

Puis tu la diuiseras en dix espaces égaux, chacun desquels sera dict nombre, & ainsi noté ⸺⸺⸺ ℰ

Subsequemment tu diuiseras ce nombre que i'ay dict en autres dix espaces égaux, chacun desquels sera nommé portion, ayant ceste façon de marque ⸺ 𝟙

Finalement tu diuiseras vne de ces portions en trois égaux espaces, chacun desquels s'appellera minute, qu'on cognoistra par ceste marque ⸺⸺ ⁄

Suyuant donques ceste voye, voicy que tu feras. Quand tu voudras commencer quelque ouurage, tu auras en main vne tablette, en laquelle tu tireras vne façon quasi de colomnes en cinq lignes à plomb : par ce moyen ces petites colomnes tiendront quatre espaces, à chacun desquels tu metteras sa marque. Comme au premier celle de la ligne ainsi ꝑ. Au second du nombre, ainsi ℰ. Au tiers de la portion, de ceste sorte 𝟙. Et à celuy de la minute, de ceste mode ⁄. Et la ou tu auras commécé à cercher les hauteurs, largeurs, & épesseurs du corps par toutes ses parties & membres, tu aiouteras à chacune desdictes marques pourtraictes, la conuenante proportion du nombre, escrite en l'espace auquel elle escherra : soit de la ligne, du nombre, de la portion, ou de la minute. Et si par fortune il n'eschet rien en quelque espace, tu le noteras o. Au demeurant tu poursuyuras les proportiõs selon l'ordre ia cy dessus montré : en tirant d'entrée trois lignes de la mesme lõgueur que sera toute la stature de l'image que tu veux faire. L'vne desquelles seruira au corps de pourfil, l'autre à celuy de front, la troisiesme à celuy de dos. Ausquelles tant dessus que dessous, tu aiouteras deux lignes croisées. Puis tu limiteras toutes les parties de la hauteur, & premierement celle du corps de pourfil par lignes croisées, & equidistantes, ce que tu feras de mesmes à celuy de front, selon que la necessité le requerra : car quant à la hauteur, la raison est tout vne.

Or auons nous (comme au parauant nous auons faict, & ferons par tout) declaré ces choses par ordonnances, subsequemment apposees, esquelles tu verras qu'à chacun corps de pourfil, les mesures des lõgueurs, ou hauteurs, son extraictes d'vne chacune ligne croisiere, seruant d'indice comme il a esté dit. Or aura chacune mesure ses notes, de celles que nous auons recité : comme de la ligne, nombre, portion, & minute. Tu verras en semblable les espaces notez des largeurs, ou bien des épesseurs. Ces choses donques premises & declarées, ie poursuyuray de mettre cy dessous, la raison des mesures, en donnant regles suyuant nostre coutume : & premierement celle de la hauteur.

f

ALBERT DVRER DE LA

	ligne	nombre	portion	minute			ligne	nombre	portion	minute
Laquelle tu feras depuis la syme iufques au fommet	0	0	5	0	Et de la iufques au bout des doigts	0	6	5	0	
Iufques au front	0	1	6	0	Au demeurant tu feras les largeurs ou épeffeurs du corps de pourfil, en cefte forte.					
Iufques au bas du menton	0	8	5	0						
Aux oz trauerfiers	1	0	6	0						
Aux fur épaules	1	1	6	0	Par le fommet, d'vne	0	5	0	0	
Tu deuiferas l'efpace qui fe récôtrera entre le plus haut du frôt & le bas du menton, en trois égaux efpaces par deux lignes: au plus haut defquelz tu pourfileras la grâdeur du front, & à celuy du mylieu le nés, & plus bas la bourche & le menton.					Par le front	0	7	0	0	
					Par les fourcils	0	8	2	0	
					Par le nés	0	7	5	0	
					Par la leure	0	7	0	0	
					Par le menton, & la nucque	0	7	0	0	
					Par la ou la groffeur du col fera	0	5	0	0	
					Par les oz trauerfiers	0	6	0	0	
					Par la poitrine	0	9	7	0	
Depuis les furépaules iufques à la poitrine	0	2	3	0	Par l'aiffelle	1	0	4	0	
A l'aiffelle cachee	0	4	0	0	Par les mammelles	1	0	3	0	
Aux mammelles	0	5	4	0	Au deffous d'elles	0	9	7	0	
Au foumammelles	0	6	9	0	Par la ceinture	0	8	0	0	
A la ceinture du corps	1	5	0	0	Par le nombril	0	8	4	0	
De la iufques au nombril	0	1	5	0	Par les hanches	0	9	5	0	
Aux hanches	0	3	0	0	Par le haut de la cuyffe	1	0	4	0	
Au plus haut des cuyffes	0	6	7	0	Par les membres honteux	0	9	6	0	
Aux membres honteux	0	8	0	0	Par le bout des feffes, la groffeur de la cuyffe fera	0	7	6	0	
Au bout de la bourfe	1	0	6	0	Sous les feffes, & à rez d'elles	0	7	3	0	
A l'extremité des feffes	1	1	0	0	Pres la concauité de la cuyffe	0	7	5	0	
Depuis lefquelz iufques à la concauité des cuyffes	0	4	5	0	Au furgenouil	0	5	7	0	
Au furgenouil	0	8	0	0	Par le mygenouil	0	5	3	0	
A mygenouil	1	1	0	0	Par le fougenouil	0	4	5	0	
Depuis lequel iufques au fougenouil	0	1	6	0	Par le mygras	0	5	4	0	
Au bas du gras en dehors	0	6	0	0	Par le bas du gras en dehors	0	5	3	0	
Et en dedans	0	7	2	0	Par le bas du gras en dedans	0	4	5	0	
Au coup du pied	1	2	6	0	Par le plus bas, & menu de la iambe	0	3	4	0	
Au bas de la cheuille en dehors	1	4	0	0	Par le coup du pied	0	3	5	0	
Au bas de la plante	1	5	9	0	Par le bas de la cheuille exterieure	0	5	3	0	
La longueur du pied fera	1	0	3	0	S'enfuyuent les largeurs du bras de pourfil.					
Au regard du bras, tu le compafferas ainfi.										
Depuis l'épaule iufques à la iointe du coude	1	0	6	0	Lequel fera par l'epaule large	0	5	5	0	
					Par les mufcles de l'épaule	0	4	7	0	
					Par la iointe du coude	0	3	5	0	
Et depuis la iointe du coude, iufques à celle de la main	0	7	6	0	Par le coude	0	3	6	0	

PROPORTIN DE L'HOMME LIVRE. II.

	ligne	nombre	portion	minute
Par la iointe de la main	0	2	1	0
La main aura de pourfil	0	2	3	0

Puis subsequemment tu noteras de sorte les espaces des largeurs selon l'ordre des lignes que nous auõs dit seruir à la figure de frõt.

	ligne	nombre	portion	minute
La teste aura par le sommet	0	5	5	0
Par le front	0	7	2	0
Par les temples	0	7	8	0
Par les sourcils	0	7	3	0
Par les oreilles	0	8	0	0
Par le nés	0	6	0	0
Le front de la gorge sera	0	4	3	0
Par le bas du menton	0	6	6	0
Par les oz trauersiers	1	4	3	0
Par les épaules	1	5	8	0
Et la tu asserras les oz des épaules distans entr'eux	1	2	4	0
Par la poitrine	1	8	0	0
Par l'entr'aisselles	1	2	3	0
Par l'entremammelles	0	8	2	0
Par la ceinture du corps	1	1	4	0
Par le nombril	1	2	7	0
Par les hanches	1	2	8	0
Par le haut de la cuysse	1	4	6	0
La aussi sera l'entreboistes	1	0	5	0
Par le penil	1	4	5	0
La cuysse sous les fesses	0	6	7	0
Par la concauité de la cuysse	0	6	0	0
Par le surgenouil	0	4	6	0
Par le mygenouil	0	4	4	0
Par le sougenouil	0	4	0	0
Par le mygras	0	5	0	0
Par le bas du gras en dehors	0	4	6	0
Et en dedans	0	3	9	0
Par le bas de la iambe	0	2	2	0
Par le coup du pied, & les cheuilles	0	2	7	0
Au dessous des cheuilles	0	2	4	0
Le bout des orteils aura de front	0	4	2	0

Au demeurant tu feras le bras de front.

	ligne	nombre	portion	minute
Sous les aisselles	0	3	5	0
Au dessus de la iointe du coude	0	3	4	0
Au dessous d'elle par le coudet	0	4	0	0
Par la iointe de la main	0	2	4	0
Le front de la paulme sera	0	4	3	0

Estans dõques ainsi toutes les parties proportionnees, tu donneras à chacun corps vne forme conuenante: puis passant à la tierce ligne ordonnée pour le pourtraict de dos, tu luy accommoderas les mesmes pourfileures dont tu as pourfilé celuy de front. Mais tu luy feras entre les aisselles la largeur

	1	3	7	0

Et cõme en ceste figure de dos les aisselles soiét plus basses, qu'en celle de front: à ceste cause tu mettras depuis le haut des épaules iusques aux aisselles

	ligne	nombre	portion	minute
	0	5	0	0
Aux entrefesses	0	6	7	0
Le talon aura	0	3	0	0

Toutes lesquelles choses les ordonnances subsequetes montreront à l'œil.

f ij

ALBERT DVRER DE LA

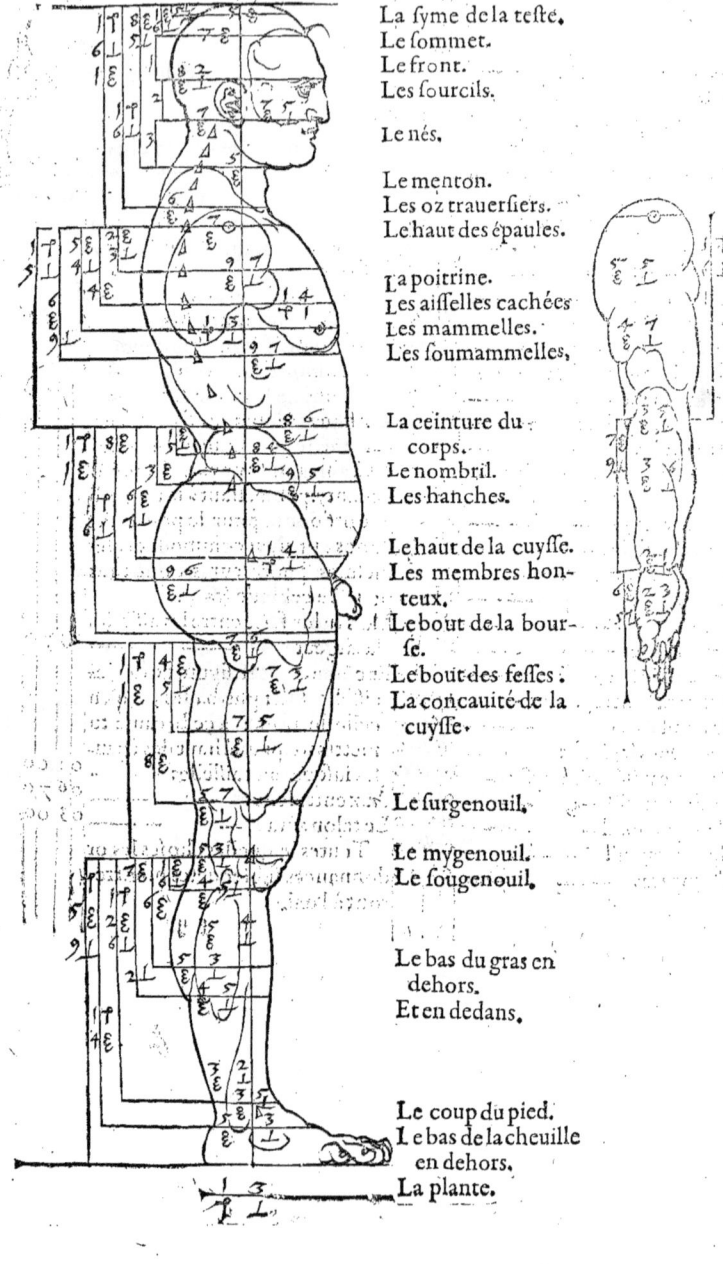

La ſyme de la teſte.
Le ſommet.
Le front.
Les ſourcils.

Le nés.

Le menton.
Les oz trauerſiers.
Le haut des épaules.

La poitrine.
Les aiſſelles cachées
Les mammelles.
Les ſoumammelles.

La ceinture du
 corps.
Le nombril.
Les hanches.

Le haut de la cuyſſe.
Les membres hon-
 teux.
Le bout de la bour-
 ſe.
Le bout des feſſes.
La concauité de la
 cuyſſe.

Le ſurgenouil.

Le mygenouil.
Le ſougenouil.

Le bas du gras en
 dehors.
Et en dedans.

Le coup du pied.
Le bas de la cheuille
 en dehors.
La plante.

PROPORTIN DE L'HOMME LIVRE. II.

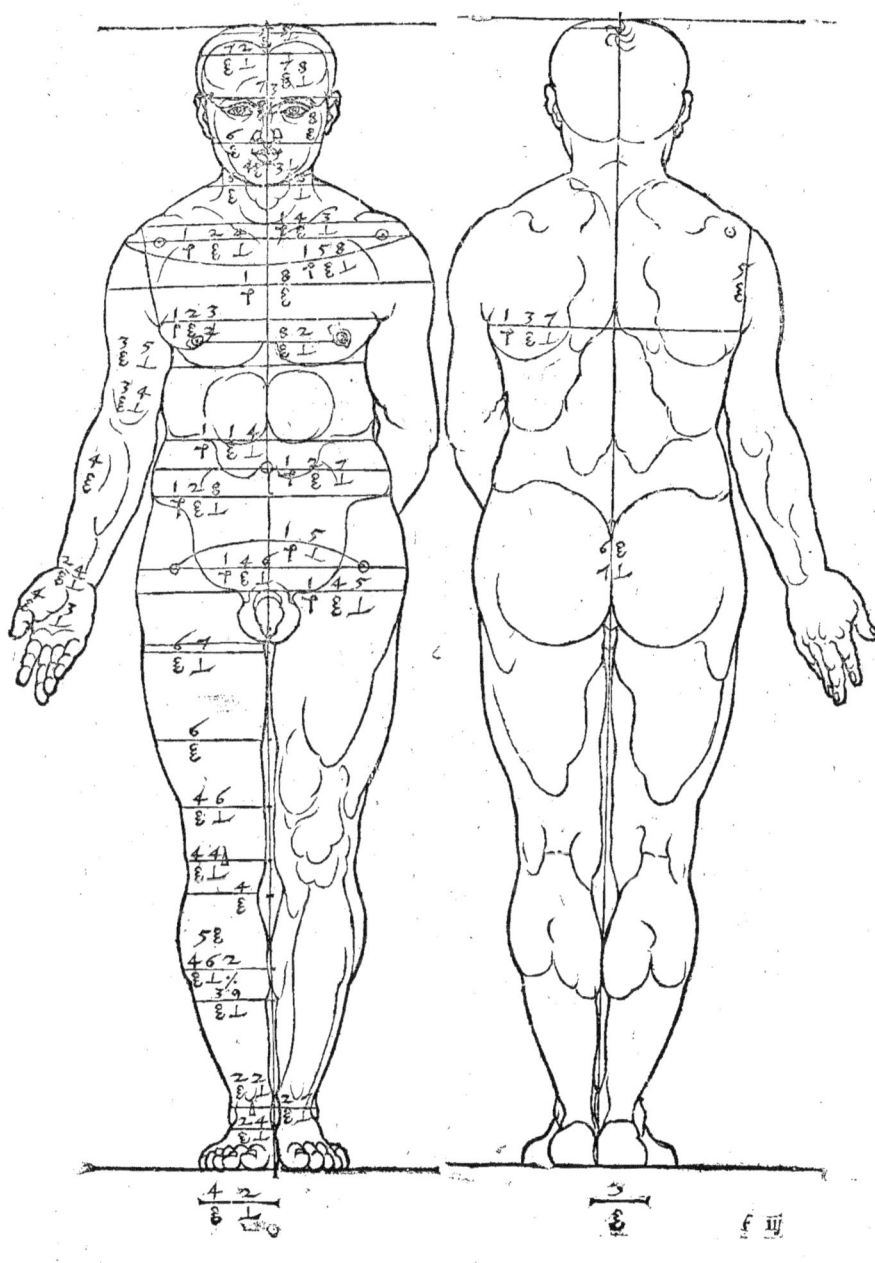

f iij

ALBERT DVRER DE LA

	ligne	nombre	portion	minute

	ligne	nombre	portion	minute

Or faudra il aiouster à ce corps d'hôme, vn semblable de femme: Pour lequel compasser, tu tiendras le moyen susdict: notant premierement les hauteurs.

	l	n	p	m
Depuis la syme de surfrôt iusques au sommet	0	0	8	0
Iusques au front	0	1	6	0
Iusques au bas du menton	0	8	3	0
Iusques aux pallerons	0	9	0	0
Iusques aux oz trauersiers	1	1	4	0

Au demeurant tu departiras en trois egalles parties par deux lignes l'espace qui est depuis le plus haut du front, iusques au bas du mēton: à la plus haute desquelles sera baillé le frōt, à la plus prochaine apres, le nés, les yeux, & les oreilles: & à la plus basse, la bouche, & le menton.

	l	n	p	m
Depuis les oz trauersiers, iusques aux épaules	0	0	6	0
Iusques à la poitrine	0	2	7	0
Et iusques aux aisselles de front	0	4	4	0
A celles de dos	0	4	8	0
Aux tetillons	0	6	7	0
Au soumammelles	0	8	2	0
A la ceinture du corps	1	2	5	0
Depuis la ceinture iusques au nôbril	0	1	6	0
Au haut de la cuysse	0	5	6	0
Iusques au bas du ventre	0	7	2	0
Au commencement du penil, la ou le corps se fend en deux	0	9	0	0
Au bout du penil	0	9	5	0
Au bout des fesses	1	1	1	0
De la iusques au concaue de la cuisse	0	3	6	0
De la iusques au surgenouil	0	7	2	0
Iusques à mygenouil	0	9	5	0
Et depuis la iusqs au sougenouil	0	2	0	0
Et iusques au bas du gras en dehors	0	6	4	0
Et en dedans	0	8	2	0
Et iusques au coup du pied	1	2	6	0
Iusques aussi au bas de la cheuille en dehors	1	3	6	0

	l	n	p	m
Et iusques à la plante	1	5	5	0
Le pied aura la longuer	1	0	0	0

Or quant au bras, tu le feras long depuis l'épaule, iusques à la ioincte du coude

	l	n	p	m
	1	0	2	0
Et de la iusques à la iointe de la main	0	7	6	0
Au regard de la main, elle aura	0	6	8	0

Il faut aiouster à cecy les mesures de la largeur du corps de pourfil qui consiste en l'épesseur, laquelle tu feras par le sommet.

	l	n	p	m
	0	5	3	0
Par le front	0	6	9	0
Par les sourcils	0	8	1	0
Par le nés	0	7	0	0
Par la leure	0	6	5	0
Par le menton	0	6	0	0
Et la, le col aura de pourfil	0	4	0	0
Par le haut des pallerons	0	4	4	0
Par les oz trauersiers	0	5	5	0
Par les épaules	0	6	6	0
Par la poitrine	0	8	3	0
Par l'aisselle	0	9	2	0
Par les tetillons	0	9	0	0
Au soumammelles	0	8	5	0
Par la ceincture du corps	0	8	0	0
Par le nombril	0	9	3	0
Par le hault de la cuysse	1	2	0	0
Par le bas du ventre	1	1	0	0
Par le commencement du penil, cuisse, & fesses	1	4	0	0
Par le bas du penil	1	0	3	0
Par la cuysse, à réz des fesses	0	8	5	0
Par le concaue de la cuisse	0	7	8	0
Par le surgenouil	0	6	4	0
Par le mygenouil	0	5	0	0
Par le sougenouil	0	5	0	0
Par le mygras	0	5	2	0
Par le bas du gras en dehors	0	5	0	0
Et en dedens	0	4	2	0
Par le bas au plus menu de la iābe	0	3	1	0
Par le coup du pied	0	3	1	0
Par le bas de la cheuille en dehors	0	5	7	0

Au regard du pied de la femme tu le feras moins gros que celuy de l'hôme. Mais le bras de pourfil aura ceste épesseur.

PROPORTIN DE L'HOMME LIVRE. II.

	ligne	nombre	portion	minute		ligne	nombre	portion	minute
Par l'epaule	0	5	3	0	Par le concaue de la cuysse	0	6	9	0
Par les muscles de l'espaule	0	4	5	0	Par le surgenouil	0	5	3	0
Par la iointe du coulde	0	3	3	0	Par le mygenouil	0	4	5	0
Et au dessous d'elle	0	3	7	0	Par le sougenouil	0	4	5	0
Et vn peu plus bas	0	2	7	0	Par le mygras	0	5	0	0
Par la iointe de la main	0	2	0	0	Par le bas du gras en dehors	0	4	5	0
Au regard de la paulme, elle aura	0	2	4	0	Et en dedans	0	3	8	0
Tu noteras consequemment les largeurs du corps de front.					Par le coup du pied	0	2	3	0
					Au dessous des cheuilles	0	2	5	0
Par le sommet	0	5	2	0	Au regard du pied, il aura le front des orteils	0	4	0	0
Par le haut du front	0	6	9	0					
Par le mylieu du front	0	7	5	0	Le bras aussi sera de ceste sorte.				
Par les sourcils	0	7	2	0	Sous les aisselles par les muscles				
Par les oreilles	0	8	0	0	Par sus la iointe du coude	0	3	4	0
Par le nés	0	5	6	0	Et au dessous par le coudet	0	3	0	0
La gorge aura au dessous du menton	0	4	0	0	Par la iointe de la main	0	3	8	0
					La paume aura	0	2	4	0
Par le plus haut des pallerons	0	4	2	0	Apres ces choses faites tu figureras la forme tant du corps de pourfil, que de front auecques lineamés conuenãs. Le corps aussi de dos, sera comprins dedans les mesmes pourfileures qu'est enclos celuy de front. Et comme les aisselles soyent en derriere plus basses, on a dessus marqué l'espa-	0	3	9	0
Par les oz trauersiers	1	1	0	0					
Par le haut des épaules	1	2	2	0					
Et la les deux oz des épaules seront eslongnez entre eux	1	0	1	0					
Par la poitrine, & epaules	1	4	8	0					
L'entr'aisselles aura d'espace	0	9	6	0					
L'entre tetillons aura	0	7	2	0					
Par la ceinture du corps	1	0	2	0					
Par le nombril	1	3	7	0					
Par le haut des cuysses	1	5	2	0	ce d'entre elles, & les épaules	0	4	8	0
Et la l'étreboistes aura l'espace	1	1	1	0	L'espace d'entre elles	1	2	0	0
Par le bas du ventre	1	5	4	0	L'entrefesses	0	7	5	0
Par le cōmencement du penil	1	5	6	0	Le talon aura	0	2	5	0
Par le bas du penil	0	7	6	0	Toutes lesquelles choses nous auōs cy dessous mys à l'œil, figurées auec vne extreme diligence.				
Par le bout des fesses	0	7	6	0					

f iiij

ALBERT DVRER DE LA

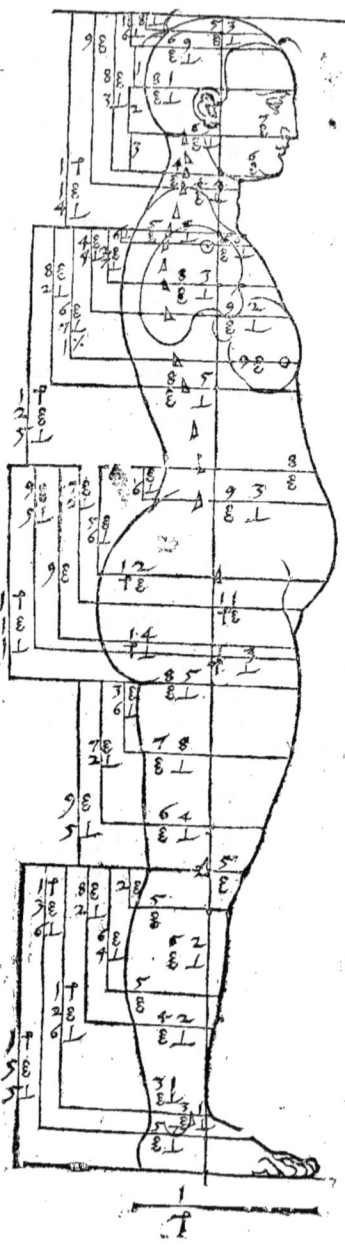

La ſyme de la teſte.
Le ſommet.
Le front.
Les ſourcils.
Le nés.

Le menton.

Le plus haut des
  pallerons.
Les oz trauerſiers.
Le haut des épaules.
Les aiſſelles de frõt.
Les tetons.
Les ſoumammelles.

La ceinture du
  corps.
Le nombril.

Le haut de la cuyſſe.
Le bas du ventre.
Le commencemẽt
  du penil.
Le bas du penil.
Le bout des feſſes.

La concauité de la
  cuyſſe.

Le ſurgenouil.

Le mygenouil.
Le ſougenouil.

Le bas du gras en
  dehors.
Et en dedans.

Le coup du pied.
Le bas de la cheuille
  en dehors.
La plante.

PROPORTION DE L'HOMME. LIVRE. II.

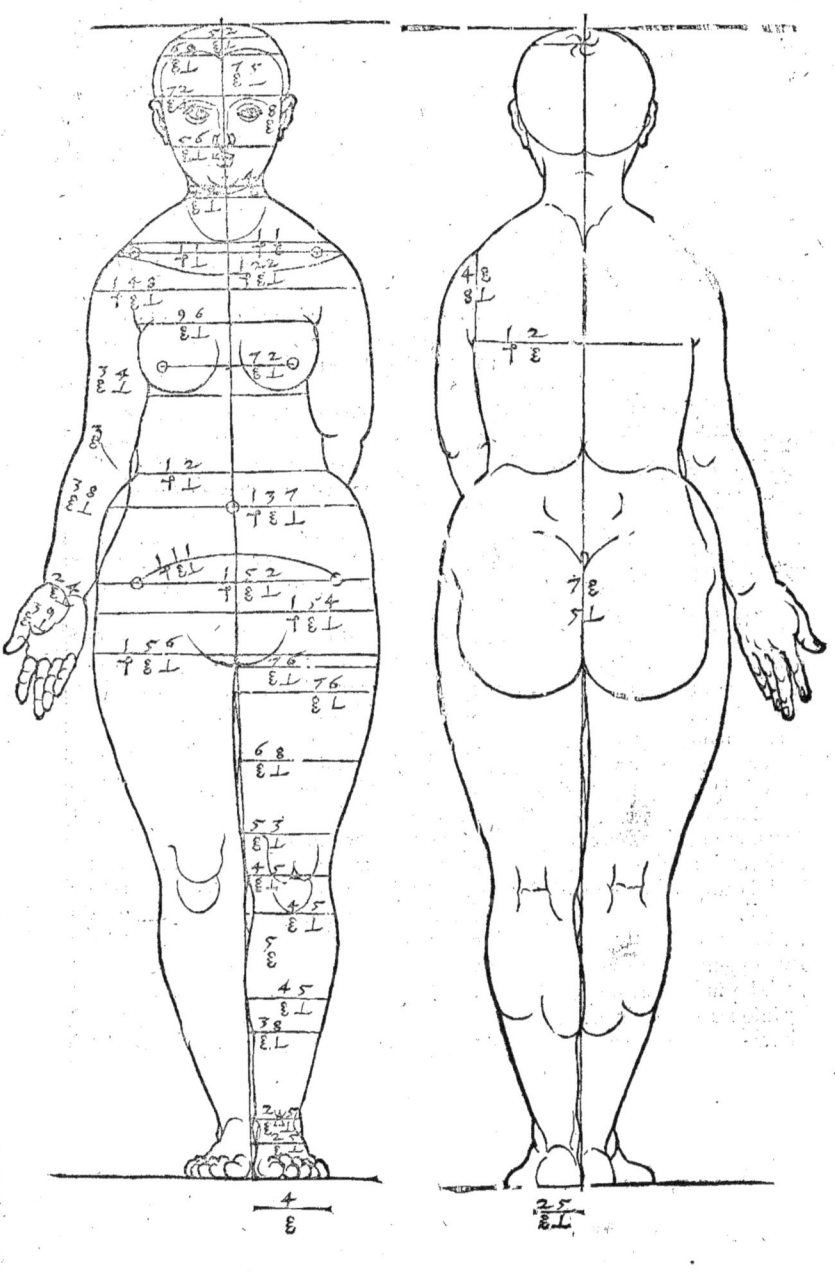

	ligne	nombre	portion	minute

S'enfuit vn autre compaſſemēt du corps viril, en gardant le meſme moyen que deſſus. Tu compaſſeras donques premierement la hauteur.

	ligne	nombre	portion	minute
Et feras depuis la ſime, iuſque au ſommet	0	1	0	0
Iuſques au front	0	2	2	0
Iuſques au bas du menton	0	8	6	0
Aux pallerons	0	9	2	0
Aux oz trauerſiers	1	1	4	0

Et depuis le haut du front iuſques au bas du menton, on fera troys égaux eſpaces auecques deux lignes : à l'vn deſquels on figurera le front, à l'autre le nés, les yeux, & les oreilles. Et au tiers la bouche, & le mentō : puis tu pourſuyuras les meſures.

	ligne	nombre	portion	minute
Depuis les oz trauerſiers iuſques aux épaules	0	0	6	0
A la poitrine	0	2	2	0
Aux aiſſelles de front	0	4	0	0
Aux aiſſelles de dos	0	5	0	0
Aux mammelles	0	5	8	0
Au ſoumammelles	0	7	0	0
A la ceinture du corps	1	0	7	0
Et de la iuſques au nombril	0	2	2	0
Au haut de la cuyſſe	0	6	0	0
Aux membres honteux	0	7	7	0
Au bout des feſſes	0	9	8	0
Et de la iuſques au concaue de la cuyſſe	0	5	0	0
Au ſurgenouil	0	9	7	0
Au my genouil	1	2	1	0
Et de luy iuſques au ſougenouil	0	1	9	0
Et iuſques au bas du gras en dehors	0	5	9	0

	ligne	nombre	portion	minute
Et en dedans	0	6	6	0
Iuſques au coup du pied	1	3	3	0
Iuſques au bas de la cheuille	1	4	3	0
Iuſques à la plante	1	6	0	0
Au regard du pied, il aura la longueur	1	0	0	0

Mais tu compaſſeras ainſi le bras.

	ligne	nombre	portion	minute
Depuis l'épaule, iuſques à la iointe du coude	1	0	0	0
Depuis laquelle iuſques à celle de la main	0	8	6	0
Et de celle de la main iuſques au bout des doigts	0	6	4	0

Puis on marquera de ceſte ſorte les largeurs du corps de pourfil.

	ligne	nombre	portion	minute
Par le ſommet	0	5	3	0
Par le haut du front	0	7	1	0
Par les ſourcils	0	7	8	0
Par les nés	0	7	0	0
Par la leure	0	6	4	0
Par la gorge, & menton	0	6	4	0
Le col aura de pourfil	0	4	2	0
Au deſſus des pallerons	0	4	5	0
Par les oz trauerſiers	0	5	5	0
Par les épaules	0	6	6	0
Par la poitrine	0	8	0	0
Par l'aiſſelle	0	8	7	1
Par les mammelles	0	8	8	0
Au ſoumammelles	0	8	1	0
Par la ceinture du corps	0	7	4	0
Par le nombril	0	7	5	0
Par la cuyſſe	0	8	6	0
Par les membres honteux	0	7	7	0
Par la cuyſſe ſous les feſſes	0	6	6	0
Par la concauité de la cuyſſe	0	6	0	0
Par le ſurgenouil	0	5	5	0

PROPORTIN DE L'HOMME LIVRE. II.

	ligne	nombre	portion	minute
Par le my genouil	0	4	0	0
Par le sougenouil	0	4	0	0
Par le my gras	0	4	4	0
Par le bas du gras en dehors	0	4	1	0
Et en dedans	0	3	9	0
Par le bas, & par le plus menu de la iambe	0	2	5	0
Par le coup du pied	0	2	8	0
Par le bas de la cheuille exterieure	0	4	4	0
Au demeurant le bras aura par l'épaule	0	4	8	0
Par les muscles	0	4	0	0
Par la iointe de la main	0	1	7	0
La paulme aussi aura	0	2	0	0

De la tu poursuyuras la prochaine ligne du corps de front, & marqueras tes largeurs de ceste sorte.

	ligne	nombre	portion	minute
Par le sommet	0	5	5	0
Par le haut du front	0	6	8	0
Par les sourcils	0	6	3	0
Par les oreilles	1	6	9	0
Par le nés, & ioues	0	5	0	0
Le col pres le mentō aura de frōt	0	4	1	0
Par le haut du palleron	0	5	0	0
Par les oz trauersiers	1	1	2	0
Au dessous desquelz seront les oz des épaules en distance l'vn de l'autre	1	0	0	0
Par la poitrine	1	4	7	0
L'entr'aisselles aura	1	3	0	0
L'entre mammelles	0	7	2	0
Le soumammelles	1	1	1	1
Par la ceinture du corps	0	9	9	0

	ligne	nombre	portion	minute
Par le nombril	1	3	0	0
Par la cuysse	1	1	0	0
Et la l'entreboiste sera de	0	8	8	0
Par les membres virils	1	1	8	0
La cuysse pres du bout des fesses	0	5	6	0
Par la concauité	0	4	4	0
Par le surgenouil	0	3	5	0
Par le my genouil	0	3	0	0
Par le sougenouil	0	3	3	0
Par le my gras	0	4	0	0
Par le bas du gras en dehors	0	3	6	0
En dedans	0	3	1	0
Par le plus bas & menu de la iābe	0	1	6	0
Par le coup du pied, & les cheuilles	0	2	2	0
Au dessous d'elles	0	2	0	0
Mais le front du pied par les orteils sera de	0	3	5	0

Au regard du bras, il aura ainsi son front.

	ligne	nombre	portion	minute
Par les muscles des épaules	0	2	6	0
Au dessous de la iointe du coude	0	3	0	0
Par la iointe de la main	0	2	0	0
La paume aura de front	0	3	2	0

Ces choses étans ainsi marquées, on donnera consequemment vne conuenante figure tāt au corps de pourfil, qu'a celuy de front, Au regard de celuy de dos, on le pourfilera tout autour suyuant les pourfileures de celuy de front, & en sera la largeur de l'entr'aisselles

	1	1	5	0
L'entretesses	0	6	3	0
Le talon aura de large	0	2	0	0

Et si tu enclos ce corps de quatre lignes mises au quarré à la reigle, il touchera des pieds, & des mains étédues chacun des costés. Il se pourra donques pourtraire selon ce quarré tous ainsi que tu le voys noté es ordonnances.

ALBERT DVRER DE LA

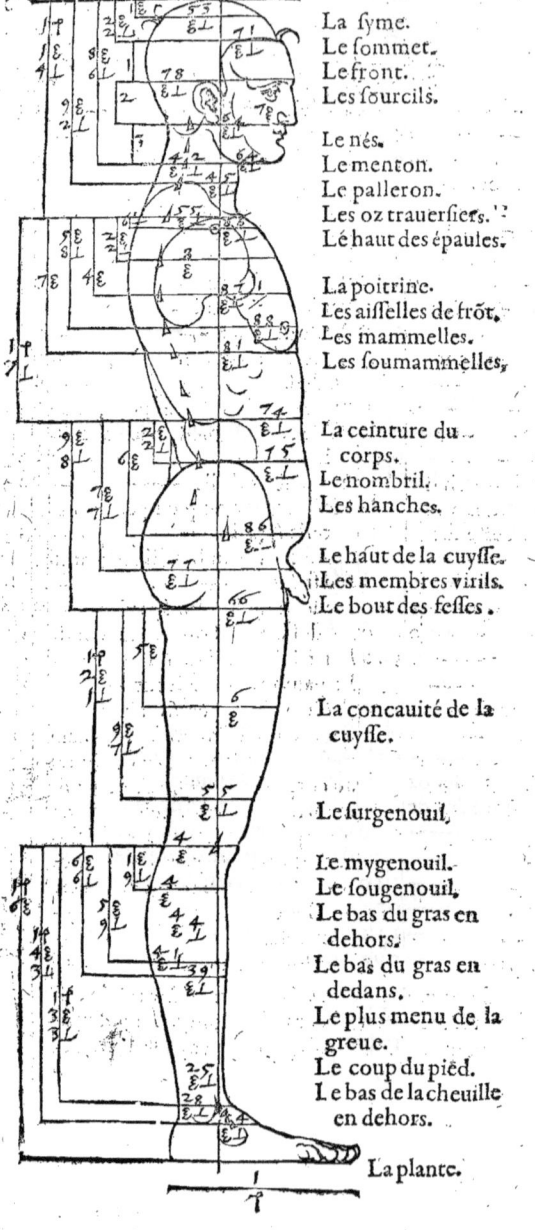

La syme.
Le sommet.
Le front.
Les sourcils.

Le nés.
Le menton.
Le palleron.
Les oz trauersiers.
Le haut des épaules.

La poitrine.
Les aisselles de frõt.
Les mammelles.
Les soumammelles.

La ceinture du corps.
Le nombril.
Les hanches.

Le haut de la cuysse.
Les membres virils.
Le bout des fesses.

La concauité de la cuysse.

Le surgenouil.

Le mygenouil.
Le sougenouil.
Le bas du gras en dehors.
Le bas du gras en dedans.
Le plus menu de la greue.
Le coup du pied.
Le bas de la cheuille en dehors.

La plante.

PROPORTIN DE L'HOMME LIVRE. II. 37

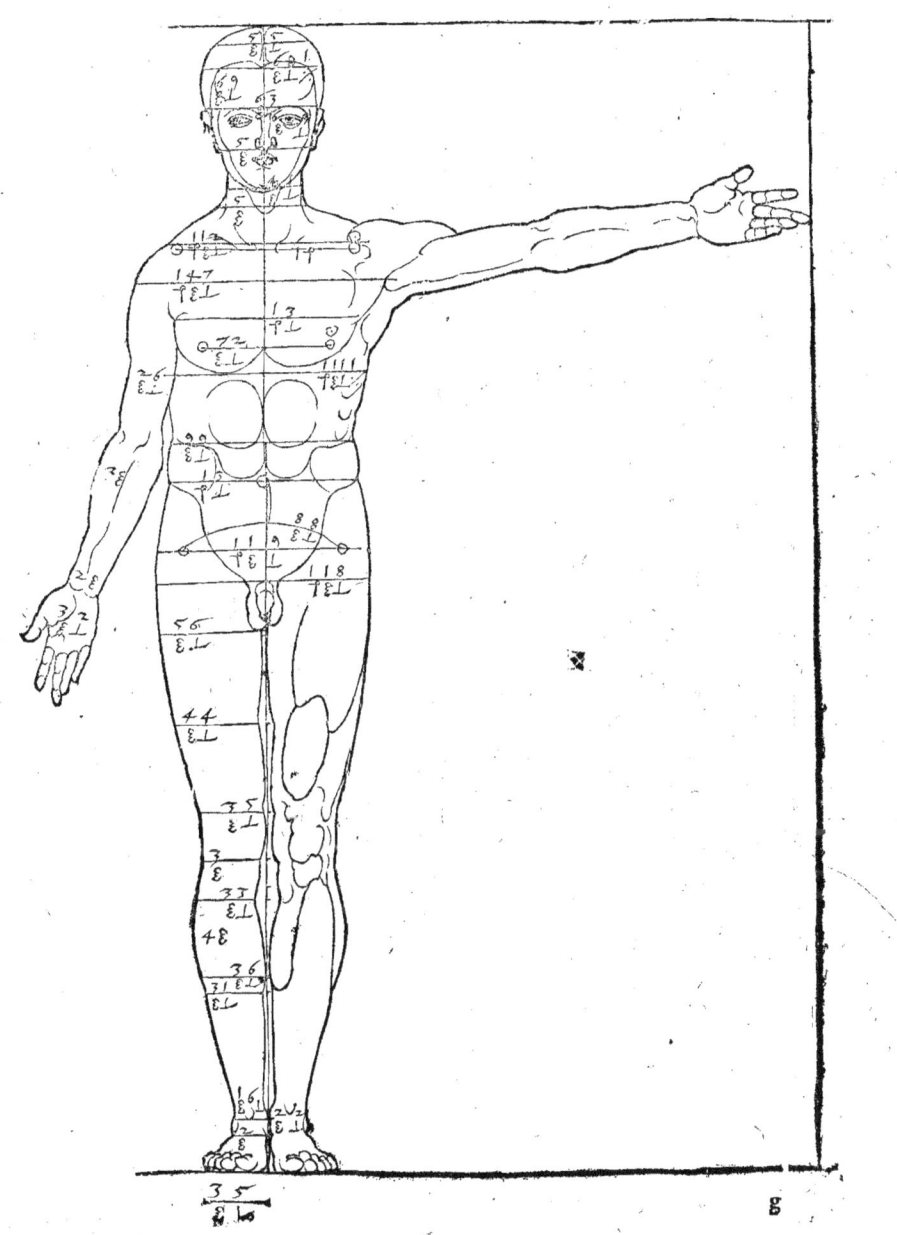

ALBERT DVRER DE LA

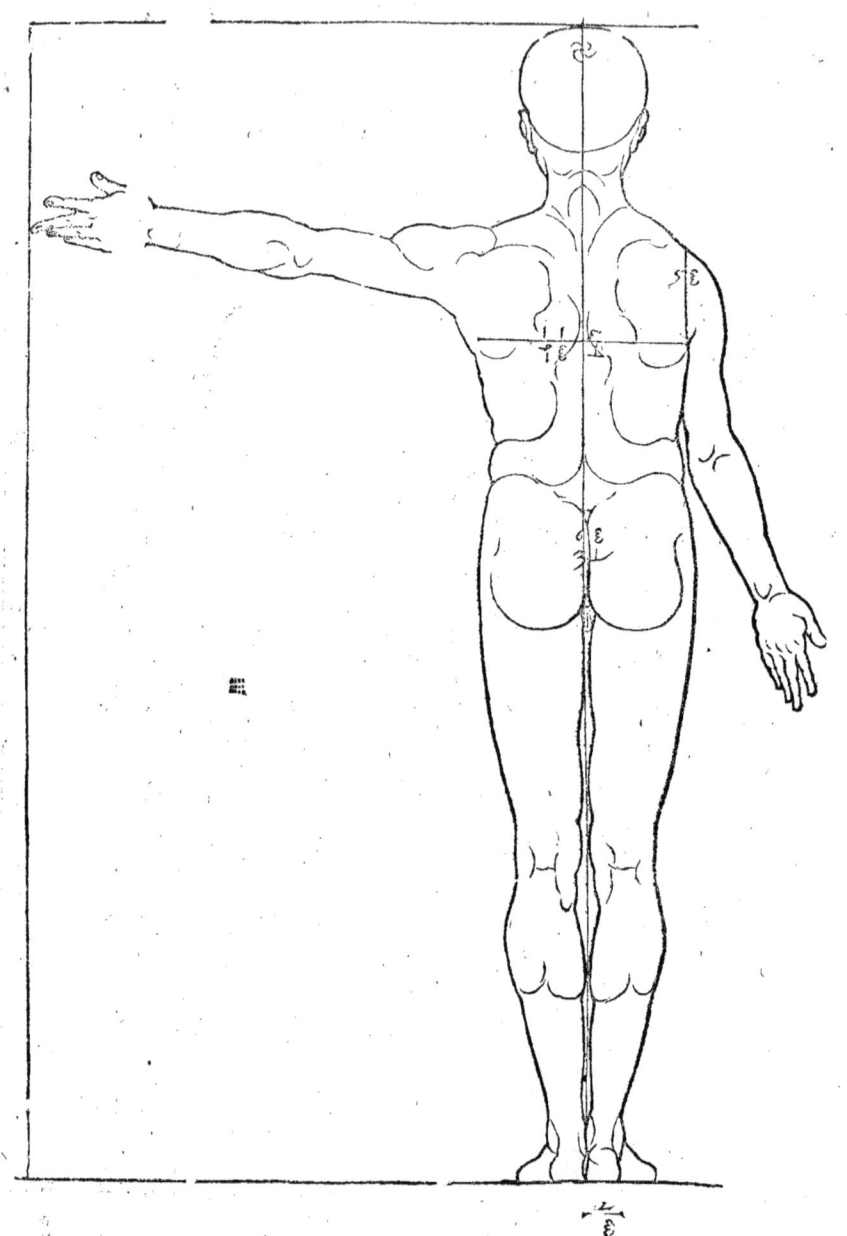

PROPORTION DE L'HOMME. LIVRE. II. 38

	ligne	nombre	portion	minute
Or à ce corps d'hôme ie ioindray cy apres vn femenin de mesme: lequel par semblable moyen tu departiras de ceste sorte en sa longueur, selon la premiere des trois lignes proposees.				
Depuis le front iusques à la syme Iusques au haut du front	0	1	0	0
Iusques au bas du menton	0	2	4	0
Iusques au haut des pallerons	0	8	6	0
Aux oz trauersiers	1	1	0	0
Tu marqueras aussi trois égaux espaces entre le haut du front, & le bas du menton, par deux lignes: au plus haut desquelz tu enclorras le front, à celuy du milieu le nés & les yeux; & au plus bas, la bouche, & le menton. Puis tu pour suyuras ainsi ta mesure.	1	2	0	0
Depuis les oz trauersiers, iusques à la poitrine	0	1	5	0
Iusques aux aisselles de front	0	3	4	0
Iusques aux aisselles de dos	0	4	0	0
Iusques aux tetillons	0	6	0	0
Au soumammelles	0	7	4	0
A la ceinture du corps	1	1	6	0
De la iusques au nombril	0	1	9	0
Au plus haut de la cuysse	0	6	3	0
Au commencement du penil, la ou le corps se diuise	0	9	1	0
Au bas du penil	1	0	0	0
Au bas des fesses	1	1	0	0
Depuis lesquelles iusques à la cōcauité des cuysses	0	2	6	2
Au surgenouil	0	7	7	0
Au mygenouil	1	0	1	0
De la iusques au sougenouil	0	2	0	0
Iusques aussi au bas du gras en dehors	0	6	3	0
Et en dedans	0	7	4	0
Au coup du pied	1	2	7	0
Au bas de la cheuille	1	3	5	0
Au bas de la plante	1	5	3	0
La longueur du pied sera	0	9	8	0

	ligne	nombre	portion	minute
Mais tu proportionneras ainsi le bras.				
Depuis l'epaule iusques à la iointe du coude	1	0	0	0
Depuis laquelle iusques à celle de la main	0	7	6	0
Et d'elle iusques au bout des doigts	0	6	2	0
Estant donques ainsi la longueur notée par les lignes croisies, selon la ligne proposée de la stature de pourfil, & rapportée en celle de front, & de dos de tant qu'il en sera besoin, les largeurs seront doresenauant notées. Et premierement quelles sont les épesseurs du corps de pourfil, duquel la largeur sera par le sommet	0	4	6	0
Par le front	0	7	1	0
Par les sourcils	0	7	2	0
Par le nés, & la nucque	0	6	5	0
Par la haute leure & la nucque	0	6	0	0
Le col aura pres le menton	0	4	0	0
Par le haut des épaules	0	5	0	0
Par les oz trauersiers	0	5	5	0
Par la poitrine	0	7	0	0
Par l'aisselle	0	8	0	0
Par les tetillons	0	8	2	1
Au soumammelles	0	7	4	0
Par la ceinture	0	6	4	0
Par le nombril	0	8	0	0
Par la cuysse	0	0	4	0
Par le commencement du penil	0	9	0	0
Par le bas du penil, & les fesses	0	8	5	0
La cuysse aura au dessous des fesses	0	7	2	0
Par le concaue de la cuysse	0	7	1	0
Par le surgenouil	0	5	1	0
Par le mygenouil	0	4	1	0
Par le sougenouil	0	4	0	0
Par le mygras	0	4	4	0
Par le bas du gras en dehors	0	4	0	0
Et en dedans	0	3	5	0

g ij

ALBERT DVRER DE LA

	ligne	nombre	portion	minute		ligne	nombre	portion	minute
Par le bas, & le plus menu de la iambe					La cuysse aura auprès du bas du penil	0	7	0	0
	0	2	5	0					
Par le coup du pied	0	2	9	0	Et auprès du bas des fesses	0	6	7	0
Par le bas de la cheuille en dehors	0	4	4	0	Par la concauité de la cuysse	0	6	2	0
Le bras aura de pourfil,					Par le surgenouil	0	4	4	0
Par l'épaule	0	4	4	0	Par le mygenouil	0	4	0	0
Sous les aisselles, & par les muscles	0	3	8	0	Par le sougenouil	0	3	8	0
					Par le my gras	0	4	0	0
Par la iointe du coude	0	2	7	0	Par le bas du gras en dehors	0	3	5	0
Et au dessous d'elle par le coudet	0	2	6	0	Et en dedans	0	3	0	0
Par la iointe de la main	0	1	5	0	Par le bas & plus menu de la iābe	0	1	7	0
La paume aura	0	1	8	0	Par les cheuilles	0	2	0	0
Subsequemmēt apres tu figureras les largeurs de l'image de front selon la seconde ligne proposée de ceste sorte.					Et au dessous d'elles	0	1	8	0
					Au regard du pied il aura de frõt par le bout des orteils	0	3	4	0
					Il faut aiouter les largeurs du bras				
Par le sommet	0	4	8	0					
Par le front	0	6	5	0	Par les muscles	0	2	9	0
Par les sourcils	0	6	0	0	Au dessus de la iointe du coude	0	1	5	0
Par les oreilles	0	6	5	0	Au dessus d'elle par le coudet	0	2	9	0
Par le nés, & ioues	0	4	9	0	Par la iointure de la main	0	1	9	0
Le col aura pres le bas du méton	0	3	8	0	La paume aura de front	0	3	0	0
Au dessus des pallerons	1	0	2	0	Ces marques ainsi parachevées du corps, tu y appropriras ainsi la figure, selon que la stature de pourfil & de front le requerra. Il est vray que tu pourtrairas celle de dos par les pourfileures de celle de front. Au demeurant l'espace d'entre les oz trauersiers, & les aisselles de dos, a esté par cy deuant noté: mais la distance d'entre elles sera				
Par les oz trauersiers	1	2	2	0					
Et là les oz des épaules aurõt entre eux la distance	0	9	3	0					
Par la poitrine, & épaules	1	3	9	0					
Par l'entr'aisselles	0	9	0	0					
Par l'entretetillons	0	7	4	0					
Par les soumammelles	0	9	9	0					
Par la ceinture du corps	0	9	3	0					
Par le nombril	1	2	6	0					
Par le haut de la cuysse	1	4	0	0		1	0	8	0
Et la l'entreboistes sera sur la ligne à plomb, vers la cheuille interieure	1	0	0	0	L'entrefesses aura de long	0	6	6	0
					Le talon	0	1	8	0
Au dessus du penil, la ou le corps prend fente	1	3	8	0	Toutes lesquelles choses nous auons paint cy dessous es ordonnances.				

PROPORTION DE L'HOMME. LIVRE. II. 39

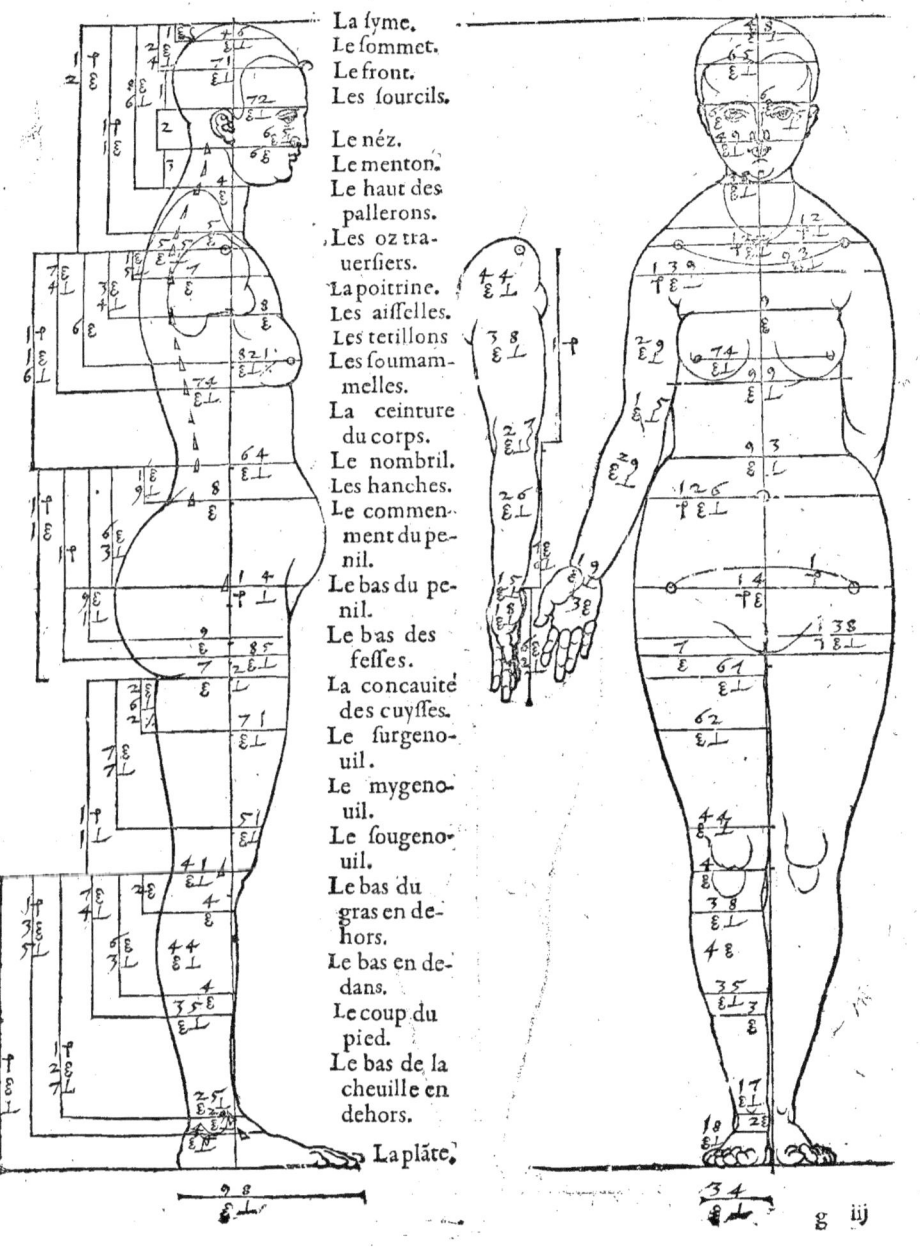

La fyme.
Le fommet.
Le front.
Les fourcils.

Le néz.
Le menton.
Le haut des pallerons.
Les oz trauerfiers.
La poitrine.
Les aiffelles.
Les tetillons
Les foumam-melles.
La ceinture du corps.
Le nombril.
Les hanches.
Le commen-ment du pe-nil.
Le bas du pe-nil.
Le bas des fefses.
La concauité des cuyfses.
Le furgeno-uil.
Le mygeno-uil.
Le fougeno-uil.
Le bas du gras en de-hors.
Le bas en de-dans.
Le coup du pied.
Le bas de la cheuille en dehors.
La plâte.

g iij

ALBERT DVRER DE LA

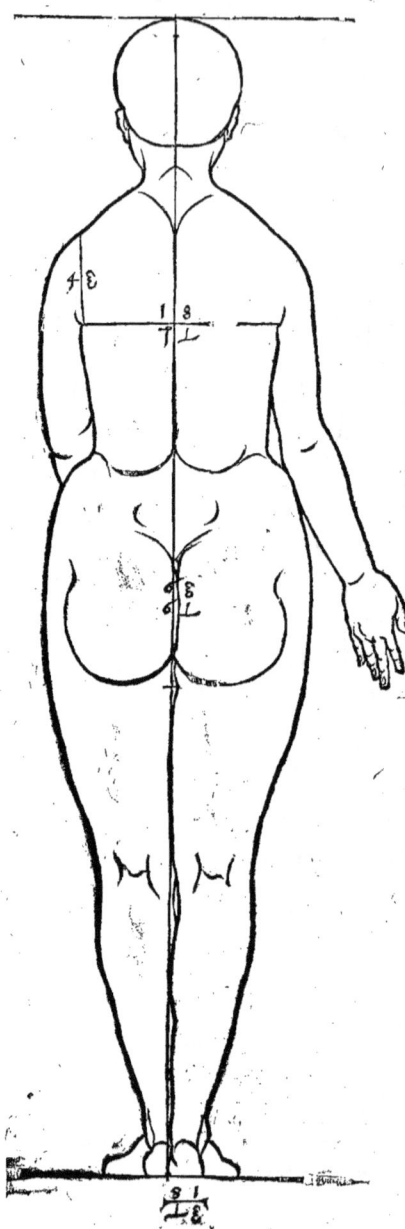

PROPORTIN DE L'HOMME LIVRE. II.

	ligne	nombre	portion	minute

Nous pourtrairons susequemment vn autre corps viril & diuers
des autres passez, en gardant le
mesme moyen. Et premierement
i'ordonneray de la longueur des
parties qui est la hauteur qui deura estre pourtraite pres la premiere ligne du corps de pourfil:
laquelle toutesfois se deura rap-
porter aux autres, de tant qu'il en
sera besoin.

	ligne	nombre	portion	minute
La longueur depuis la syme, iusques au sommet sera	0	0	7	0
Iusques au front	0	1	4	0
Au bas du menton	0	7	8	0
Au dessus des pallerons	0	8	4	0
Au haut des épaules	1	0	0	0
Aux oz trauersiers	1	0	6	0
De la à poitrine	0	2	7	0
Aux aisselles de front	0	3	5	0
A celles du dos	0	4	3	0
Aux mammelles	0	5	0	0
Aux soumammelles	0	6	2	0
Au brechet	0	7	5	0
A la ceinture du corps	1	1	0	0
De la au nombril	0	1	9	0
Au haut de la cuysse	0	5	9	0
Aux membres honteux	0	7	3	0
A l'extremité des fesses	1	0	0	0
Et depuis elles iusques à la cōcauité de la cuysse	0	4	5	0
Et iusques au surgenouil	0	9	0	0
Iusques aussi à my genouil	1	1	6	0
Depuis lequel iusques au sougenouil	0	1	7	0
Et iusques au bas du gras exterieur	0	6	2	0
Et de l'interieur	0	7	0	0
Au coup du pied	1	4	3	0
Au bas de la cheuille, en dehors	1	5	0	0
Au bas de la plante	1	6	8	0
Au demeurāt le pied aura en longueur.	0	9	3	0

Quant au bras, tu le feras de ceste longueur.

	ligne	nombre	portion	minute
Depuis l'épaule iusques à la iointe du coude	1	1	2	0
Et de la iusques à celle de la main	0	8	0	0
Et de la iointe de la main iusques au bout des doigts	0	6	5	0

Et apres auoir ainsi noté la hauteur on cerchera les largeurs & epesseurs de ceste sorte.

	ligne	nombre	portion	minute
La teste de l'image de pourfil sera par le sommet de l'épesseur	0	4	7	0
Par le front	0	6	0	0
Par les sourcils, & temples	0	7	2	0
Par le nés	0	6	1	0
Par la haute leure, & la nucque	0	5	7	0
Au regard du col pres le menton il aura	0	3	8	0
Et le haut des pallerons	0	4	0	0
Par le haut des épaules	0	4	5	0
Par les oz trauersiers	0	4	9	0
Par la poitrine	0	7	0	0
Par l'aisselle	0	7	7	0
Par les mammelles	0	7	9	0
Au dessous d'elles	0	7	7	0
Par le brechet de la poitrine	0	7	8	0
Par la ceinture du corps	0	6	4	0
Par le nombril	0	6	5	0
Par la cuysse	0	7	6	0
Par les membres virils	0	7	0	0
La cuysse aura sous les fesses	0	5	7	0
Et vn peu au dessous	0	5	5	0
Par le concaue de la cuysse	0	5	5	0
Par le surgenouil	0	4	0	0
Par le my genouil	0	3	6	0
Par le sougenouil	0	3	6	0
Par le my gras de la iambe	0	4	0	0
Par le bas du gras en dehors	0	3	6	0
Et en dedans	0	3	3	0
Par le bas de la iambe, au plus menu	0	2	2	0
Par le col du pied	0	2	5	0
Par le bas de la cheuille, en dehors	0	3	6	0
Au demeurant le bras aura de pourfil par les épaules	0	4	1	0
Sous les aisselles, par les muscles	0	3	6	0
Par la iointe du coude	0	2	5	0
Et au dessous d'elle par le coudet	0	2	5	0
Par la iointe de la main	0	1	4	0
Au demeurant la main aura	0	1	7	0

Susequemment il faudra marquer les largeurs de l'image de frōt qui aura.

	ligne	nombre	portion	minute
Par le sommet	0	4	5	0
Par le front	0	5	8	0
Par le my front	0	6	2	0

g iiij

ALBERT DVRER DE LA

	ligne	nombre	portion	minute
Par les fourcils	—	0	0	0
Par les oreilles	—	0	6	4	0
Par le nez, & ioues	—	0	4	8	0
Le col aura pres le menton	—	0	3	7	0
Par les pallerons	—	0	4	2	0
Par le haut des épaules	—	0	9	5	0
Par les oz trauersiers	—	1	1	3	1
Et la les oz des épaules aurõt entre eux l'espace	—	0	9	6	0
Par la poitrine & épaules on tirera	—	1	4	0	0
Par l'entr'aisselles	—	0	9	7	0
Par l'entremammelles	—	0	6	5	0
Par le brechet de la poitrine	—	1	0	2	0
Par la ceinture du corps	—	0	9	2	0
Par le nombril	—	0	9	7	0
Au demeurant on figurera la chair entre la ceinture & le nombril, quelque peu eleuée, laquelle aura de pourfil	—	0	9	9	0
Par la cuysse	—	1	8	0	1
Et l'entreboistes aura l'espace de	0	7	9	0
Par les membres honteux	—	1	0	7	0
La cuysse au dessous des fesses	—	0	4	8	0
Par le concaue de la cuysse	—	0	4	0	0
Par le surgenouil	—	0	3	2	0
Par le my genouil	—	0	3	0	0
Par le sougenouil	—	0	3	0	0
Par le my gras de la iambe	—	0	3	7	0
Par le bas du mesme gras en dehors	—	0	3	2	0
En dedans	—	0	2	8	0

	ligne	nombre	portion	minute
Par le bas, & le plus menu de la iambe	—	0	1	5	0
Par le coup du pied	—	0	1	8	0
Par les cheuilles	—	0	2	0	0
Au d'essous d'elles	—	0	1	9	0
Mais le front du pied par le bout des orteils sera de	—	0	3	4	0
Sensuit la largeurs du bras de front.				
Par les muscles	—	0	2	5	0
Par dessus la iointe du coude	—	0	2	2	0
Au dessous d'elle par le large du coudet	—	0	3	0	0
Et vn peu plus bas	—	0	2	2	0
Par la iointe de la main	—	0	1	8	0
La paume s'ouurira de	—	0	3	4	0
Par ce moyen estãs la hauteur & largeur du corps notés, consequément tu donneras figure au pourtraict de pourfil, & de front bien songneusemét, & accommoderas à celle de dos les lignes qui pourfilent celle de front. La laigeur toutesfois de ceste cy sera entre les aisselles	—	1	1	5	0
De la distance desquelles depuis les oz trauersiers, on en a ia cy dessus parle.				
Le long de l'entrefesses aura	—	0	6	0	0
On donnera au talon	—	0	1	8	0
Suyuant ces raisons nous auõs cy dessous mys les ordonnances.				

PROPORTIN DE L'HOMME LIVRE. II.

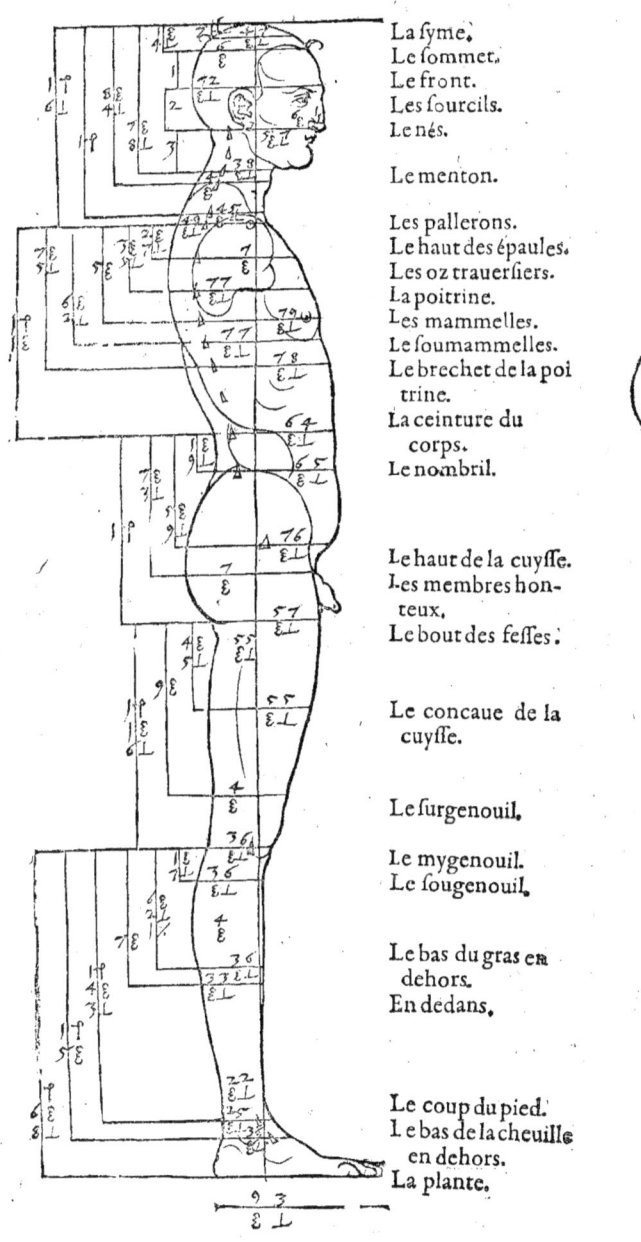

La syme.
Le sommet.
Le front.
Les sourcils.
Le nés.

Le menton.

Les pallerons.
Le haut des épaules.
Les oz trauersiers.
La poitrine.
Les mammelles.
Le soumammelles.
Le brechet de la poi
  trine.
La ceinture du
  corps.
Le nombril.

Le haut de la cuysse.
Les membres hon-
  teux.
Le bout des fesses.

Le concaue de la
  cuysse.

Le surgenouil.

Le mygenouil.
Le sougenouil.

Le bas du gras en
  dehors.
En dedans.

Le coup du pied.
Le bas de la cheuille
  en dehors.
La plante.

ALBERT DVRER DE LA

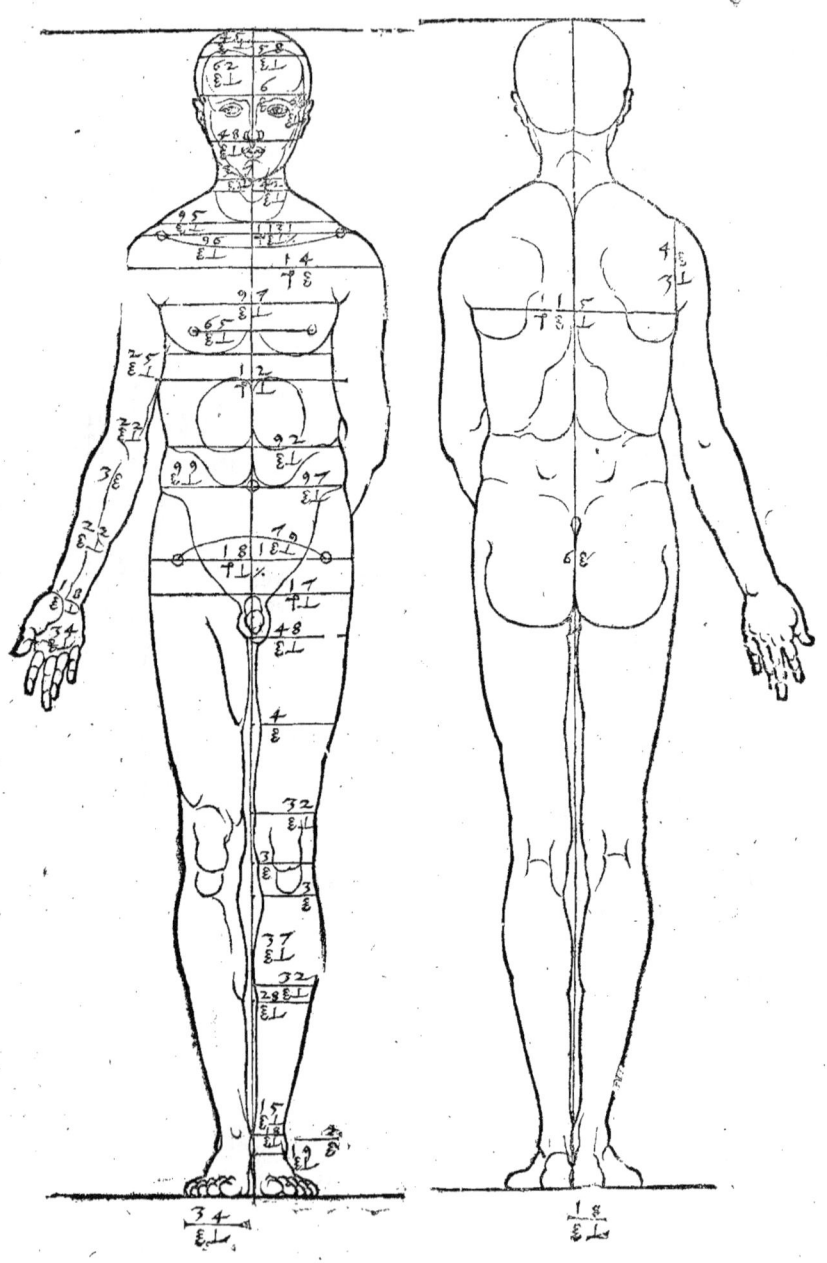

PROPORTION DE L'HOMME. LIVRE II. 42

Mesure	ligne	nombre	portion	minute
Or aiouteras à cest homme, vne femme conuenant à : de laquelle tu compasseras le corps en sa longueur tout ainsi qu'on a fait les precedens.				
Depuis la syme de la teste iusques au sommet	0	0	6	0
Iusques au front	0	2	0	0
Iusques au bas du menton	0	7	7	0
Au haut des pallerons	0	8	3	0
Au haut des épaules	1	0	4	0
Aux oz trauersiers	1	1	1	1
De la iusques à la poitrine	0	1	7	0
Aux aisselles de front	0	3	2	0
Aux aisselles par le dos	0	4	0	0
Aux tetillons	0	6	1	0
Aux soumammelles	0	7	6	0
A la ceinture du corps	1	1	3	0
De la iusques au nombril	0	2	1	0
A la cuysse	0	6	1	0
Au bas du ventre	0	7	0	0
Au commencement du penil, la ou commence le corps faire fente	0	8	5	0
Au bas du penil	0	9	6	0
Au bout des fesses	1	0	3	1
De la iusques au concaue de la cuysse	0	4	5	0
Au surgenouil	0	9	0	0
Au my genouil	1	1	2	1
De la iusques au sougenouil	0	2	0	0
Au bas du gras en dehors	0	6	4	0
En dedans	0	7	2	0
Au coup du pied	1	3	4	0
Au bas de la cheuille en dehors	1	4	4	0
Au bas de la plante	1	6	0	0
La longueur du pied sera	0	9	0	0
Mais le bras sera de ceste sorte.				
Depuis l'épaule, iusques à la iointe du coude	1	0	6	0
Depuis laquelle iusques à celle de la main	0	8	8	0
Et de celle de la main iusques au bout des doigts	0	5	8	0

Mesure	ligne	nombre	portion	minute
Aioustons à cecy les largeurs, & premieremēt du corps de pourfil.				
Par le sommet	0	4	5	0
Par le front	0	6	7	0
Par les sourcils	0	7	0	0
Par le nés	0	6	0	0
Par la leure, & nucque	0	5	6	0
Par le menton & col	0	5	5	0
Et la le col tiendra	0	3	5	0
Par le haut des pallerons	0	4	4	0
Par les oz trauersiers	0	5	0	0
Par la poitrine	0	6	6	0
Par l'aisselle	0	7	3	0
Par les tetillons	0	7	6	1
Par les soumammelles	0	7	0	0
Par la ceinture du corps	0	6	1	0
Par le nombril	0	8	0	0
Par la cuysse	1	0	0	0
Par le bas du ventre	0	9	3	0
Par le commencement du penil	0	8	0	0
Par le bas du penil	0	7	6	0
Par la cuysse rés des fesses	0	6	9	0
Par le concaue de la cuysse	0	6	0	0
Par le surgenouil	0	4	5	0
Par le my genouil	0	3	9	0
Par le sougenouil	0	3	8	0
Par le my gras	0	4	1	0
Par le bas du gras en dehors	0	3	4	0
En dedans	0	3	2	0
Par le bas, & menu de la iambe	0	2	3	0
Par le coup du pied	0	2	6	0
Au dessous de la cheuille	0	4	1	0
Au regard du bras de pourfil, on le tiendra de ceste épesseur.				
Par l'épaule	0	4	0	0
Par les muscles	0	3	9	0
Par la iointe du coude	0	2	4	0
Au dessous d'elle	0	2	4	0
Par la iointe de la main	0	1	3	0
La main aura	0	1	6	0
Les largeurs de l'image de frōt seront telles.				

ALBERT DVRER DE LA

	ligne	nombre	portion	minute.		ligne	nombre	portion	minute.
Par le sommet	0	4	5	0	Par les cheuilles	0	1	0	0
Par le front	0	6	2	0	Par le dessous des cheuilles	0	2	9	0
Par les sourcils	0	5	7	0	Le pied aura de front par le bout				
Par les oreilles	0	6	4	0	des orteils	0	3	2	0
Par le nés, & ioues	0	4	8	0	Au regard du bras de front, tu				
Le col aura aupres du menton	0	3	3	0	le feras de ceste sorte.				
Par le haut des pallerons	0	3	6	0	Par les muscles de l'epaule	0	2	7	0
Par le haut des epaules	0	8	7	0	Au dessus de la iointe du coude	0	2	3	0
Par les oz trauersiers	1	0	2	2	Au dessous d'elle par le coudet	0	2	9	0
Et la les oz des epaules auront entre eux la distance	0	8	3	0	Par la iointe de la main	0	1	7	0
					La paulme aura d'ouuerture	0	3	0	0
Par la poitrine, & epaules	1	2	6	1	Ces choses estans ainsi ordon-				
Par l'entr'aisselles	0	8	6	0	nées, on donnera aussi la forme				
Par l'entretillons	0	5	6	0	au corps, ainsi que la stature de				
Aux soumammelles	0	9	0	0	poursil, ou de front, le requerra. Il				
Par la ceinture du corps	0	8	5	0	faudra aussi tyrer les traicts de				
Par le nombril	1	1	4	0	bonne grace, ainsi que le corps				
Par la cuysse	1	2	5	0	femenin le requiert. Au demeu-				
Et la l'estreboistes aura la lõgueur	0	8	7	0	rant le corps de dos sera poursi-				
Par le bas du ventre	1	2	4	0	lé de mesmes lignes que celuy de	1	0	0	0
Par le commencement du penil	1	2	3	0	frõt, lequel aura entre les aisselles				
La cuysse aura pres du bas du penil					Au reste nous auõs dit comme				
	0	6	1	0	les aisselles de dos sont plus basses				
Pres du bout des fesses	0	6	0	1	que celles de front: desquelles				
Par le concaue de la cuysse	0	5	5	0	nous auons ia dit cy dessus la dista				
Par le surgenouil	0	4	2	0	ce depuis les oz trauersiers.				
Par le my genouil	0	3	3	0	Mais l'entrefesses aura en lon-				
Par le sougenouil	0	3	4	0	gueur	0	6	5	0
Par le my gras	0	3	9	0	Et le talon	0	1	7	0
Par le bas du gras en dehors	0	3	4	0	Nous auons par apres cy des-				
En dedans	0	3	0	0	sous mis à la veue tout par ordõ-				
Par le bas & menu de la iambe	0	1	5	0	nances.				
Par le coup du pied	0	1	8	0					

PROPORTION DE L'HOMME. LIVRE. II. 43

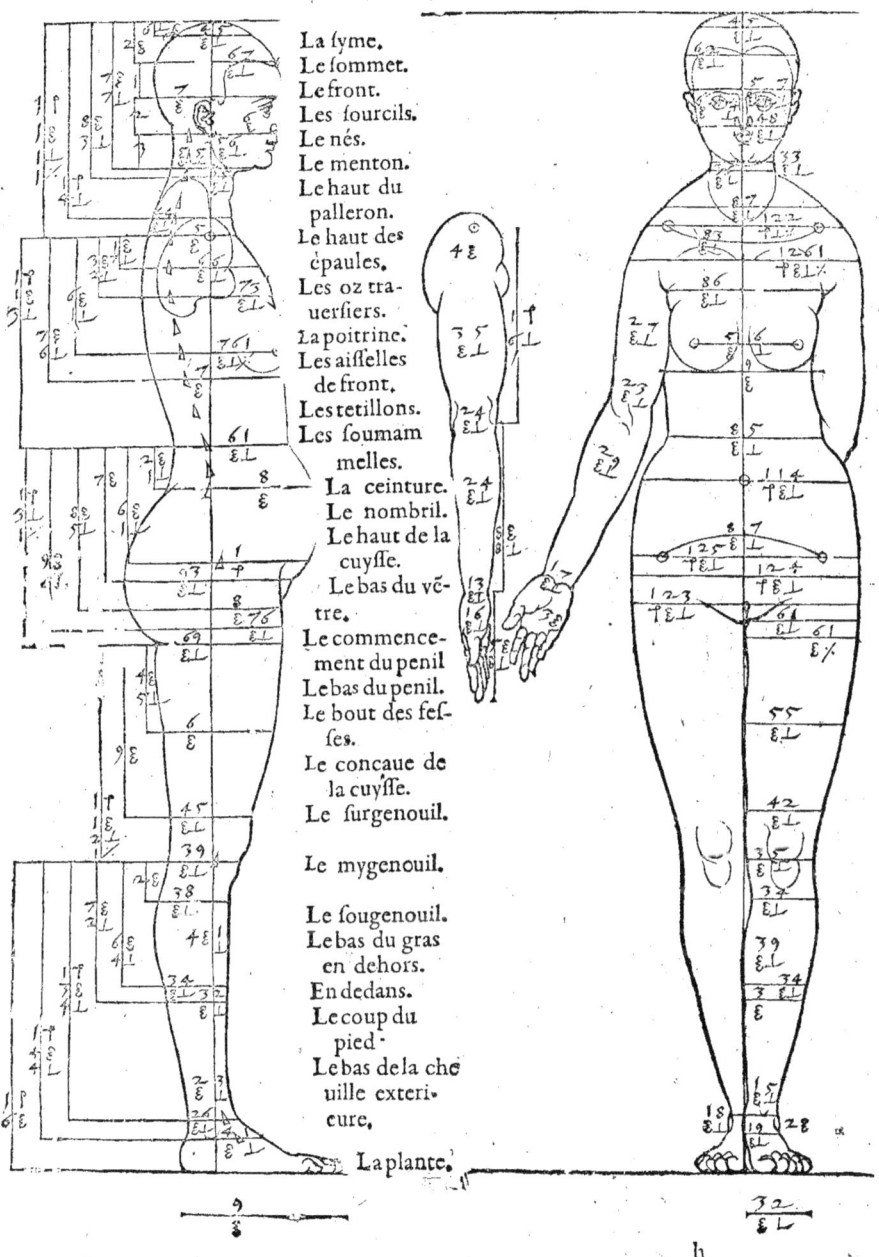

La fyme.
Le fommet.
Le front.
Les fourcils.
Le nés.
Le menton.
Le haut du palleron.
Le haut des épaules.
Les oz trauerfiers.
La poitrine.
Les aiffelles de front.
Les tetillons.
Les foumammelles.
La ceinture.
Le nombril.
Le haut de la cuyffe.
Le bas du vétre.
Le commencement du penil.
Le bas du penil.
Le bout des feffes.
Le concaue de la cuyffe.
Le furgenouil.
Le mygenouil.
Le fougenouil.
Le bas du gras en dehors.
En dedans.
Le coup du pied.
Le bas de la cheuille exterieure.
La plante.

ALBERT DVRER DE LA

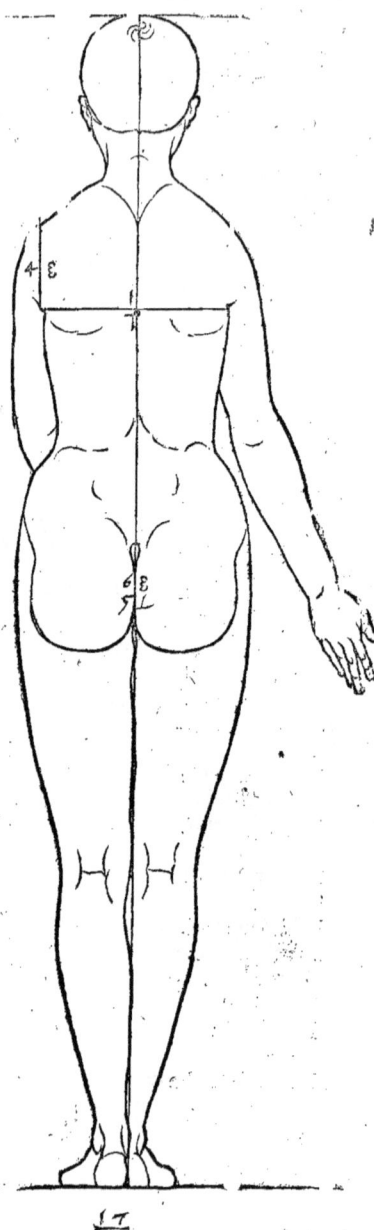

PROPORTION DE L'HOMME LIVRE. II.

	ligne	nombre	portion	minute
Subsequemment en gardant l'ordre & moyen passez, ie declareray vn' autre proportion d'vn corps femenin pour ioindre au ja prochain corps d'homme figuré. Duquel la longueur sera telle.				
Depuis la fyme du surfront iusques au sommet	0	0	5	0
Iusques au front	0	1	9	0
Iusques au bas du menton	0	7	6	0
Au haut du palleron	0	8	6	0
Au haut des épaules	1	0	2	0
Aux oz trauersiers	1	1	0	0
Depuis lesquelz iusques à la poitrine	0	2	0	0
Aux aisselles de front	0	3	3	0
A celles de dos	0	4	0	0
Aux tetillons	0	6	2	0
Aux soumammelles	0	7	3	0
A la ceinture	1	1	4	0
De la iusques au nombril	0	1	9	0
Au haut de la cuysse	0	6	7	0
Au commencement du penil, la ou est la fente du corps	0	8	6	0
Au bas du penil	0	9	7	0
Au bout des fesses	1	0	4	0
Depuis lesquelles iusques au concaue de la cuysse	0	4	4	0
Au surgenouil	0	3	9	0
Au my genouil	1	1	1	0
Depuis lequel iusques au sougenouil	0	2	2	0
Au bas du gras en dehors	0	5	3	0
En dedans	0	7	1	0
Depuis le my genouil iusques au coup du pied	1	3	5	0
Au bas de la cheuille en dehors	1	4	3	2
A la plante	1	5	1	0
La longueur du pied sera	0	9	2	0
Quant au bras, on le fera de ceste sorte.				
Depuis les épaules, iusques à la iointe du coude	1	0	8	0
Depuis laquelle iusques à celle de la main	0	3	7	0

	ligne	nombre	portion	minute
Et depuis celle de la main iusques au bout des doigts	0	5	7	0
Cela faict, on notera par ces lignes croisieres de la longueur, les largeurs: & premieremét du pourfil, en ceste sorte.				
On tirera par le sommet	0	4	5	0
Par le front	0	7	0	0
Par les sourcils	0	7	3	0
Par le nez	0	6	5	0
Par la haute leure, & la nucque	0	6	1	1
Le col aura pres le menton	0	3	6	0
Par le haut des pallerons	0	3	7	0
Par le haut des épaules	0	4	3	0
Par les oz trauersiers	0	4	9	0
Par la poitrine	0	7	0	0
Par l'aisselle	0	7	5	0
Par les tetillons	0	7	6	0
Par les soumammelles	0	7	1	0
Par les reins au droit de la ceinture	0	6	3	0
Par le nombril	0	8	0	0
Par le haut de la cuysse	0	9	7	0
Par le commencement du penil	0	9	0	0
Par le bas du penil	0	8	4	0
La cuysse aura sous les fesses	0	7	1	0
Par le concaue de la cuysse	0	6	2	0
Par le surgenouil	0	4	4	0
Par le my genouil	0	3	8	0
Par le bas de la pallette	0	3	7	0
Par le sougenouil	0	3	8	0
Par le my gras	0	4	1	0
Par le bas du gras en dehors	0	3	7	0
En dedans	0	3	4	0
Par le bas de la iambe	0	2	4	0
Par le coup du pied	0	2	7	0
Par le bas de la cheuille	0	4	1	0
Mais tu feras le bras de pourfil.				
Par l'epaule	0	4	0	0
Par les muscles sous les aisselles	0	4	0	0
Par la iointe du coude	0	2	4	0
Puis au dessous d'elle	0	2	5	0
Par la iointe de la main	0	1	4	0
La paume aura	0	1	6	0

h ij

ALBERT DVRER DE LA

	ligne	nombre	portion	minute			ligne	nombre	portion	minute
Apres suyuent les largeurs du corps de front, lesquelles seront notées auprés de la seconde ligne des trois proposées : comme souuentesfois a esté dict, & en ceste sorte.					Par le commencement du penil	1	3	5	0
					Par le bas du penil, la cuysse aura	0	6	8	0
					Et auprés du bout des fesses	0	6	7	0
					Par la concauité de la cuysse	0	5	7	0
					Par le surgenouil	0	4	1	0
					Par le my genouil	0	3	6	0
Par le sommet	0	4	0	0	Par le sougenouil	0	3	4	0
Par le front	0	6	2	0	Par le my gras	0	4	0	0
Par le my front	0	6	4	0	Par le bas du gras en dehors	0	3	5	0
Par les sourcils	0	5	8	0	Et en dedans	0	3	1	0
Par les oreilles	0	6	3	0	Par le bas de la iambe	0	1	6	0
Par le nés, & ioues	0	4	9	0	Par le coup du pied	0	1	8	0
Le col aura pres le menton	0	3	5	0	Par les cheuilles	0	2	0	0
Par le haut des pallerons	0	4	2	0	Et au dessous	0	1	9	0
Par le haut des épaules	0	9	4	0	Au regard du pied il aura de front				
Par les oz trauersiers	1	0	8	0	par le bout des orteils	0	3	3	0
Et la les oz des épaules seront distans entre eux	0	8	5	0	Et le talon	0	1	7	0
Par la poitrine	1	2	8	0	Ces choses estás ainsi disposées on formera les corps propremét chascun selon l'ordonnance de leurs lignes, comme souuétesfois nous l'auons remontré. La forme aussi du corps de dos sera enclose par les pourfileures de celle de front : la ou on baillera à l'entre-fesses				
Par l'entr'aisselles	0	8	5	0					
Par l'entr'aisselles de dos	1	0	0	0					
Par l'entretetillons	0	5	7	0					
Au soumammelles	0	8	9	0					
Vn peu plus bas	0	8	7	0					
Par la ceinture du corps	0	9	2	0					
Par le nombril	1	1	7	0					
						0	5	7	0
Par le haut de la cuysse	1	3	5	0	Nous en auõs aussi cy dessous mys les ordonnances.				
Et la l'entreboistes aura de longueur	0	9	0	0					

PROPORTION DE L'HOMME LIVRE. II. 45

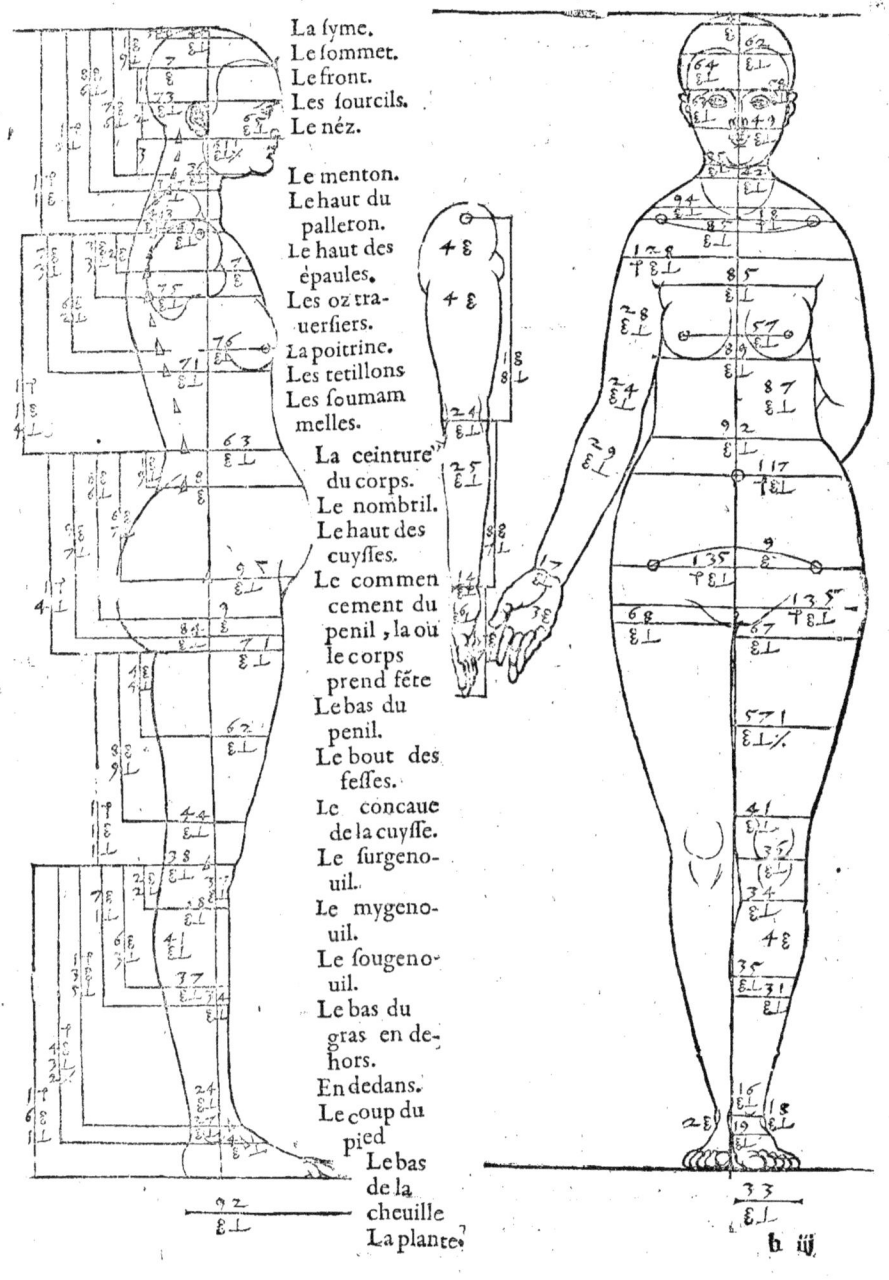

La syme.
Le sommet.
Le front.
Les sourcils.
Le néz.
Le menton.
Le haut du palleron.
Le haut des épaules.
Les oz trauersiers.
La poitrine.
Les tetillons
Les soumammelles.
La ceinture du corps.
Le nombril.
Le haut des cuysses.
Le commencement du penil, la ou le corps prend féte
Le bas du penil.
Le bout des fesses.
Le concaue de la cuysse.
Le surgenouil.
Le mygenouil.
Le sougenouil.
Le bas du gras en dehors.
En dedans.
Le coup du pied
Le bas de la cheuille
La plante.

b iij

ALBERT DVRER DE LA

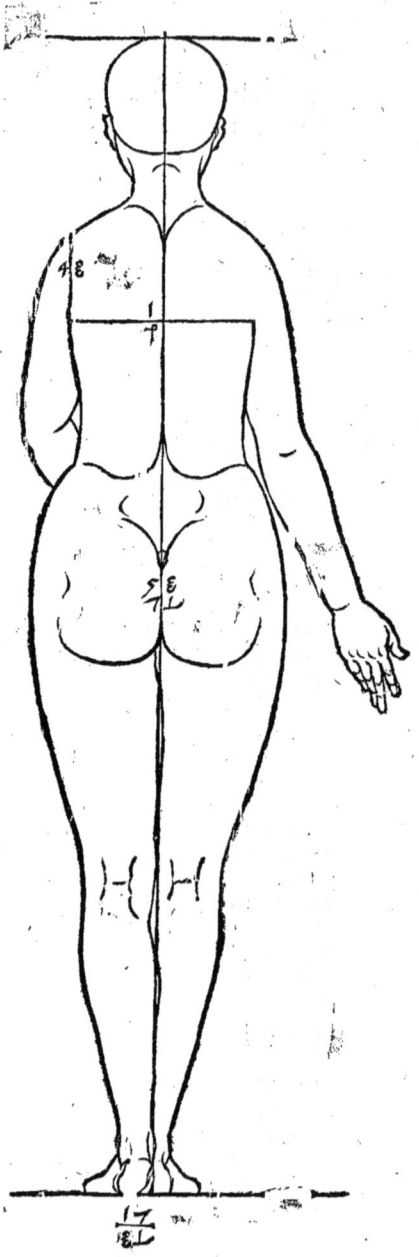

PROPORTION DE L'HOMME. LIVRE II.

	ligne	nombre	portion	minute
Dorefenauant ie mettray cy deffous vn corps viril d'vn autre proportion gardāt l'ordre fufdict la accoutumé, en declarant premierement la hauteur.				
La quelle fera depuis la fyme, iufques au fommet	0	0	5	0
Au front	0	1	5	0
Au bas du menton	0	7	6	0
Au haut du palleron	0	8	3	0
Aux oz trauerfiers	1	0	6	0
Puis tu marqueras trois egaux efpaces entre le plus haut du frōt & le bas du mentō auecque deux lignes. Au plus haut defquels tu afferras le front, au mylieu le nés, les yeulx, & les oreilles: & au bas, la bouche, & le mentōn.				
Pourfuyuāt ainfi les proportions.				
Depuis les oz trauerfiers iufques au gros oz de l'épaule	0	0	6	0
Au deffous des aiffelles de front	0	3	6	0
Et de celle de dos	0	4	2	0
Aux mammelles	0	5	4	0
Aux foumammelles	0	6	3	0
Aux reins; c'eft à dire à la ceinture	1	0	3	0
Et de la iufques au nombril	0	3	2	0
Au plus haut de la cuyffe	0	6	5	0
Au bas du ventre	0	7	2	0
Aux membres honteux	0	8	2	0
Au bout des feffes	1	0	0	0
Et de la iufques au concaue de la cuyffe	0	5	0	0
Au furgenouil	0	9	8	0
Au my genouil	1	2	3	0
Et de la iufques au fougenouil	0	1	7	0
Au bas de la cheuille, en dehors	0	7	0	0
Et en dedans	0	7	6	0
Au coup du pied	1	4	3	0
De la iufques au bas de la plante	0	2	5	0

	ligne	nombre	portion	minute
Depuis la plante montāt à la cheuille en dehors	0	1	7	0
La longueur du pied fera	0	9	4	0
Mais le bras fera tel.				
Depuis l'épaule iufques au coude	1	0	6	0
Depuis lequel iufques à la iointe de la main	0	9	3	1
Et d'elle iufques au bout des doigts	0	6	1	0
Ces chofes ainfi vuydées, il y faut aioufter les largeurs: & premierement du corps de pourfil.				
Par le fommet	0	4	5	0
Par le front	0	6	2	0
Par les fourcils	0	6	8	0
Par le nés	0	6	3	0
Par la haute leure, & nucque	0	5	8	0
Le col aura pres le menton	0	3	7	0
Par le haut du palleron	0	4	0	0
Par les oz trauerfiers	0	4	6	0
Par le haut des épaules	0	5	3	0
Par l'aiffelle	0	7	7	0
Par les mammelles	0	7	6	0
Par les foumammelles	0	7	5	0
Par la ceinture	0	6	0	0
Par le nombril	0	6	2	0
Par le haut de la cuyffe	0	7	5	0
Par le bas du ventre	0	7	0	0
Par les feffes & membres virils	0	6	8	0
Le pourfil de la cuyffe fera pres les feffes	0	5	6	0
Et vn peu plus bas	0	5	4	0
Par le concaue de la cuyffe	0	5	4	0
Par le furgenouil	0	3	8	0
Par le my genouil	0	3	3	0
Par le fougenouil	0	3	2	0
Par le my gras	0	3	8	0
Par le bas du gras en dehors	0	3	2	0
Et en dedans	0	2	9	0
Par le bas & plus menu de la iābe	0	2	1	0

h iiij

ALBERT DVRER DE LA

	ligne	nombre	portion	minute		ligne	nombre	portion	minute
Par le coup du pied	0	0	4	0	Par le furgenouil	0	2	8	0
Par la cheuille en dehors	0	3	7	0	Par le my gras	0	3	3	0
Puis tu y aioufteras le pourfil du bras.					Par le bas du gras en dehors	0	2	6	0
					En dedans	0	2	4	0
Par les épaules	0	4	1	0	Par le bas & plus menu de la iābe	1	4	0	0
Par le plus bas de l'aiffelle du cofte du dos	0	3	6	0	Par le coup du pied	0	1	8	9
					Au deffous des cheuilles	0	1	8	0
Par la iointe du coude	0	2	1	0	La largeur du pied fera par le bout des arteils	0	3	2	0
Au deffous d'elle	0	2	5	0					
Par la iointe de la main	0	1	3	0	Puis tu feras le bras de front.				
La paume aura	0	1	6	0	Par les mufcles des épaules	0	2	5	0
S'efuyuent les largeurs du corps de front.					Au deffus de la iointe du coude	0	2	0	0
					Au deffous d'elle	0	2	7	0
Par le fommet	0	4	1	0	Par la iointe de la main	0	1	7	0
Par le haut du front	0	5	5	0	La paume aura d'ouuerture	0	3	2	0
Par le my front	0	6	0	0	Subfequémment tu pourtrairas				
Par les fourcils	0	5	5	0	fongneufement les images viriles				
Par les oreilles	0	6	4	0	tant de pourfil, que de front, cha-				
Par le nés & ioues	0	4	4	0	cun' en fon lieu. Et pourfileras				
Le col aura pres le bas du mentō	0	3	4	0	celle de dos, des pourfileures de				
Le haut des pallerons	0	4	0	0	celle de front. Et feras l'entr'aif-				
Par les oz trauerfiers	1	1	4	0	felles	1	0	2	0
L'efpace d'entre les deux oz des épaules	0	9	5	0	Au regard de la diftance de puis les oz trauerfiers, elle a ia ofté vuydée.				
Par la poitrine	1	3	5	0					
Par l'entr'aiffelles	0	8	8	0	L'entrefeffes aura de long	0	5	5	0
Par l'entremammelles	0	6	3	0	Et le talon	0	1	6	0
Au deffous d'elles	0	9	9	0	Et fi tu fiches vn bras du com-				
Par la ceinture	0	8	2	0	pas au nombril de ce corps com-				
Par le nombril	0	9	0	0	me en vn cêtre, la ligne du circuit				
Par le haut de la cuyffe	1	0	2	0	en rond qui attaindra les orteils				
Et la l'entreboiftes fera de	0	7	3	0	du pied eftendu, rafera auffi l'ex-				
Par le bas du ventre	1	0	1	2	tremité des doigts de la main,				
Par les membres honteux	1	0	1	0	eftans les bras eftendus & dreffez				
La cuyffe pres des feffes	0	4	8	0	quelque peu haut. Toutes lefquel				
Par le concaue de la cuyffe	0	4	0	0	les chofes nous auons cy deffous				
Par le furgenouil	0	3	1	0	mifes à l'oeil par ordonnances.				
Par le my genouil	0	2	8	0					

PROPORTION DE L'HOMME. LIVRE. II. 47

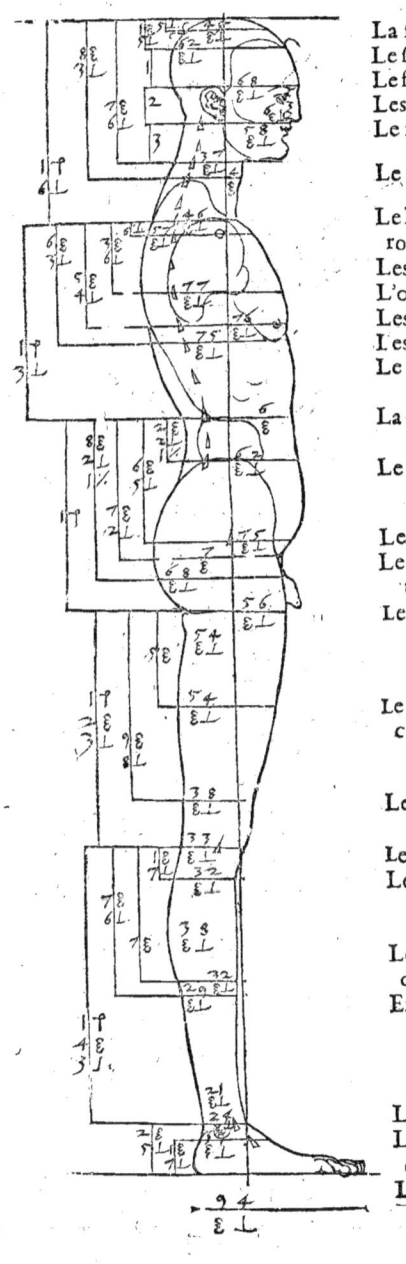

La syme.
Le sommet.
Le front.
Les sourcils.
Le nés.

Le menton.

Le haut des palle-
 rons.
Les oz trauersiers.
L'oz de l'épaule.
Les aisselles de front
Les mammelles.
Le soumammelles.

La ceinture.

Le nombril.

Le haut de la cuysse.
Le membre hon-
 teux.
Le bas des fesses.

Le concaue de la
 cuysse.

Le surgenouil.

Le mygenouil.
Le sougenouil.

Le bas du gras en
 dehors.
En dedans.

Le coup du pied.
Le bas de la cheuille
 en dehors.
La plante.

ALBERT DVRER DE LA

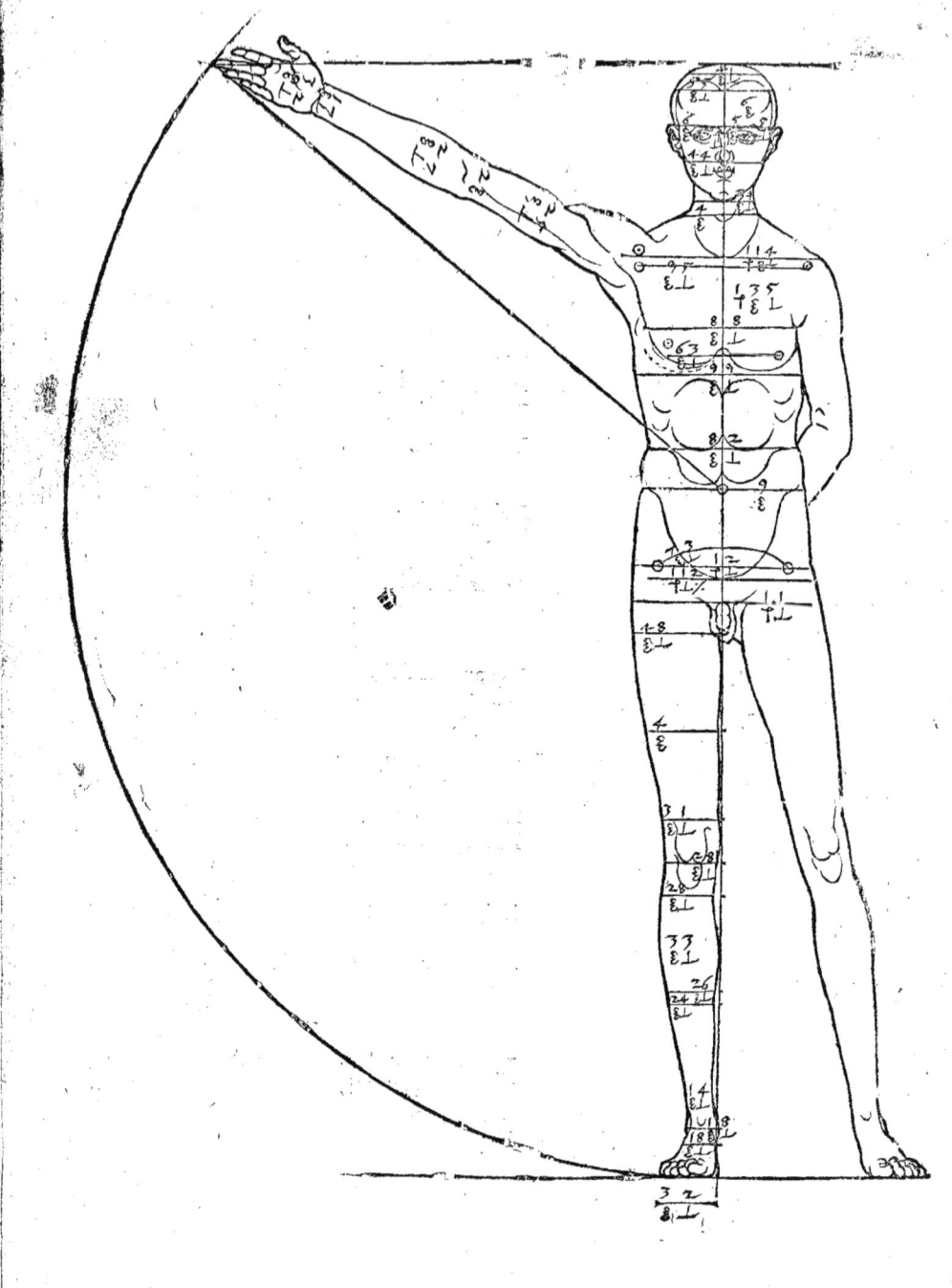

PROPORTION DE L'HOMME. LIVRE II. 48

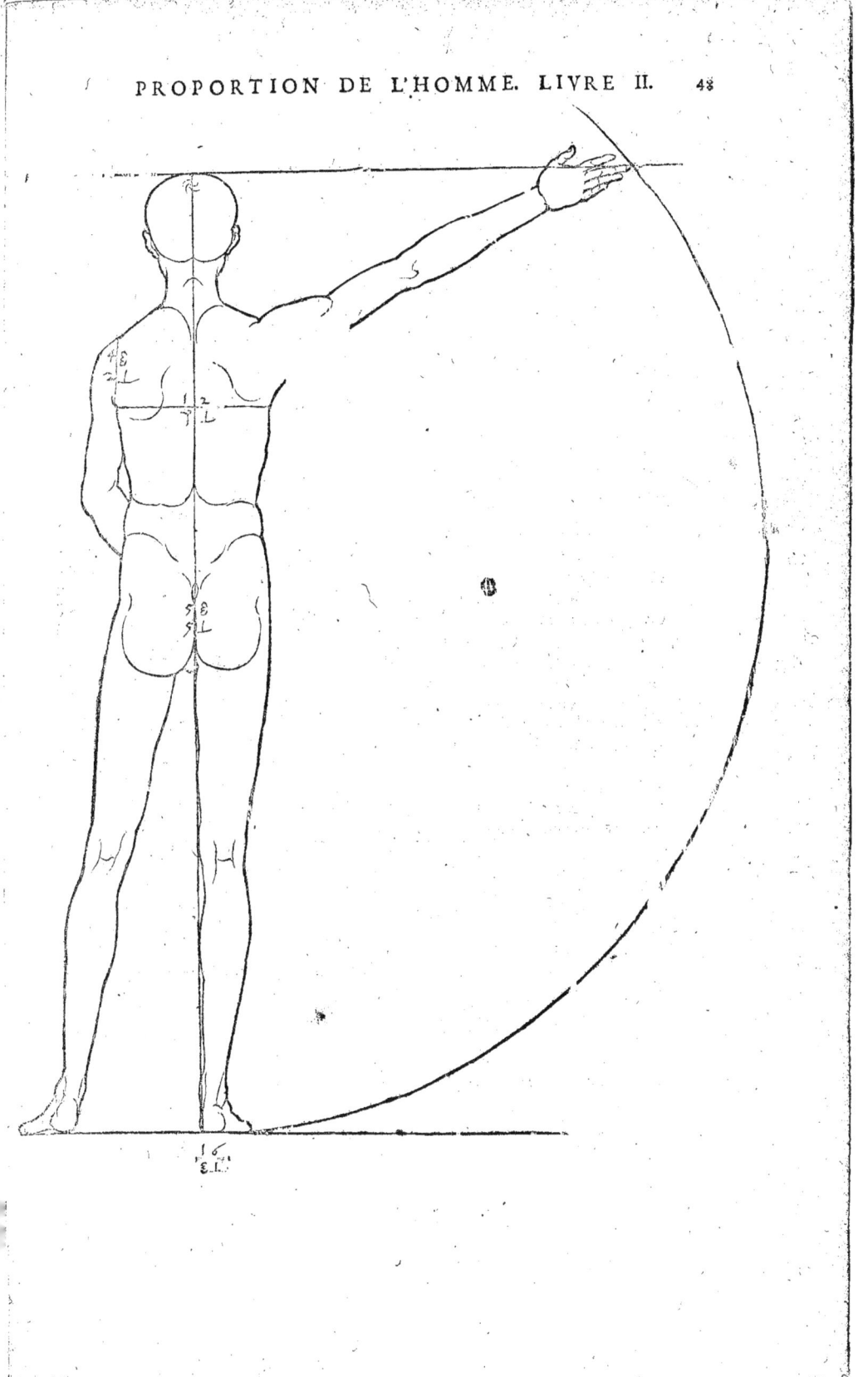

	ligne	nombre	portion	minute

	ligne	nombre	portion	minute

Il faut ioindre à cest hôme, vne femme conuenante, le corps de laquelle nous paindrons en trois manieres gardant la premiere façon de faire. Les longueurs donc seront telles.

	l	n	p	m
Depuis la ſyme, iuſques au ſommet	0	0	6	0
Iuſques au front	0	1	6	0
Au bas du menton	0	7	7	0
Au haut du palleron	0	8	7	0
Aux oz trauerſiers	1	4	0	1

Au demeurant tu diuiseras par deux lignes en trois egaux eſpaces ce qui eſt entre le plus haut du front, & le bas du menton: au premier deſquels le front ſera comprins: au ſecond le nés, yeux, & oreilles; au tiers le menton, & la bouche. Puis tu pourſuyuras le cō paſſement

	l	n	p	m
Depuis les oz trauerſiers, iuſques aux épaules	0	1	0	0
Aux aiſſelles de front	0	3	7	0
A celle de dos	0	4	4	0
Aux tetillons	0	5	0	0
Aux ſoumammelles	0	6	6	1
A la ceinture	1	1	4	0
De la iuſques au nombril	0	2	2	0
Au haut de la cuyſſe	0	6	3	0
Au commencement du penil	0	8	2	0
Au bas du penil	0	9	2	0
Au bout des feſſes	1	0	0	0
Et de la iuſques au concaue de la cuyſſe	0	4	3	1
Au ſurgenouil	0	9	7	0
Au my genouil	1	2	2	1
Et de la iuſques au ſougenouil	0	1	4	0
Au bas du gras en dehors	0	9	2	0
En dedans	0	7	0	0
Au coup du pied	1	3	6	1
De la iuſques au bas de la plante	0	2	3	0

	l	n	p	m
Et d'elle iuſques à la cheuille exterieure	0	1	4	0
Le pied aura de long	0	8	4	0

Mais tu feras le bras ainſi.

	l	n	p	m
Depuis l'épaule iuſques à la iointe du coude	0	9	6	0
Depuis laquelle iointe, iuſques à celle de la main	0	9	1	0
Et de celle de la main, iuſques au bout des doigts	0	5	9	0

Ces choſes eſtans ainſi ordonnées, tu y aiouſteras les largeurs & feras le corps de pourfil par le

	l	n	p	m
ſommet	0	4	4	0
Par le front	0	6	2	0
Par les ſourcils	0	6	7	0
Par le nés	0	6	0	0
Par la haute leure	0	5	5	0
Par le col, & menton	0	5	3	0
Et la on baillera au col	0	3	3	0
Par le haut du palleron	0	3	8	0
Par les oz trauerſiers	0	4	7	0
Par les épaules	0	6	0	0
Par la poitrine	0	7	0	0
Par l'aiſſelle	0	7	3	0
Par les tetillons	0	7	5	0
Aux ſoumammelles	0	7	0	0
Par la ceinture	0	5	6	0
Par le nombril	0	7	8	0
Par le haut de la cuyſſe, & feſſes	0	9	4	1
Par le commencement du penil	0	8	0	0
Par le bas du penil	0	7	5	0

Mais la cuyſſe aura au pres des feſſes

	l	n	p	m
	0	6	5	0
Par le concaue de la cuyſſe	0	5	8	0
Par le ſurgenouil	0	4	0	0
Par le my genouil	0	3	5	0
Par le ſougenouil	0	3	3	0
Par le my gras	0	3	7	0
Par le bas du gras en dehors	0	3	2	0
Et en dedans	0	2	9	0

PROPORTION DE L'HOMME. LIVRE II.

	ligne	nombre	portion	minute
Par le bas de la iambe, & le plus menu	0	2	0	0
Par le coup du pied	0	2	2	0
Au dessous des cheuilles	0	4	0	0
Puis tu feras le bras de poursil de ceste épesseur.				
Par l'épaule	0	3	9	0
Par les muscles	0	3	5	0
Par la iointe du coude	0	2	5	0
Au dessous d'elle	0	2	6	0
Par la iointe de la main	0	1	3	0
Mais la paume aura	0	1	6	0
S'ensuyuét les largeurs de frõt				
Par le sommet	0	4	2	0
Par le haut du front	0	5	4	0
Par le my front	0	6	0	0
Par les sourcils	0	5	8	0
Par les oreilles	0	6	2	0
Par le nés, & ioues	0	4	8	0
Le col aura pres le bas du menton	0	3	3	0
Par le haut des pallerons	0	3	7	0
Par le haut des épaules	1	1	2	0
Et l'entreboistes sera	0	8	5	0
Par la poitrine, & épaules	1	3	0	0
Par les aisselles de front	0	8	5	0
Et par les mesmes des dos	0	9	4	0
Par l'entretillons	0	6	5	0
Au dessous des mammelles	0	8	5	0
Par la ceinture	0	7	8	0
Par le nombril	1	1	0	0
Par le haut de la cuysse	1	1	9	0
Et la l'entreboistes aura	0	8	6	0
Par le commencement du penil	1	2	5	0
Par le bas du penil	0	6	2	0
Par le bout des fesses	0	6	1	0
Par le concaue de la cuysse	0	5	6	0
Par le surgenouil	0	3	7	0
Par le my genouil	0	5	2	0

	ligne	nombre	portion	minute
Par le sougenouil	0	3	1	0
Par le my gras	0	3	7	0
Par le bas du gras en dehors	0	3	1	0
Et en dedans	0	2	9	0
Par la iambe	0	1	2	0
Par le coup du pied	0	1	7	0
Au dessous des cheuilles	0	1	8	0
Le pied aura par le bout des orteils	0	2	9	0

Le bras au demeurant se fera de ceste sorte.

	ligne	nombre	portion	minute
Par les muscles	0	2	5	0
Par sus la iointe du coude	0	2	0	0
Au dessous d'elle	0	2	6	0
Par la iointe de la main	0	1	6	0
La paume aura d'ouuerture	0	2	9	0

Au demeurant tu approprieras les figures conuenãtes à chacun' en son lieu par ces desseings des parties des trois statures de corps femenin.

Tu pourfileras aussi tout autour (comme souuentesfois nous l'auons dit) la figure de dos, auec ques les mesmes pourfileures que celle de front aura. Mais l'entrefesses aura de long 0 5 7 0
Et le talon 0 1 5 0

Si tu fiches le bras du compas au nombril de ce corps ayant les piedz étédus, & les mains rédues en haut, tu le pourras de sorte tourner que le rond du cercle atteindra les extremités des doigts, & des orteils: comme nous l'auõs donné à cognoistre dedans les ordonnances.

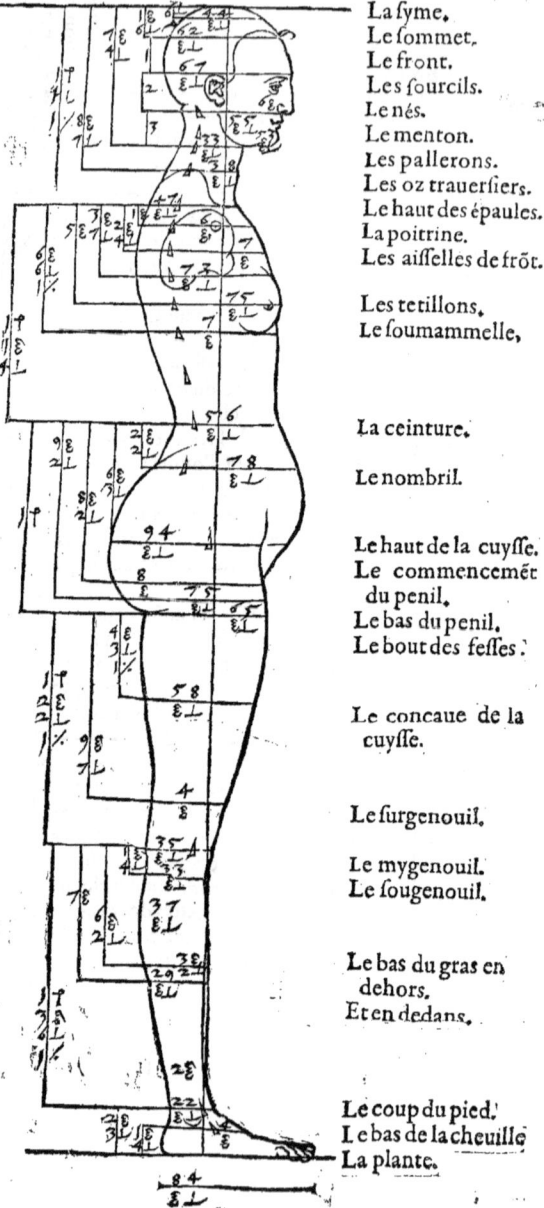

La syme.
Le sommet.
Le front.
Les sourcils.
Le nés.
Le menton.
Les pallerons.
Les oz trauersiers.
Le haut des épaules.
La poitrine.
Les aisselles de frõt.

Les tetillons.
Le soumammelle.

La ceinture.

Le nombril.

Le haut de la cuysse.
Le commencemēt
du penil.
Le bas du penil.
Le bout des fesses.

Le concaue de la
cuysse.

Le surgenouil.

Le mygenouil.
Le sougenouil.

Le bas du gras en
dehors.
Et en dedans.

Le coup du pied.
Le bas de la cheuille
La plante.

PROPORTION DE L'HOMME. LIVRE. II. 50

ALBERT DVRER DE LA

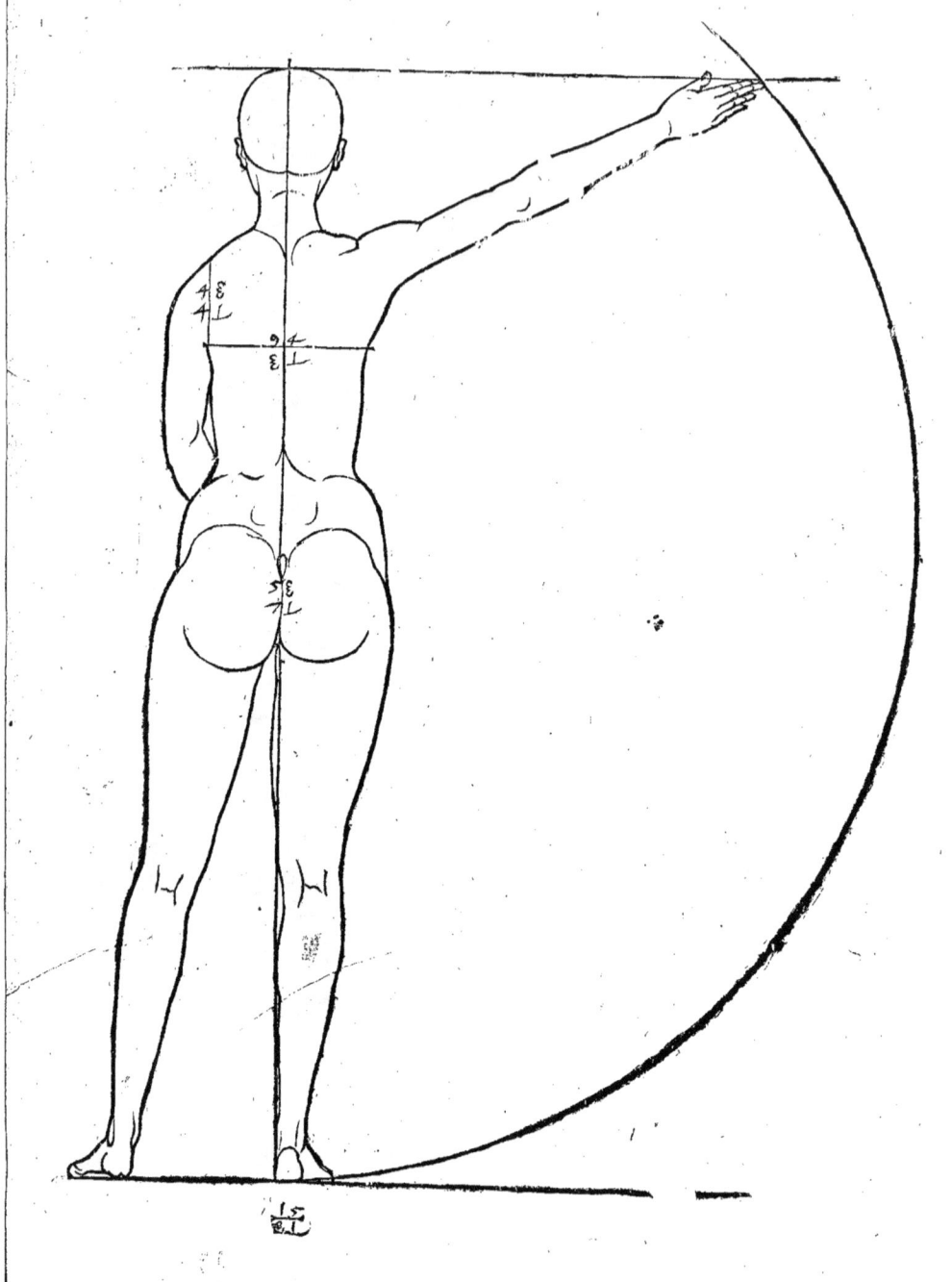

PROPORTION DE L'HOMME LIVRE. II.

	ligne	nombre	portion	minute

Ie pourtrairay d'auátage deux corps d'hommes, & autát de femmes, pour suyuát d'entrée comme dessus les hauteurs des patties.

	ligne	nombre	portion	minute
L'espace doncques en celuy de l'hôme depuis la syme du surfrôt iusques au bas du menton aura	7	0	0	
Et de la iusques au haut du front	6	0	0	
Depuis lequel iusques au plus haut des sourcils	0	2	0	0
Depuis lesquels iusques au bout du nés	0	2	0	0
Et du nés iusques au bas du menton	0	2	0	0
De la syme de rechef du surfrôt, iusques aux pallerons	0	7	7	0
Et iusques au haut des épaules	0	9	5	0
Aux oz trauersiers	1	0	4	0
De la iusques au haut de la poitritrine	0	2	0	0
Au dessous des aisselles	0	3	6	0
Aux mammelles	0	5	0	0
Aux soumammelles	0	6	0	0
A la ceinture	0	9	6	0
Depuis laquelle iusques au nombril	0	2	0	0
Aux hanches	0	2	7	0
A la cuysse	0	6	5	0
Au bas du ventre	0	7	6	0
Aux membres honteux	0	8	6	0
Au bout des fesses	0	9	7	0
Et de la vn peu au dessous	0	0	6	0
Et encores vn peu plus bas	0	2	5	0
Et iusques au cócaue de la cuysse	0	5	6	0
Au my genouil	1	2	8	0
Depuis lequel iusques au surgenouil en dehors	0	2	8	0
Et en dedans	0	1	9	0
Depuis le mesme my genouil, iusques au sougenouil en dehors	0	0	7	0
En dedans	0	1	5	0
Au bas du my gras en dedans	0	6	2	0
Et en dehors	0	6	9	0
Au coup du pied	1	4	7	0
Depuis lequel iusques au bas de la plante	0	2	8	0
Depuis laquelle tirãt à mont à la				

	ligne	nombre	portion	minute
cheuille en dehors	0	1	8	0
On baillera au pied la longueur Et au bras, telle qu'il sensuit.	0	9	0	0
On tirera la longueur depuis le haut des oz trauersiers, iusques à la iointe du coude	1	1	4	0
Depuis laquelle iusques à celle de la main	0	8	5	0
Et la main aura	0	6	0	6
Il faut cy dessous mettre les largeurs viriles, & premieremét celle de pourfil.				
Par le front	0	5	1	0
Par les sourcils	0	6	6	0
Par le néz, & nucque	0	6	0	0
Par la leure, & nucque	0	5	4	0
Par le menton, & col	0	5	4	0
Lequel col aura	0	3	4	0
Par les pallerons	0	3	5	0
Par le haut des épaules	0	4	4	0
Par les oz trauersiers	0	5	3	0
Par la poitrine	0	7	4	0
Pres l'aisselle	0	8	2	0
Par les mammelles	0	8	3	0
Au dessous d'elles	0	7	6	0
Par la ceinture	0	6	5	0
Par le nombril	0	6	3	0
Par les hanches	0	6	5	0
Par la cuysse	0	8	0	0
Par le bas du ventre	0	7	2	0
Par les membres virils, & fesses	0	6	9	0
La cuysse aura pres le bout des fesses	0	5	9	0
Et quelque peu plus bas	0	5	9	0
Et encores plus bas	0	5	8	0
Par le concaue de la cuysse	0	5	4	0
Par le surgenouil en dehors	0	4	0	0
Et en dedans	0	3	7	0
Par le my genouil	0	3	5	0
Par le sougenouil en dehors	0	3	4	0
Et en dedans	0	3	4	0
Par le my gras	0	4	0	0
Par le bas du gras en dehors	0	3	7	0
Et en dedans	0	3	4	0
Par le bas de la iambe	0	2	1	0
Par le coup du pied	0	2	4	0
Au dessous des cheuilles	0	4	0	0

i iij

ALBERT DVRER DE LA

description	ligne	nombre	portion	minute
S'enſuyuent les largeurs, & épeſſeurs du bras de pourfil.				
Par les épaules	0	4	5	0
Au deſſous de l'aiſſelle par les muſcles	0	3	3	0
Par la iointe du coude	0	2	4	0
Au deſſous d'elle	0	2	4	0
Et vn peu plus bas	0	1	7	0
Par la iointe de la main	0	1	4	0
Mais la paume aura	0	1	5	0
Puis les largeurs de celle de front ſeront ainſi marquées.				
Par le haut du front	0	5	1	0
Par le my front	0	5	8	0
Par les ſourcils	0	5	5	0
Par les oreilles	0	6	0	0
Par le bout du nés	0	4	6	0
Le col aura pres du bas du menton	0	3	3	0
Par le haut des palierons	0	4	0	0
Par le haut des épaules	0	9	2	0
Par les oz trauerſiers	1	2	4	0
Et la les oz des épaules ſeront entre eux diſtans	0	9	7	0
Par la poitrine, & épaule	1	4	4	0
Par l'entr'aiſſelles	1	0	2	0
Par l'entremammelles	0	7	0	0
Par la ceinture	0	9	0	0
Par le nombril	1	0	2	0
Par les hanches	1	0	0	0
Par la cuyſſe	1	1	3	0
Et la l'entreboiſtes aura	0	8	5	0
Par le bas du ventre	1	1	4	0
Par les membres virils	1	1	3	0
Par la cuyſſe pres les feſſes	0	5	5	0
Et vn peu au deſſous	0	5	1	0
Et encores quelque peu plus bas	0	5	1	0
Par le concaue de la cuyſſe	0	4	2	0
Par le ſurgenouil en dehors	0	3	2	0
Et en dedans	0	3	2	0
Par le haut du genouil	0	2	9	0
Par le my genouil	0	2	9	0
Autāt de front aurōt les deux derniers eſpaces marquéz. Mais quand on figurera le corps en ceſte partie la, les lineamens ſeront quelque peu courbés.				
Par le my gras	0	3	5	0
Et au deſſous en dehors	0	3	0	0
Et en dedans	0	2	8	0
Par le bas de la iambe	0	1	4	0
Par les cheuilles & coup du pied	0	1	9	0
Et au deſſous d'elles	0	1	9	0
Le pied aura de front par les orteils	0	3	0	0
Au regard du bras il ſe fera de ſorte que ſa largeur de front ſera				
par les muſcles ſous les aiſſelles	0	2	5	0
Sur la iointe du coude	0	2	1	0
Au deſſous d'elle	0	3	0	0
Et vn peu plus bas	0	2	2	0
Par la iointe de la main	0	1	6	0
La main aura de front	0	3	1	0
Puis ſubſequemment tu pourſuyuras les proportions du corps femenin, & feras premierement les hauteurs de ceſte ſorte.				
Depuis le ſurfrōt iuſques au haut du col	0	7	0	0
Et de la en montant iuſques au haut du front	0	6	0	0
Et depuis lequel iuſques aux ſourcils	0	2	0	0
Depuis les ſourcils iuſques au bas du nez	0	2	0	0
Et de la iuſques au col auſſi	0	2	0	0
Et de la il faudra pourſiler quelque peu en rond le menton tyrāt contremont.				
Depuis le ſurfrōt iuſques aux palerons	0	7	9	0
Aux oz trauerſiers	1	0	0	0
Depuis leſquels iuſques au haut de la poitrine	0	2	1	0
Et iuſques ſous les aiſſelles	0	3	7	0
Aux tetillons	0	5	5	0
Au deſſous des mammelles	0	7	0	0
A la ceinture	1	1	2	0
Depuis laquelle iuſques au nombril	0	1	5	0
Au haut de la cuyſſe	0	6	0	0
Au bas du ventre	0	7	0	0

PROPORTIN DE L'HOMME LIVRE. II.

	ligne	nombre	portion	minute		ligne	nombre	portion	minute
Au commencement du penil, la ou le corps prend fente		8	8	0	Par les oz trauersiers		4	0	0
					Par la poitrine		6	2	0
Au bas du penil		9	6	0	Pres l'aisselle		6	8	0
Au bout des fesses	1	0	4	0	Par les tetillons		7	0	0
Et vn peu au dessous d'elles	0	2	3	0	Aux soumammelles		6	6	0
Au concaue de la cuysse	0	4	3	0	Par la ceinture		5	5	0
Au surgenouil	0	6	2	0	Par le nombril		6	8	0
Au my genouil	1	1	3	0	Par le haut de la cuysse		9	6	0
De la iusques au sougenouil	0	2	0	0	Par le bas du ventre		8	6	0
Au bas du gras en dehors	0	6	0	0	Par le commencement du penil		8	0	0
Et en dedans	0	7	2	0	Par le bas du penil		7	5	0
Au coup du pied	1	4	3	0	Par la cuysse aupres des fesses		6	5	0
Et de la iusques au bas de la plante					Et vn peu plus bas		6	0	0
	0	2	6	0	Par le concaue de la cuysse		5	4	0
Depuis laquelle iusques à la cheuille en dehors					Par le surgenoil		4	0	0
	0	1	8	0	Par le my genoil		3	5	0
Le pied aura de long	0	8	5	0	Par le sougenouil		3	5	0
Au regard du bras, tu le feras ainsi.					Par le my gras		3	9	0
					Par le bas en dehors		3	6	0
Depuis les epaules à rés de la hauteur des oz trauersiers aura iusques à la ioincté du coude					En dedans		3	2	0
					Par le bas de la iambe		2	0	0
	1	1	5	0	Par le coup du pied		2	2	0
Depuis laquelle iusques a celle de la main					Au dessous des cheuilles		3	5	0
	0	8	5	0	Mais le bras aura de pourfil.				
La main aura de long	0	5	8	0	Par l'epaule		4	4	0
Apres ces marques des hauteurs, tu noteras les largeurs, qui seront telles au corps de pourfil.					Au dessous des aisselles		3	3	0
					Par la iointe du coude		2	4	0
					Au dessous d'elle		2	4	0
La teste aura par le front	0	5	1	0	Par la iointe de la main		1	3	0
Par les sourcils	0	5	3	0	La main aura		1	4	0
Par la nucque, & néz	0	5	5	0	Puis tu noteras aupres de la plus prochaine ligne, les largeurs de front en ceste sorte.				
Par la leure, & la nucque	0	5	2	0					
Par le menton, & le col	0	5	2	0					
La ou le col aura	0	3	2	0	Par le haut du front		5	1	0
Par les parlerons	0	3	3	0	Par le my front		5	7	0

i iiij

ALBERT DVRER DE LA

	ligne	nombre	portion	minute		ligne	nombre	portion	minute
Par les sourcils	0	5	3	0	En dedans	0	3	0	0
Par les oreilles	0	5	8	0	Par le bas de la greue	0	1	4	0
Par le néz, & ioues	0	4	5	0	Par le coup du pied	0	2	6	0
Le col aura pres du menton	0	3	0	0	Au deſſous des cheuilles	0	2	6	0
Par les pallerons	0	3	5	0	Le pied aura de front par le bout				
Par les oz trauerſiers	0	8	7	0	des orteils	0	2	9	0
Sous leſquels les oz des épaules feront entr' eux diſtans	0	8	5	0	Puis tu dreſſeras le bras de ceſte ſorte.				
Par la poitrine	1	2	2	0	Au deſſous des aiſſelles	0	2	4	0
Par l'entr'aiſſelles	0	8	2	0	Au deſſous de la iointe du coude	0	2	1	0
Par l'entretillons	0	6	0	0	Au deſſous d'elle	0	2	9	0
Le front de la poitrine au deſſous des mammelles, ſera	0	8	4	0	Par la iointe de la main	0	1	5	0
					La paume aura de front	0	2	8	0
Par la ceinture du corps	0	7	7	0	Au demeurant tu pourtrairas autour de ces marques, la figure du corps viril, & femenin, auec leurs pourfileures conuenantes, comme tu nous pourras decouurir l'auoir fait diligemmét es ordōnáces. Et ſi tu leur veux bailler plus grande hauteur de teſte, tu la feras en la ligne de la hauteur de				
Par le nombril	1	4	0	0					
Par le haut de la cuyſſe	1	2	0	0					
Et la l'entreboiſtes aura de long	0	8	4	0					
Par le bas du ventre	1	1	3	0					
Par le commencement du penil	1	2	4	0					
La cuyſſe aura aupres du bas du penil	0	6	2	0					
Par le bout des feſſes	0	6	1	0		0	0	8	0
Vn peu plus bas	0	6	0	0	Et l'ayant ainſi aggrandie, tu la feras plus large, & plus épeſſe au corps de pourfil, & de front, comme au parauant ie t'ay enſeigné deuoir eſtre faict, & que nous l'auons montré es ordonnances.				
Par le concaue de la cuyſſe	0	5	3	0					
Par le ſurgenouil	0	3	8	0					
Par le my genouil	0	3	5	0					
Par le ſougenouil	0	3	1	0					
Par le my gras	0	3	5	0					
Par le bas du gras en dehors	0	3	5	0					

PROPORTION DE L'HOMME. LIVRE. II.

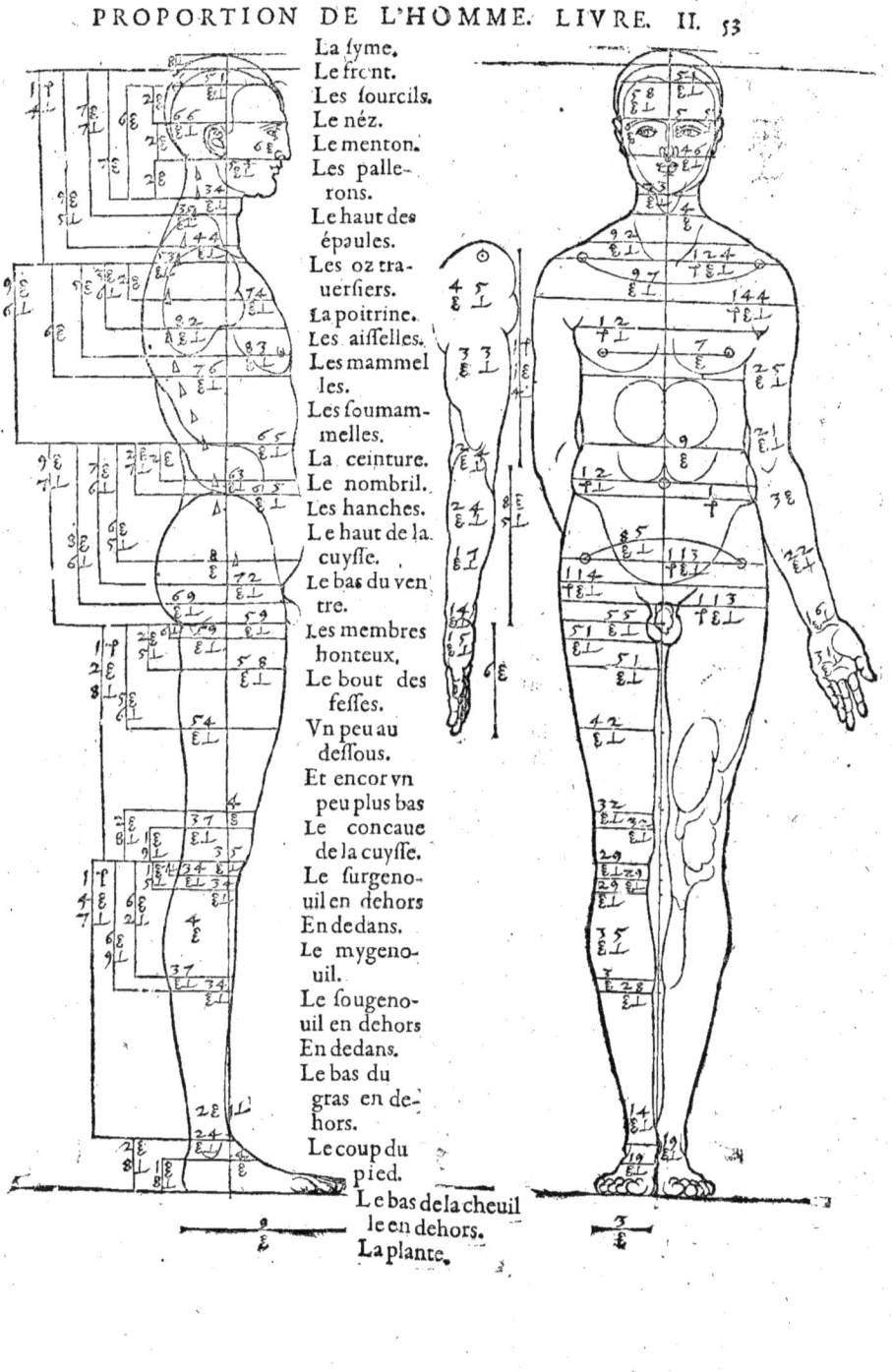

La fyme.
Le front.
Les fourcils.
Le nez.
Le menton.
Les palle-
rons.
Le haut des
épaules.
Les oz tra-
uerfiers.
La poitrine.
Les aiffelles.
Les mammel
les.
Les foumam-
melles.
La ceinture.
Le nombril.
Les hanches.
Le haut de la
cuyffe.
Le bas du ven
tre.
Les membres
honteux.
Le bout des
feffes.
Vn peu au
deffous.
Et encor vn
peu plus bas
Le concaue
de la cuyffe.
Le furgenou-
il en dehors
En dedans.
Le mygenou-
il.
Le fougenou-
il en dehors
En dedans.
Le bas du
gras en de-
hors.
Le coup du
pied.
Le bas de la cheuil
le en dehors.
La plante.

ALBERT DVRER DE LA

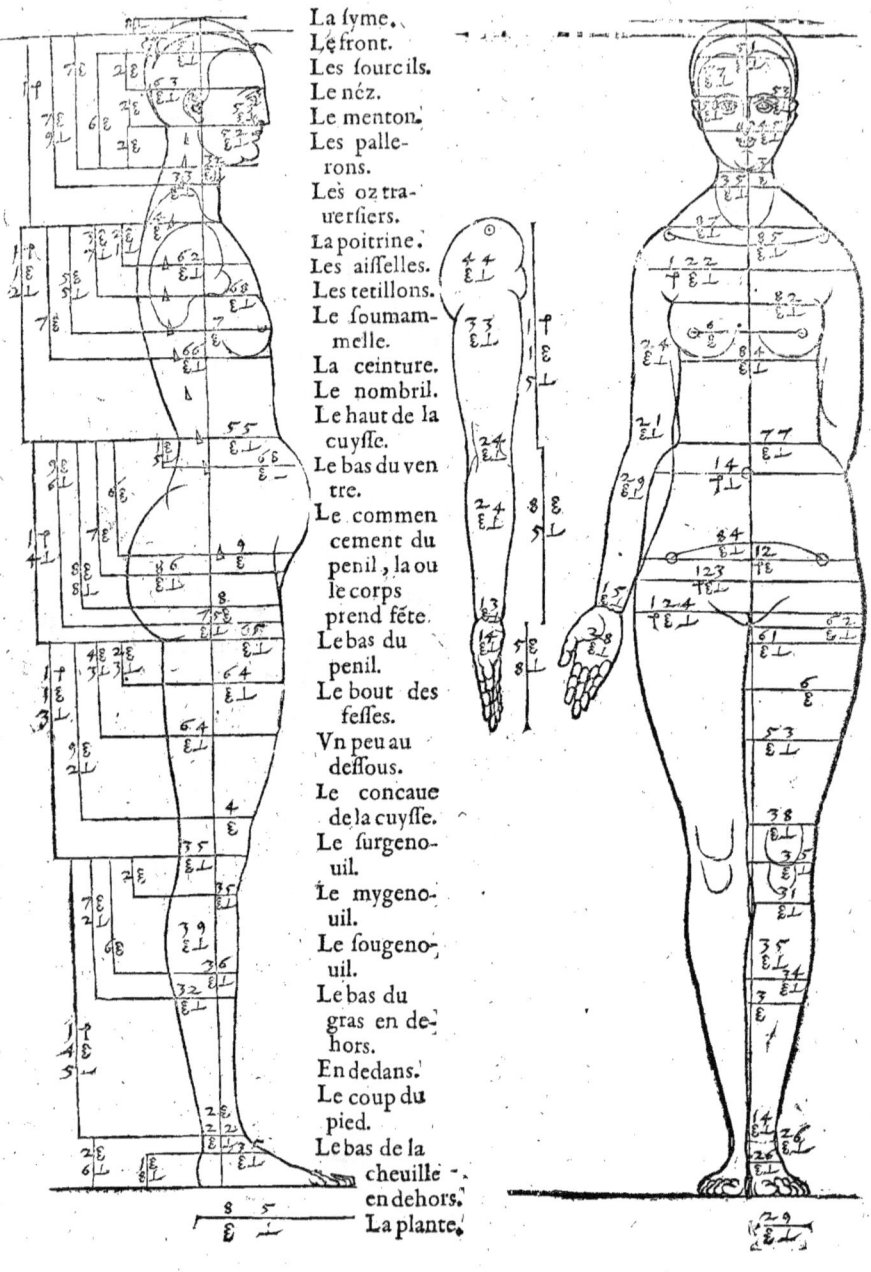

La syme.
Le front.
Les sourcils.
Le nez.
Le menton.
Les pallerons.
Les oz trauersiers.
La poitrine.
Les aisselles.
Les tetillons.
Le soumammelle.
La ceinture.
Le nombril.
Le haut de la cuysse.
Le bas du ventre.
Le commencement du penil, la ou le corps prend fête.
Le bas du penil.
Le bout des fesses.
Vn peu au dessous.
Le concaue de la cuysse.
Le surgenouil.
Le mygenouil.
Le sougenouil.
Le bas du gras en dehors.
En dedans.
Le coup du pied.
Le bas de la cheuille en dehors.
La plante.

PROPORTION DE L'HOMME LIVRE. II. 54

S'enfuit vn'autre proportion du corps viril, duquel les principales parties & membres serōt pour leur hauteur marquez comme il s'enfuit, suyuāt la premiere ligne de la figure de pourfil.

	ligne	nombre	portion	minute
Depuis la syme, iusques au sommet				
Iusques au front	0	2	2	0
Au bas du menton	0	8	4	0
Au haut des pallerons	1	0	1	0
Aux oz des épaules	1	1	0	0
Aux oz trauersiers	1	1	5	0
De la iusques sous l'aisselle	0	2	1	0
Aux mammelles	0	4	0	0
Au dessous d'elles	0	5	3	0
A la ceinture	1	0	0	0
De la au nombril	0	2	3	0
Au haut de la cuysse	0	7	5	0
Aux membres honteux	0	8	5	0
Au bout des fesses	1	1	0	0
Depuis lesquelles iusques au concaue de la cuysse	0	3	2	1
Au surgenouil	0	7	4	0
Au my genouil	1	0	5	0
Duquel au sougenouil	0	1	6	0
Et de la encores iusques au bas du gras en dehors	0	6	8	0
En dedans	0	7	7	0
Au coup du pied	1	4	6	0
Au bas de la iambe	1	5	4	0
Au bas de la plante	1	7	0	0
Au regard du pied, il aura de longueur	1	0	0	0

Mais le bras sera de ceste sorte.

	ligne	nombre	portion	minute
Depuis l'épaule iusques à la iointe du coude	1	0	0	0
Depuis laquelle iusques à celle de la main	0	9	0	0
Et depuis celle de la main, iusques au bout des doigts	0	6	0	0

Et apres auoir ainsi noté les hauteurs des parties, on recerche premierement l'épesseur du corps de pourfil, puis la largeur de celuy de front.

L'épesseur donques sera telle.

	ligne	nombre	portion	minute
Par le sommet	0	5	2	0
Par le front	0	7	0	0
Par les sourcils	0	7	5	0
Par le nez	0	7	0	0
Par la haute leure, & la nucque	0	6	2	0
On donnera au col pres le menton	0	4	2	0
Par le haut des pallerons	0	4	6	0
Par les oz des epaules	0	5	0	0
Par les oz trauersiers	0	6	7	0
Par l'aisselle	0	7	9	0
Par les mammelles	0	8	5	0
Au dessous d'elles	0	8	3	0
Par la ceinture	0	7	3	0
Par le nombril	0	6	7	0
Par le haut de la cuysse	0	8	4	0
Par les membres honteux	0	7	6	0
Par la cuysse à rès des fesses	0	6	1	0
Par le concaue de la cuysse	0	6	1	1
Par le surgenouil	0	4	7	0
Par le my genouil	0	3	8	0
Par le sougenouil	0	3	7	0
Par le my gras	0	4	4	0
Par le bas du gras en dehors	0	4	0	0
En dedans	0	3	7	0
Par le bas de la iambe	0	2	5	0
Par le coup du pied	0	3	0	0
Au dessous des cheuilles	0	4	9	0

Au regard du bras tu le dresseras ainsi.

	ligne	nombre	portion	minute
Par l'épesseur de l'épaule	0	5	0	0
Par les muscles	0	7	3	0
Par la iointe du coude	0	2	6	0
Au dessous d'elle	0	2	8	0
Et encor au dessous	0	2	0	0
Par la iointe de la main	0	1	6	0
La paume aura	0	1	9	0

Les largeurs de la figure de front seront telles.

	ligne	nombre	portion	minute
Par le sommet	0	5	5	0
Par le front	0	6	6	0

ALBERT DVRER DE LA

	ligne	nombre	portion	minute		ligne	nombre	portion	minute
Par les sourcils	0	5	8	0	Par les muscles de l'épaule	0	2	6	0
Par les oreilles	0	6	5	0	Au dessus de la iointe du coude	0	3	3	0
Par le nés, & ioues	0	4	8	0	Au dessous d'elle	0	3	0	0
Le col aura pres le menton	0	4	0	0	Et encores plus au dessous	0	2	3	0
Par le palleron	1	0	0	0	Par la iointe de la main	0	2	0	0
On lerra entre les oz des épaules l'espace	1	0	0	0	La paume aura	0	3	2	0
Par la poitrine, & épaules auprès des oz trauersiers	1	5	0	0	Par ce moyé tu pourfileras proprement le corps de pourfil, & de front auec leurs necessaires linea-				
Par l'entr'aisselles	1	0	0	0	mens, comme sounêtesfois nous				
Par l'entr'aisselles de dos	1	1	8	0	l'auons dit, & fait ainsi qu'on le				
Par le soumammelles	1	1	6	0	peut voir : Tu portrairas aussi le				
Par la ceinture	0	9	6	0	corps de dos des lignes qui pour				
Par le nombril	1	0	0	0	filent celuy de front.				
Par les hanches	1	1	7	1	L'entrefesses aura de long	0	6	0	0
Par la l'entreboistes sera	0	8	5	0	Le talon	0	2	2	0
Par les membres virils	1	1	9	0	Au regard des aisselles celles de				
Par la cuysse ioint des fesses	0	5	4	0	uront estre basses au corps de dos				
Par le concaue de la cuysse	0	4	5	0	comme nous l'auons dit souuent.				
Par le surgenouil	0	3	5	0	Et pourtant depuis les oz trauer-				
Par le my genouil	0	3	1	1	siers iusques à elles aura	0	4	5	0
Par le sougenouil	0	3	0	0					
Par le my gras de la iambe	0	3	8	0	En ce corps cy à bras estédu, de				
Par le bas du gras en dehors	0	3	4	0	sorte quem le bout des doigts e-				
Et en dedans	0	3	0	0	galle la hauteur de la syme de la				
Par le bas de la iambe	0	1	6	0	teste, en asseât le bras du compas				
Par le coup du pied	0	2	0	0	au nombril, la ligne de la circon-				
Au dessous des cheuilles	0	2	2	0	ference atteindra les extremitez				
La largeur du pied sera par le bout des orteils	0	3	9	0	es conioincts mains. & pieds : ce que tu peux côtempler es ordonnances.				

Subsequémentil faudra pourtraire les largeurs du bras.

PROPORTION DE L'HOMME. LIVRE. II. 55

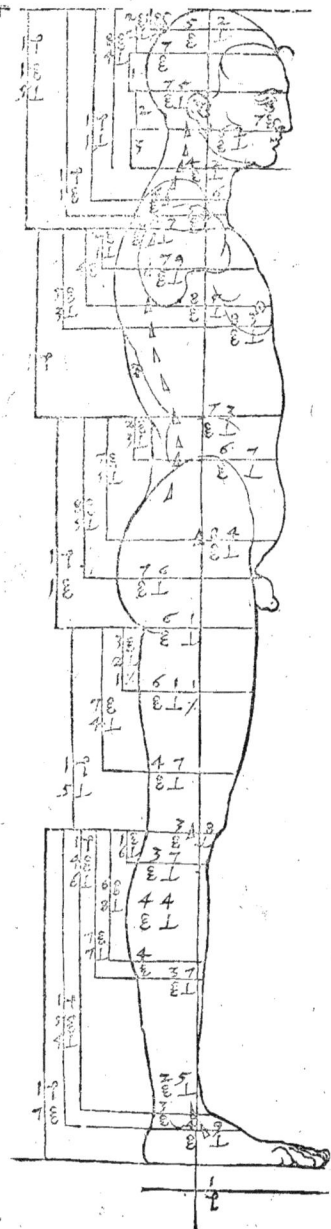

La fyme.
Le fommet.
Le front.
Les fourcils.

Le nés.
Le menton.
Le palleron.
Les oz des épaules.
Les os trauerfiers.
L'aiffelle de front.
Les mammelles.
Les foumammelle.

La ceinture.
Le nombril.

Le haut de la cuyffe.

Le membre viril.

Le bout des feffes.

Le concaue de la
    cuyffe.

Le furgenouil.

Le mygenouil.
Le fougenouil.

Le bas du gras en
    dehors.
En dedans.

Le coup du pied.
Le bas de la cheuille
    en dehors.
La plante.

k

ALBERT DVRER DE LA

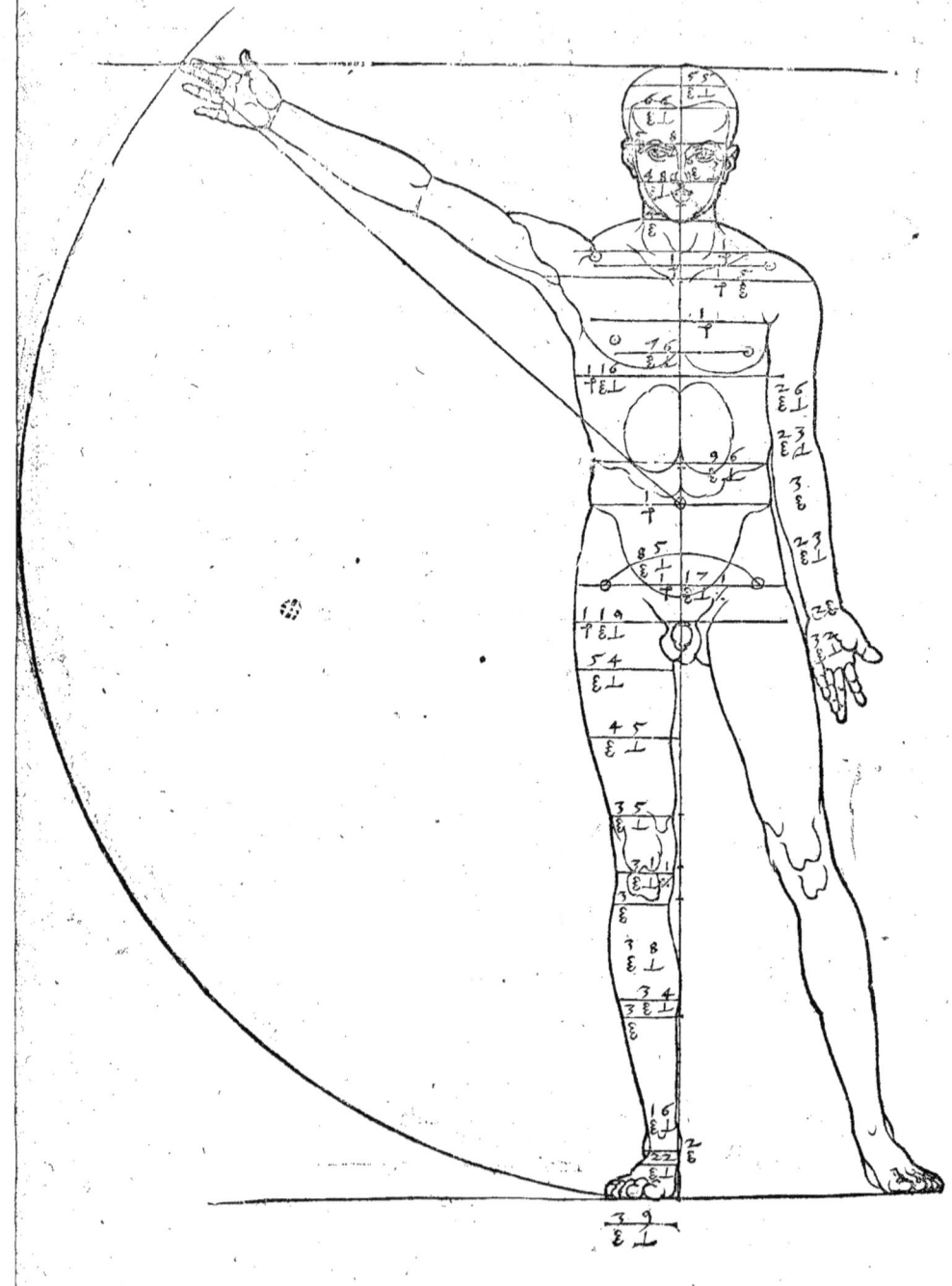

PROPORTION DE L'HOMME. LIVRE. II.

ALBERT DVRER DE LA

	ligne	nombre	portion	minute		ligne	nombre	portion	minute
Apres auoir pourtraict le corps viril, qu'on luy aioute vn feminin: duquel tu cōpasseras la hauteur selon la maniere precedéte, aupres de la maniere ligne du corps de pourfil.					Or apres auoir noté les hauteurs des parties, comme il a esté montré, tu leur aiouteras les mesures des épesseurs, & largeurs & quant aux épesseurs du corps de pourfil, elles serōt telles, par le sommet.	0	4	5	0
Depuis le surfrōt iusques au sommet	0	0	6	0	Par le front	0	7	2	0
Au front	0	2	4	0	Par les sourcils	0	7	4	0
Au bas du menton	0	8	4	0	Par le nés	0	6	6	0
Au plus haut des pallerons	0	9	8	0	Par la haute leure & la nucque	0	6	1	0
Aux oz trauersiers	1	1	0	0	Le col aura pres le menton	0	4	0	0
Depuis lesquel iusques à l'aisselle	0	2	8	0	Par le palleron	0	4	5	0
Et à celle de dos	0	3	7	0	Par les oz trauersiers	0	5	3	0
Aux tetillons	0	4	5	0	Par l'aisselle	0	7	5	0
Aux soumammelles	0	6	0	0	Par les tetillons	0	8	0	0
A la ceinture	1	0	7	0	Par le soumammelles	0	7	5	0
depuis laquelle iusques au nōbril	0	2	6	0	Par la ceinture	0	6	2	0
Au haut de la cuysse	0	6	2	0	Par le nombril	0	8	0	0
Au commencement du penil	0	8	3	2	Par le haut de la cuysse	0	9	5	0
Au bas du penil	0	9	0	0	Par le commencement du penil & fesses	0	8	2	0
Au bout des fesses	1	0	5	0					
Et de la au concaue de la cuysse	0	4	5	0	Par le bas du penil	0	7	9	0
Au surgenouil	0	9	0	0	Par la cuysse pres les fesses	0	6	6	0
Au my genouil	1	1	6	0	Par le concaue de la cuysse	0	6	4	0
Depuis lequel iusques au sougenouil	0	1	9	0	Par le surgenouil	0	4	5	0
Au bas du gras en dehors	0	6	4	0	Par le my genouil	0	3	8	0
En dedans	0	7	3	0	Par le sougenouil	0	3	9	0
Au coup du pied	1	3	3	0	Par le my gras	0	4	2	0
Au bas de la iābe, & à la cheuille	1	4	2	0	Par le bas du gras en dehors	0	3	8	0
A la plante	1	6	2	0	En dedans	0	3	6	0
Mais tu feras le pied long de	0	9	4	0	Par le bas de la iambe	0	4	2	0
Les longueurs du bras sont apres en suitte.					Par le coup du pied	0	2	5	0
					Par le bas de la cheuille	0	3	9	0
Depuis l'épaule iusques à la ioīte du coude	0	9	4	0	Puis tu feras le bras de pourfil en ceste sorte.				
					Par l'épes de l'épaule	0	4	6	0
Depuis laquelle iusques à la iointe de la main	0	8	4	0	Par les muscles	0	3	6	0
					Par la iointe du coude	0	2	8	0
Et de celle de la main iusques au bout des doigts	0	6	1	0	Par la iointe de la main	0	1	4	0
					La paume aura	0	1	8	0

PROPORTION DE L'HOMME. LIVRE II. 57

	ligne	nombre	portion	minute		ligne	nombre	portion	minute
Les largeurs du corps de front feront telles.					En dedans	0	2	8	0
					Par le bas de la iambe	0	1	6	0
Par le sommet	0	4	8	0	Par les cheuilles	0	1	9	0
Par le front	0	6	4	0	Au dessous d'elles	0	1	9	0
Par les sourcils	0	5	8	0	Le pied aura de frõt par l'extremité des orteils	0	3	4	0
Par les oreilles	0	6	2	0					
Par le nés, & ioues	0	4	8	0	S'ensuit le pourtraict du bras, lequel aura de pourfil.				
Le col aura prés le menton	0	3	9	0					
Par le haut des pallerons	0	9	5	0	Par les muscles de l'epaule	0	2	7	0
Par les oz trauersiers	1	1	3	0	Par la iointe du coude	0	2	4	0
Et la les oz des épaules seront entre eux distans de	0	9	5	0	Au dessous d'elle	0	2	8	0
					Et vn peu plus bas	0	2	1	0
Par l'entr'aisselles de front	0	8	7	0	Par la iointe de la main	0	1	7	0
Par l'entr'aisselles de dos	1	0	4	0	La paume aura	0	2	8	0
Par l'entretetillons	0	5	7	0	Estás donques les hauteurs, & largeurs des parties ainsi notées, on dõnera vne cõuenãte forme au corps de pourfil, & de frõt en leurs lieux: mais celuy de dos sera comprins dedans les pourfilleures du corps de front.				
Par les mammelles & pallerons	1	3	2	0					
Au soumammelles	1	0	2	0					
Par le ceinture	0	9	4	0					
Par le nombril	1	1	7	1					
Par le haut de la cuysse	1	2	4	0					
Et la l'entreboistes sera	0	9	0	0					
Par le commencement du penil	1	2	8	0	L'entrefesses duquel aura	0	6	2	0
Par le bas du penil	0	6	1	0	Et le talon	0	1	9	0
Par le bout des fesses	0	6	1	0	Tu pourras aussi enclotre ce corps à mains estendues comme nous auõs dit de celuy de l'homme, de la ligne d'vn cercle ainsi que nous auons faict es ordonnances.				
Par le cõcaue de la cuysse	0	5	2	0					
Par le surgenouil	0	3	9	0					
Par le my genouil	0	3	2	0					
Par le sougenouil	0	3	1	0					
Par le my gras	0	3	8	0					
Par le bas du gras en dehors	0	3	2	0					

k iij

ALBERT DVRER DE LA

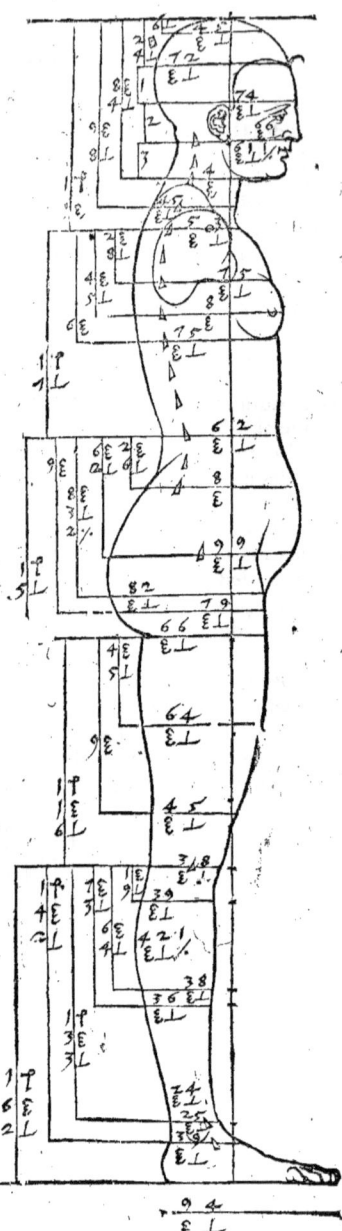
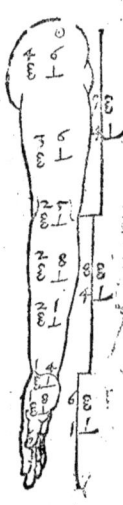

La fyme.
Le fommet.
Le front.
Les fourcils.

Le nés.

Le menton.

Le palleron.
Les oz trauerfiers.

Le fouaiffelles de
front.
Les tetillons.
Les foumammelle.

La ceinture.

Le nombril.

Le haut de la cuyffe.
Le commencement
du penil.
Le bas du penil.
Le bout des feffes.

Le concaue de la
cuyffe.

Le furgenouil.

Le mygenouil.
Le fougenouil.

Le bas du gras en
dehors.
En dedans.

Le coup du pied.
Le bas de la cheuille
en dehors.
La plante.

PROPORTION DE L'HOMME. LIVRE II.

ALBERT DVRER DE LA

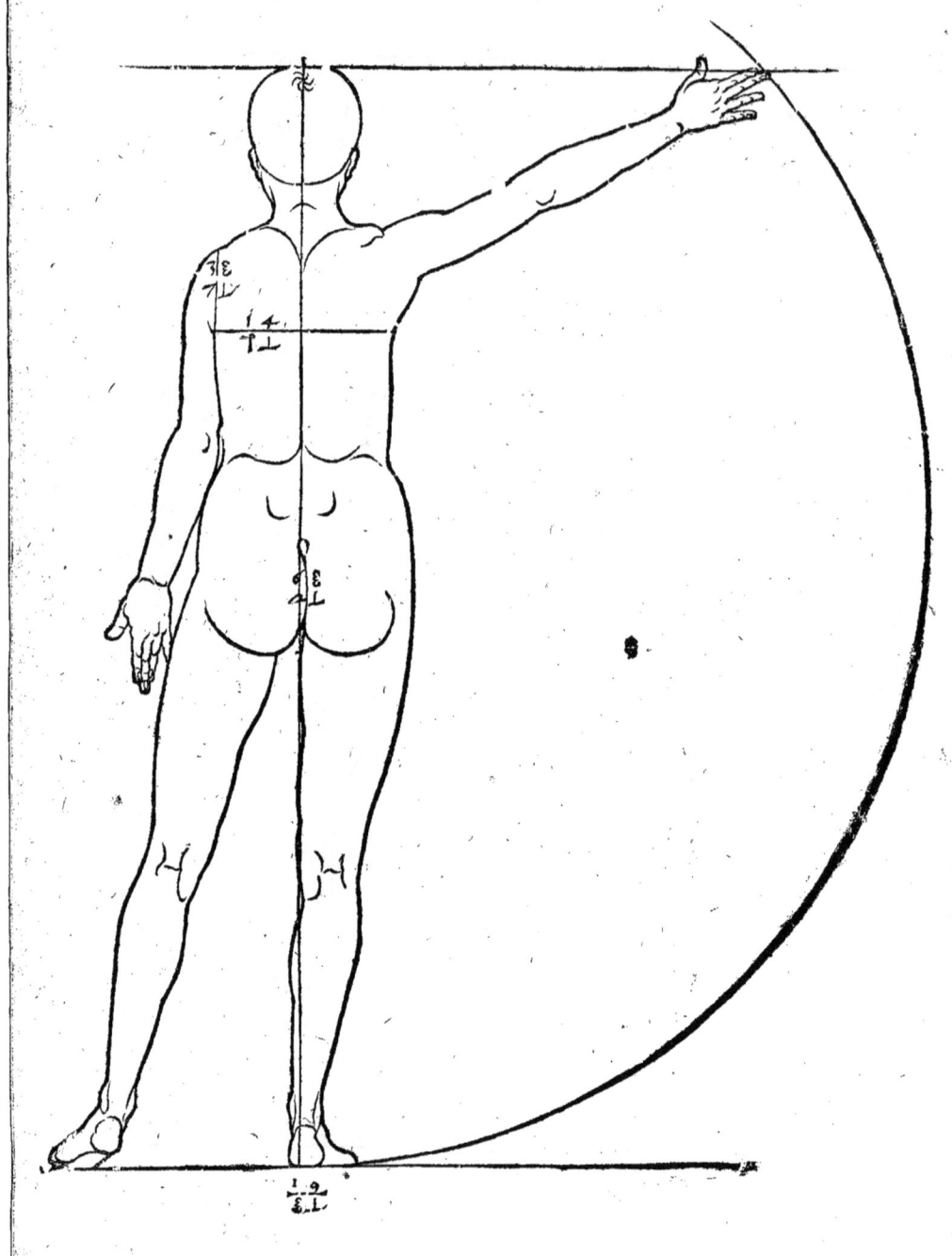

PROPO- DE L'HOMME. LIVRE. II. 59

	ligne	nombre	portion	minute		ligne	nombre	portion	minute
Ie peindray de rechief vn corps viril par le mesme moyé, que i'ay cy dessus montré les autres deuoir estre faicts : duquel la proportion sera telle.					Au bas de la cheuille en dehors	1	4	7	0
					Au bas de la plante	0	9	5	0
					La longueur du pied sera	0	9	5	0
					Mais du bras elle sera depuis l'épaule iusques à la iointe du coude	1	0	4	0
Depuis la syme iusques au sommet	0	1	0	0					
Au bas du menton	0	7	6	0	Depuis laquelle iusques à celle de la main	0	8	3	0
Aux pallerons	0	8	6	0	Et de ceste cy iusques au bout des doigts	0	6	6	0
Au plus haut des épaules	1	0	6	0					
Aux oz trauersiers	1	1	5	0	Ces longueurs estans ainsi ordonnées, tu y aiouteras les largeurs: & premierement celles de pourfil.				
Et lors tu diuiseras en trois égaux espaces tout ce qui sera entre le plus haut du front, & le bas du menton, par deux lignes ; au plus haut desquels sera le front, au plus prochain les oeuils, le nés & les oreilles : au plus bas la bouche & le méton. Aussi est il raisonnable de peindre en tous la face ainsi es images, combié que nous ne l'ayôs pas dict par tout. Ce que toutesfois tu pourras obseruer generalement.									
					Par le sommet	0	5	6	0
					Par les sourcils	0	7	1	0
					Par le néz	0	6	3	0
					Par la haute leure	0	5	5	0
					Par le menton, & col	0	5	2	0
					Et la col aura	0	3	9	0
					Par le haut des pallerons	0	3	9	0
					Par le haut des épaules	0	4	5	0
					Par les oz trauersiers	0	5	6	0
					Par la poitrine	0	7	3	0
					Par l'aisselle	0	8	3	0
Depuis les oz trauersiers iusques au haut des épeules	0	2	0	0	Par les mammelles	0	8	4	0
Au dessous de l'aisselle	0	3	9	0	Au dessous d'elles	0	7	9	0
Au dessous des aisselles de dos	0	4	2	0	Par le brechet	0	7	8	0
Au mammelles	0	5	1	0	Par la ceinture	0	7	0	0
Au dessous d'elles	0	6	1	0	Par le nombril	0	6	8	0
Au brechet	0	7	1	0	Par la hanche	0	7	0	0
A la ceinture	0	9	2	0	Par le haut de la cuysse	0	7	6	0
De la iusques au nombril	0	2	9	0	Par le bas du ventre	0	7	2	1
Aux hanches	0	4	7	0	Par les membres honteux	0	7	3	0
Au haut de la cuysse	0	6	9	0	Par la cuysse ioint des fesses	0	5	8	0
Au bas du ventre	0	7	9	0	Vn peu plus bas	0	5	5	0
Aux membres honteux	0	8	6	0	Par le concaue de la cuysse	0	5	6	0
Au bout des fesses	1	1	5	0	Par le surgenouil	0	4	2	0
Et de la iusques au concaue de la cuysse	0	4	4	0	Par le my genouil	0	4	0	0
					Au dessous de la pallette	0	3	5	0
Au surgenouil	0	9	1	1	Par la †largeur au desous du genouil					†lego latitudiné
Au my genouil	1	1	0	0		0	4	0	0
Depuis lequel iusques au sougenouil	0	2	5	0	Par le bas du gras en dehors	0	3	9	0	pro altitudiné.
					En dedans	0	3	5	0
Au bas du gras en dehors	0	6	4	0	Par le bas de la iambe	0	2	4	0
En dedans	0	7	2	0	Par le coup du pied	0	2	8	0
Au coup du pied	1	3	9	0	Au desous des cheuilles	0	3	8	0

ALBERT DVRER DE LA

	ligne	nombre	portion	minute
Au regard du bras de pourfil on le fera ainfi.				
Par l'épaule	0	5	0	0
Par l'aiffelle en derriere	0	3	8	0
Par la iointe du coude	0	2	5	0
Et au deffous	0	2	6	0
Et vn peu plus bas	0	2	0	0
Par la iointe de la main	0	1	4	0
Mais la paume aura	0	1	7	0
Au regard des largeurs de celuy de front on les notera de cefte forte.				
Par le fommet	0	6	0	0
Par le my front	0	6	6	0
Par les fourcils	0	6	2	0
Par les oreilles	0	6	8	0
Par le nés, & ioues	0	5	2	0
Le col aura pres le menton	0	3	5	0
Par les pallerons	0	4	0	0
Par le haut des épaules	1	0	7	0
Par les oz trauerfiers	0	3	4	0
Et la les oz des épaules feront diftans entre eux	1	0	8	0
Par la poitrine	1	5	2	0
Par l'entr' aiffelles	1	0	4	0
Par l'entr' aiffelles de dos	1	1	8	0
Par le foumammelles	1	0	9	0
Par la ceinture	0	9	0	0
Par le nombril	1	3	0	0
Par les hanches	1	0	7	0
Par le haut de la cuyffe	1	1	5	0
Et la l'entreboiftes aura	0	8	5	0
Par le bas du ventre	1	1	4	0
Par la cuyffe pres les genitoires	0	5	5	0
Par le bout des feffes	0	5	3	0
Par le concaue de la cuyffe	0	4	4	0

	ligne	nombre	portion	minute
Par le furgenouil	0	3	5	0
Par le my genouil	0	3	5	0
Par le fougenouil	0	3	1	0
Par le my gras	0	3	8	0
Par le bas du gras en dehors	0	3	2	0
En dedans	0	3	0	0
Par le bas de la iambe	0	1	7	0
Par la cheuille & le coup du pied	0	2	2	0
Au deffous des cheuilles le log du pied	0	2	1	0
La largeur des pieds fera par le bout des orteils	0	3	7	0
Au regard du bras tu le feras de cefte forte.				
Par les mufcles de l'épaule	0	2	6	0
Au deffus de la iointe du coude	0	2	4	0
Au deffous d'elle	0	3	0	0
Et encore plus au deffous	0	2	4	0
Par la iointe de la main	0	2	0	0
La main aura	0	3	4	0

Ces chofes ainfi vuydeés on donnera côme les lieux le requeront vne conuenante forme aux corps virils tãt de pourfil, que de front : on dreffieras auffi celuy de dos felõ les pourfileures de celuy de front, duquel l'entretefles aura

	0	5	5	0
Et le talon	0	2	2	0

Au demeurant tu enclorras ce corps dedans vne ligne circulaire qui rafera le bout des mains, & des pieds, en affeant le centre au nombril comme nous l'auons par cy auant mõtré & exprimé és autres ordonnances.

PROPORTION DE L'HOMME. LIVRE. II. 60

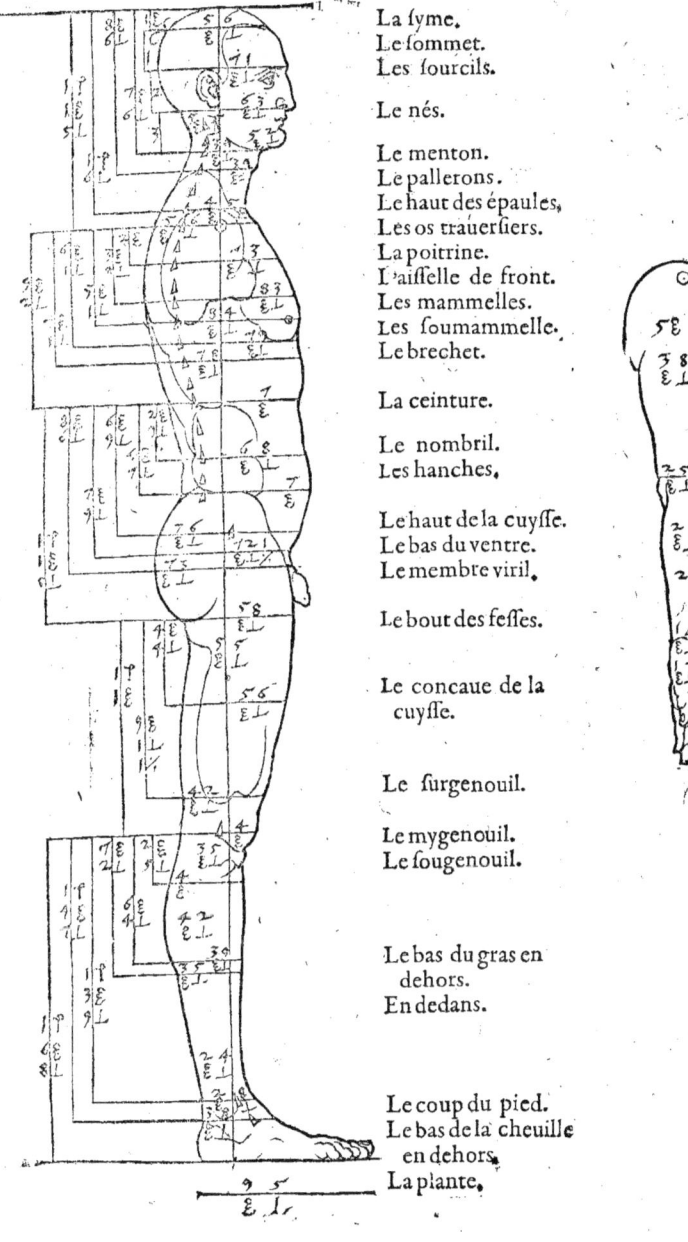

La fyme.
Le fommet.
Les fourcils.

Le nés.

Le menton.
Le pallerons.
Le haut des épaules.
Les os trauerfiers.
La poitrine.
L'aiffelle de front.
Les mammelles.
Les foumammelle.
Le brechet.

La ceinture.

Le nombril.
Les hanches.

Le haut de la cuyffe.
Le bas du ventre.
Le membre viril.

Le bout des feffes.

Le concaue de la
    cuyffe.

Le furgenouil.

Le mygenouil.
Le fougenouil.

Le bas du gras en
    dehors.
En dedans.

Le coup du pied.
Le bas de la cheuille
    en dehors.
La plante.

ALBERT DVRER DE LA

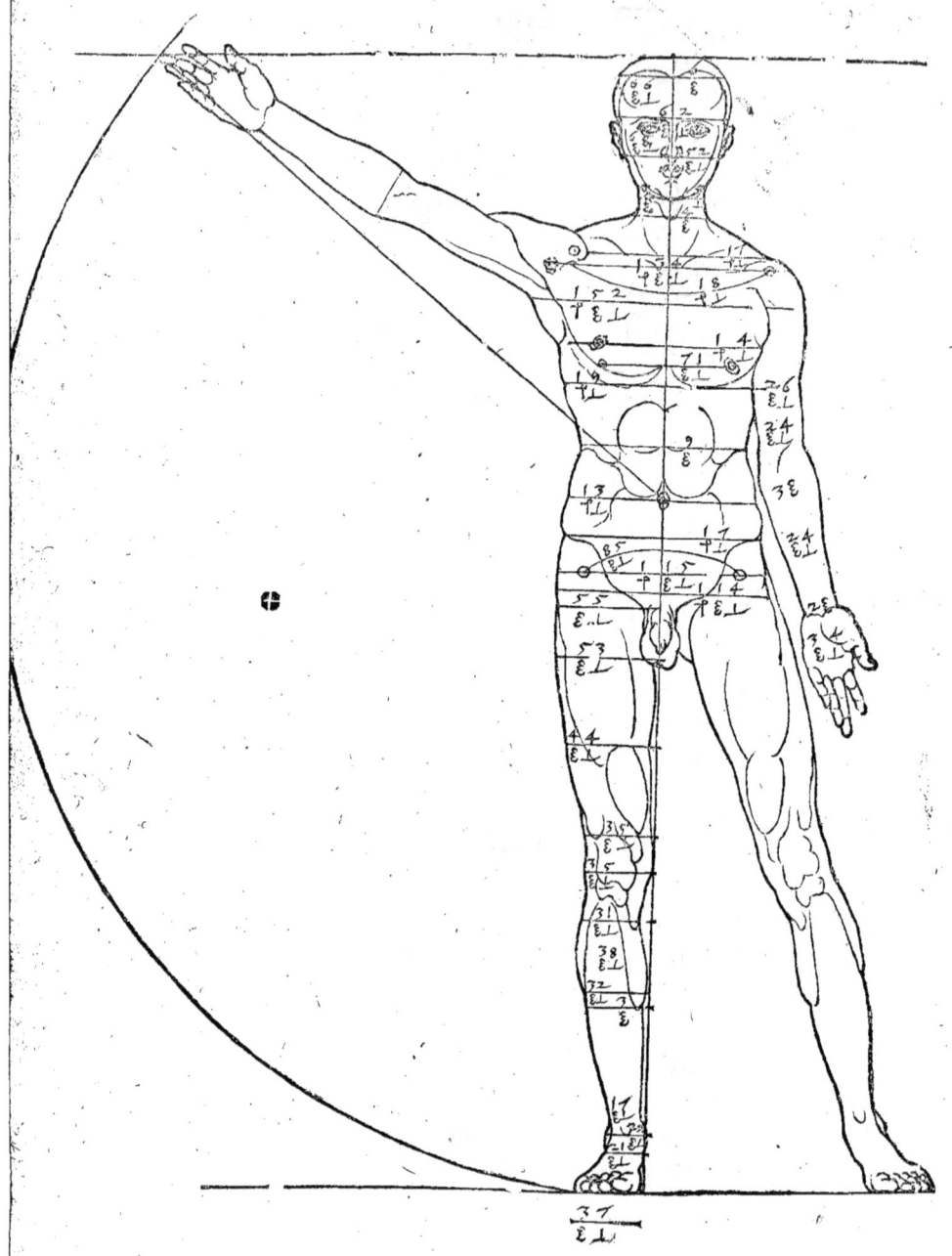

PROPORTION DE L'HOMME. LIVRE. II. 61

ALBERT DVRER DE LA

	ligne	nombre	portion	minute		ligne	nombre	portion	minute
Pourtrayons maintenant vn corps de femme de conuenante stature : soit donques la hauteur depuis la syme.					Dela iusques au bout des doigts Subsequemment apres on notera les epesseurs & largeurs des corps : Et feront les epesseurs du corps de pourfil notées de ceste sorte, aupres de la premiere ligne				
Iusques au sommet	0	0	9	0					
Au front	0	1	8	0					
Au bas du menton	0	7	5	0	Par le sommet	0	5	0	0
Aux haut des pallerons	0	9	0	0	Par le front	0	6	4	0
Aux oz trauersiers	1	1	0	0	Par les sourcils	0	7	3	0
Et de la iusques au haut des epaules	0	0	5	0	Par le nés	0	6	4	0
					Par la haute leure	0	5	8	0
A la poitrine	0	2	8	0	Par le menton, & col	0	5	6	0
A l'aisselle de front	0	3	7	0	Et la le col aura	0	3	4	0
A l'aisselle de dos	0	4	6	0	Par le haut des pallerons	0	3	7	0
Aux tetillons	0	5	6	0	Par les oz trauersiers	0	4	8	0
Aux soumammelles	0	7	2	0	Par les oz des epaules	0	5	8	0
A la ceinture	1	1	8	0	Par la poitrine	0	7	4	0
Depuis laquelle iusques au nombril	0	1	2	0	Pres l'aisselle	0	7	5	0
					Par les tetillons	0	7	8	0
Au haut de la cuysse	0	6	1	0	Au soumammelles	0	7	2	0
Au bas du ventre	0	7	0	0	Par la ceinture	0	6	2	0
Sur le penil	0	8	4	0	Par le nombril	0	7	2	0
Au bas du penil	1	0	2	1	Par le bas du ventre	1	0	0	0
Au bout des fesses	1	1	1	0	Sur le penil	0	9	2	0
De la iusques au concaue de la cuysse	1	3	8	0	Par le commencement du penil	0	8	7	0
					Par le bas du penil	0	8	2	0
Au surgenouil	0	7	9	0	Par la cuysse à rés des fesses	0	7	0	0
Au my genouil	1	0	0	0	Par le concaue de la cuysse	0	6	7	0
Depuis lequel iusques au sougenouil	0	1	0	0	Par le surgenouil	0	4	8	0
					Par le my genouil	0	4	0	0
Au bas du gras en dehors	0	6	0	0	Par le sougenouil	0	3	8	0
En dedans	0	7	0	0	Par le my gras	0	4	4	0
Au coup du pied	1	3	1	0	Par le bas du gras en dehors	0	4	1	0
A la cheuille en dehors	1	4	0	0	Par le bas du gras en dedans	0	3	6	0
Au bas de la plante	1	6	1	0	Par le bas de la iambe	0	2	5	0
Au regard du pied il aura de longueur.	0	9	0	0	Par le coup du pied	0	2	6	0
					Par le bas des cheuilles, & le pied	0	3	8	0
Et celle du bras sera en ceste sorte.					Tu feras de ceste sorte le bras de pourfil.				
Depuis l'epaule iusques à la iointe du coude	1	0	0	0	Par l'epaule	0	4	4	0
					Par les muscles	0	3	8	0
Depuis laquelle iusques à celle de la main	0	8	5	0	Par la iointe du coude	0	2	6	0
					Au dessous d'elle	0	2	7	0

PROPORTION DE L'HOMME. LIVRE II.

	ligne	nombre	portion	minute		ligne	nombre	portion	minute
Et encor au deſſous	0	2	0	0	Par le my genouil	0	3	8	1
Par la iointe de la main	0	1	5	0	Par le ſougenouil	0	3	7	0
La paume aura	0	1	8	0	Par le my gras	0	4	3	0
Au regard des largeurs de frõt					Par le bas du gras en dehors	0	3	9	0
tu les feras de ceſte ſorte auprés					En dedans	0	3	4	0
de l'autre ligne, tellement que.					Par le coup du pied	0	1	7	0
Par le ſommet il y aura	0	5	0	0	Par le bas des cheuilles & le pied	0	2	1	1
Par le haut du front	0	6	4	0	Le pied aura par l'extremité des				
Par le my front	0	6	5	0	orteils	0	3	5	0
Par les ſourcils	0	6	0	0	Au demeurant tu luy aioute-				
Par les oreilles	0	6	5	0	ras vn bras de ceſte ſorte.				
Par le nés, & ioues	0	5	0	0	Par les muſcles de l'épaule	0	2	9	0
Le col aura pres le menton	0	3	2	0	Au deſſus de la iointe du coude	0	2	4	0
Par le haut des pallerons	0	5	6	0	Au deſſous du coude	0	3	0	0
Par les oz trauerſiers	1	0	6	0	Et plus au deſſous	0	2	4	0
Par les oz des épaules	1	2	0	0	Par la iointe de la main	0	1	8	0
Leſquelz la aurõt entre eux la di-					Par la paume	0	3	0	0
ſtance	0	6	5	0	Puis ſubſequemmẽt ces choſes				
Par la poitrine & épaules	1	3	7	1	eſtãs ainſi menées à fin, on pour-				
Par l'entr'aiſſelles	0	9	1	0	traira vne forme belle, & bien ad				
Par l'entr'aiſſelles de dos	1	0	5	0	uenante de ces deux façons de				
Par l'entretillons	0	6	8	0	corps femenin. Et quãt au corps				
Au ſoumammelles	0	9	7	0	de dos tu le feras comme ſouuen-				
Par la ceinture	0	8	8	0	tesfois nous l'auons dit en le for-				
Par le nombril	1	1	2	2	mant dedans les pourſileures de				
Par le haut de la cuyſſe	1	3	0	0	celuy de front.				
Et la les boiſtes ſerõt diſtantes	0	9	5	0	Donnãt à l'entrefeſſes la lõgueur	0	6	0	0
Par le bas du ventre	1	3	2	1	Et ouurant le talon	0	2	0	0
Par le ſurpenil	1	3	5	0	Au demeurant tu clorras ce				
Par le commencement du penil	1	3	4	0	corps dedãs vne ligne circulaire				
Par la cuyſſe pres le bas du penil	0	6	6	1	en poſant le centre au nombril				
Pres le bout des feſſes	0	6	6	0	comme ia quelque fois nous l'a-				
Par le concaue de la cuyſſe	0	5	6	0	uons dit des autres, ainſi qu'on le				
Par le ſurgenoul	0	4	2	0	peut voir en noz ordonnances.				

I ij

ALBERT DVRER DE LA

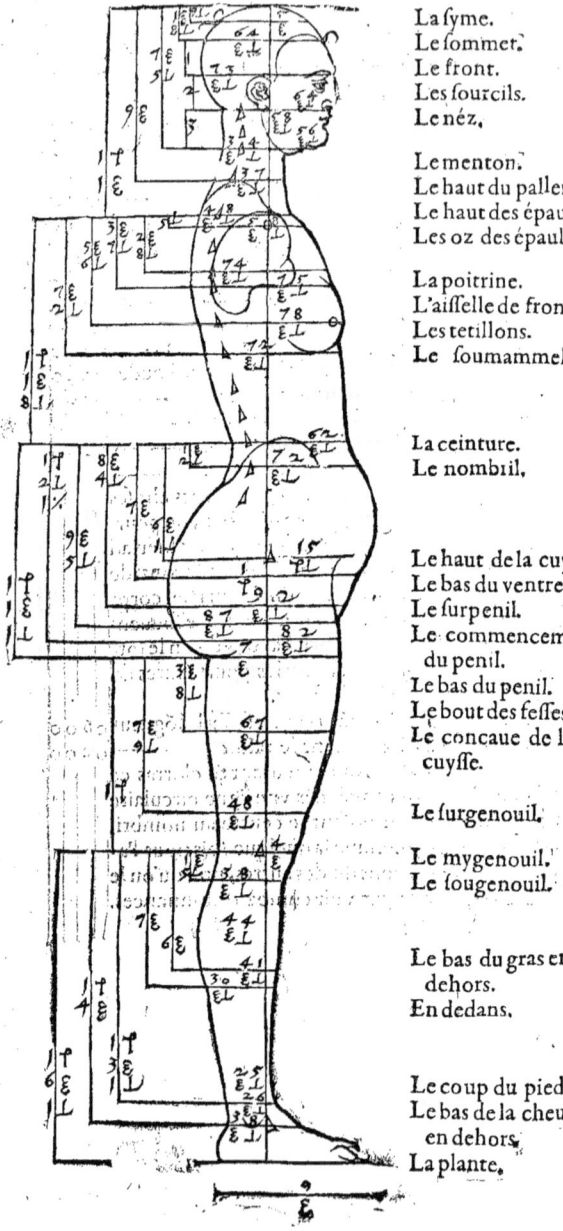

La syme.
Le sommet.
Le front.
Les sourcils.
Le néz.

Le menton.
Le haut du palleron.
Le haut des épaules.
Les oz des épaules.

La poitrine.
L'aisselle de front.
Les tetillons.
Le soumammelles.

La ceinture.
Le nombril.

Le haut de la cuysse.
Le bas du ventre.
Le surpenil.
Le commencement du penil.
Le bas du penil.
Le bout des fesses.
Le concaue de la cuysse.

Le surgenouil.
Le mygenouil.
Le sougenouil.

Le bas du gras en dehors.
En dedans.

Le coup du pied.
Le bas de la cheuille en dehors.
La plante.

PROPORTION DE L'HOMME. LIVRE II.

ALBERT DVRER DE LA

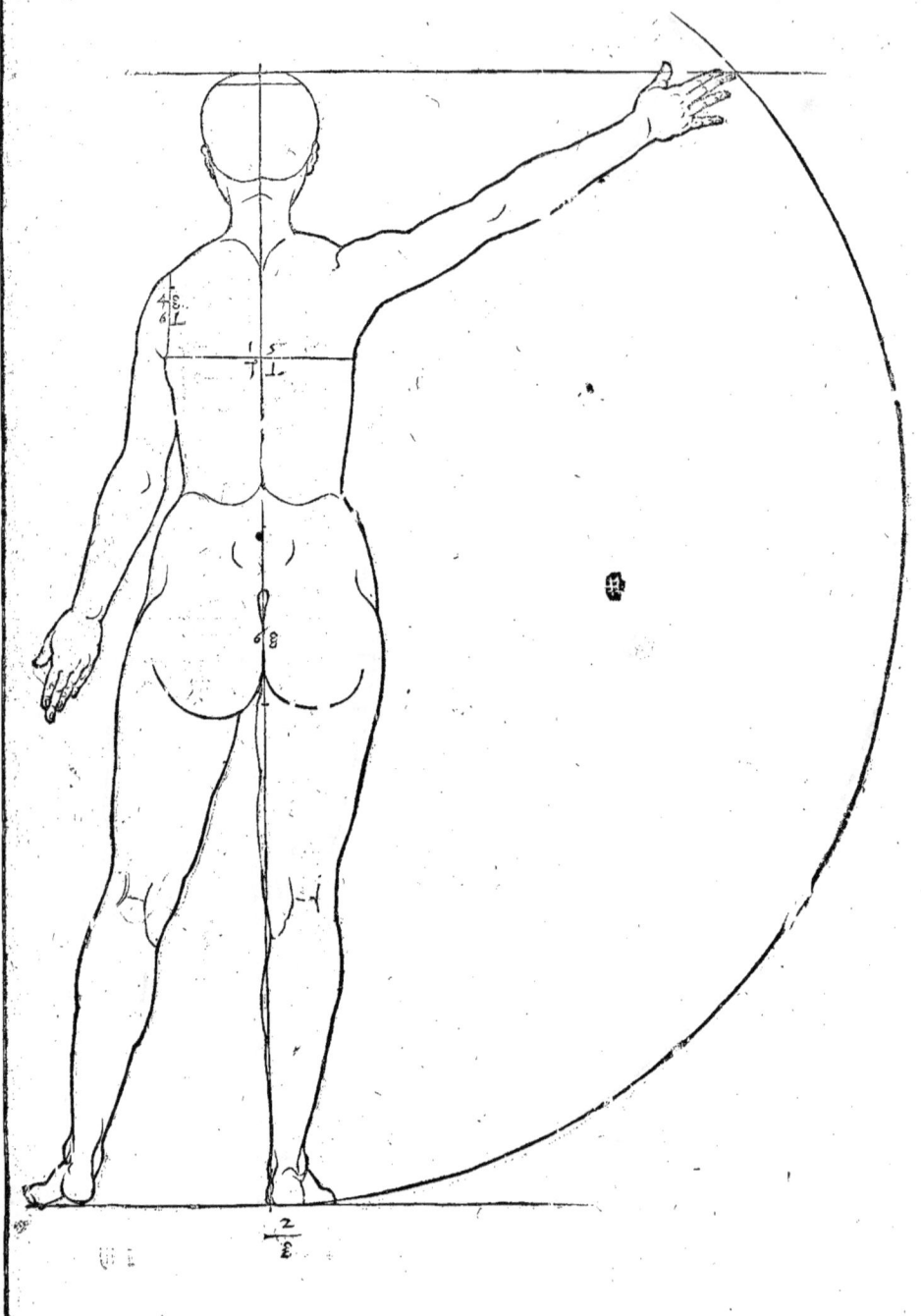

PROPORTION DE L'HOMME. LIVRE II.

	ligne	nombre	portion	minute

S'enfuyt vn pourtrait d'vn autre corps femenin conuenant au precedāt corps viril. Ses hauteurs donques feront comme il s'enfuyt. Depuis la fyme iufques au fommet — 0 0 7 0
Iufques au front — 0 1 6 0
Au bas du menton — 0 6 4 0
Au pallerō au deſſus des épaules 0 8 7 0
Aux oz trauerſiers — 1 0 2 0
Depuis le frōt iufques aux fourcils — 0 2 2 0

Puis tu diuiſeras d'vne ligne croiſée par le mylieu les ſourcils du menton : par ce moyen eſtans deux eſpaces égaux notez, tu aſſigneras au plus haut le nés, les oeils, les oreilles; à l'autre la bouche & le menton, pourſuyuant les proportions.

Depuis les oz trauerſiers au haut des pallerons — 0 0 8 0
Aux oz des épaules — 0 1 5 0
A l'aiſſelle de front — 0 4 7 0
A celle de dos — 0 3 7 0
Aux tetillons — 0 6 5 0
Aux ſoumammelles — 0 8 0 0
A la ceinture — 1 2 5 0
De la au nombril — 0 1 6 0
Au haut de la cuyſſe — 0 6 5 0
Au bas du ventre — 0 7 5 0
Au commencement du penil — 0 8 7 0
Au bas du penil — 0 9 6 0
Au bout des feſſes — 1 0 8 0
Et de la iufques au concaue de la cuiſſe — 0 4 5 0
Au ſurgenouil — 0 8 7 0
Au my genouil — 1 0 9 0
Depuis lequel iufques au fougenouil — 0 1 5 0
Au bas du gras en dehors — 0 3 8 0
Et en dedans — 0 6 7 0
Au coup du pied — 1 3 0 0
Au bas de la cheuille en dehors — 1 3 9 0
Au bas de la plante — 1 5 6 0

Mais la longueur du pied ſera — 0 9 0 0
Et le bras de ceſte forte.
Depuis l'épaule iufques à la pointe de coude — 1 0 0 0
Depuis laquelle iufques à la ioincte de la main — 0 8 3 0
Et de la iufques aux extremitez de doigts — 0 5 8 0
Puis tu noteras premieremēt l'epeſſeur au corps de pourfil de ceſte forte.
Par le fommet — 0 4 5 0
Par le front — 0 6 1 0
Par les ſourcils — 0 7 2 0
Par le néz — 0 6 0 0
Par la haute leure & la nucque — 0 5 7 0
Le col aura pres le menton — 0 3 2 0
Par le haut des pallerons — 0 3 5 0
Par les oz trauerſiers — 0 5 5 0
Par les oz des épaules — 0 6 2 0
Par l'aiſſelle de front — 0 7 7 0
Par les tetillons — 0 7 5 0
Aux ſoumammelles — 0 7 0 0
Par la ceinture — 0 6 1 0
Par le nombril — 0 7 1 0
Par la cuyſſe — 0 5 8 0
Par le bas du ventre — 0 9 2 0
Par le commencement du penil — 0 8 6 0
Par le bas du penil — 0 8 7 0
La cuyſſe aura par le bout des feſſe — 0 7 3 0
Par le concaue de la cuyſſe — 0 6 0 0
Par le ſurgenouil — 0 4 3 0
Par le my genouil — 0 3 7 0
Par le ſougenouil — 0 3 6 0
Par le my gras — 0 4 0 0
Par le bas du gras en dehors — 0 3 6 0
En dedans — 0 3 4 0
Par le bas, & le plus greſle de la iambe — 0 2 3 0
Par le coup du pied — 0 2 8 0
Par le bas de la cheuille en dehors — 0 3 7 0

I iiij

ALBERT DVRER DE LA

	ligne	nombre	portion	minute		ligne	nombre	portion	minute
Subsequemment tu feras le bras de l'espesseur.					Pres le bout des fesses	0	0	63	0
Par l'épaule	0	4	4	0	Par le concaue de la cuysse	0	5	3	0
Par les muscles	0	3	7	0	Par le surgenouil	0	4	6	0
Par la iointe du coude	0	2	4	0	Par le my genouil	0	3	9	0
Et au dessous d'elle	0	1	6	0	Par le sougenouil	0	3	5	0
Par la iointe de la main	0	1	5	0	Par le my gras	0	4	0	0
La main aura	0	1	8	0	Par le bas du gras en dehors	0	3	8	0
Puis tu noteras les largeurs du corps de front de ceste sorte.					En dedans	0	3	4	0
					Par le bas & le plus menu de la iambe	0	1	6	0
Par le sommet	0	4	9	0	Par le coup du pied	0	1	7	0
Par le haut du front	0	6	3	0	Au dessous des cheuilles au long du pied	0	2	0	0
Par le my front	0	6	5	0					
Par les sourcils	0	6	0	0	Mais le pied aura de front par le bout des orteils	0	3	3	0
Par les oreilles	0	6	5	0					
Par le nés, & ioues	0	4	8	0	Au regard du bras il aura de frōt				
Le col aura pres du menton	0	3	3	0	Par les muscles des épaules	0	2	7	0
Par le haut des pallerons	0	4	0	0	Au dessus de la iointe du coude	0	2	3	0
par les oz trauersiers	0	8	2	0	Au dessous d'elle	0	2	9	0
par le haut des épaules	1	0	5	0	Et yn peu plus bas	0	2	3	0
Par les oz des épaules	1	2	2	0	Par la iointe de la main	0	1	6	0
L'entr'espace desquels sera de	0	9	6	0	Au regard de la main elle aura	0	3	0	0
Par l'entr'aisselles de front	0	8	9	0	Par ce moyen tu dresseras par apres l'image femenine suiuāt les dites notes d'vne portraiture legiere tāt de pourfil, que de front.				
Par celuy de dos	0	9	9	0					
Et au dessus par la poitrine, & épaules	1	3	5	0					
Entre les tetillons	0	6	4	0	Au regard de celuy de dos il aura les pourfileures du corps de front: Mais l'entrefesses aura	0	6	8	0
Aux soumammelles	0	9	4	0					
Par la ceinture	0	8	4	0					
Par le nombril	1	1	12	0	Et le talon	0	1	9	0
Par la cuysse	1	2	8	0	Ce corps au demeurant se pourra enclorre dedans la ligne circulaire du compas donnant à l'extremité des mains & des pieds tout ainsi que uous l'auōs dit par cy auant des autres, & que nous l'auons portrait es ordonnāces.				
Et la l'entreboistes aura de longueur	0	9	1	0					
Par le bas du ventre	1	3	0	0					
Par le commencement du penil	1	2	9	0					
La cuysse aura pres le bas du penil	0	6	4	0					

PROPORTION DE L'HOMME. LIVRE II. 65

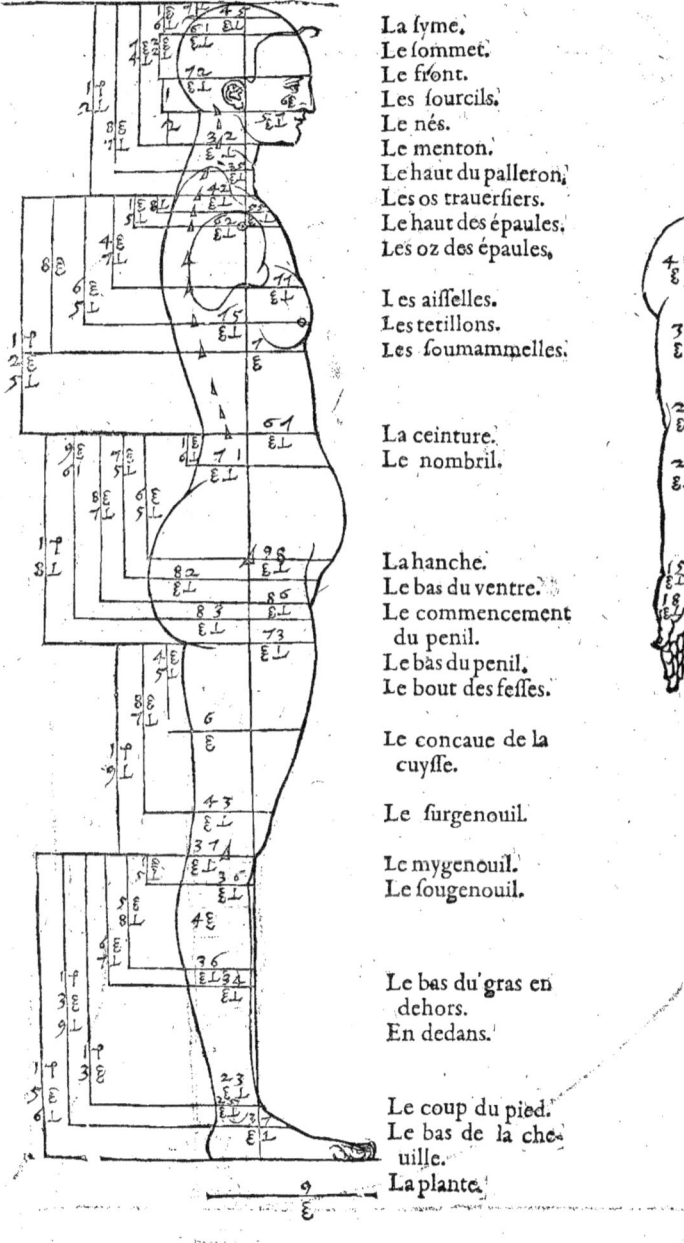

La fyme.
Le fommet.
Le front.
Les fourcils.
Le nés.
Le menton.
Le haut du palleron.
Les os trauerfiers.
Le haut des épaules.
Les oz des épaules.

Les aiffelles.
Les tetillons.
Les foumammelles.

La ceinture.
Le nombril.

La hanche.
Le bas du ventre.
Le commencement
  du penil.
Le bas du penil.
Le bout des feffes.

Le concaue de la
  cuyffe.

Le furgenouil.

Le mygenouil.
Le fougenouil.

Le bas du gras en
  dehors.
En dedans.

Le coup du pied.
Le bas de la che-
  uille.
La plante.

ALBERT DVRER DE LA

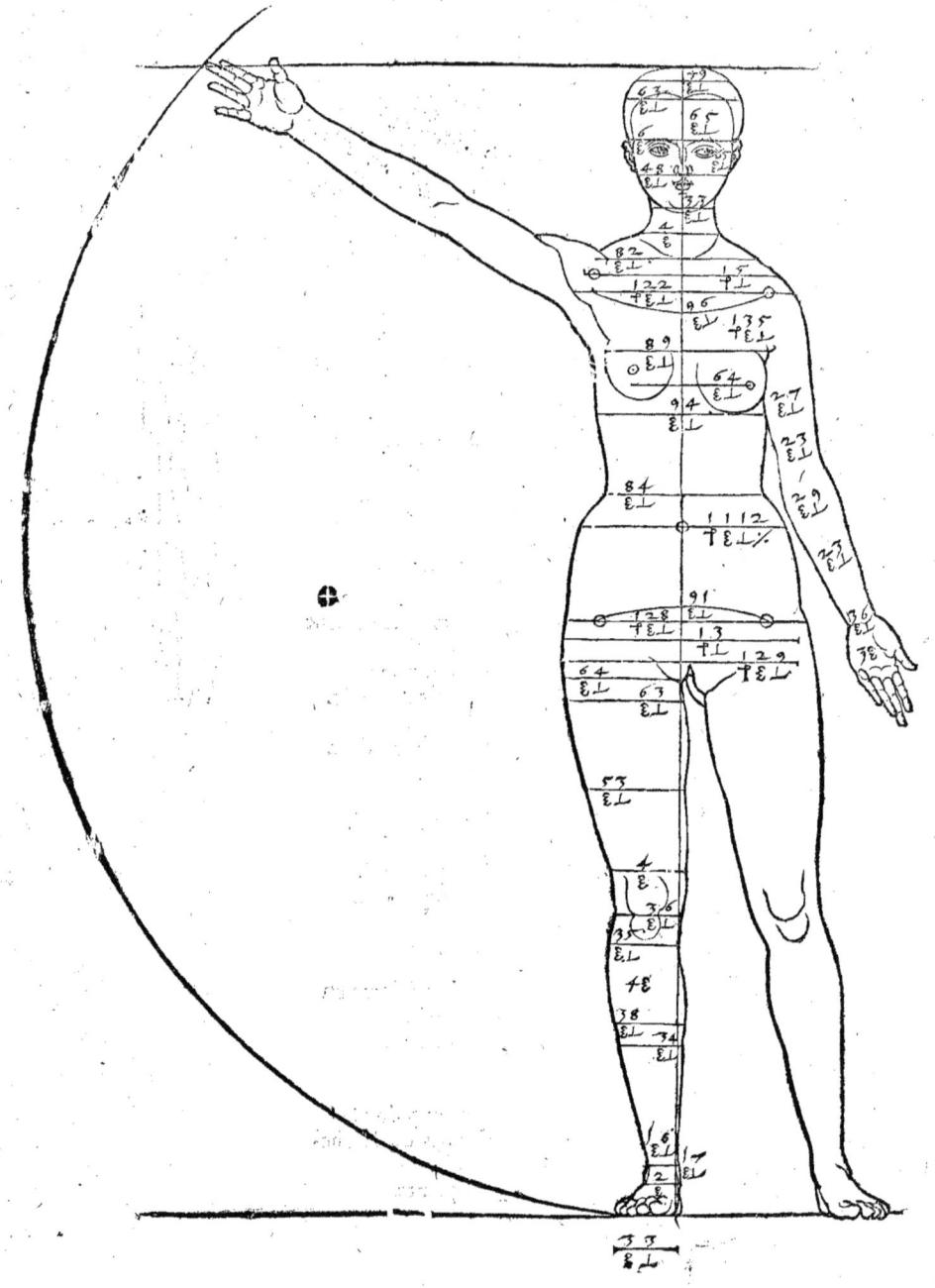

PROPORTION DE L'HOMME. LIVRE. II. 66

ALBERT DVRER DE LA

	ligne	nombre	portion	minute			ligne	nombre	portion	minute

	ligne	nombre	portion	minute
D'ore senauāt ie portrairay vne image d'homme d'vne bien longue stature & gresle, qui puisse seruir d'exemple à quiconque voudra pourtraire vn corps quel que peu long. La proportion dōques en sera telle.				
Depuis la syme iusques au sommet	0	0	7	0
Au front	0	1	8	0
Au bas du menton	0	8	0	0
Au haut du palleron	0	8	0	0
Au haut des épaules	1	0	0	0
Aux oz trauersiers	1	0	9	0
De la iusques au haut de la poitrine	0	1	9	0
Au souaisselles de front	0	3	3	0
Au souaisselles de dos	0	3	8	0
Aux mammelles	0	4	4	0
Au dessous d'elles	0	5	5	0
Au brechet	0	7	0	0
A la ceinture	1	0	0	0
De la au nombril	0	2	0	0
A la hanche	0	2	5	0
Au haut de la cuysse	0	5	9	0
Aux mambres honteux	0	7	5	0
Au bout des fesses	1	0	0	0
Et de la au cōcaue de la cuysse	0	5	9	0
Au surgenouil	0	9	1	1
Au my genouil	1	1	8	0
Et de la au sougenouil	0	1	6	0
Au bas du gras en dehors	0	6	2	0
En dedans	0	6	8	0
Au coup du pied	1	4	8	0
Au bas de la cheuille en dehors	1	5	6	0
Au bas de la plante	1	7	3	0
Mais le pied aura de longueur	0	8	5	0
Celle du bras sera de ceste sorte.				
Depuis l'épaule iusques à la iointe du coude	1	0	6	0
Depuis laquelle iusques à celle de la main	0	8	5	0
Et d'elle iusques à l'extremité des doigts.	0	5	4	0

	ligne	nombre	portion	minute
Ces hauteurs estans ainsi ordōnées on marquera les largeurs du corps de pourfil, & de frōt: & premieremēt de celuy de pourfil				
Par le sommet	0	4	7	0
Par le front	0	6	1	0
Par les sourcils	0	6	7	0
Par le nés	0	5	8	0
Par la haute leure	0	5	2	0
Le col aura pres le menton	0	3	4	0
Par le haut du palleron	0	3	7	0
Par le haut des épaules	0	4	3	0
Par les oz trauersiers	0	5	0	0
Par la poitrine	0	7	1	0
Pres l'aisselle	0	7	5	0
Par les mammelles	0	7	6	0
Au dessous d'elles	0	7	1	0
Par le brechet	0	7	0	0
Par la ceincture	0	5	8	0
Par le nombril	0	5	8	0
Par la hanche	0	6	0	0
Par la cuysse	0	7	7	0
Par les membres virils, & par les fesses	0	7	0	0
Et la, la cuysse aura	0	5	4	0
Par le concaue de la cuysse	0	5	2	0
Par le surgenouil	0	3	8	0
Par le my genouil	0	3	2	0
Et au dessou	0	3	0	0
Par le my gras	0	3	6	0
Par le bas du gras en dehors	0	3	4	0
En dedans	0	3	0	0
Par le bas de la iambe	0	2	0	0
Par le coup du pied	0	2	3	0
Par le bas de la cheuille en dehors le long du pied	0	3	5	0
Tu y aiouteras le bras de ceste sorte.				
Par l'épaule	0	4	0	0
Par les muscles	0	3	0	0
Par la iointe du coude	0	2	1	0
Au dessous d'elle	0	2	2	0
Par la iointe de la main	0	1	2	0
La paume aura	0	1	4	0

PROPORTION DE L'HOMME. LIVRE II.

	ligne	nombre	portion	minute
Au regard des largeurs de front tu les feras de cete forte.				
Par le fommet	0	4	4	0
Par le front	0	5	5	0
Par les fourcils	0	5	2	0
Par les oreilles	0	5	8	0
Par les nés, & ioues	0	4	3	0
Par le col pres le menton	0	5	1	0
Par le haut du palleron	0	3	6	0
Par le haut des épaules	0	8	8	0
Par les oz trauerfiers	1	1	2	1
Et la les oz des épaules feront diftans entre eux	0	9	4	0
Par la poitrine & épaules	1	3	2	0
Par l'entr'aiffelles de front	0	9	0	0
Par l'entr'aiffelles de dos	1	4	0	0
Par l'entremammelles	0	7	0	0
Au deffous d'elles	0	9	6	0
Par le brechet	0	9	0	0
Par la ceinture	0	8	1	0
Par le nombril	0	9	1	0
Par la hanche	0	9	0	0
Par la cuyffe	1	0	0	0
Et la l'entreboiftes aura	0	7	5	0
Par les membres virils	0	9	9	0
Par la cuyffe	0	3	7	0
Par le furgenouil	0	2	8	0
Par le my genouil	0	2	6	0
Par le fougenouil	0	2	6	0
Par le my gras	0	3	2	0
Par le bas du gras en dehors	0	2	8	0
En dedans	0	2	5	0
Par le bas de la iambe	0	1	2	0
Par le coup du pied & la cheuille	0	1	6	0
Par le foucheuilles le lõg du pied	0	1	5	0

	ligne	nombre	portion	minute
Tu donneras au pied par le bout des orteils	0	3	0	0
Au regard du bras on le fera ainfi				
Par les mufcles de l'épaule	0	2	2	0
Et au deffous de la iointe du coude	0	2	5	0
Par la iointe de la main	0	1	4	0
Au regard de la paume elle aura	0	2	5	0

Par ce moié tu pourtrairas l'image de ces trois corps, auec leurs propres ligneamens comme fouuenteffois nous l'auons nombre & exprimé par ordonnances. Et en comprenant le corps a dos de dans les pourfileures de celuy de front tu donneras.

	ligne	nombre	portion	minute
A l'entrefeffes	0	5	8	0
Au talon	0	1	6	0

Ceux qui ont ces chofes en affection prendront garde en ces proportions que les largeurs de pourfil, qui font les épeffeurs, font moindres par tout le tronc du corps que celle de frõt & plus grãdes par tout le pied, cuyffe, & greues Oultreplus il faut entẽdre que ce fera vn grand trauail à celuy qui voudra recercher de cefte forte les images du premier liure par les mefures des nõbres & parties. Il fe faut auffi fouuenir de la variatiõ du chief que i'ay ia declare: car quand la tefte fe fait autremẽt toute l'image du corps aparoift diuerfe.

m

ALBERT DVRER DE LA

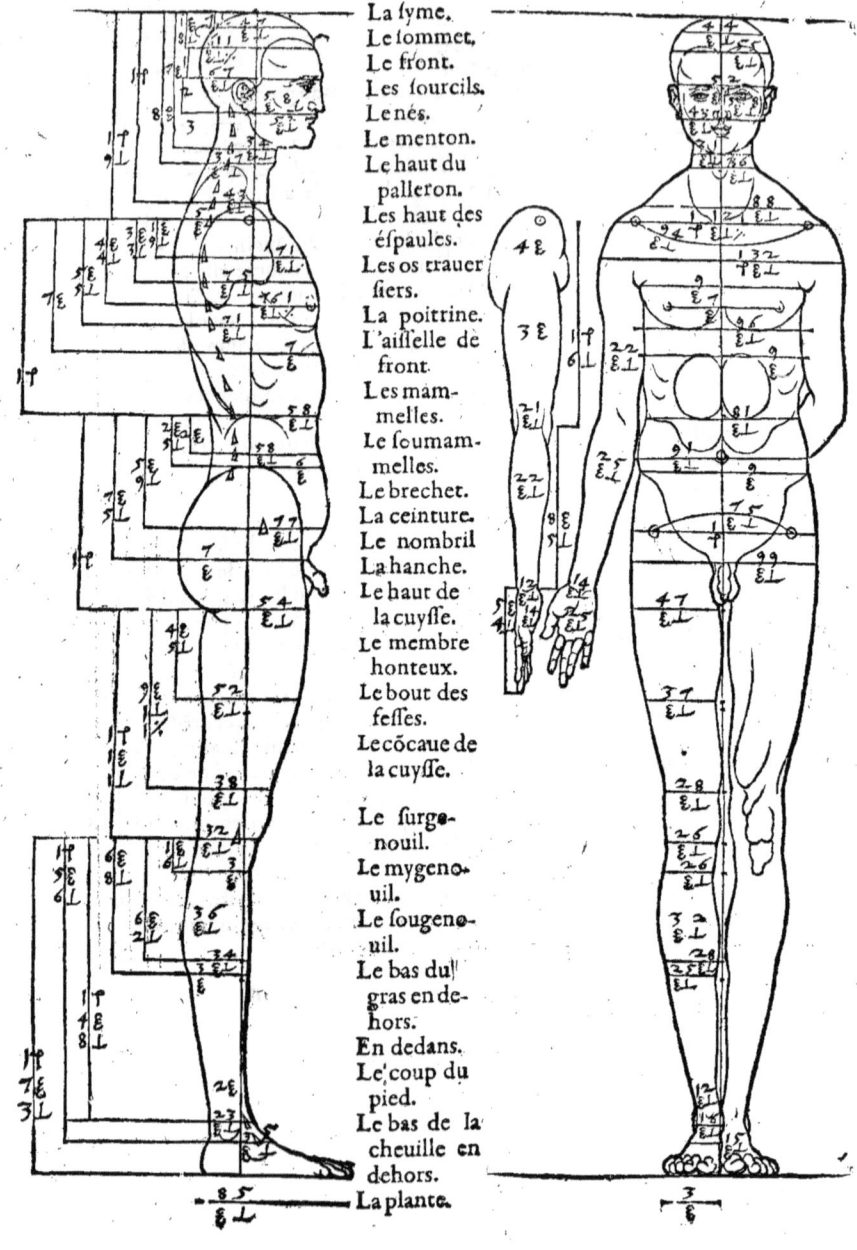

La fyme.
Le fommet.
Le front.
Les fourcils.
Le nés.
Le menton.
Le haut du palleron.
Les haut des éfpaules.
Les os trauerfiers.
La poitrine.
L'aiffelle de front.
Les mammelles.
Le foumammelles.
Le brechet.
La ceinture.
Le nombril.
La hanche.
Le haut de la cuyffe.
Le membre honteux.
Le bout des feffes.
Le cōcaue de la cuyffe.
Le furgenouil.
Le mygenouil.
Le fougenouil.
Le bas du gras en dehors.
En dedans.
Le coup du pied.
Le bas de la cheuille en dehors.
La plante.

PROPORTION DE L'HOMME. LIVRE. II.

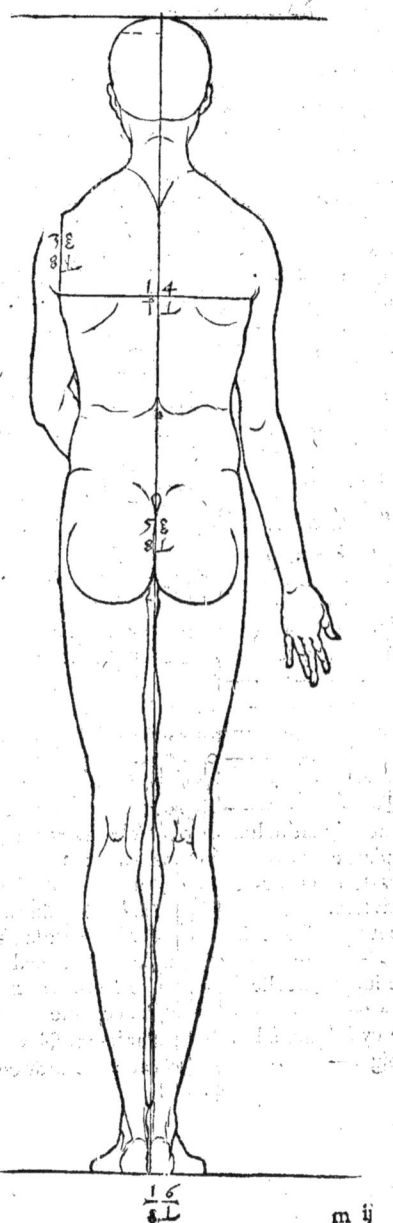

ALBERT DVRER DE LA

	ligne	nombre	portion	minute		ligne	nombre	portion	minute
Or ioindray-ie subsequemment à ce corps d'homme, vn autre de femme qui luy soit conuenant: du quelles hauteurs seront telles.					Puis tu pourtrairas les largeurs: & premierement celles du corps de pourfil, qui sont comme souuent nous l'auōs dit les epesseurs.				
Depuis la syme iusques au sommet	0	0	5	0	Par le sommet	0	3	7	0
Au front	0	1	2	0	Par le front	0	5	5	0
Au bas du menton	0	6	7	0	Par les sourcils	0	6	2	0
Au haut des pallerons	0	8	2	0	Par le nés	0	5	5	0
Au haut des epaules	1	0	6	1	Par la haute leure, & nucque	0	5	0	0
Aux oz trauersiers	1	1	2	0	Par le menton & col	0	4	7	0
De la iusques au haut de la poitrine	0	1	6	0	Et la le col aura	0	2	8	0
					Par le haut des pallerons	0	3	1	0
Au dessous de l'aisselle	0	3	2	0	Par le haut des epaules	0	4	5	0
Au dessous de celle de dos	0	3	9	0	Par les oz trauersiers	0	5	0	0
Aux tetillons	0	4	8	0	Par la poitrine	0	6	5	0
					Pres l'aisselle	0	7	0	0
Au dessous des mammelles	0	6	1	0	Par les tetillons	0	7	0	0
A la ceinture	1	1	2	0	Au dessous des mammelles	0	6	2	0
De la au nombril	0	1	3	0	Par la ceinture	0	5	5	0
Au haut de la cuysse	0	6	0	0	Par le nombril	0	6	7	0
Au commencement du penil	0	8	2	0	Par la cuysse	0	8	8	0
Au bas du penil	0	8	7	0	Par le commencement du penil	0	7	4	0
Au bout des fesses	0	9	5	0	Par le bas du penil	0	7	0	0
De la au concaue de la cuysse	0	4	5	0	On baillera à la cuysse à rés des fesses	0	6	2	0
Au surgenouil	0	9	5	0					
Au my genouil	1	1	6	0	Par le concaue de la cuysse	0	5	4	0
De la au sougenouil	0	1	6	0	Par le surgenouil	0	3	8	0
Au bas du gras en dehors	0	6	2	0	Par le my genouil	0	3	2	0
En dedans	0	6	9	0	Par le sougenouil	0	3	0	0
Au coup du pied	1	4	0	0	Par le my gras	0	3	5	0
Au bas de la cheuille en dehors	1	5	0	0	Par le bas du gras en dehors	0	3	2	0
Au bas de la plante	1	6	5	0	En dedans	0	2	9	0
Mais le pied aura de longueur	0	8	4	0	Par le bas, & plus gresle de la iābe	0	2	0	0
Et celle du bras sera.					Par le coup du pied	0	2	2	0
Depuis l'epaule iusques à la iointe du coude	0	9	7	0	Par le bas de la cheuille en dehors le long du pied	0	5	3	0
Depuis laquelle iusques à celle de la main	0	9	0	0	Puis tu dresseras le bras.				
					Par l'epaule	0	3	6	0
					Par les muscles	0	3	3	0
Et depuis ceste cy iusques à l'extremité des doigts	0	5	4	0	Par la iointe du coude	0	2	1	0

PROPORTION DE L'HOMME. LIVRE. II.

	ligne	nombre	portion	minute.
Au deſſous d'elle	0	2	3	0
Par la iointe de la main	0	1	2	0
Mais la paume aura	0	1	4	0

Par ce moyen tu pourſuyuras les largeurs du corps de front de ceſte ſorte.

	ligne	nombre	portion	minute.
Par le ſommet	0	3	6	0
Par le haut du front	0	5	1	0
Par le my front	0	5	5	0
Par les ſourcils	0	5	2	0
Par les oreilles	0	5	6	0
Par le nés & ioues	0	4	5	0
Le col aura pres le menton	0	2	8	0
Par le haut des pallerons	0	3	0	0
Par les épaules	0	8	5	0
Par les oz trauerſiers	0	9	8	0
Et à l'entreboiſtes aura	0	8	4	0
Par la poitrine & épaules	1	1	5	0
Par l'entr'aiſſelles de front	0	7	3	0
Par l'entr'aiſſelles de dos	0	9	0	0
Par l'entretetillons	0	7	0	0
Au ſoumammelles	0	8	0	0
Par la ceinture	0	7	3	0
Par le nombril	0	9	9	0
Par la cuyſſe	1	1	2	0
Et à l'entreboiſtes aura	0	8	0	0
Par le commencement du penil	1	1	4	0
Par le bas du penil	1	1	3	0
La cuyſſe aura à rés des feſſes	0	5	8	0
Par le concaue de la cuyſſe	0	4	8	0

	ligne	nombre	portion	minute.
Par le ſurgenouil	0	3	5	0
Par le my genouil	0	3	0	0
Au ſougenouil	0	2	8	0
Par le my gras	0	3	3	0
Par le bas du gras en dehors	0	2	9	0
En dedans	0	2	7	0
Par le bas, & le plus menu de la iambe	0	1	2	0
Par les cheuilles & le coup du pied	0	1	6	0
Au deſſous d'elles, le long du pied	0	1	5	0
Le pied aura par le bout des oreils	0	2	9	0

Au demeurant le bras ſera de ceſte ſorte.

	ligne	nombre	portion	minute.
Par les muſcles	0	2	2	0
Sur la iointe du coude	0	2	0	0
Au deſſous d'elle	0	2	5	0
Par la iointe de la main	0	1	3	0
La paume aura	0	2	4	0

Puis ſubſequemment tu pourtrairas les effigies cōuenantes aux parties, & au ſexe, & enclorras le corps de dos au dedans des pourfileures de celuy de front & en aſſignant.

	ligne	nombre	portion	minute.
A l'entrefeſſes	0	5	5	0
Au talon	0	1	6	0

Toutes leſquelles choſes tu peux contempler es ordonnances cy deſſous miſes.

m iij

ALBERT DVRER DE LA

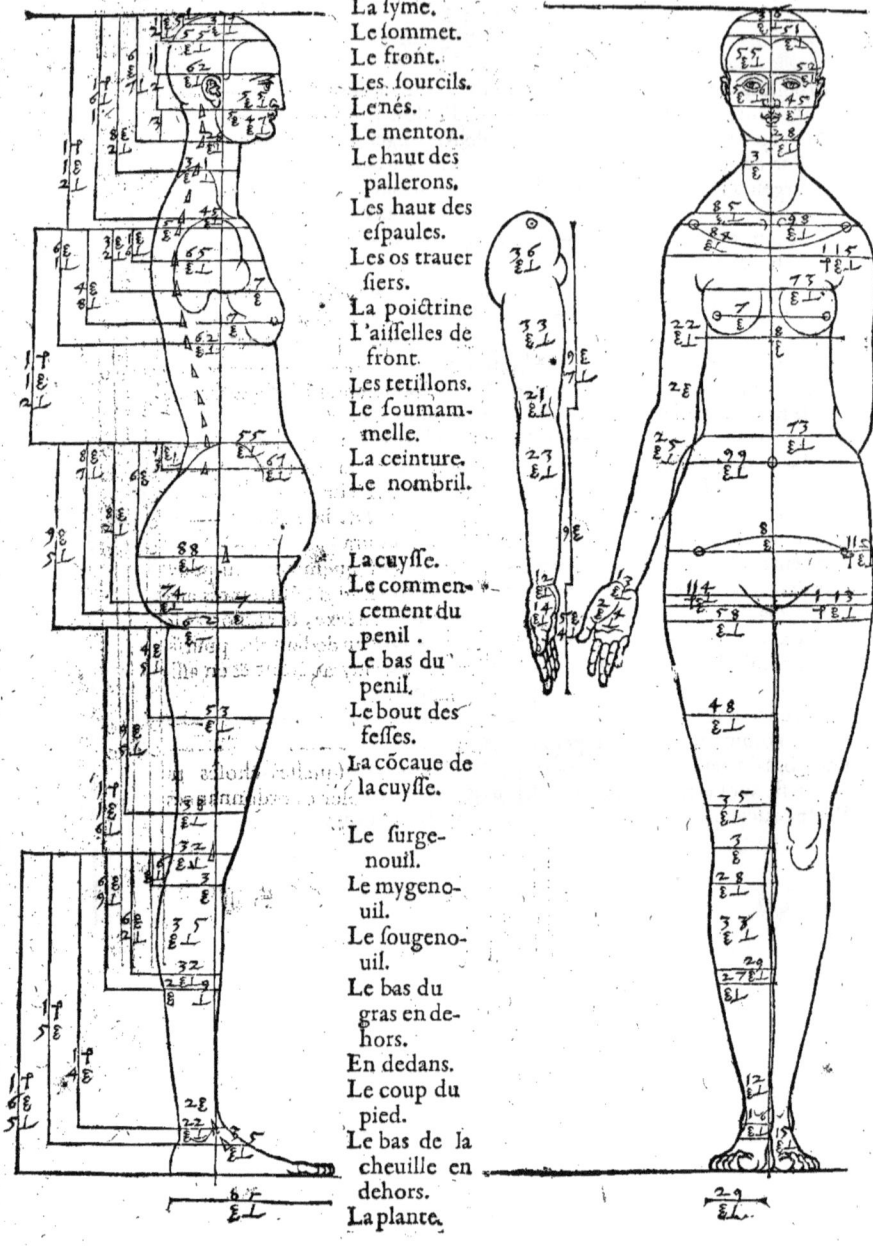

La fyme.
Le fommet.
Le front.
Les fourcils.
Le nés.
Le menton.
Le haut des
pallerons.
Les haut des
espaules.
Les os trauer
siers.
La poictrine
l'aisselles de
front.
Les tetillons.
Le foumam-
melle.
La ceinture.
Le nombril.

La cuysse.
Le commen-
cement du
penil.
Le bas du
penil.
Le bout des
fesses.
La cōcaue de
la cuysse.

Le furgenouil.
Le my genouil.
Le fou genouil.
Le bas du
gras en de-
hors.
En dedans.
Le coup du
pied.
Le bas de la
cheuille en
dehors.
La plante.

PROPORTION DE L'HOMME. LIVRE II.   70

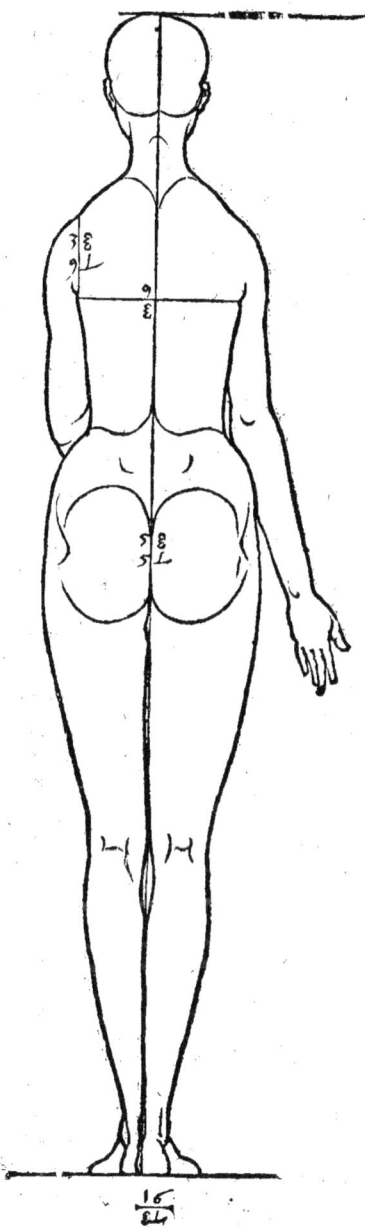

Or à la fin de ce liure i'enseigneray de plus grande recherche : & plus certeine que ie n'ay encores faict, la pourtraiture de deux testes d'hommes proposées de ceste sorte.

Premierement tu feras vn carré comme nous l'auons ordoné au premier liure : lequel seruira au chief de pourfil. Mais les espaces de ces costés auront vne septiesme partie de la hauteur de toute l'image. Tu les pourras ausſi faire d'vne huitesme, en obseruant toutes choses qui seront ordonnées à celle d'vne septiesme. Par ce moyen tu noteras le premier costé droict de ce quarré de la marque, a, & le dernier de b, & le costé croisant au desſus de c, celuy d'embas de d. Puis subsequemment tu diuiseras ceste septiesme partie que nous auons dict en 8, egalles parties : c'est à dire nombres, lesquels comme il te doit soutenir nous auons noté de ceste note ℥. & le nombre diuisé en dis portions de ceste marque I. Auec lesquels nous poursuiurons les proportions des parties de la teste : en marquant premierement les lignes à plomb de ceste sorte. Tu tireras en arriere du poinct a, I. 9. vne ligne à plomb qui soit e, & qui touchera le bout de la prunelle & au derriere des narines. Puis tu mettras la ligne f, elongnée de a, par ℥, 1, I. 8. laquelle atteindra le bout des sourcilz pres les temples. Mais la quatriesme qui sera h, mis arriere du g. ℥, 1, T, o, marquera l'extremité de l'oreille. Puis subsequemment tu poseras la ligne i, elongnée de b, ℥, 1, I, 3. Aupres de la quelle se rencōtrera le sousommet sur la nucque. Puis tu tireras k, elongné de b, ℥, o. I, 7. laquelle atteindra au dessus le sommet, & au dessous la nucque pres la croisée d. Et de la en apres tu asseras les croisieres par lignes equidistantes de ceste sorte. On asserra au dessous de c, la ligne croisiere l, par ℥, 2, I, 6, laquelle marquera la source des cheueux au dessus du front : Et lors tu diuiseras c, l, d'vne autre croisiere m, par le mylieu : par ce moyen elle passera pres la ligne à plomb k, par le sommet, Puis tu diuiseras l, d, de deux lignes n, o, en trois egaux espaces. Desquelles la ligne n. courra par les sourcilz, & atteindra le haut de l'oreille : & o, le bas du nés, & celuy de l'oreille : Puis tu diuiseras o, d, par le mylieu moyennant la ligne p, laquelle touchera le haut du menton. Subsequemment tu diuiseras par le mylieu o, p, auec la ligne q. Par ce moyen la haute leure demourera dedans o, q, & la basse entre q, p, & lors la ligne q. passera par le long de la bouche c'est à dire par la fente. Puis tu diuiseras n, o, par le mylieu moyennāt la ligne r, & asseras au plus haut espace l'œil entier. Tu diuiseras aussi r, o, en sept espaces egaux : & separeras les trois plus bas par la ligne s. Laquelle atteindra au plus haut des bosses des narines : Mais le bas de l'oreille sera enclos entre s, o. Et lors tu tireras deux lignes biesantes, l'vne de l'angle qui est clos par la ligne à plomb e, & la croisée c, iusques à l'angle de la ligne à plomb a, & de la croisée o. Au dessus de laquelle on pourfillera le front dedans les lignes croisées l, n, & au dessous, le nés dedās les croisées n, o, Lautre ligne biesante descēdra depuis l'angle du costé droict de a, & de la croisée n, en arriere vers l'angle de la ligne à plomb e, & de la croisée d, par laquelle chascune des leures sera limitée auec le mentō. Apres lesquelles choses ainsi menées à fin on pourfilera subsequemment la forme de la teste : de sorte que la syme prendra son circuit vers la ligne à plōb h, & le costé e, & le sousommet au dedans des croisées l, n, vers le costé b. Au regard du pourfil du col en sa pente c'est à dire depuis la liaison du sommet & de la nucque tirāt à la gorge, il aura ℥. 4. I, 5. Toutes lesquelles choses nous nous sommes eforcés d'vne grāde diligence de mettre à l'oeil es subsequantes ordonnances. Il pourra aussi bien estre qu'vne telle teste semblera plus grande que la raison de l'image, icy proposée, ne raportera. Tu la pourras donques faire plus petite par ce moyen. On donnera rondeur au surfront au mylieu des croisées c, m, pres les lignes à plomb g, h, et au sousommet vers k, au mylieu des croisées l, n. Et lors tu courberas la nucque pres la liaison du sousōmet en la ligne o, en faisant une distāce vers le costé b, ℥, 1, I, 8, lors aussi tu tireras en arriere la ligne à plomb i, vers le costé d. Ie vouldrois bien que tu cognusses diligemment ces deux moyens : car nous ne les auons pas exposé sans propos. Voila donques le pourtrait d'vne teste.

Et celluy de l'autre sera tel.

PROPORTION DE L'HOMME. LIVRE III.

Tu feras en semblable vn quarré comme i'ay parauant dit en faisant a, le premier des cotés droits: & b, le dernier: au regard des croisieres i, tiendra le dessus: & k, le dessous. Or noteras tu premierement en ce quarré des lignes à plomb, en mettāt arriere de a, ℥.1.℔. 1. qui sera c laquelle touchera le bout de la prunelle, & le bout des narines en dedans. Tu tireras de rechef arrieré de a, ℥.2, ℔.2. la ligne d, laquelle bornera les sourcils, & le dedans du menton sur la ligne k. Au regard des coings de œils ils seront limités pres les temples au mylieu de c, d. La ligne e, laquelle touchera à l'oreille, la ou elle prent naissance vers les temples: & aupres d'elle le surfront razé le coté i. Tu tireras encores arriere de a, ℥.5, ℔. o. la ligne f, ceste cy limitera l'oreille: Puis tu asserras la ligne g, élongnée du coté b, ℥, 1, ℔. o. laquelle donnera à la nucque, & montrera la liaison du sousommet auec la nucque. Au regard des croisieres, & equidistantes cōme nous auons dit, tu les feras ainsi. Tu asserras au dessous de la ligne croisiere 1, ℥, o, ℔, 8, vne autre croisée l, laquelle touchera le sommet pres la ligne à plōb g. Derechef au dessous de 1. ℥. ℔. 4. tu asserras la ligne croisée m, laquelle touchera à la sourse des cheueux, au dessus du front. Puis tu diuiseras m, k, pat deux lignes n, o, en trois egaux espaces: de sorte que la ligne n, passera par les sourcils, & le haut de l'oreille: mais la ligne, o, touchera le bas du nés, & l'oreille: & aupres d'elle le sousommet se ioindra à la nucque: & la le col aura de pourfil iusques au gosier, ℥, 1, ℔, 6. Tu tireras encores la ligne p, au dessous n, ℥, o, ℔, 5, laquelle atteindra la bosse des narines: mais le bas bout de l'oreille sera propremēt pourfilé dedans r, o. De rechef tu asserras la ligne f, sur k, ℥, 1, ℔, o, laquelle touchera le haut du menton. Puis tu diuiseras o, f, par la ligne t, également, laquelle passera le lōg de la fente de la bouche. Subsequemment tu tireras deux lignes biesantes l'vne de l'angle de la ligne à plomb c, & de la croisée i. à l'angle de la ligne à plomb a, & de la croisée o. Et l'autre de l'angle de la ligne a, & de la croisiere n, à l'angle de la ligne à plomb c, & de la croisiere k. Or pourfilera l'on sur la premiere le front au dedans m, n, & au dessous le nés, entre n, o. Aupres de l'autre sera pourtraite la leure, la bouche, & le menton. Apres donques toutes les parties notées par droites lignes tu donneras façon à la teste, comme nous l'auons declaré en l'ordonnance cy soumise. Ny ne faut pas ignorer, qu'on ne puisse ainsi recercher par le menu les proportions de tous les membres touchāt leurs hauteurs comme par exemple. Qu'on pose la greue depuis le mygenouil iusques au bas de la cheuille, ce sera là, sa hauteur, selon laquelle tu cercheras sa largeur. Comme par exemple, tu feras le gras de la iambe large d'vne 4, partie de la hauteur la moytié de laquelle tu tireras par les cheuilles. Par ce moyen comme i'ay dit tu pourras faire à ta fantasie en tous les membres & cercher toutes choses exactement.

Icy sera donques la fin du second liure de la proportion des formes droites. Auquel i'ay trouué bon d'impetrer pardon aux lecteurs des fautes si aucunes se rencontrent quelque part comme aux pourtraits des ordonnances. Car il n'a pas esté raisonnable ne en nostre puissance de respondre des fautes de la graueure, ne de la deprauation des moules de bois. Combien qu'elles se pourront amander par l'escriture: à l'impression de laquelle nous auons fait grande diligence de la rendre bien correcte, en amandant les fautes des imprimeurs par vne reueue. I'espere ainsi que le lecteur bon, & iuste, aura nostre trauail pour agreable. Au regard des malings, & mesdisans Hypoclides (comme disent les Grecs) n'en fait compte.

ALBERT DVRER DE LA

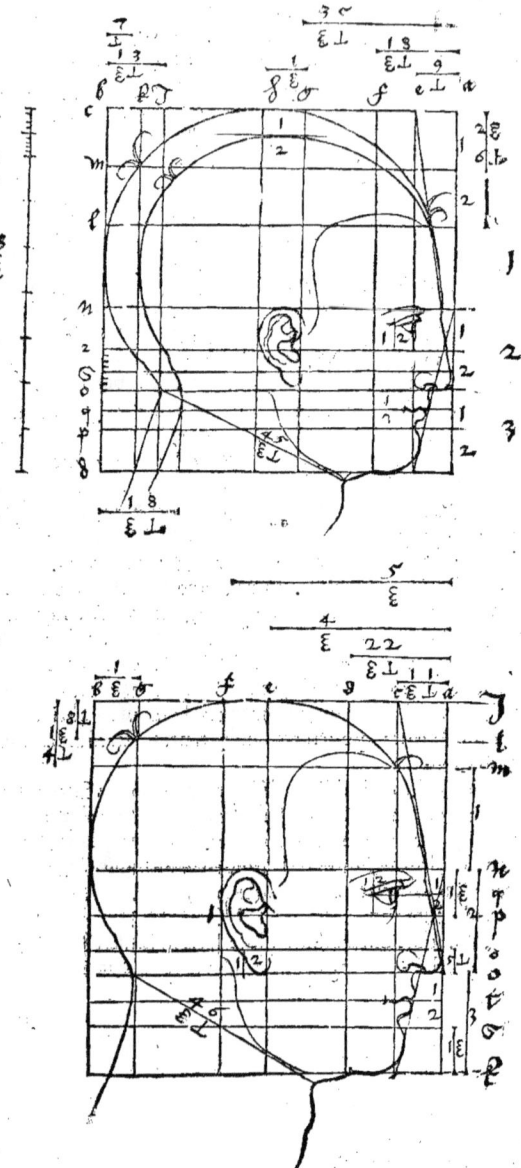

LE TIERS LIVRE DE LA
PEINTVRE D'ALBERT DVRER
GEOMETRIEN ET PEINTRE,
Touchant la varieté des figures.

Nous auons deliberé de demontrer en ce liure, que nous auons ordonné pour tiers, quelque raisons, par lesquelles les ia descriptes figures des corps puissent estre diuersifiees selon leur proportion, & de leurs membres au plaisir de chacun, comme l'ouurage sera par fortune plus aggreable, grand, ou petit : de sorte que tous semblēt estre autres & diuers qu'au parauant, & ne garder leur precedente figure, & proportion. Lesquelles nous auons deliberé donner à entendre tant es pourtraits des hommes, que femmes, qu'enfans.

Il faut donc premierement entendre les choses pour lesquelles les diuersités des figures ont de coutume d'estre: Desquelles il est vn seul genre, qui est la contrarieté. Car quād les choses contraires sont conioinctes, elles sont tant plus manifestes : ce que n'auient pas es choses semblables. Sous ce genre donc sont ces choses contenues.

   Le grand.   Le petit.
   Le long.   Le court.
   Le large.   L'estroit.
   Le gros.   Le gresle.

Lesquelles differences touchent la quantité, concernans l'addition, ou diminution du plus, & du moins, Il est vn autre genre de qualité, auquel sont comprises les differences de l'aage, comme de la ieunesse & vieillesse, de la complexion, & façon du corps, comme du gras, & maigre, du dur & † douillet : de la forme, comme beau, & amable, laid, & desagreable: Du trait & port, comme, courbe, ou droit, egal ou inegal, de l'eleué, ou abaissé, du rond, ou du plein d'angles, aigu ou mousse, semblablement du dressé, ou croissant, ou biessant. De l'assiete, comme dextre, ou senestre, de face, ou de dos, dessus, ou dessous.   †Lene pro leus.

Les diuersités des figures pourront estre cerchées par ces differēces. Desquelles doresenauant nous soumettrons les figures, esquelles est contenue la principale & presque seule doctrine de ces choses. Premierement donc soit proposée la difference du grand, & du petit. De laquelle il faut auoir double consideration, premierement de tant qu'elle est du tout au tout, alors que l'vn sera dit grand, & l'autre petit: pouuant toutesfois estre presque mesme semblance & face gardée en l'vn, & en l'autre.   Par ce moyen les figures peuuent estre pourtraites grandes ou petites, esquelles est gardée mesme raison, & conuenance des parties: comme nous le voyons auenir es desseings. On veut de vray qu'on dresse mesmes les maisons royalles à la semblance du desseing, pourtrait en papier : ny n'est homme qui ne die, & ne sçache qu'vn globe d'vn bien grand diametre n'ayt la similitudine d'vn autre de beaucoup plus petit diametre: Mais quand ceste difference est decouuerte es parties, alors s'ensuit la diuersité du tout au tout : comme si on forme vn tronc de corps grādelet, & les parties inferieures trop petites.   Ce que de mesme on pourra vsurper en tous les membres: qui sont diuersités infinies.   A ceste cause nous vsons des denominations de grand & petit, pour le regard que les choses ont entre elles.

La prochaine difference proposée est de la longueur & courtesse.   Quelqu'vn donc voudra alonger, ou accourcir vne certaine image: comme pour exemple, celle de l'hōme que nous auons pourtrait au premier liure, & en premier lieu. Cestuy cy prendra garde à la gresleté & accourcissement en la longueur, & en la courtesse: à la grosseur & étendue selon sa propre proportion: Ce que faisant il faudra garder en la largeur, & épesseur les espaces qu'on verra notés en la principale figure. Or si les deux effigies qui sont l'alongée, & la raccourcie sont rapportées à la hauteur de la principale image, alors les espaces de la largeur & épesseur suyuant l'establissemēt des deux, se trouuerōt bien diuers. Les espaces de vray de la hauteur ia bien conuenans, se trouueront bien differens, par ce que d'vne part

n ij

on tire de la principale effigie à vn alongement, & de l'autre à vn rabaissement. Ioint qu'à ceste autre toutes choses seront deuenues plus gresles & minces, & en ceste cy plus grosses, & étendues. Par ce moyen les hauteurs de chacune partie pourront estre conuenemment alongées ou accourcies, au dedans les lignes croisieres notées, denotans la hauteur des parties. Desquelles si tu fais les interualles plus grans, l'effigie se trouuera plus longue, si moindres, plus courte: par lesquels comme il a esté dit la raison de la grosseur & largeur n'est point variée: de sorte que la longueur, & courtesse discerne vne effigie de l'autre, veu que par apres on se detourne beaucoup de la principale description en la neufue proportion. Or seroit ce vn grand trauail & tascherie de le cercher par le menu, & par toutes les parties en alongeant, & accourcissant. Parquoy nous auons comprins en vne certaine doctrine ceste raison, par laquelle au moyen d'vn triangle les choses que nous auons dit soient facilement & bien menées à fin. Tu le pourtrairas de ceste sorte, Tu tireras vne ligne d'vn point à autre, suyuant laquelle les deux autres de longueur, & de courtesse seront tirées. Soit donques ceste ligne a, b, d'vne telle hauteur qu'est celle de la premiere figure de l'homme au premier liure: La hauteur de laquelle tu diuiseras par les espaces des lignes croisieres. Tu scais de vray que par elles sont montrées les hauteurs des parties. Au demeurant tu tireras des points a, b, de ceste ligne, à vn autre point c, ordonné à dextre, deux lignes, lesquelles iointes en luy facent vn triangle sur la base a, b. Auquel point c, aussi s'assembleront les lignes de la hauteur de toutes les parties. Puis aupres de ceste ligne establie au mylieu tu asseras en equidistance vne ligne d'alongemét f, g, à senestre, & l'autre d'accourcissement d, e. à dextre vers le point c. Et comme plus tu élongneras l'vne ou l'autre de celle du mylieu, ce sera tant plus grande difference d'alongement, ou accourcissemét. Les lignes donques de la hauteur les croisans, les diuiseront conuenemment selon la proportion de chacune d'elles, comme le cas le requiert. Nous auons cy dessous mis la figure de ce triangle, fort vtile à l'auenir à plusieurs, & diuers vsages, laquelle on appellera le Variant. Car par son moyen les parties des choses sont variées, & auient des mutations admirables par l'augmentation, ou diminution des images, comme si on veut alonger vne certaine effigie, la hauteur de laquelle contienne sept espaces de celle de la teste, à la hautesse de huyt, neuf, ou dix hauteurs de testes, tu aiouteras à la hauteur comprinse entre la syme & le bas de la plante, les espaces d'vne ou de deux, ou trois testes. Ce qu'au contraire il faudra faire pour la diminution d'vne image. Et si par fortune (comme nous auons dit) tu as alongé vne effigie, tu luy approprieras vne teste vn peu plus longue, ainsi que sa forme le requerra: afin de garder la proportion & grace, ce que de mesmes on gardera à la diminution suyuant la nature de la chose. Mais si lors tu la veux mesurer, la hauteur n'aura pas mesmes espaces de testes comme au parauant. Ie veux bien auertir en ce passage ceux qui se voudront ayder de la raison de ceste mutation demontrée, qu'ils vueillent vaquer auec grande diligence & consideration, comme chose difficile, es mains & es pieds par nous par cy auant descris.

Voicy la forme du Variant.

PROPORTION DE L'HOMME. LIVRE III.

Ligne d'alongement.

Ligne principale.

Ligne d'ac-
courcissement.

ALBERT DVRER DE LA

Estans donques ainsi comme il est montré toutes ces lignes ainsi distinctes doresenauant on pourtraira la forme de l'image de chacune d'elles. Ce que nous n'auons peu faire es susdits exemples des lignes pour la petitesse du papier: mais nous l'auons fait cy dessous en gardant les proportions deues à chacune par la voye & raison qui sera exposée : de laquelle pourra chacun comme il voudra vser en toutes mutations. La figure qui sera pourtraite en la ligne f,g, sera plus gresle & étroite, & à la ligne d,e, plus grosse & étendue. Ny ne sera l'vsage de ceste variation moindre en la façon de la greslesse & grosseur, & etrecissement & étendue, qu'en celle de l'alongement & accourcissement. Ny n'est pas sans propos & sans raison, que toutes les images soient pourtraites es exemples d'vne quasi égale hauteur, c'est à dire que la hauteur de l'vne tienne autant de papier que de l'autre, quoy que les effigies soient dissemblables. Par ce moyé toutes choses seront plus manifestes et la comparaison & plus euidentes. De la mesme raison aussi pourra quelqu'vn vser es parties des images separées, ainsi que quelque chose d'elles changera, ou non ; & lors il est necessaire que tout ce qu'on diminue en l'vn soit aiouté à l'autre. Ce que de mesmes il faut entendre es lignes croisées en la hauteur de l'image, & aupres de ces lignes d'attenuation, entendre es lignes croisées en la hauteur de l'image, & aupres de ces lignes d'attenuation ou épesseur, & de étrecissement & étendue. Car toutesfois & quâtes que tu asseras a variant aupres de la ligne principale deux d'vn coté & d'autre le changement conuenant se decoure par tout de sorte que d'vn coté est l'alongement , & de l'autre l'acourcissement. Or doresenauant te montreray comment chacun pourra dresser son ouuroir par ce triangle, & s'en ayder ainsi que de raison.

Il faut donc premierement tirer vne ligne croisiere du point a, à celuy de b, qui soit asseuré en vn certain lieu. Puis on en tirera de ce point à vn autre a, c, laquelle aussi sera fichée au point a, & mobile en l'autre point e, de sorte qu'elle soit conioinste au mesme lieu auec la croisiere a,b, & que du point c, elle soit remuable pres, & loin. Personne au surplus ne me pense parler des lignes & points, comme ont de coutume les Geometriens : auxquels toutes ces choses sont proposées pour tant seulement les comprendre de pensée. Nous parlons de mettre la main à la paste. Et combien que nous voulions toutes ces choses estre mises à l'œil , elles deuront toutesfois estre toutes referées à vne exquise & inuariable certitude des choses, qui se conçoiuent par vn indiuisible & seul entendement. Or voicy la pratique des choses que nous auons dit. Tu pourtrairas vne ligne croisiere a,b, en vne tablette à ce preparée, & ficheras au point a, vne eguille, ou clou auquel tu attacheras vn fil ferme & fort, comme soye, lequel tu étendras à l'autre point c, qui sera soy, que la ligne du mesme point c, est mobile. Puis tu mettras la ligne à plomb d, e, par le mylieu de croisée a, b. Ces choses ainsi preparées sçaches qu'il faut asseoir la partie proposée que veux alonger ou diminuer en la ligne à plomb d, e, de sorte qu'elle finisse s'arrestant en ligne croisiere a,b. Puis tu étédras le fil qui sert pour la ligne a,c, de sorte qu'au dessus il atteigne la syme de la partie ordonnée en la ligne d,e. Subsequemment tu alongeras ladite ligne tant qu'il te plaira, de ceste sorte. Tu tireras deuant la ligne d,e, de l'alongement requis, vne ligne à plomb qui se termine au dessus par le fil étendu de la ligne a, c, & au dessous de la croiséc a,b, qui soit prenons le cas f,g. Et si tu veux faire la susdite partie plus courte, eh l'accourciras par la ligne d'accourcissement, laquelle aussi soit ordonnée à plomb en la croisée a,b, apres la perpendiculaire d,e, vers a, & qu'au dessus elle soit terminée de fil de la ligne a,c. Et qui posons le cas soit h.l.

Estans par ce moyen trois perpendiculaires ou lignes à plomb mises par ordre sur la croisiere soumise, on establira sur celle du mylieu d,e, l'espace de la longueur principalle & proposée, & en celle d'au deça qui est f,g, l'augmeté : & la racourcie au dela en celle h.l. Esquelles la ligne du fil a,c, note conuenemmét, lors qu'elle est tirée au bout de la ligne e,d. Elles pourront seruir à innumerables choses, encores la ou les noms des espaces ne se pourront dire : comme si on ne peut dire quelle partie de quelque longueur soit la notée comme vne 2, 3, 5, ou 6. Nous auons cy bas pourtrait vn exemple de ce precepte, afin que nostre doctrine fust aussi offerte à l'œil des lecteurs : & auons donné à cest instrument nom de choisissant : d'autant qu'il sert au chois des parties que quelqu'vn en toute chose proposée voudra faire plus grandes, ou moindres. Par ces preceptes, & à l'ayde de se choisissant les figures des hommes gresles, & gros, sont quelque peu apres exprimées. Or faut il entendre qu'en ces variations tous corps aggrandissans en lôgueur, épesseur, & largeur

PROPORTION DE L'HOMME. LIVRE. III. 73

ont leurs parties plus diſtantes, & grandes, la ou au cõtraire celles qui appetiſſent, les ont plus proches & concurrentes. Et pourtant les effigies plus greſles ſont plus delicates à l'œil, que les groſſes. C'eſt inſtrument à la figure & façon d'vn quadrãt lequel auſſi nous auons noté de lignoles courbes.

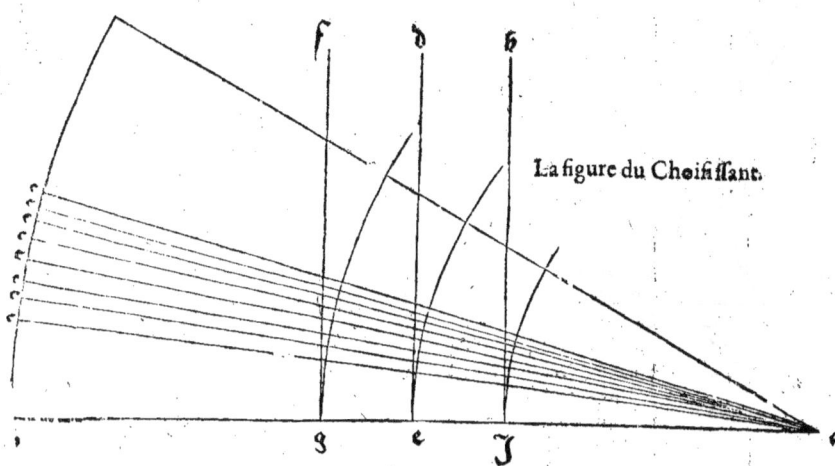

La figure du Choiſiſſant.

Mais il faut entendre qu'aux plus alongées ſtatures des images on aiouſte vne quarte de leur hauteſſe. Celuy auſſi qui ſe voudra ayder de ce moyen deura faire la teſte vn peu plus ague : ce que neglige toute la figure apparoiſtra moins belle. En dreſſant donc contremont le menton, ou bien en laiſſant au deſſus quelque peu de la ſyme de la teſte les parties ſeront compaſſées par le moyen du Choiſiſſant. Au regard de nous, nous n'auons rien oſté de la ſyme de la teſte en noz exemples: mais nous auons de la iuſques au menton fait vn eſpace de deux 15, & depuis le haut du menton iuſques au haut du front vne 10 en departant au demeurant par le moyen du Choiſiſſant toutes les parties de la hauteur : quant à la largeur, & épeſſeur, celle qui eſt ia faite eſt gardée. Nous auons auſſi appoſé auprès des images les exemples de ceſte maniere de teſtes. Nous auons fait l'eſpace du pied de deux 13. Car il s'eſtoit trouué plus court que de raiſon : nous auons auſſi quelque peu abaiſſé le coup du pied. La beauté auſſi de la figure requeroit que les greues que la raiſon de la variation auoit offert, fuſſent plus greſles, & plus étrecies. Au demeurant les eſpaces compacés de l'épeſſeur de ceſte image ont vne 15, moins, que les eſpaces de la principale effigie. Or auons nous (comme il nous a ſemblé) poſſible, pourtrait toutes ces choſes en toutes les parties, & lieux es exemples d'vne diligente & curieuſe main, afin d'inſtruire les lecteurs non ſeulement de parolles, mais auſſi d'effect. Quant à la figure accourcie il m'a ſemblé bon de donner ceſt auertiſſement. Au delineament du Variant i'ay tiré deux lignes bieſantes par la ligne établie de la principale hauteur a, b, leſquelles s'entrecroiſeroient au mylieu d'elle. Elles donques tirées de la ligne d'alongement f, g, deſſus & deſſous atteingnent les lignes c, f, & c, g. Et des points de ceſt attouchement eſt tirée la ligne d, e, de l'accourciſſement. Duquel accourciſſement la figure ſe trouuera merueilleuſement groſſe, ſi elle eſt pourtraite à raiſon de la principale hauteur, comme il auient par le moyen du Choiſiſſant. Il faut toutesfois diminuer la hauteur, largeur, & épeſſeur de la teſte, ſi nous voulons qu'elle conuienne à ſa naturelle façon: au demeurât l'eſpace du pied aura vne 6. Nous auons icy ſoumis les exemples de ceux cy, & des autres. Deſquels & de noſtre doctrine chacun en pourra faire comme bon luy ſemblera, ſoit que les plus lõgues, ou plus courtes figures luy ſeront aggreables.

ALBERT DVRER DE LA

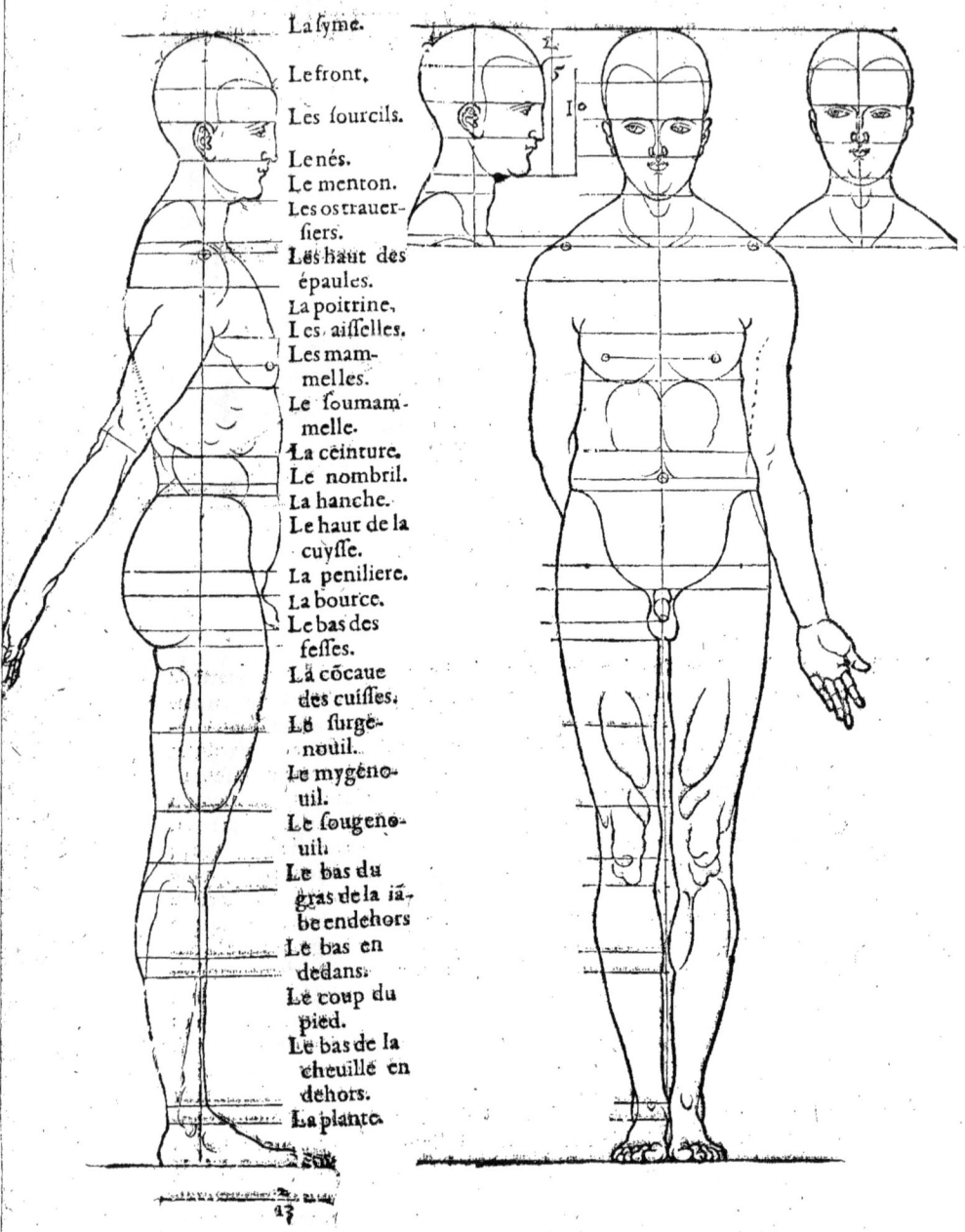

La fyme.
Le front.
Les sourcils.
Le nés.
Le menton.
Les os trauer-
siers.
Les haut des
épaules.
La poitrine.
Les aisselles.
Les mam-
melles.
Le soumam-
melle.
La ceinture.
Le nombril.
La hanche.
Le haut de la
cuysse.
La peniliere.
La bource.
Le bas des
fesses.
La côcaue
des cuisses.
Le surge-
nouil.
Le mygenó-
uil.
Le sougenó-
uil.
Le bas du
gras de la ià-
be en dehors
Le bas en
dedans.
Le coup du
pied.
Le bas de la
cheuille en
dehors.
La plante.

PROPORTION DE L'HOMME. LIVRE III.

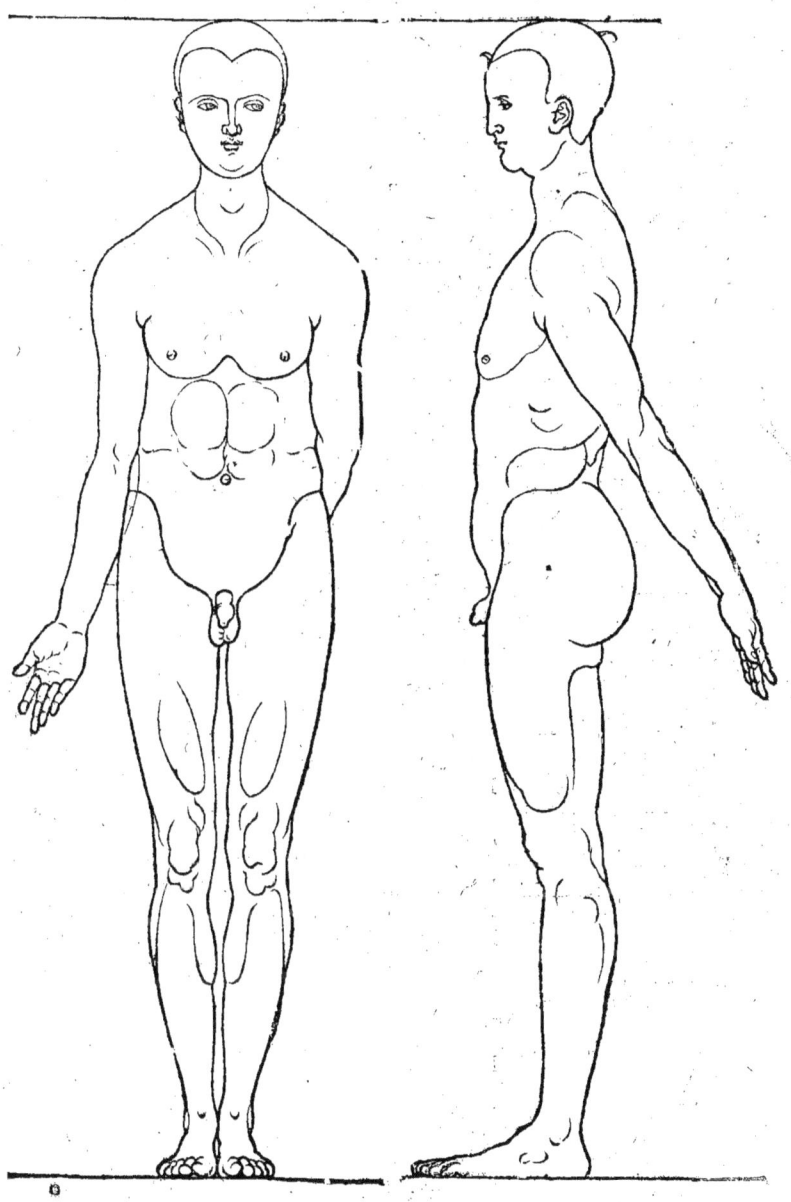

ALBERT DVRER DE LA

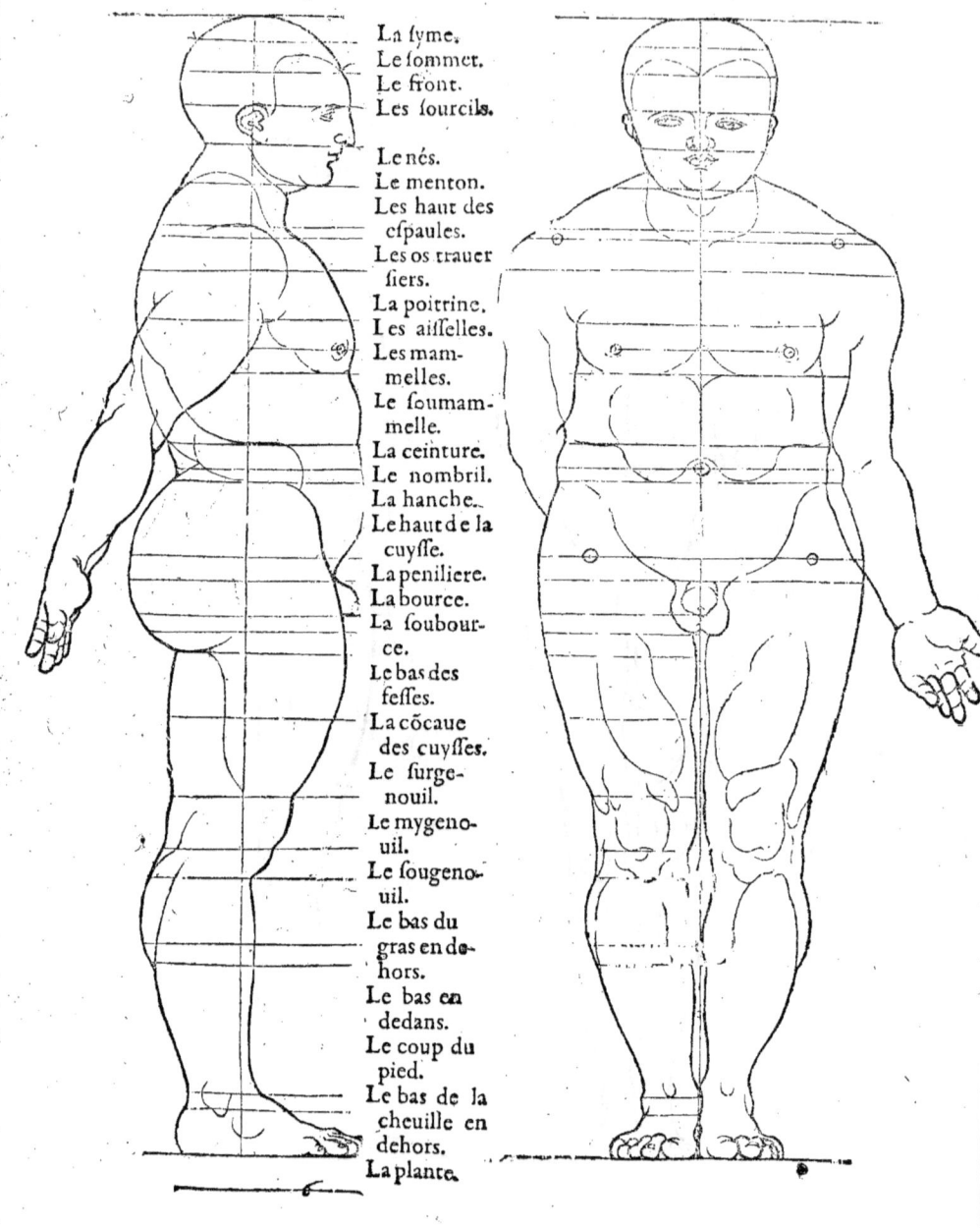

La fyme.
Le sommet.
Le front.
Les sourcils.

Le nés.
Le menton.
Les haut des espaules.
Les os trauersiers.
La poitrine.
Les aisselles.
Les mammelles.
Le soumammelle.
La ceinture.
Le nombril.
La hanche.
Le haut de la cuysse.
La peniliere.
La bource.
La soubource.
Le bas des fesses.
La cõcaue des cuysses.
Le surgenouil.
Le mygenouil.
Le sougenouil.
Le bas du gras en dehors.
Le bas en dedans.
Le coup du pied.
Le bas de la cheuille en dehors.
La plante.

PROPORTION DE L'HOMME. LIVRE III. 77

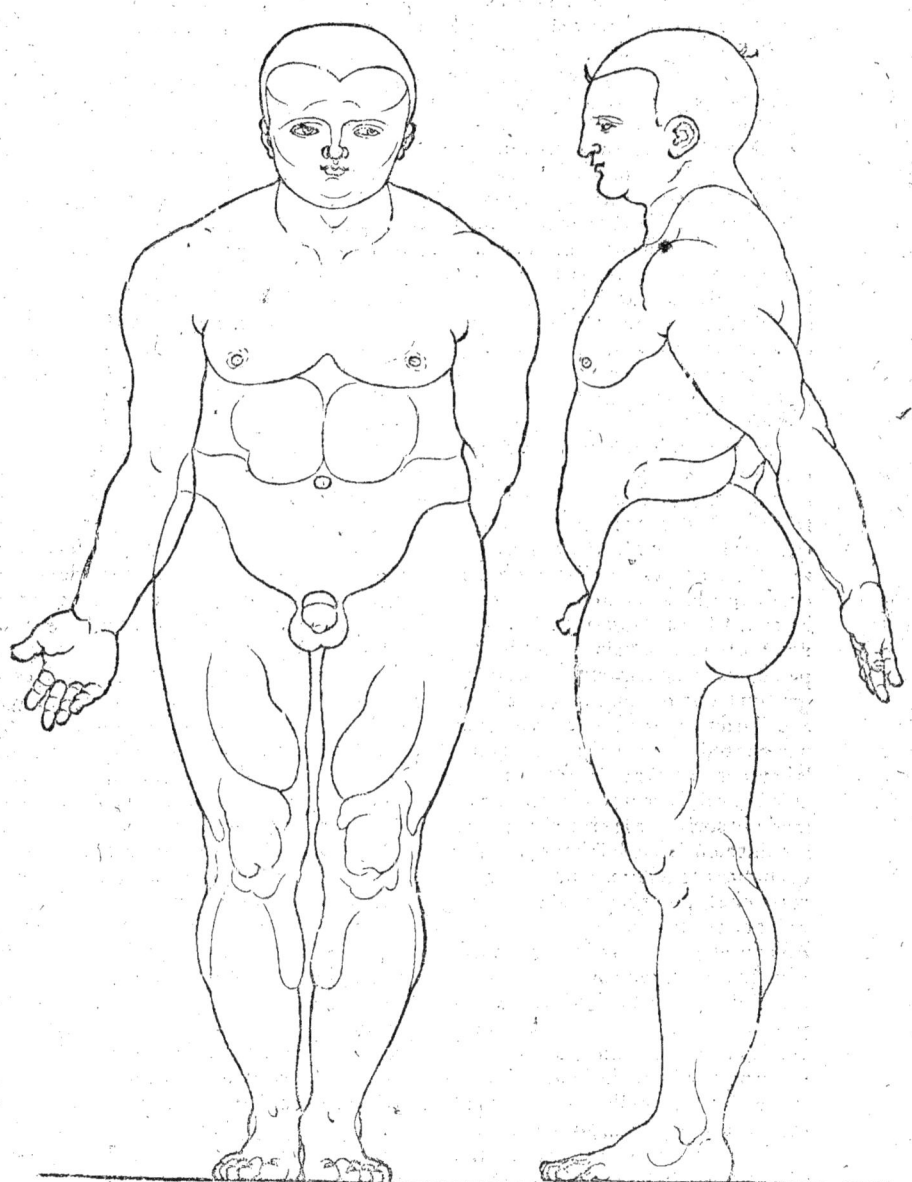

Nous auons vuydé la difference de l'alongement & accourciſſement, il faut maintenant traiter de la teſte pourtraite au premier liure diuiſée en vn quarré ſolide par les perpendiculaires, & lignes croiſieres. C'eſt à dire que ſi cela eſt entendu au quarré par quel moyen on le peut étendre, c'eſt à dire le faire plus haut ou plus bas, & cognoiſtre que c'eſt qui dechet aux eſpaces de largeur, eſtant la hauteur augmentée, ou bien qu'il leur accroiſt par ſa diminution. On appelle cela communément ἰπιπροληνοχηματα. Nous les diſtinguons par maniere de doctrine d'oblong & prominent. Telle en ſoit donc la doctrine. Qu'on propoſe vn quarré ſolide, c'eſt à dire qu'on imagine vn quarré de cotés egaux, & ſolide: voyla la propre appellation du Cube. Soit donques ſa hauteur telle qu'eſt l'eſpace de celle de la teſte pourtraite au premier liure, que nous appellons la principale. Il faut donner à entendre quelque choſe du Cube, auant que de peruenir à la deſcriptiõ de la teſte. Il ſera donc licite à chacun de l'éleuer, & abaiſſer, & tant alonger que bon luy ſemblera. Tu noteras donc premierement la premiere ligne du Cube d'egaux cotés au deſſous, de la lettre a, & au deſſus, de b, laquelle tu alongeras tant que bon te ſemblera, & la noteras par a, c, puis tu coucheras la ligne a, c, alongée, & mettras ſur elle à plomb a, b, de ſorte que par ceſte maniere tu dreſſeras vn equerre qui contiendra l'angle a, puis tu alongeras du point a, en derriere la ligne a, c, de l'alongement de laquelle d, ſoit le bout. Par ce moyen la perpédiculaire a, b, apparoiſtra aſſiſe de droits angles ſur la croiſiere d, a, c, & lors tu fermeras par le haut le triangle d'vne ligne bieſante. Puis addreſſes l'vn des cotés de l'equerre ſoit de cuiure, ou de bois (pourueu que iuſte) à la ligne bieſante b, c, de ſorte que l'angle de l'equerre touche au point b, puis tire la ligne equerrant de l'angle de l'equerre, laquelle quand tu verras eſtãt tirée à l'equerre couper la croiſiere d, a, c, note la de e. Ces choſes faites ſcaches que tu as trouué vne ligne d'vne conuenante proportion à la ligne a, b, & a, c qui eſt la ligne a, e. Mais il faut doreſenauant cercher la ligne d'entre a, b, & a, e de ceſte ſorté. Conioins les deux lignes a, b, & a, e, de ſorte qu'elles ſemblent deſcrire vne croiſiere qui ſoit e, a, b, puis eſtablis vne perpendiculaire ſur le point a, & aſſies le pied du cõpas ſur le mylieu de e, a, b, donnant de l'autre pied ſur le point e, puis le contournes iuſques au point b. pour pourtraire vn demy cercle. Auquel lors que ſa circonference atteindra perpendiculairement la ligne a tirée en bas, mets y, f, ce ſera lors l'eſpace des cotés de la largeur du Cube, qui aura excedé la hauteur du principal, lequel exces ſera noté par la ligne a, c, Tu feras de meſme ſi tu veux abaiſſer le Cube principal: afin qu'il ſoit plus élargi, ſinon que toutes choſes ſe treuuent diuerſes des precedentes. Car tout ainſi que cy deſſus la hauteur du Cube s'eſt trouuée plus grande, elle ſera icy plus baſſe, de ſorte qu'à c. deſtruie la ligne de l'accourciſſement. Tu trouueras de ceſte ſorte la largeur. Qu'on accommode le coté a, b, à la croiſiere de l'accourciſſement a, c, à l'equerre. Puis qu'on tire outre le point a, en derriere, la ligne a, finiſſant au point d, puis qu'on tire la bieſante b, c. Subſequemment couche vn coté de l'equerre ſur la bieſante b, c, de ſorte que l'angle de l'equerre touche le point b, puis tire vne ligne à l'equerre vers la croiſiere d, a, c, & aſſerras le point e, la ou tu la verras l'atteindre. Par ce moyen la premiere ligne de conuenance ſera trouuée entre les deux a, b, & a, c, qui ſoit a, e. Au demeurant tu cercheras l'autre ligne de conuenance de ceſte ſorte. Ioins enſemble les deux lignes a, b, & a, e, de ſorte qu'elles ſemblent faire la ligne e, a, b, puis tu aſſerras vne perpendiculaire ſur le point a, & aſſerras le pied du compas au mylieu de la ligne e, b, & de l'autre pied tu tireras du point e, vn demy cercle, aſſeiant le point f, la ou tu verras la circonferance paſſer par la perpendiculaire aſſiſe au point a. Laquelle ligne ſera la longueur de l'élargiſſement du Cube, ou quarré abaiſſé. De toutes leſquelles choſes les figures, & delineamens de toutes les parties de la teſte exprimées chacune en ſon Cube, ſont icy ſoumiſes.

Il faut entendre que pour le pourtrait de la teſte de front, il faut diminuer vne ς. comme la proportion le requerra: ou bien tu feras ainſi. Propoſe huyt fois la largeur du Cube élargi & abaiſſé, & les diuiſe par dix egaux eſpaces: lors l'vn de ces dix ſera la largeur de la face de front, auquel ſera retrainte la quadrature du Cube, pour lequel il a eſté fait oblõg & élargi. Et ainſi tu diſtribueras les lignes de la forme à l'aide du Choiſiſſant: Laquelle raiſon tu ſuyuras par tout le corps.

PROPORTION DE L'HOMME. LIVRE. III. 78

Le Cube propre
& principal.

Ligne d'alongement.

Ligne d'accourcissement.

Cube oblong, qui est éleué.

ALBERT DVRER DE LA

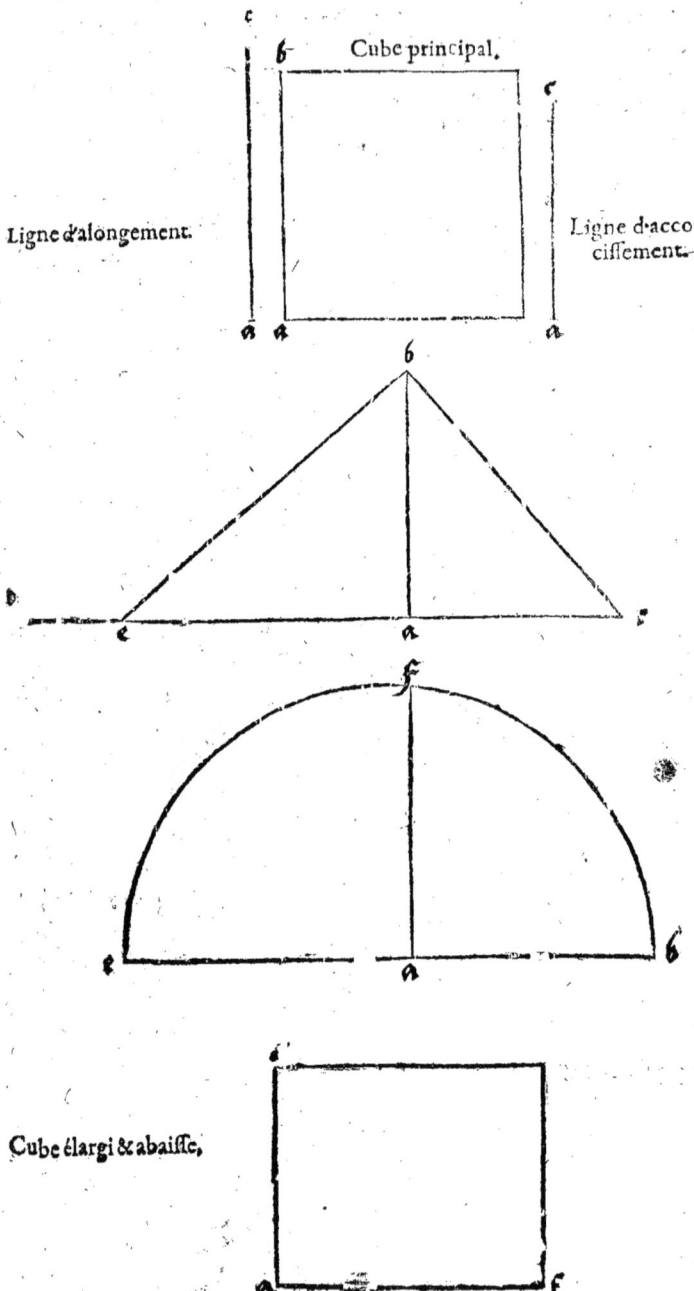

PROPORTION DE L'HOMME. LIVRE. III. 79

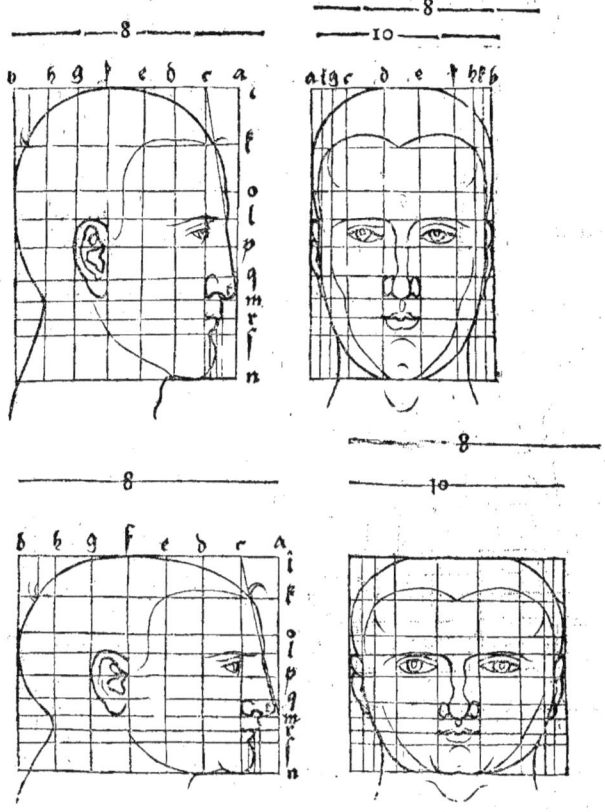

Il est d'autres changemens du Cube, par lesquels la diuersité se treuue es faces de ceste sorte. Premierement, si tu établis la superficie superieure du Cube quarrée & élargie, en diminuant l'inferieure superficie quarrée, de tant que la superieure a esté augmentée. Ce qu'aussi au contraire tu pourras renuerser : de sorte que de tant que le Cube a esté au dessous plus ample, il soit au dessus plus étroit. Cela fait les lignes des parties seront tirées au moyen du Choisissant, & subsequemment la grace de la face. Par ce moyen il en sordra vne face de teste plus ample au dessus, & au dessous plus étroite, & vne autre au contraire. Duquel moyen on s'aydera en tous les autres sens du corps : Car tout ainsi que nous auons dit que la superficie du Cube en deux sortes diuersifiée dessus, & dessous fait lés faces diuerses : celle aussi de pourfil dextre, & senestre changée, rendra les faces diuerses. Car si la premiere de la dextre est augmétée, la senestre qui est derniere sera étrecie : & au côtraire, si on étrecit ceste cy, & qu'on dilate l'autre, & que conuenemment on tire les lignes des parties & forme, au moyen du Choisissant, il en sordra vne face selon la premiere mode de plus ample front en deuant, & en derriere, & à dos plus sarrée : & celle de la derniere mode aura son deuant plus étroit, & le derriere plus ample.   Toutes lesquelles choses on peut voir es exemples icy soumis.   Tu pourras toutesfois diminuer dessus ou dessous la quadrature du Cube, côme aussi nous l'auons fait aux exemples.   Il est aussi vne autre raison, si tu fais vn Rhombe auec deux angles aigus opposites, & deux ouuers de mesmes, dont on pourra vser en deux sortes. Premierement, que les deux angles aigus soyent assis vers le front & le sommet, étans la nueque & le menton compris par les angles ouuers. Secondement si on fait le contraire, dont tu as si dessous les exemples. Mais la premiere

o iij

ALBERT DVRER DE LA

face a le front auancé, & l'autre la surnucque. Lesquelles faces sont totalement differentes de la principale. Car tout ce qui est comprins dedans le quarré se change à son changement, si le departement des parties est conuenemment gardé par le Choisissant & Variant.

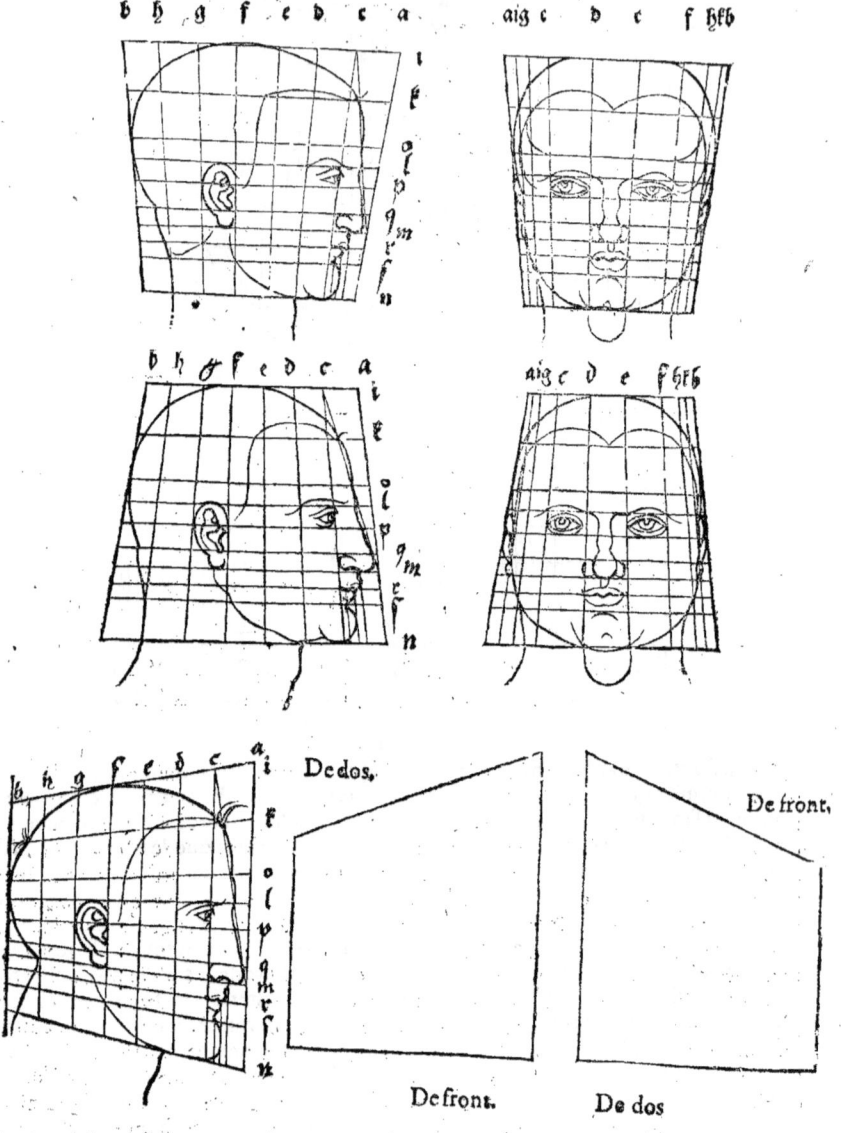

PROPORTION DE L'HOMME. LIVRE III.

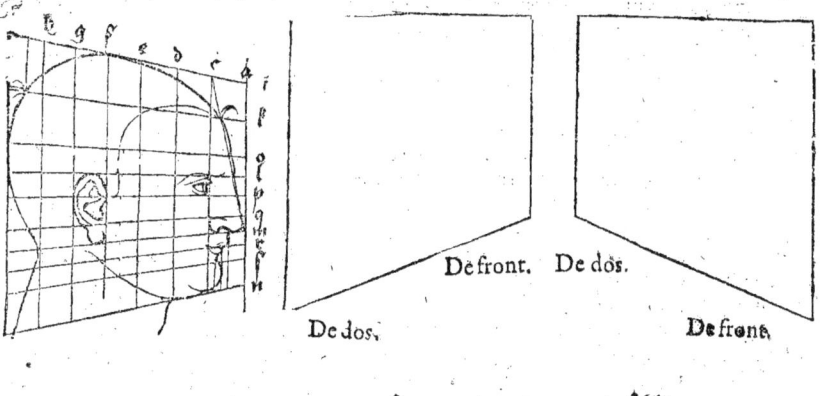

De dos. De front. De dos. De front.

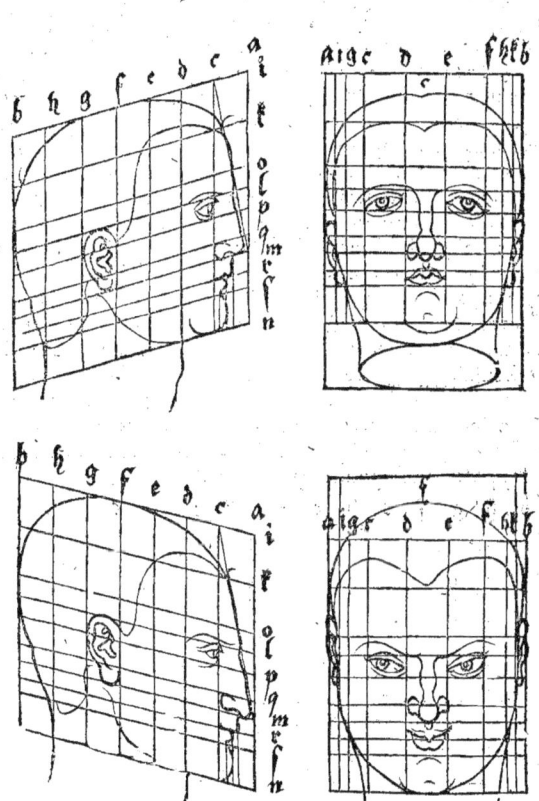

Les sufdites variations de testes sont toutes tirées du changement du Cube, & changées de la face principale, estans toutes les parties couenemment exprimées au moyē du Choisissant. Or aux subsequentes nous demontrerons autres changemés dedās le quarré de la teste principale, lequel demeurera tout vn & egal, hors que l'assiete des parties sora diuerse en remuant de leurs lieux les lignes croisieres & biesantes: par lesquelles il est certain leur hauteur estre notée; ce que toutefois ce peut faire au quarré chāgé. Ceste voyō

o iiij

est ouuerte pour exprimer innumerables differences. Pour venir donques à l'épreuue, soit la face de la teste principale proposée: & y soient notées premierement les lignes croisées des principales parties de la hauteur, qui sont iusques au nombre de trois. L'vne k, qui est du haut du front, l'autre l, qui passe par les sourcils, il rase le dessus des oreilles: mais la tierce, m, atteint le bout du nés. Comme donques ces lignes sont remuées haut, ou bas, il y a diuersité d'interuales, & sont les espaces renduz plus hauts, ou plus bas. Au demeurãt tout ce que par ce remuemẽt de lignes decher à vn espace, accroist necessairemẽt à l'autre. Par ce moyen chacũ pourra éleuer, ou abaisser chacune partie en la face. Ce aussi qui a esté dit du remuement des trois susdites, se doit aussi entẽdre des autres s, r, q, p, o, soit que leur ordre soit gardé, c'est à dire qu'elles demeurent equidistantes, soit qu'elles soient biesantes: dont il auient que les espaces sont d'vn costé plus grands, & d'autre, plus estreciz. Par ce moyen toutes choses se pourront changer qui sont entendues diuerses par les noms d'alongement d'accourcissement, d'estendue, de resarrement, de grosseur, & gresleté. Au demeurant chacune ligne croisiere peut estre remuée de sõ lieu en trois sortes, sus, sous, & en biesant. Il est licite aussi de remuer toutes les croisées, & perpendiculaires sus, ou bas, ou la moytié d'elles sus, & l'autre bas: & presques en toutes les parties, à ton plaisir. Mais si tu remues rien de ce que tu voudras auoir proportion auec son principal, d'ou tu l'auras changé, tu le deuras dresser à l'ayde du Choisissant. Il n'est pas possible de dire toutes les choses qui se rencontrent, ne combien sont admirables celles qui s'offrent à ceux qui s'exercent d'affection, & industrie en la recerche de telles choses. Lors donc que tu seras deliberé de faire quelque face, tu tireras les lignes droites, par lesquelles soit pourtraite la forme conuenante, & repondant à ta volonté. Or auons nous par cy auant dit, que suyuant le remuement des croisieres, les espaces se treuuent inegaux. Parquoy si tu les aproches, les parties esquelles cela auiendra seront rendues plus courtes: & si tu les éloignes, les parties se trouueront plus longues. Lesquelles pourtraites à l'vne de ces manieres, ameinent diuersités de grosseur, & gresleté prés les perpendiculaires en la face de pourfil. Mais celuy qui entreprendra mettre en execution ces choses auisera que c'est, & combien de mutation luy permet nature. Des choses donques que nous auons dit, soit l'exemple tel. Soit la principale teste mise en auant, que nous auons mis en premier lieu au premier liure, de laquelle toutes les perpendiculaires demeureront en leur estat: mais quant aux croisées tu feras de sorte que tu distribueras les trois lignes k, l, m, au dedans de l. n, en quatre egaux espaces: dedans lesquels les principales parties soient encloses. Puis par le moyen du choisissant tu asseras les autres lignes qui sont o, l, p q, r, s. Ceste forme m'a semblé belle à cause de l'egaleté, & l'auons icy posé tant de pourfil, que de face.

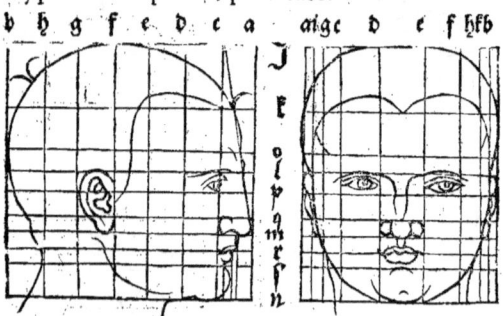

Mais il faut entendre que la face est es aucuns quelque peu longue, & es autres plus courte. Parquoy tu deuras entendre que si le visage est la fort auancé, que le test de la teste est plus reserré. Qu'on establisse donques la hauteur du visage si grande, que la ligne k, soit conionte à la ligne l, & qu'on distribue conuenemment à l'ayde du Choisissant, les autres lignes au dedans de k, n, qui sont o, l, p, q, m, r, s, tu verras que cest éleuement, que la ligne de la sourse des cheueux sera exclusée. Et si au côtraire tu veux rendre plus courte la face de la bouche, tu verras le test plus éleué, & sourdre en pointe. Soit donques en l'exemple de

PROPORTION DE L'HOMME. LIVRE III. 81

la difference aſſis auprés tel accourciſſement en la face de la bouche, que la ligne k, ſoit au deſſous de I. d'vne tierce de toute la hauteur de I. n. & que les autres lignes o, l, p, q, m, r, s, ſoient diſtribuées à l'ayde du Choiſiſſant, & tu verras auenir ce qu'à l'exemple cy ſoumis apparoiſt.

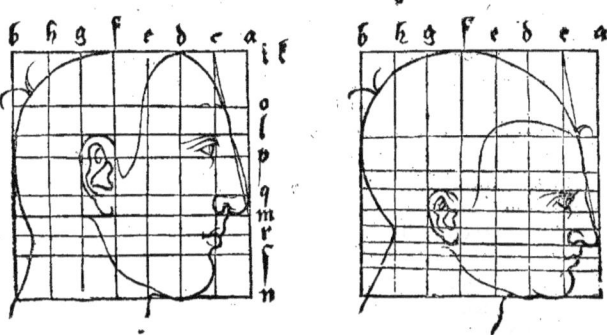

Il eſt auſſi vne telle variation de teſte, que le quarré du Cube principal eſt reſarré en face, c'eſt à dire à dextre, & élargi en derriere, c'eſt à dire à gauche, & ce par proportion: de ſorte qu'autant qu'il en ſera diminué à l'vn, il en accroiſt à l'autre. Il y a meſme raiſon de la maniere contraire: ſi tu étens en front, & reſarres en nucque. Eſtans donques les quarrés changés de ceſte ſorte, toutes les parties diſtribuées conuenemment rapporteront telles faces que nous les auons cy ſoumis en deux fondemens que nous appellons abaiſſés.

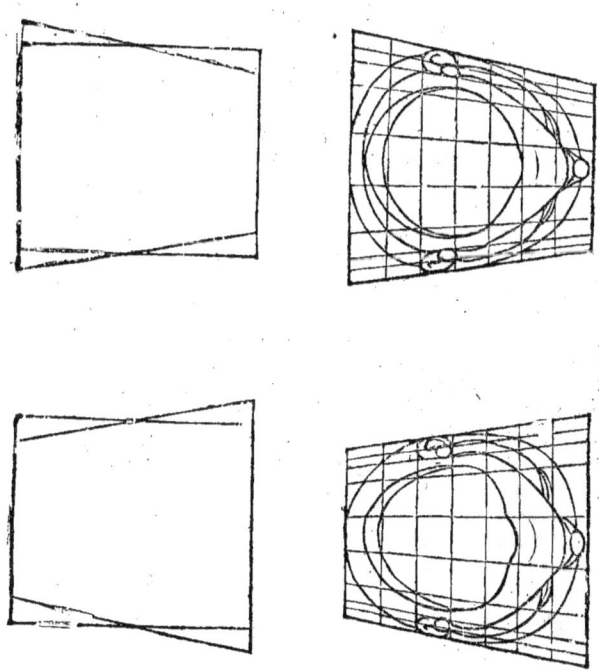

Il faut entendre en ce paſſage, que toutes les lignes croiſieres peuuent eſtre muées par vne autre certaine raiſon, que nous expliquerons bien toſt apres: de ſorte que les eſpaces ſont au deſſus plus amples. Ce qu'on peut renuerſer, & vſurper en telle moytié qu'on voudra de la face, & en toutes les lignes croiſieres. Or ſont meſmement euidentes les côtraires, comme si ores tu tires en bas celle que tu auras éleué à mont soit ligne croisée, ou perpendiculaire. Doresenauant ie pourtrairay quelques faces de testes pour montrer par exemples, comment on peut (suyuant nostre doctrine) dresser vn ouurage de bonne grace. Dont i'espere bien éueiller les entendemens de plusieurs à inuenter de beaucoup plus grandes, & meilleures choses, que nous n'auons demontré. Poursuyuons. Soit donc premierement la deliberation de changer toutes les lignes, de sorte qu'il ne demeure en aucune partie aucune proportion, soit que nous veuillions le front, ou le nés, ou le menton long, ou court, si donques tu remues la ligne l. fort haut vers la ligne k. l'espace du front sera noté étroit, celuy du nés plus long dedans l.m. Et si au contraire tu remues contre bas la ligne l. vers celle de m. l'espace k.l. enclorra vn front long: & l.m. le nés court. Si on delaisse la ligne l. & qu'on éleue celle de m. le nés se trouuera court dedans l'espace l.m. mais la bouche, & le menton seront longs. Et si la ligne m. est abaissée, le nés se trouuera long dedans l'espace l.m. & la bouche, & le menton plus cours. Or fais que les deux lignes k.m. soyent éloignées entre elles: de sorte que k. soit assis pres i. & m. aupres de n. alors tu verras la syme de la teste le menton & bouche plus cours, & le front, & nés fort longs. Fais au contraire que k.m. ne soyent entre elles gueres éloignées, & lors tu verras la syme le menton, & la bouche deuenir plus longs, & le front auec le nés plus cours. Eleues de rechef k.l. & lors la syme auec le front seront plus cours: & departant par apres les lignes assises entre l.n. par le moyen du Choisissant le nés se trouuera long: aussi sera le menton auec la bouche. Fais au contraire, & tu auras la syme fort éleuée, & le front plus long, & le nés plus court, tout ainsi que la bouche & le menton. Soit de rechef k. éleué vers l. & la ligne m. abaissée vers l. qui demeure en estat, la teste sera par elles notée au dessus fort plate, le front long, & les leures, & menton plus grans. Qu'on face le contraire de sorte que la ligne k. tire plus à .l. & celle de m. à .n. & lors sera la syme plus aigue, le front court, le nés long, & la bouche & menton plus cours. Ie pourroys estre fort copieux en ceste matiere, i'ay toutesfois auisé à la briefueté. Au demeurant, quiconque voudras t'ayder de ces choses tu auiseras diligemment de remuer tellement les lignes entre elles, que la nature des choses humaines qu'on voudra pourtraire ne soit forcée, & que la face entreprinse retienne vne façon d'homme. Ce qu'auons dit des trois lignes k.l.m. se doit entendre de mesmes des autres lignes o. p. q. r. s. D'auantage estans ces choses perfectes, selon la maniere de variation que chacun aura voulu: de sorte toutesfois, que toutes les lignes demeurassent equidistantes, il est aussi licite de varier les susdites faces en biesant les susdites lignes: de sorte qu'elles declinent du front, ou du derriere toutes, ou partie d'elles. Outre plus il est licite de changer l'assiette de la ligne de poursil descripte vnique au chef principal depuis la source des cheueux iusques au bout du nés. Il est aussi licite de rongner quelques parcelles des croisieres dessus, ou dessous, & aussi des perpendiculaires en les remuant en front, & en nucque: ce qu'aussi on peut faire aux biesantes. Et si est dauantage licite apres toutes ces mutations dressées au bon vouloir de chacun de mouuoir sus, & sous, de front, & de nucque, & de nucque les espaces au dedans des croisieres, la ou les retranchemens ont esté fais. Ces choses ne se peuuent iamais assés manifestement declarer: parquoy il faut venir aux exemples & à l'épreuue. Mais pour autant que i'ay dit que les lignes se rongnent, soit afin qu'on entede ma fantasie proposée par maniere d'exemple. La ligne à. b. en laquelle soit noté le point c. la ou l'on voudra. Et en soient detournées quasi comme parcelles d'vne ligne rompue, l'vne à mont, l'autre à bas. Par ce moyen ce seront deux portions de retranchement, auxquelles la longueur proposée a esté quasi rompue. Item qu'on note en ladite ligne deux points c.d. & qu'on retranche autāt de longueur qu'ont occupé ces deux points. & que ceste quasi parcelle retrāchée soit remuée à mont, ou à bas. Nous en auons cy dessous mis l'exemple des croisieres. On en doit toutesfois penser de mesmes aux perpendiculaires & biesantes, desquelles aussi les parcelles deuront estre remuées en front ou en nucque. Apres lequel exemple consideré tu pourras voir les faces suscriptes pourtraites selon nostre deuis, & auis.

PROPORTION DE L'HOMME. LIVRE III.

Ceste face a tant seulement la ligne l, eleuée à mont.

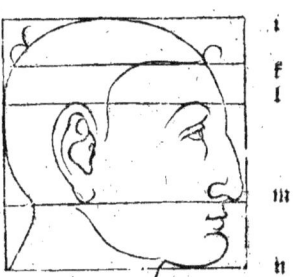

Ceste cy l'a au contraire abaissée.

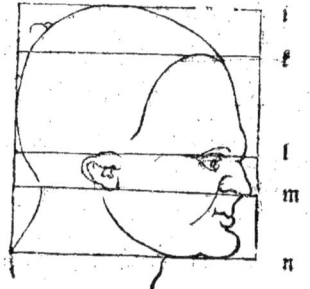

La seule ligne m, est en ceste face eleuée à mont.

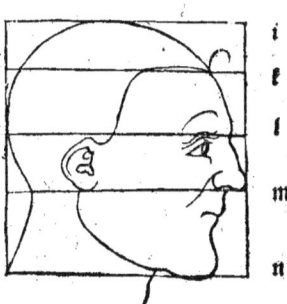

En ceste cy la mesme ligne m. est abaissée.

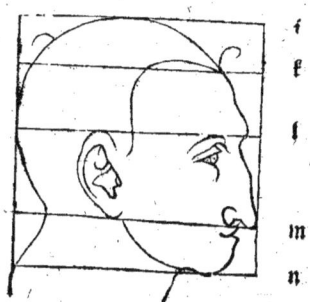

En ceste cy la ligne k, est la plus eleuée & m, abaissée.

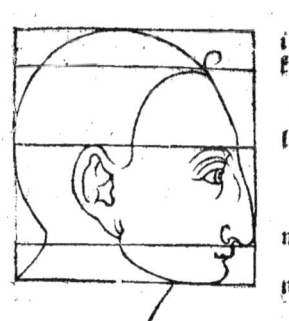

Au contraire icy m, est plus eleuée & k, plus abaissée.

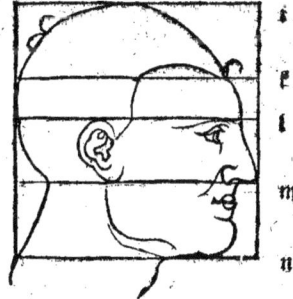

Cefte face a les deux lignes k, l, fort éleuées mais m, eſt aſſiſe au mylieu, l, n.

Cefte cy a, l, & m. fort abaiſſées mais k, demeure au mylieu l, l.

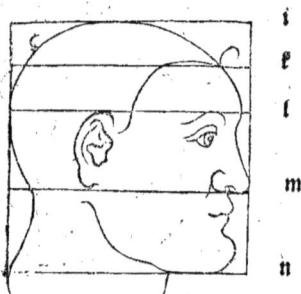
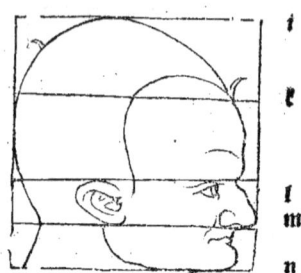

k, & m, ſont éleuées à mont en ceſte face.

En ceſte cy au contraire k, & m, abaiſſées.

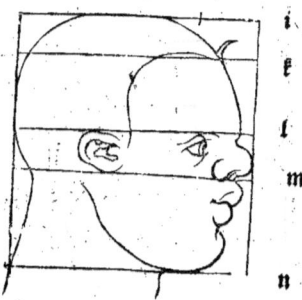
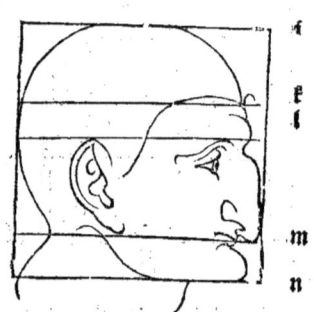

Outre les ſuſdits remuemens des trois lignes k, l. m, nous auons ces deux ſubſequens le premier, que le ſupreme eſpace au dedãs l, k, ſoit fort éleué, & le prochain au dedans de k, l, ſoit moins ſpacieux; & le ſubſequent au dedans l, m, encores moindre, & le plus étroit au dedans m, n. Toutes leſquelles choſes ſont au contraire en l'autre de bonne conuenance, comme il apert es exemples.

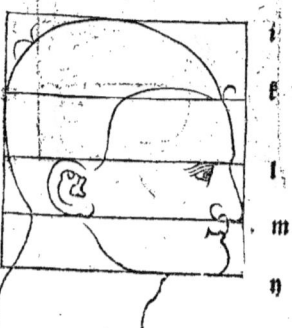
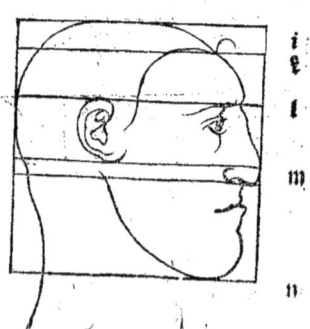

PROPORTION DE L'HOMME.   LIVRE   III.   83

Il est aussi de grandes varietés, si les lignes droites equidistantes tant croisieres que perpendiculaires sont mutilées ou biesées. Parquoy là ou il en sera de besoing on considerera diligemment les choses que i'ay dit: pour la plus facile intelligence desquelles nous donnerons à cognoistre nostre auis par vn exemple de biesement: Car chacune croisière pourra du coté ou d'autre estre eleuée ou abaissée, & les perpendiculaires estre auancées, ou retirées par le haut, ou bas, estans toutesfois tousiours droites. Parquoy là ou la raison le requerra elles seront courbées contremont, ou contrebas, en auant, ou en derriere, en arcs courbes mesmes en ces courbures alternatiues, & quasi rampantes, sans oublier le retranchement. Montrons le en la ligne du front, & des sourcils : car elle pourra estre d'vn coté, ou d'autre éleuée, ou abaissée, & en ce qu'elle est contenue dedans les perpendiculaires, estre rompue, & remuée contremont, ou contre bas : & mesmes estre mutilée par le mylieu, & par ce moyé estre courbée contremont, ou bas, au lieu de sa mutilation : car selon la chose il est licite de tourner vn œil contremont, ou bas, au pourtrait.   Et dauantage rompre la ligne des angles en sa longueur, & à lon de coutume de l'éleuer d'vn coté, & la rabaisser de l'autre, pour la rendre biesante : comme nous voyons es quadrans (qu'on appelle compassés) l'éguille se détourner à coté de la ligne meridionale. & par ce moyen les angles interieurs, ou exterieurs seront rendus plus, ou moins agus. Qu'on rompe la ligne du nés, les saillies des narines seront de tant éleuées, ou abaissées : ce que de mesmes on doit entendre de la bouche, & machoueres remuées en derriere, haut ou bas.   C'est vne chose aussi bien diuerse es faces de pourfil d'approcher fort pres le col du menton, ou bien le détourner fort loing retiré en derriere. Desquelles les premieres semblent (comme quasi panchantes) regarder en terre, & celles cy regarder droit en haut. Reste le lieu des oreilles, lequel aussi se peut remuer haut, ou bas, en auât, ou en derriere, & les détourner de coté, ou d'autre, ainsi qu'on voudra. On le pourra aussi faire plus ample, ou étroit, court, ou long, large, ou serré. On voit de vray es faces des hommes, les oreilles d'aucuns quasi plattes contre les temples, & d'autres dressées, & auancées. Ie croy que par ces choses les studieux lecteurs verront au vray nostre auis touchant la mutation des choses proposées. Car quand ils verront par quelles raisons les choses droites, & perpendiculaires peuuent estre courbées, biesées, & inegales, ils trouueront aisément le retranchement des hauteurs: & comment ils feront les choses grosses, gresles, & les droites, courbes. Qui est celuy qui n'entende bien que si la forme est pourtraite par les lignes changées, comme nous l'auons montré, quand grande se trouuera la diuersité entre ceste cy, & celle, dont celle a esté changée ? Au demeurant que chacun face en sorte qu'il ayt memoire des diuersités cy dessus au commencement mentionnées : par lesquelles il découurira vne triple diuersité d'aspects en la face de pourfil : l'vne droite, l'autre courbe, & ronde ou voutée : de sorte que le tout soit quasi auancé en face de lieure: la tierce enfoncée, c'est à dire concaue ou cambre.   Mais toutes ces courbures, & enfonceures pourront estre notées, non seulement par lignes cambres, mais aussi droites, & non seulement entieres, mais aussi mutilées.   Toute laquelle raison gist en addition & retranchement.   Ceste diuersité donc en trois modes seruira comme il a esté dit à infinis changemens.   Ces faces ainsi se pourront pourtraire plus agues, ou bien au contraire plus épesses, & plaines. Nous auons donc descrit es exemples cy soumis ces differences en triple mode.

  Droite face. Face rôde, & voutée ou cintrée. Face enfoncee, ou cambre.

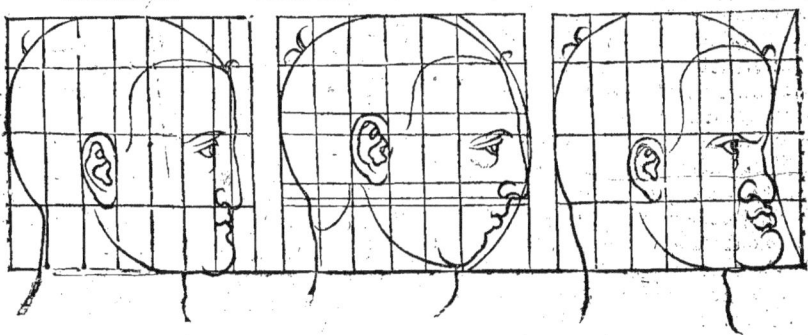

ALBERT DVRER DE LA

Il y a encores deux differences de face de pourfil, qui font notées quafi en figure de quarré biefant, de forte que les deux croifieres deffus & deffous font equidiftantes : & que les deux cotés droits font biefans, combien qu'equidiftans : de forte qu'à la comparaifon des cotés biefans les lignes au deffus s'auancent & en bas fe retirent. Par ce moyen l'angle fera en la premiere de front à mont agu, & en bas ouuert : auquel en derriere répondra au deffus l'ouuert, & au deffous l'agu, à l'agu. Ces chofes feront en l'autre au contraire. Cela fait il faudra diftribuer toutes les parties par les croifieres : Si eft ce que les lignes tirées au trauers des croifieres ne feront pas à plomb : mais toutes biefées, & reprefenteront en la premiere vne forme panchant par les lineamens, & en l'autre renuerfée.

Face panchante.   Face renuerfée.

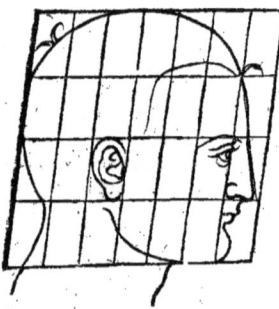 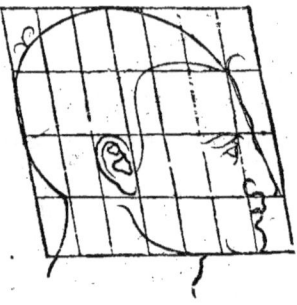

Or pourront tout ainfi que nous auons nombré en ces faces changées, toutes les croifieres, & les lignes droites tirées à plomb ou biefées eftre remuées de leurs lieux, & nó point autrement que nous l'auons donné entendre des-ia dictes. Mais il refte maintenant à parler des remuemens des lignes, lefquelles tirées à plomb, ou biefées demonftrent les efpaces des parties en largeur, & épeffeur. Car comme au quarré propofé de face, le premier cofté foit noté a, & le dernier b, & que la diftribution des parties raportée en fept egaux efpaces par fix lignes notées de ces lettres, c.d.e.f.g.h, elles pourront à plaifir eftre auancées, ou repouffées toutes, ou en partie : & pourront auffi les efpaces encloz dans elles particulierement eftre auancez, ou reculez. Et par ce moyen les changemens des largeurs, & épeffeurs feront eftabliz : à fin que la face aparoiffe plus groffe, ou greffe, large, ou eftroite, tout ainfi que des croifieres les parties eftoient rendues plus longues, ou courtes. Le moyen donc d'aioufter ou diminuer auient en femblable en cefte raifon. Mais il fault entendre que tout ce qu'on dit des droites, & perpédiculaires fe doit auffi entédre des courbes, & biefées. Et pourtant ces chofes requierent vn egard grand : comme (nous commencerõs icy) tout ce qu'on ofte du pourtour, & auancement du front deura eftre aioufté à la hauteur du nés ; fa raifon du contraire fera de mefmes. Lefquelles chofes on peut noter par lignes courbes, & en tournant les cornes des arcz çà & là, & auffi par lignes droites retráchées. Ce que de mefmes tu pourras faire en toutes les parties d'vne face de pourfil. Parquoy il eft manifefte qu'il fe récõtre toufiours contrarieté en la mutation d'vne figure : de forte que quand tu auras auãcé quelque partie il faudra reculer fus, ou fous, l'autre prochaine. Par ce moyen il fe dreffe des differences de parties pour la groffeur, & étendue, greffeté, & étroiciffement. Or ne faut il pas ignorer qu'après la variation des parties en la face comme au tout, étans les lignes perpendiculaires ou biefieres, tirées au trauers des croifieres on s'ayde de mefmes en chacune partie, mefmes es plus petites de ces differences que nous auons expofé de toute la face : comme d'eftre plaine, ou ronde, ou enfoncée : comme par exemple fi tu veux que le front foit droit, c'eft à dire plein, ou rond, ou enfoncé, ou le nés, les leures, la bouche, ou le mentõ, & en femblable toutes les autres parties. Il faut auffi entendre que la ligne par laquelle la rondeur de la tefte de pourfil eft notée, peut eftre contournée diuerfemẽt. On voit de vray entre les teftes des hõmes, les vnes plus plates, les autres plus agues, & les aucunes rabotteufes. Ainfi donc en vn fi grand eftude de nature de diuerfifier toutes chofes, il y a auffi infinies façons de ces varietés. Parlons dorefenauãt de la ligne biefante, que nous auons montré deuoir eftre tirée pour noter le nés, elle pourra eftre au deffus couchée fur la ligne d, feruant de diagonalle, de là iufqués à la croiſiere m. On la pourra auſſi dreſſer plus droit du mylieu de a, c, ou bien pancher au deſſus vers la perpendiculaire a. Or en toutes ces choſes ie loue fort la proportion qui a grace, veu que toutes autres façons étranges & interrompues ſemblent inuſitées, & admirables. Et pourtant par exemple, nous pouuons dire qu'vne face n'eſt pas de bône grace auec vn ſommet éleué, ou plat, dont l'vne a la teſte ague, & l'autre platte : le moyen donques eſt vne teſte ronde, que tout le monde eſtime de bonne grace : laquelle comme i'ay dit a eſté propoſée par nous par maniere d'exemple de noſtre doctrine & non pour aprobation, que toutes choſes moyennes ſont les meilleures, mais pour ceſte heure cela eſt raiſonnable, Tout ainſi certes qu'vne face trop longue, ou courte eſt de mauuaiſe grace, on peut en ſemblable es parties trouuer beaucoup de differences de difformités : comme que le front ſoit trop long, ou court, concaue ou quaſi raboteux. Nous voyons de vray es Naſez, les nés longs, noueux, & crochuz. Au contraire les autres l'ont court, tort, camus, ou amoncelé: & aucuns au deſſus écaché, & autrées éleué. Quant aux yeux les vns les ont petis, & quaſi enfoncez, & les autres grans, & auancez. Les vns regardent en porceaux à yeux demy ouuerts, & cillent beaucoup plus de la haute paupiere, que de la baſſe. Les autres regardent à grans yeux ouuers. Les aucuns auſſi ont les ſourcils hauts, les autres quaſi couchez ſur les paupieres, les autres panchãs : leſquels encores ſont en aucũs minces aux autres épes, Les enlipez ont les leures groſſes, charnues, grãdes, & amoncelées: les autres, ſubtiles, & greſles. Les aucuns ont la haute leure plus éleuee que la baſſe : les autres au contraire, l'vne ſouuentefois eſt plus groſſe que l'autre. Souuentefois auſſi l'entreſpace du nés, & de la leure eſt plus haut: aux aucuns le nés ſemble eſtre aſſis ſur la leure : Outreplus on trouue quelquefois le menton rond, & grand: es aucuns il eſt petit, & agu. Les vns ont le menton fort éloigné du col, les autres quaſi ſerre contre: les vns l'ont long, les autres court : qui ſont choſes comme il a eſté dit demontrées par les croiſieres. Il eſt auſſi des faces qui ſont à la façon d'echelles inegales, & ce, en deux ſortes. Car ou elles ſont au haut fort auancées, & de tant plus retirées par le bas : ou bien auancées au bas, & retirées par degrés en montant à mont. Ces choſes ſe demontrent par les lignes mutilees, deſquelles on pourroit dire beaucoup de choſes, & comment on s'en peut ayder es menues parcelles : mais les ſtudieux les trouueront aiſement en éprouuant.

Il faut entendre icy qu'il eſt licite à chacun de faire plus grand nombre de lignes que nous n'auons fait, ou moindre, ſoit croiſieres perpendiculaires ou bieſantes : tant pour plus grand certitude, que pour euiter le labeur. Il eſt auſſi permis à chacun de courber à ſon plaiſir les droites lignes ſi le cas le requiert. De toutes leſquelles choſes il m'a ſemblé bon ſubſequemment mettre diuers exemples de figures dont nous auons parlé : à fin qu'elles puiſſent eſtre mieux entendues de quel mien auis elles ſont ordonnées. Or apparoiſſent leur diuerſités notées en remuant les perpendiculaires, croiſieres, bieſieres, & les lignes mutilées, & aucunes courbes: auſquelles par apres la proportion de la forme aura eſté pourtraite. Ces choſes ſeruiront beaucoup à ceux, qui ſans exemple n'euſſent pas facilement entendu noz eſcritures. Mais la raiſon de ceſte variation eſt infinie. Car la forme d'vn ſe peut transformer en autre, & eſtre de toutes meſlée depuis la premiere iuſques à la derniere : auſſi eſt il totalement difficile de dire combien de licence il eſt permis à l'œuure : ce qu'on doit ſouuent éprouuer par frequens changemens : comme nous auons legierement changé es exemples toutes les perpendiculaires, & croiſieres : leſquelles nous auons auſſi fait bieſees hardiment à noſtre plaiſir. Puis ſubſequemment nous auons pourtrait la forme conuenante, par laquelle tu voyes ce qui en eſt auenu. Mais il ne fault pas oublier que ſi on diminue quelque choſe de l'épeſſeur de la face de pourfil, on la doit aiouſter à la largeur de face, & au contraire. Au demeurant il faut entendre que ces varietés ſeruent plus aux differences, qu'à la grace de la forme. Et ſera choſe profitable d'en pourtraire pluſieurs. Ny n'eſt point de forme de ſi bonne grace qui puiſſe eſtre bien cognue ſans le parragonnage d'vne difforme. Celuy donc qui ſcaura ce qui eſt conuenant, ſcaura auſſi neceſſairement ce qui eſt meſſeant.

p ij

ALBERT DVRER DE LA

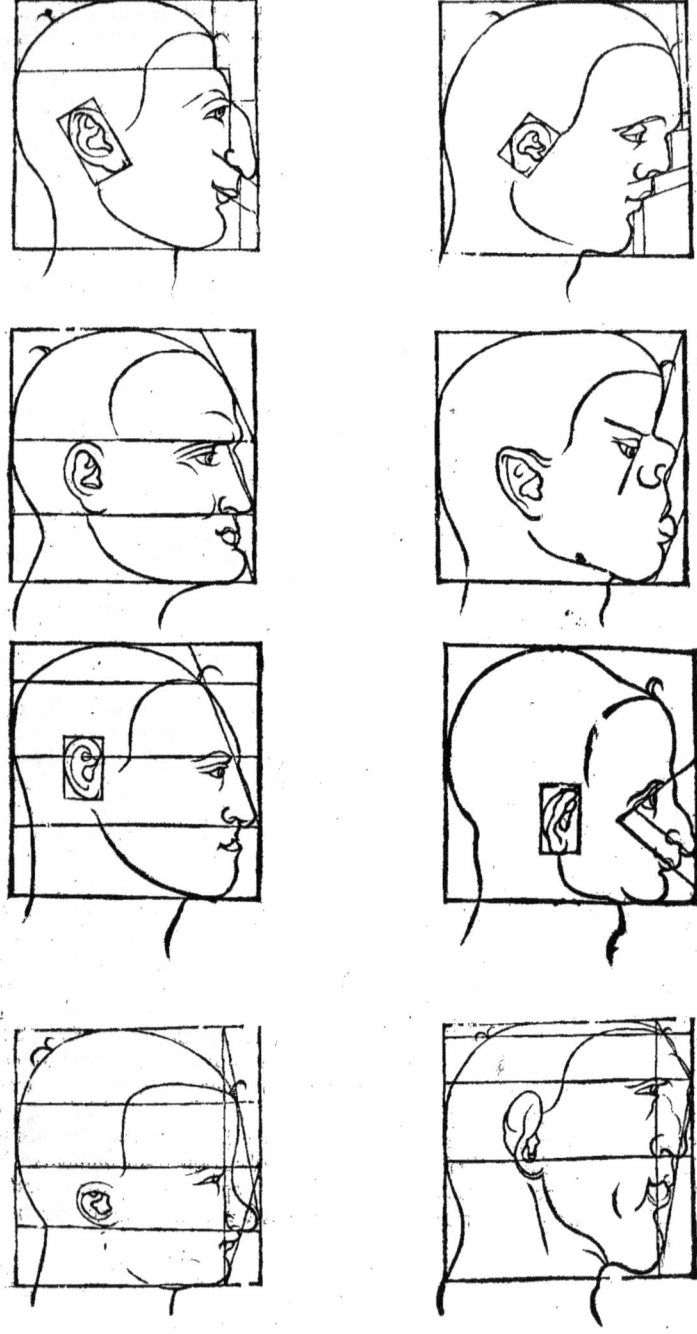

PROPORTION DE L'HOMME. LIVRE III.

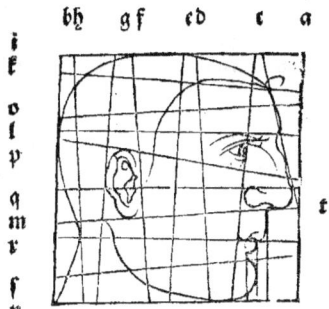
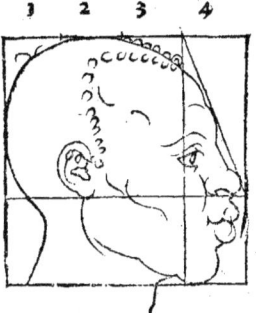

Il reste que nous parlions du changement des effigies de front, & de leurs variations. Mais pour autant que la raison de remuer les croisieres, de toutes les effigies de pourfil est de mesme de celles de front : c'est donc pour cest heure temps perdu de parler des varietés des croisieres. Tant seulement vous veux ie bien avertir que les croisieres peuuent estre toutes biesées, ou en partie en celle de front. Les faces de vray sont aussi bien torces, comme quand vn coté du quarre est ravalé, & l'autre eleué. Pour suyuons don ques le propos des perpendiculaires : lesquelles comme suyuant nostre doctrine elles soient notées dedans les cotés a.b des lettres I.g.c.d.e.f.h.k.& qu'elles notent les principales parties, comme le front, les yeux, le nés, les oreilles, la bouche, & le menton, elles peuuent chacune, ou partie, ou bien toutes estre remuées de leur lieu: de sorte que comme plus elles seront distantes, de tant plus grande sera la largeur : & plus proches, de tant plus sera elle moindre. Mais encor sont elles pourtraites de sorte, que quasi elles s'assemblent par le haut : & semblent au dessous s'entrefuir, & au contraire,

On les pourtrait aussi pachantes. & lors elles ne tirent plus à plomb, estans ou biesantes, ou courbes. Touchant ceste raison tu trouueras en la forme exprimée, le front s'élargir, ou reserrer : & entre les angles des yeux des petits espaces gradelets, ou étroits, & entre eux, interualles plus grans, ou plus reserrés. Les yeux aussi pourront estre notés d'inegale grandeur, & lieu, & les paupieres, & sourcils. Tu verras aussi à l'vn le nés aggrandi, à l'autre retiré haut, ou bas: le mesmes encores droit, & aussi courbe: amoncelé, ou agu : plein, ou noueux, étroit iusques aux narilles, elles estans ouuertes. Ou bien au contraire, au dessus d'elles fort élargi, elles estans fort serrées. Nous pourrons dire le semblable de l'étendue, ou resserrement de la bouche, menton, & machoueres. Et de chacune partie qui au dessus sera reserrée & au dessous étendue, & au contraire. Par ceste voye donques d'inegalité les faces sont pourtraites bossues, ou torses, & étranges en plusieurs sortes, comme d'vne bouche étroite, ou grande, à leures courbes, grosses, petites, grandes, ou bien inegales, machoueres amples, reserrées agues, mouces, d'vne iointe apparente, ou non. Toutes lesquelles choses & diuersités vn studieux lecteur, & experimenté deura exprimer, dont il pourra découurir beaucoup de choses admirables, qui y sont cachées. Il n'est rien si certain, que ceux qui ont la cognoissance de la difformité, & laidure, pourront facilement entendre ce qui leur est à euiter en vne entreprinte d'vn ouurage de bonne grace. Il est de vray necessaire que côme plus quelqu'vn fuira la difformité, de tant plus approchera il de la beauté. Celuy à qui ces choses seront manifestes entendra facilement, & appertement comment vne chose est differente d'vne autre, & la raison est : que non seulement auiendra necessairement es plates peintures mais aussi es ouurages taillés, & burinés. Lesquels celuy qui entreprendra ignorant ceste raison (combien qu'il face quelque chose proportionnée, & egale:) ce sera toutesfois d'auanture, & non d'art.

Mais reuenons à nostre propos. La face apparoit autre assise sur vn col long, & gresle, & autre sur vn court, & gros. Outreplus il faut prendre garde aux lineamens de la face, lesquels aux vns sont grans, & pleins d'yeux, de nés, & menton, aux autres menus, & pressés. Les faces aussi apparoissent autres si la teste est cheuelue, ou rase, ou à poil crespelu, ou ab-

p iij

batu, épés, ou rare, long, ou rongné, teſtonné, ou étendu, humide, ou ſec : & ſi la bouche eſt barbue, ou imberbe. Il faut entendre de meſme de la barbe, que nous auons dit des cheueux, dont nous auons fait quelque declaration au precedent. Au demeurant la raiſon eſt toute telle du changement de teſtes, es femmes qu'es hommes : il faut tant ſeulement prendre garde que l'vn & l'autre garde la nature de ſon ſexe. On pourra auſſi vſer par tout le corps de telles mutations, & cerchet toutes ſes parties. Mais (comme ia i'ay dit) il faut voir que le ſexe ne ſoit confondu. Ny ne ſera l'image de l'homme muée, de ſorte que la virilité ſoit effeminée : ny de la femme, de ſorte que ſon image, ſente ſon homme : car ſans cela la voye des changemens eſt fort ample.

Or comme tous animaux ſe treuuent ſemblables en leur genre : la difference toutesfois du ſexe eſt preſque euidente, comme es hommes & beſtes. Il faut auſſi auiſer que ces differences de ſexe es images des hommes tiennent façon virile : ainſi que nous voyons toutes beſtes garder quelque maniere de leur nature. Iamais Lyon n'eſt ſi different des autres qu'il repreſente l'Aſne : ne Renard, de ſorte qu'il ſemble Loup Parquoy il faut par tout garder la proprieté du genre, & de nature.

Mais que veulent dire ceux qui ſe dient voir quelque Leonin ou Vrſin, ou que c'eſt vn Loup, Renard, ou Chien : veu que veritablement ils ſcauent que ce n'eſt pas vne beſte à quatre pieds ? ny ne le diſent de ſemblable corps, ou membres : mais ils notent quelque ſimilitude de condition ; donnans à entendre leur vie eſtre telle, quelle rapporte en ſes conditions les natures de certains animaux ; qui eſt vne choſe qui n'attouche en rien l'eſtat des membres ; ny ne ſe doiuent ces choſes ſe confondre. Au demeurant on ne ſcauroit nyer qu'il n'y ayt entre les hommes vne grande diſſimilitude : mais toutesfois telle, que la ſemblance du genre y eſt touſiours gardée. Cela auſſi eſt apparent en l'eſpece des chiens. Les vns de vray ſont grans, les autres petits, differens entre eux en infinies diuerſités : les vns à court poil, les autres à long poil, & de diuerſes couleurs. Ils ne ſont pas toutesfois ſi diuers entre eux, qu'ils perdent la ſemblance du genre : ou qu'ils ſemblent eſtre Loups, ou Renards. Par cela il appert que les mutations, & varietés des choſes, ne changent ny ne confondent pas incontinent leurs natures : & pourtant il eſt facile de diſcerner la figure du chien de celle d'vne beſte ſauuage. A la diſputation de laquelle difference ie mettray fin, de peur que ie ne ſoye trop long.

PROPORTION DE L'HOMME. LIVRE. III.

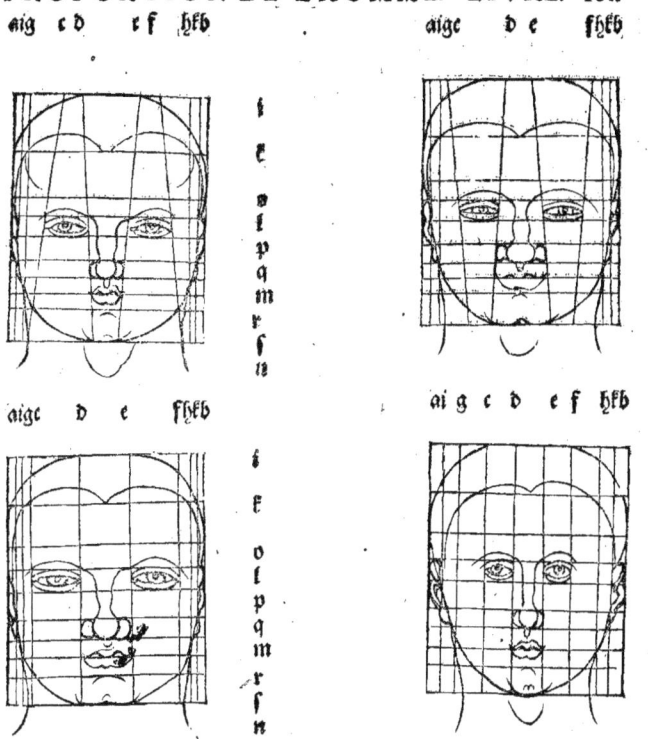

Or maintenant ie montreray vne autre voye pour la nouuelle mesure de l'image proposée, si quelcun la veut faire grosse, ou gresle, large, ou estroite. Laquelle est contenue en deux lignes, par lesquelles le changement se fait tout ainsi que nous l'auons cy dessus montré de la longueur, & courtesse: mais autrement de ceste sorte. Si tu as la hauteur de l'image deliberée, comme est celle dont tu veux former vne nouuelle pour la faire par les croisieres, plus grosse, ou gresle, large ou estroite: la ligne de la hauteur est ia manifeste: tu en establiras donc vn autre pour la mesure de l'épesseur, & largeur. Si de vray tu veux faire vne image plus ample, ceste ligne là sera plus longue, & plus courte, & plus estroite: laquelle tu diuiseras en ses principales parties par le moyen du Variant, & par ainsi tu accommoderas les mesures au changement de l'image proposée. Par ce moyen toutes choses sourdront grosses, & larges de la longue ligne: & plus gresle, & estroite de la courte. Nous auons cy dessous exprimé la figure de ces deux lignes, & les auons appellé Gemelles, à cause de la maniere & vsage des deux lignes pour vne mesure. Ceste description est de ceste sorte: premierement tu tireras à plomb vne ligne de la hauteur desirée, qui soit, a, b, laquelle deura estre notée des differences de toutes ses parties, puis au dessous tu luy ioindras en équerre vne croisiere, laquelle sera ou plus courte, ou plus longue à ton plaisir, & notée de b, c. Par ce moyen tu auras vn triangle de droit angle noté a, b, c. Par ceste croisiere au moyen du Variant, ou du diuiseur, la raison duquel a esté expliquée au premier liure. La figure des Gemelles de nouueau distincte conuenemment, selon la ligne de la hauteur sera parfaite: de laquelle tu pourras vser pour la mesure de l'épesseur, & largeur de toutes les parties. L'vsage de vray des Gemelles seruira à la mesure de la hauteur: car si la ligne a, b, est faite plus longue, & que par le moyen du Variant elle soit nouuellement distincte en sa hauteur, on aura la mesure d'vne plus longue image, mais plus gresle. Comme donques l'vne ou l'autre de ces deux lignes sera changée, elle amenera diuersité en la mesure de

p iiij

l'image proposée. Si donc tu veux establir la hauteur d'vne effigie proposée, & estre plus gresle ou grosse, ayde toy comme il te plaira du changement de la croisiere. Si tu veux retenir l'épesseur, & largeur, & toutesfois faire l'efige plus longue, ou courte, tu t'ayderas de la ligne de la hauteur changée, selon qu'il a esté dit. Par ce moyen tu vois les deux costez des Gemelles (la perpédiculaire dis-ie & la croisiere) auoir leurs propres diuisions suyuant la maniere de diuiser exposée au commencement du premier liure. Au demeurant donne toy garde icy d'oublier trop, & peu.

Ie veux bié icy auertir le lecteur studieux qu'il preigne garde comme en l'éprouuanr souuent il sera euident, quant emerueillables mesures peuuent estre perfaites par l'alongement de l'vne des deux, & accourcissement de l'autre: & beaucoup mieux si l'vne ou l'autre est remuée de point en point en mesurant, mais mesmement si les deux sont remuées. Ce que ie dis, sera manifeste à vn ouurier experimenté, tellement que les difficultés admirables (comme il semble) feront par ce moyen facilement demeslées.

PROPORTION DE L'HOMME. LIVRE III.

La figure des Gemelles.

Eprouuons cecy par exemple, & prenons l'efigie feminine pourtraite au premier liure apres la virile: & deliberons de la faire à l'ayde des Gemelles premierement plus eftroite en épeſſeur, & largeur, puis plus étédue, Mais il faut entendre que ſi par ces mutations la figure de l'homme ſoit par fortune trop eſtrange de la verité, & qu'elle ayt perdu ſa façon, comme ſi quelques parties ſoient trop augmentées en épeſſeur, & largeur, ou trop diminuées, alors il faut en les corrigeant rhabiller la figure corrompue, en aiouſtant, ou diminuant ce, dont ie penſe auoir fait la maniere claire par cy auant. Nous auons donc corrigé ceſte principale efigie à vne perfaite greſleté, & groſſeur en retranchant premierement quelque choſe de la hauteur de la teſte: non pas en diminuant le haut, mais au bas, & reſerrant en haut, de ſorte que la hauteur depuis la ſyme de la teſte iuſques au bas du menton fuſt de deux 5, & auons departi en ceſte hauteur la face egallement, en alongeant proprement les pallerons depuis la ligne du menton iuſques aux epaules: mais nous auons alongé le pied iuſques à vne 13, & vne 14, le quarré duquel eſtoit par ceſte raiſon accourci, & auons amendé la cuiſſe, & la greue. Quant à l'exemple de l'image groſſe, nous auons laiſſé le pourtrait preſques de la principale, en rendant ſeulement vn peu plus grand le ſoumenton, & auons retiré les palerons à mont au col depuis les épaules: nous auons auſſi quelque peu arrondi les feſſes au deſſous de leur ligne, à fin qu'elles ne fuſſent trop trouſſées: nous auons auſſi corrigé les greues de pourfil: auſſi celles de front aupres des cheuilles. La longueur du pied tient vne 6. Au demeurant tu pourras faire le ſemblable de la teſte, comme nous le montrons auoir maintenant fait de l'homme.   Or nous auons cy ſoumis les effigies des deux ſortes, de greſle, & gros.

PROPORTION DE L'HOMME. LIVRE. III.   38

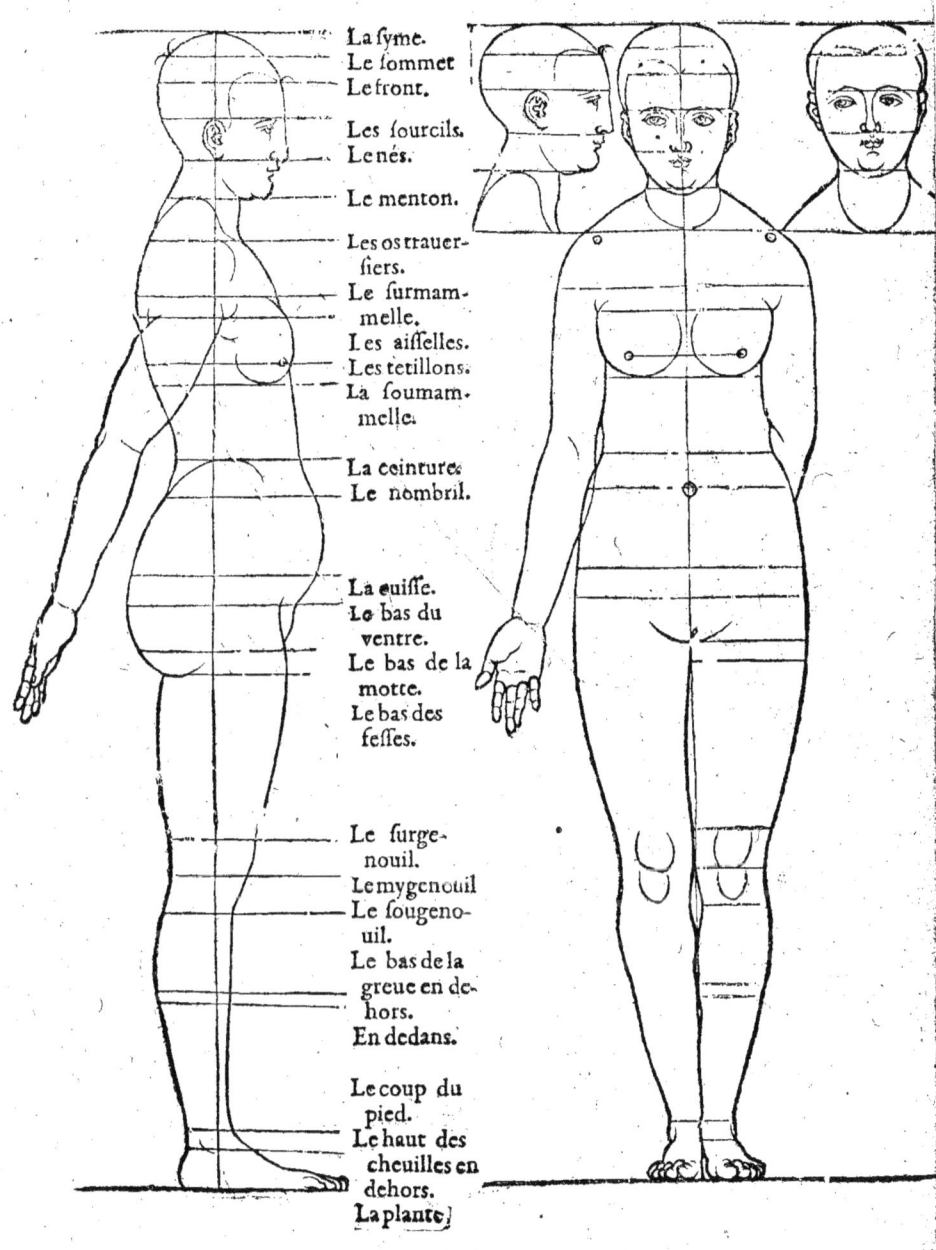

La syme.
Le sommet
Le front.

Les sourcils.
Le nés.

Le menton.

Les os trauer-
siers.
Le surmam-
melle.
Les aisselles.
Les tetillons.
La soumam-
melle.

La ceinture.
Le nombril.

La cuisse.
Le bas du
ventre.
Le bas de la
motte.
Le bas des
fesses.

Le surge-
nouil.
Le mygenouil
Le sougeno-
uil.
Le bas de la
greue en de-
hors.
En dedans.

Le coup du
pied.
Le haut des
cheuilles en
dehors.
La plante.

ALBERT DVRER DE LA

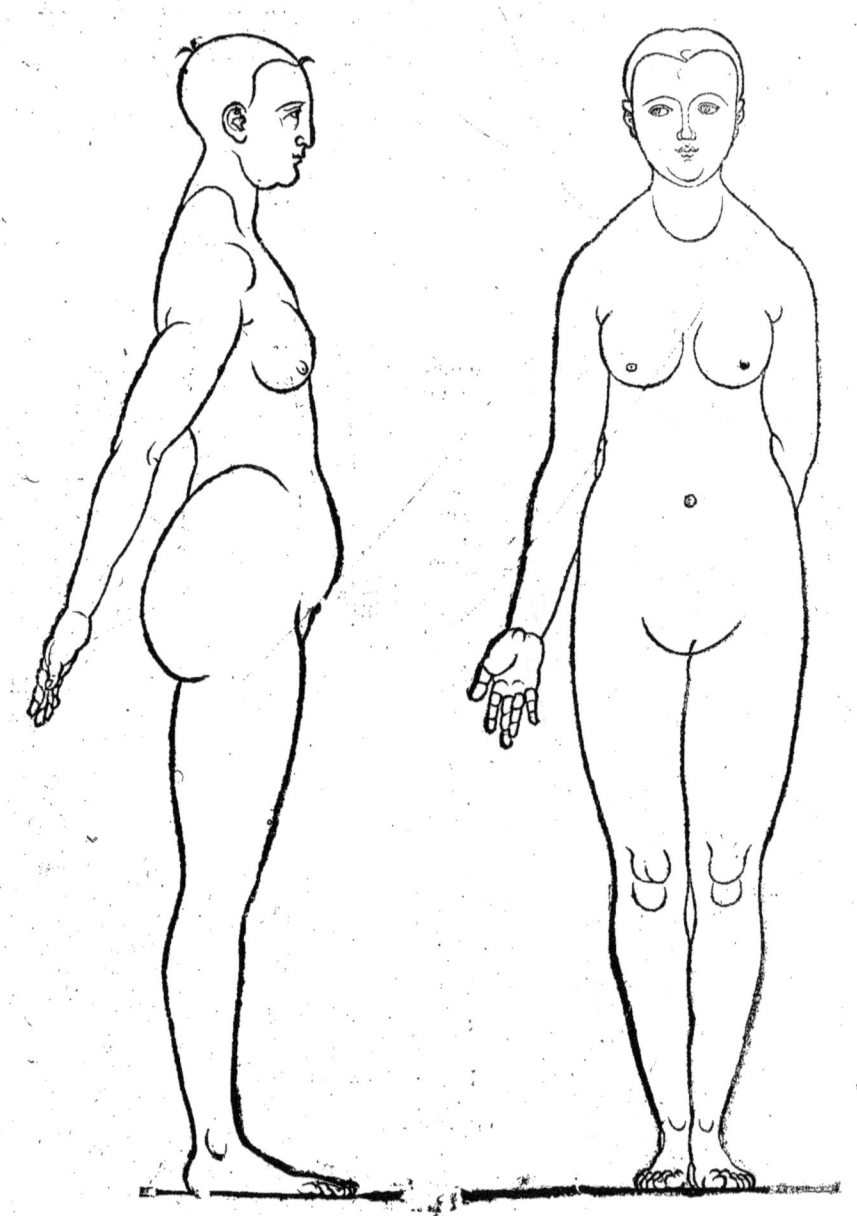

PROPORTION DE L'HOMME. LIVRE. III.

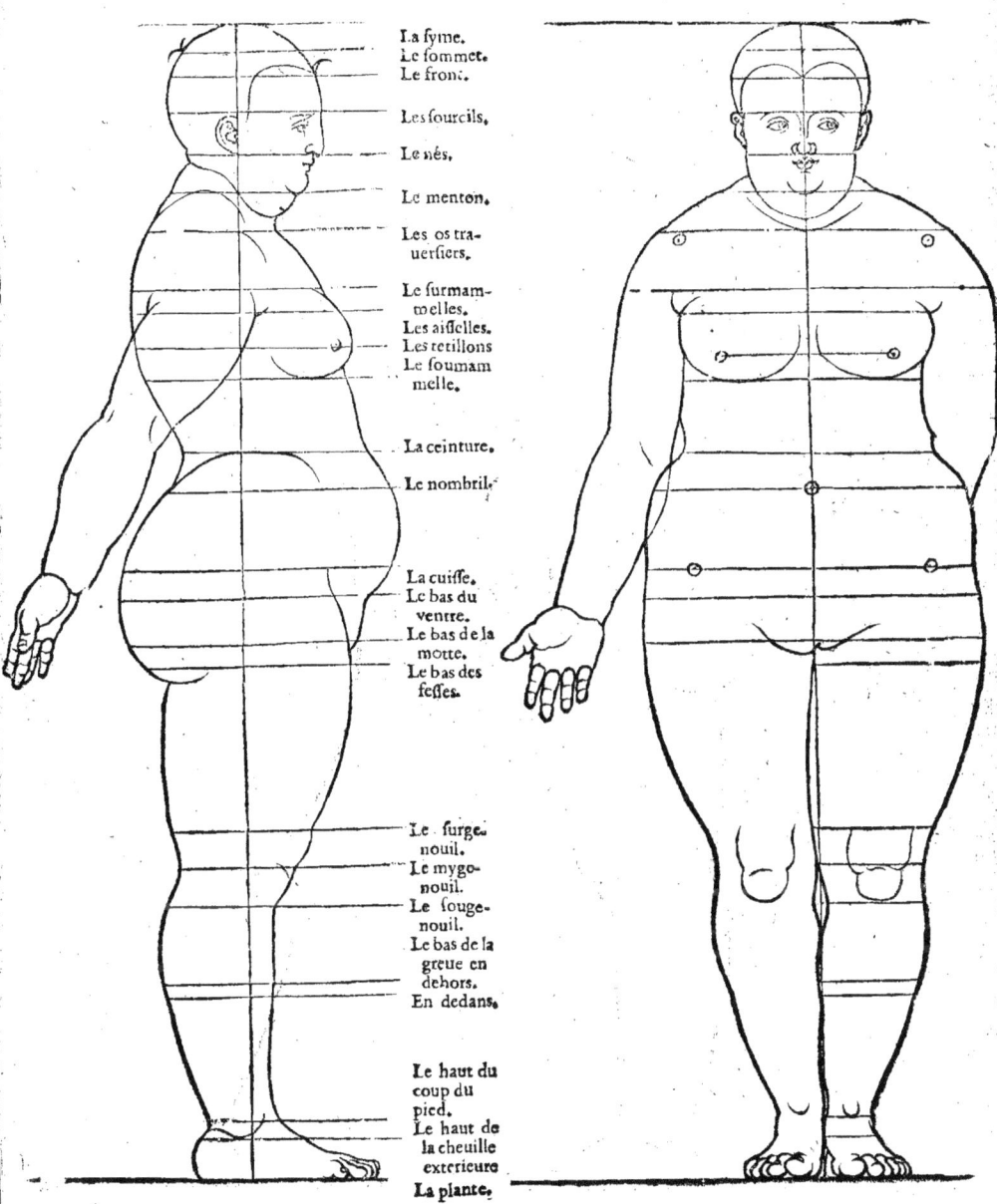

La syme.
Le sommet.
Le front.

Les sourcils.

Le nés.

Le menton.

Les os tra-
uersiers.

Le surmam-
melles.
Les aisselles.
Les tetillons
Le soumam
melle.

La ceinture.
Le nombril.

La cuisse.
Le bas du
ventre.
Le bas de la
motte.
Le bas des
fesses.

Le surge-
nouil.
Le mygo-
nouil.
Le sougenouil.
Le bas de la
greue en
dehors.
En dedans.

Le haut du
coup du
pied.
Le haut de
la cheuille
extericure
La plante.

ALBERT DVRER DE LA

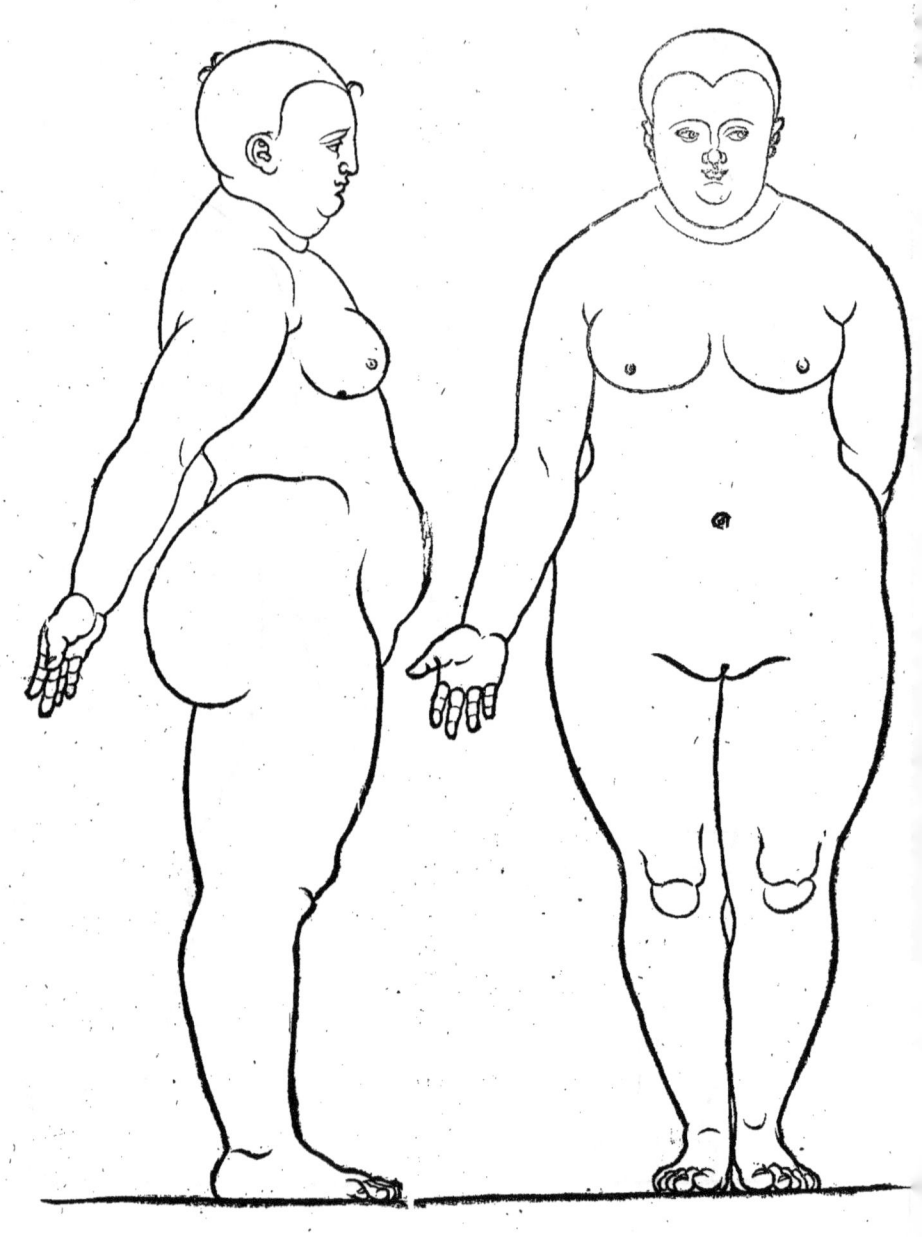

Ie mettray aussi vn autre exēple de gresseté.   Prenons la quarte effigie virile du premier liure: tu feras la croisiere cōiointe à sa hauteur moindre d'vne. 6, & la departiras de nouueau au moyen du Variant: Quāt aux parties de la hauteur distinctes par les croisieres , elles demeurent en leur entier: on retirera tant seulement quelque peu plus haut les aisselles , afin que le pourtrait des épaules soit mieux proportionné , & que la grosseur ne soit excessiue. On lairra aussi la ligne du brechet : & les mammelles seront notées en la præcedente ligne des aisselles , afin qu'elles soient vn peu plus hautes.   Tu apaisseras aussi quelque peu les croisieres d'au dessus le pied , afin que le coup du pied ne soit trop haut.   Par ce moyen tu attribueras à l'image par les gemeaux son épesseur, & largeur, & la pourtrairas gresle, & menue. Laquelle si tu veux faire longue , tu peux faire la, 10. des propres testes de ceste sorte , en façon que la ligne du front soit fort haut éleuée estans les autres parties de sa hauteur destribuées é galement. Comme donques par ce moyen la teste sera éleuée, l'effigie du col se treuue fort longue: la longueur du pied soit d'vne. 7.   Lesquelles choses nous auons icy soumis selon nostre doctrine , afin que chacun les peust plus facilement entendre. Quāt à l'image feminine, on fera le remuement , & l'omission des croisieres, comme nous l'auons montré de la virile.

q ij

ALBERT DVRER DE LA

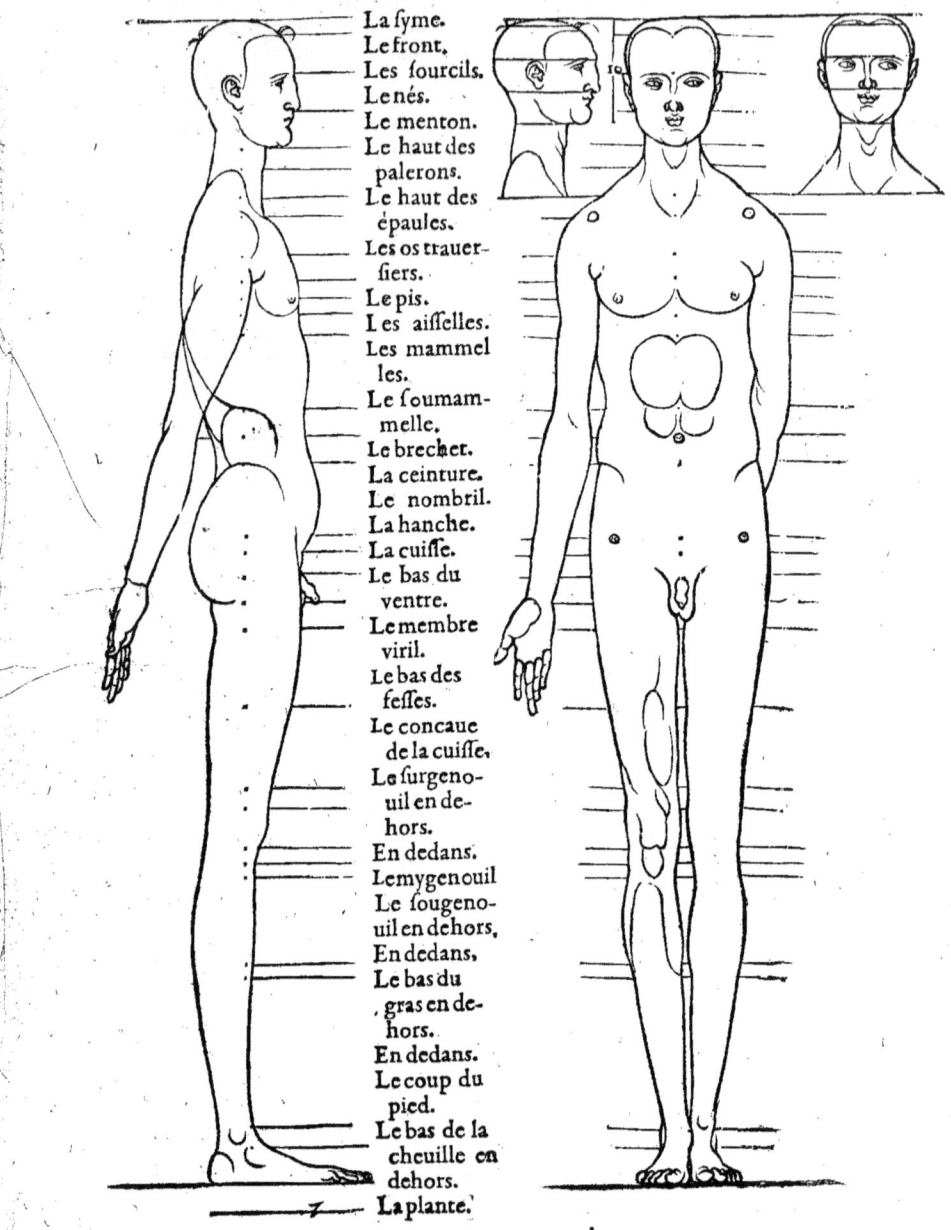

La syme.
Le front.
Les sourcils.
Le nés.
Le menton.
Le haut des palerons.
Le haut des épaules.
Les os trauersiers.
Le pis.
Les aisselles.
Les mammelles.
Le soumammelle.
Le brechet.
La ceinture.
Le nombril.
La hanche.
La cuisse.
Le bas du ventre.
Le membre viril.
Le bas des fesses.
Le concaue de la cuisse.
Le surgenouil en dehors.
En dedans.
Lemygenouil
Le sougenouil en dehors.
En dedans.
Le bas du gras en dehors.
En dedans.
Le coup du pied.
Le bas de la cheuille en dehors.
La plante.

PROPORTION DE L'HOMME. LIVRE III.

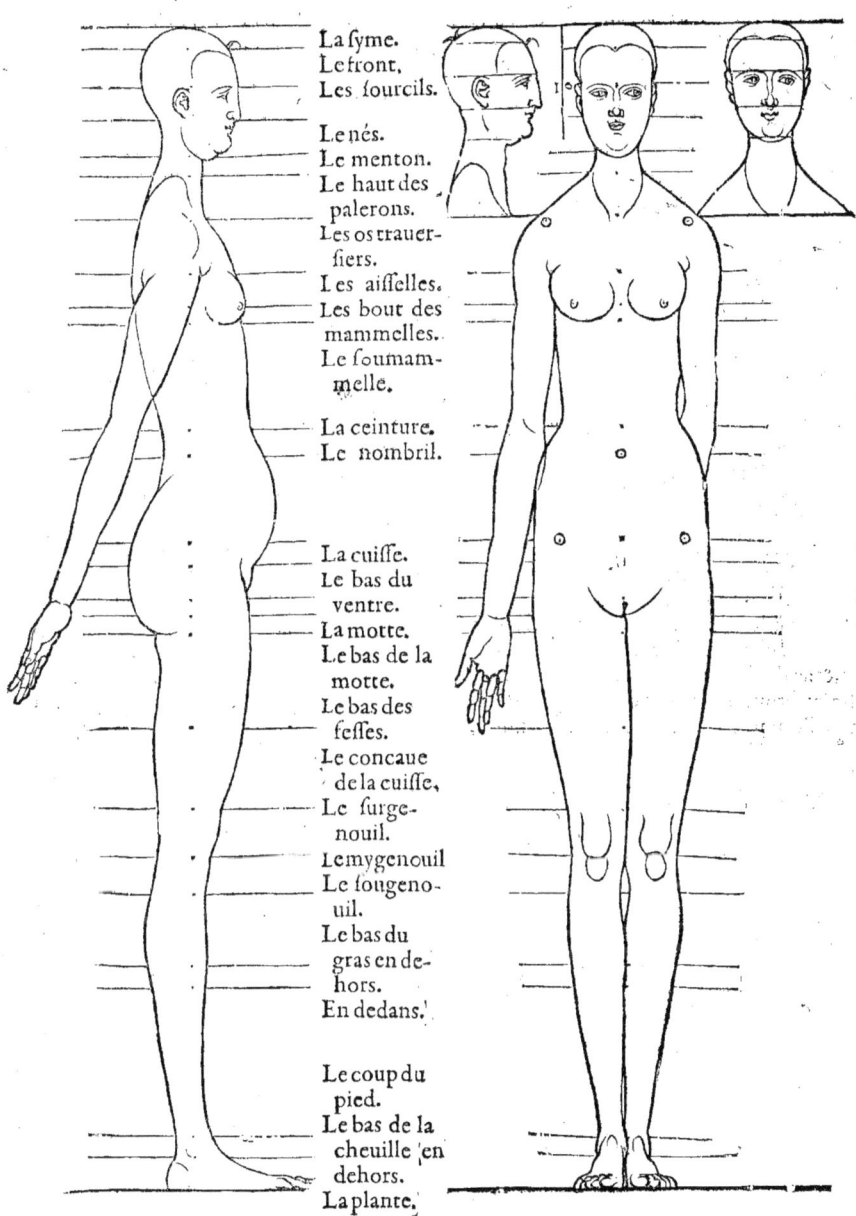

La syme.
Le front.
Les sourcils.

Le nés.
Le menton.
Le haut des palerons.
Les os trauer-
siers.
Les aisselles.
Les bout des mammelles.
Le soumam-
melle.

La ceinture.
Le nombril.

La cuisse.
Le bas du ventre.
La motte.
Le bas de la motte.
Le bas des fesses.
Le concaue de la cuisse.
Le surge-
nouil.
Le my genouil
Le sougeno-
uil.
Le bas du gras en de-
hors.
En dedans.

Le coup du pied.
Le bas de la cheuille en dehors.
La plante.

q iij

Subsequemment ie montreray vne autre maniere, de changer vne image proposée par laquelle sa hauteur soit corrompue par vne voye & raison, toutesfois certaine. Suiuant laquelle les hauteurs des mesures en chacune partie sont au plaisir d'vn chacun éleuées, ou retrainctes: les espaces de l'épesseur, & largeur par les croisieres demourans en leur entier. L'image toutesfois qui auroit esté au haut faite trop large se pourroit par vne conuenante façon amondrir & reserrer, tout ainsi que celle qui auroit là esté trop serrée, pourroit estre épessie & élargie. Nous exposerons comment cela se pourra faire. Qu'on tire vne ligne couchée qui soit a,b, au dessous de laquelle soit le point c. Et si tu veux au dessus fort elargir les parties, tu asserras le point c, plus pres de la ligne a,b, si moyennemēt, tu l'élongneras plus. Il te faut entendre que la ligne a,b, denote la plante de l'image. Puis tu tireras vne croisiere equidistante, & autant élongnee de cest autre couchée a,b, que tu voudras ton image haute, qui soit f,g. De laquelle tu tireras iusques à la couchée vne ligne à plomb, en laquelle la distinction des parties soit établie, qui soit h,I. Puis tu feras passer vne croisiere au trauers de la perpendiculaire qui sera au mylieu d'entre f,g, & a,b, & sera k,l, Cela fait on tirera les lignes croisieres des parties par tous les points de la distinction en la perpendiculaire h, I. Puis du point c, qui est au dessous de la perpendiculaire, tu tireras contremont deux lignes autant loing que tu verras estre necessaire. Lesquelles il faut estre telles que fichées au point c, elles s'entrelongnent par le haut: elles doiuent de vray estre mobiles. La mesure de largeur & étrecissement, sera contenue par elles: desquelles la note sera d,e. Estant donques proposée vne partie qui soit faite trop ample, ou étroite, tu feras de ceste sorte. Tu asserras la la ligne croisiere de l'épesseur, ou largeur qu'il faut changer quelque part qu'elle soit sur la moyenne k,l, de sorte que h,I, coupe par le mylieu ceste croisiere de la partie qu'il faut chāger. Puis il faut que d'vn coté & d'autre ces mobiles lignes que nous auons dit fixes au point c, s'entrelongnent. Tu appliqueras donc l'vne d'elles d'vn coté & d'autre du bout de la croisiere de la partie qu'il faut remuer, couchée comme nous auons dit en la ligne k,l. Comme donques ces mobiles atteindront ceste croisiere d'vn coté, & d'autre, elles noteront l'élargissement de la partie au lieu qui sera le plus prochain de ceste croisiere: la partie de laquelle tu veux changer. Voyla comment toutes les parties s'aggrandissent ou diminuent au dessus, & au dessous de la ligne k,l. On s'en pourra aussi ayder en sens contraire: lors aussi toutes choses seront diuerses & contraires: & à ce nous auons fait la figure de ceste description, à laquelle nous auons donné le nom d'Indice.

PROPORTION DE L'HOMME. LIVRE. III.

La figure de
l'Indice.

Mais à fin que nous reuenions à la corruption de l'image proposée, à laquelle l'vsage de l'Indice est requis la figure duquel, & la raison a esté expliquée. Proposons par maniere d'exemple l'efigie virile, en luy aioustant la feminine exposée au cinquiesme lieu du second liure. Desquelles chacune ligne de hauteur soit notée des points de ses parties : & soient leurs notes a, b, puis tirons vne ligne à l'équerre du point b, au bout de laquelle soit le point c, finalement on ioindra les costés par la biesante a, c. Puis tu tireras de tous les points des distinctions de la principale des lignes droit au point c, la ou toutes deuront s'assembler. Par ce moyen ce sera vn instrument parfait pour corrompre les images, qu'il faut dessus, ou dessous éleuer, ou retraindre. Il m'à semblé bon l'appeller du nom de corrompeur: car par luy les mesures ont de coutume d'estre corrompues par la ligne à plomb. L'vsage duquel sera tel.

Qu'on preigne vne autre ligne de hauteur qui soit, d, e, & qu'elle ayt au point d'embas le point e, assis sur la croisiere b, c, & que le point e, soit reculé de l'angle b, d'vne octaue de la hauteur de l'image qu'on a à pourtraire : laquelle biesant deura au dessus s'apuier de son point d, sur a, c. Par ce moyen tu verras ceste nouuelle ligne estre departie conuenemment de nouueau par les croisieres tirées du departement de la hauteur en la ligne principalle : mais auec vne corruption, estans les parties au haut élargies, & au bas serrées. Proposons donc ceste ligne nouuellement departie, & qu'on tire des croisieres par chacun point du departement, de l'épesseur, & largeur de la principale, & qu'on pourtraye la forme, lors se montrera la mutation dont nous auons parlé. Or auons nous cy dessous figuré en deux sortes l'instrument du corrompeur, & en premier lieu selon la raison demonstrée, & en second corrompu. Quiconque de vray voudra faire vn changement contraire à celuy qui est exposé : il deura vser d'vne assiete de l'instrument contraire à la premiere, & faire tout le demeurant comme il a esté montré. Nous auons cy dessous mis les exemples des images changées tant virile, que feminine, mais nous ne les auons point fait ne sus ne sous, plus amples, ou retraintes : ce que comme on le doit faire nous auons enseigné en composant la figure de l'Indice, estant permis à chacun l'ensuiure comme bon luy semblera. Si au demeurant quelcun vse du corrompeur commodément, & auec vne singuliere diligence, par la raison duquel, les significations necessaires aux secrets de l'art de toutes les differences au precedant exposées sont trouées, il eprouuera vn bon rencontre es choses admirables. Mais personne ne deura en l'ouurage s'élongner fort de la verité par additions, & retranchemens, comme il a esté fait aux exemples. Il est aussi licite à chacun de departir de nouueau ces images ainsi changées, auec vne regle de mesure, & la pourtraire ainsi que nous auons fait. Il faut tousiours par tout corriger la deformité, qui se rencontreroit pour les figures par trop élongnées de la verité. Au surplus ces choses ne sont pas mises par nous en auant quasi qu'il ne se puisse faire autrement : mais plus par maniere d'enseignement : à fin que toutes choses, qui sont par trop étranges de la verité fussent de tant plus manifestes. Il faut de vray estimer que l'vsage de toute ceste doctrine doit estre appliqué à la commodité necessaire, & non pas aux deprauations. Tu te doneras donc garde de n'élongner par trop de l'angle b, ceste ligne de nouueauté biesant : soit celle que nous auons noté en premier lieu, soit la corrompue : à fin que telle peruersion ne forge des monstres. Car autant d'vtilité que l'vsage necessaire de ceste raison pourra amener, tout autant aussi de vice mettra la curiosité inutile en l'ouurage, lors qu'on ne s'en souciera point que rien ne soit trop sans cause. Or faut il entendre que le moyen de ce corrompeur à de coutume d'estre vsurpé tant es parties qu'au tout. Au demeurant on voit par telles mutations d'image humaine les diuersités de nature, force, foiblesse, legereté, pesanteur, allegresse, paresse. Parquoy qui doute que ces choses ne doiuent point estre ignorées des studieux de cest art ? veu mesmement qu'il est icy declaré fort amplement combien elles se manifestent au large.

PROPORTION DE L'HOMME. LIVRE III. 93

Si quelcun par fortune veut pour nouueauté vsurper vne image virile, auec sa pareille, il deura abaisser fort la syme de la teste es parties au haut éleuez, & faire le coup du pied quelque peu haut, & es parties longues par bas, faire la iambe, & le coup du pied plus court, & departir toutes choses raisonnablement au moyē du Variant. Nous auons toutesfois laissé toutes choses en leur entier, comme par ceste raison elles ont prins naissance.

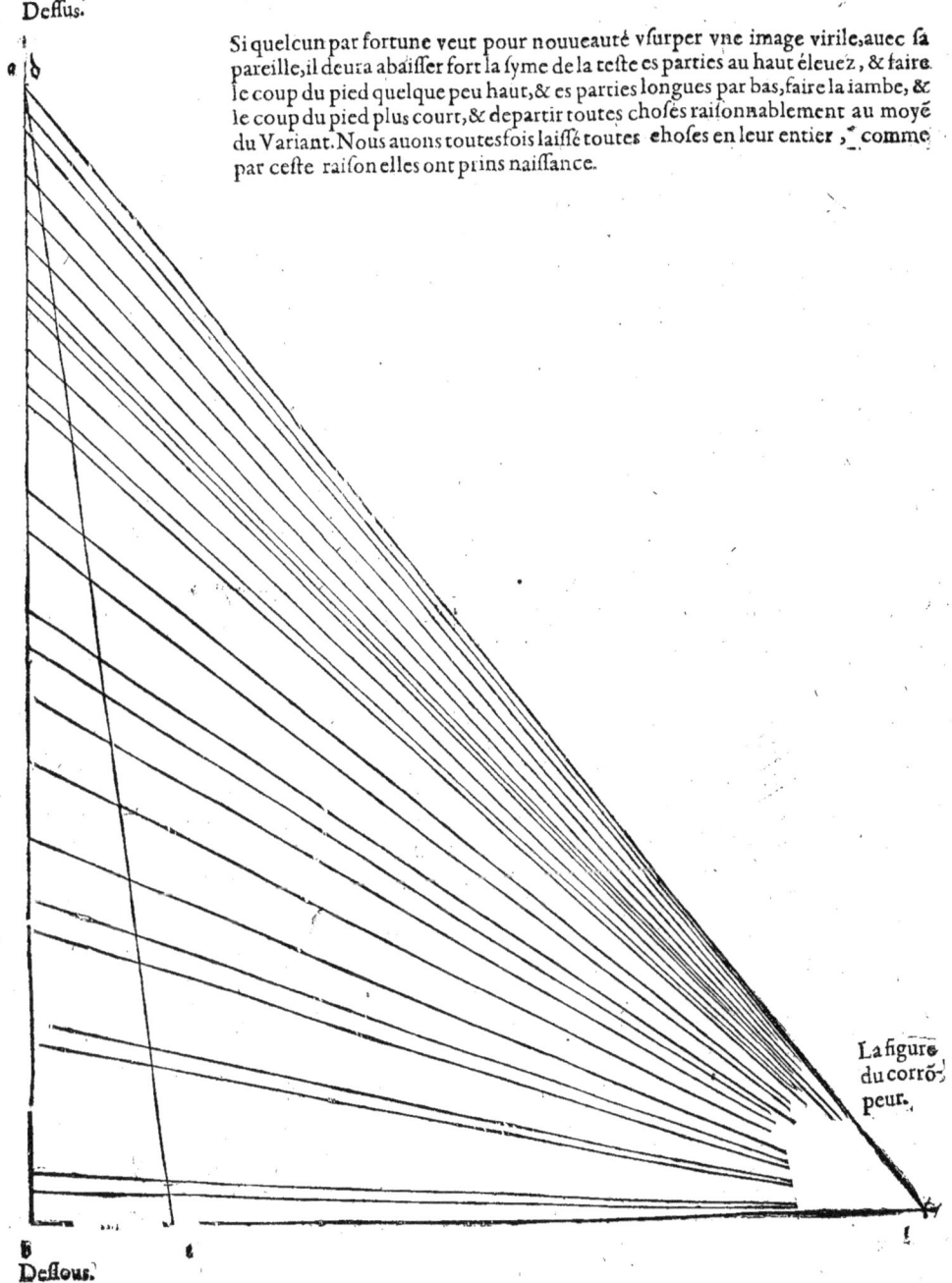

Dessus.

Dessous.

La figure du corró-peur.

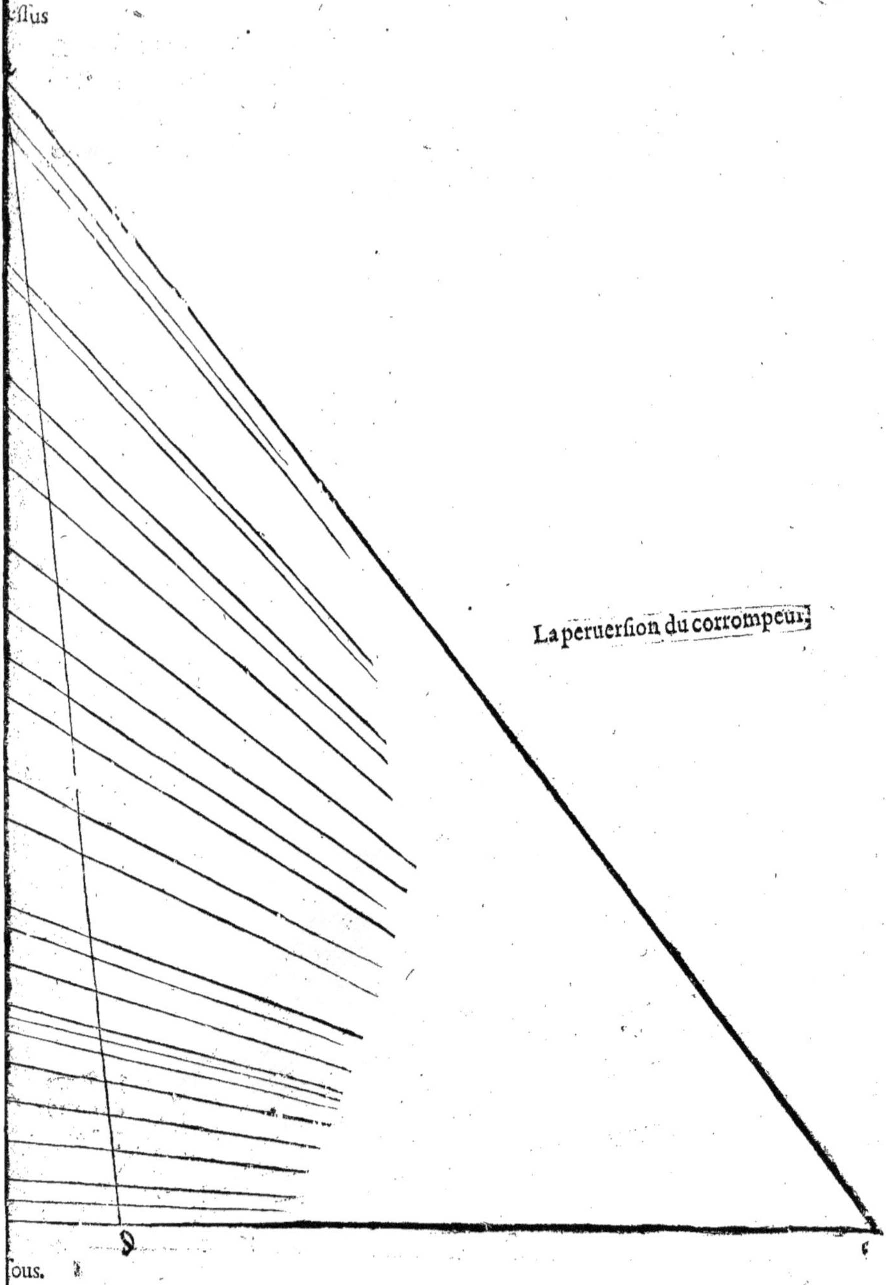

ALBERT DVRER DE LA

ſſus

La peruerſion du corrompeur.

ous.

PROPORTION DE L'HOMME. LIVRE III. 94

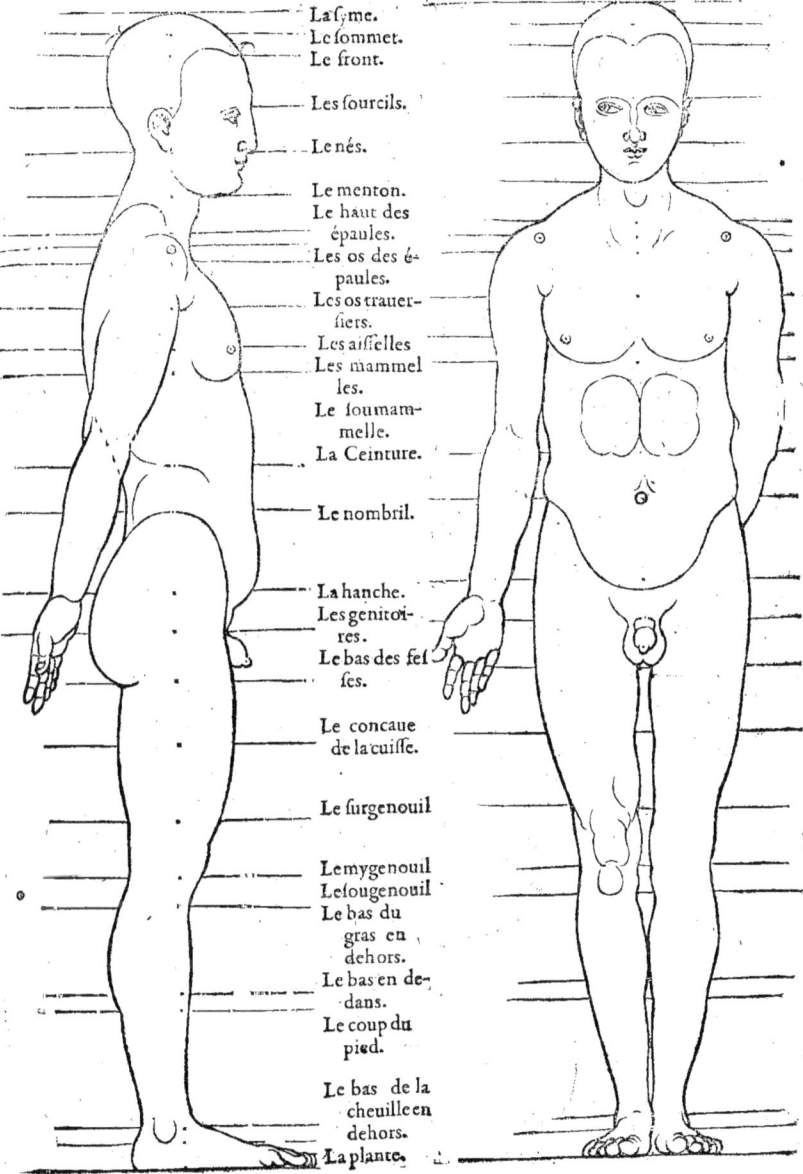

ALBERT DVRER DE LA

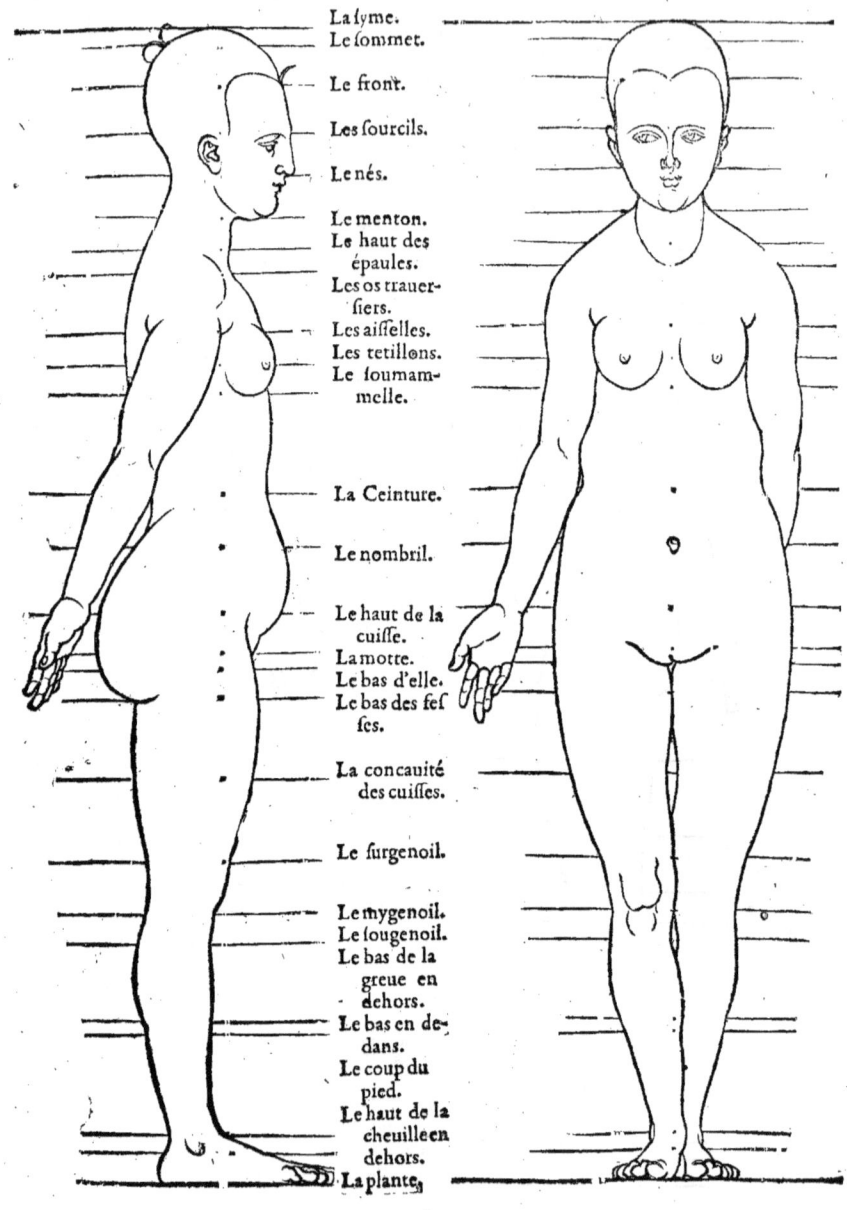

La fyme.
Le sommet.
Le front.
Les sourcils.
Le nés.
Le menton.
Le haut des épaules.
Les os trauersiers.
Les aisselles.
Les tetillons.
Le soumammelle.

La Ceinture.
Le nombril.
Le haut de la cuisse.
La motte.
Le bas d'elle.
Le bas des fesses.
La concauité des cuisses.
Le surgenoil.
Le mygenoil.
Le sougenoil.
Le bas de la greue en dehors.
Le bas en dedans.
Le coup du pied.
Le haut de la cheuille en dehors.
La plante.

PROPORTION DE L'HOMME. LIVRE III. 95

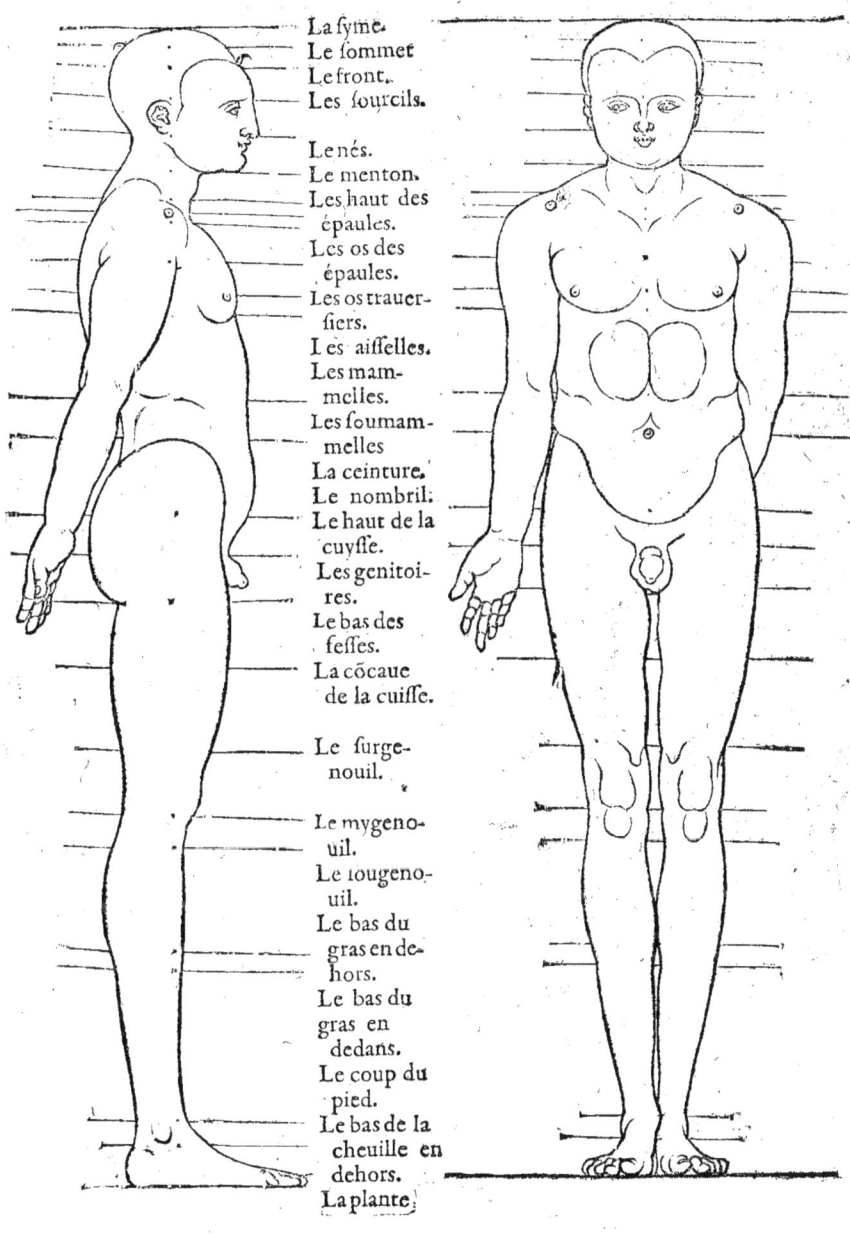

La syme.
Le sommet
Le front.
Les sourcils.

Le nés.
Le menton.
Les haut des
 épaules.
Les os des
 épaules.
Les os trauer-
 siers.
Les aisselles.
Les mam-
 melles.
Les soumam-
 melles
La ceinture.
Le nombril.
Le haut de la
 cuysse.
Les genitoi-
 res.
Le bas des
 fesses.
La cōcaue
 de la cuisse.

Le surge-
 nouil.

Le mygeno-
 uil.
Le sougeno-
 uil.
Le bas du
 gras en de-
 hors.
Le bas du
 gras en
 dedans.
Le coup du
 pied.
Le bas de la
 cheuille en
 dehors.
La plante.

r

ALBERT DVRER DE LA

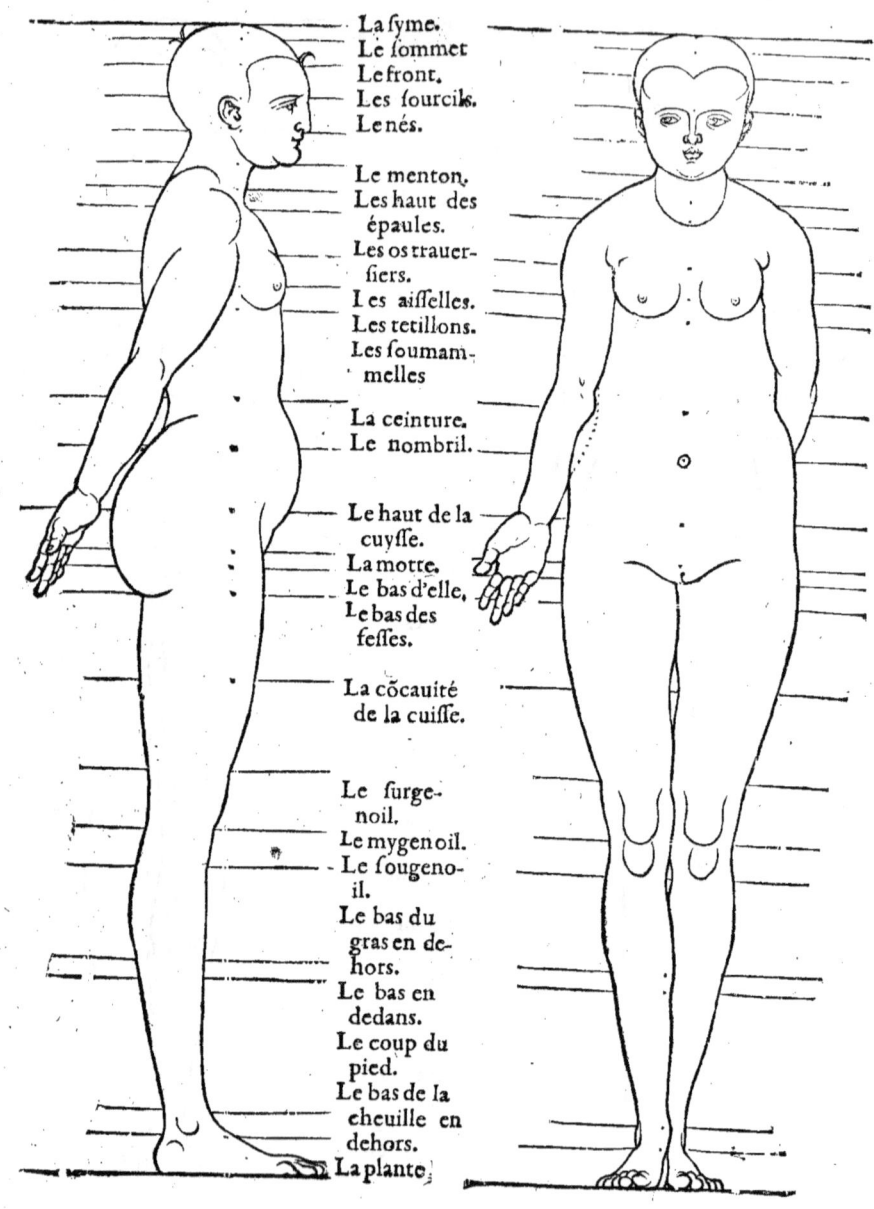

PROPORTION DE L'HOMME. LIVRE III.

Apres auoir au precedant demontré les raisons du corrompeur des images humaines, nous en aiouterons encores maintenant vne, par laquelle la hauteur d'vne image proposée sera changée. Mais la mutation de l'epesseur, & largeur sera tirée droit par le Choisissant. On se pourra donques ayder de ceste corruption en deux sortes, par tout. L'vne a vne portion de cercle, en la courbure de qui les mesures sont assemblées, & en l'autre, dedans le concaue. Par l'vne ou l'autre desquelles voyes chacun pourra poursuiure tãt loing, qu'il voudra. Quiconque ruminera bien ceste doctrine cognoistra aisémét l'vsance de ces choses. De la aussi est decouuerte la cause, pour laquelle vne regle dressée à la courbure d'vn mirouer apparoit en arc, & en son mylieu plus large, & plus étroite es extremes courbures elle obeit de vray au cercle, comme les autres choses. Il faut que celuy l'entende qui voubra bien peindre les voultes, & l'ambriz. Et combien que cela ne depende pas du tout de la science perspectiue, il en approche toutefois étant consideré au mirouer. Mais nostre propos n'est que des mesures. Ceste corruption que nous auons deliberé exposer contiét la mesure du droit à la courbure, ou la portion concaue du cercle. Quant de vray tu auiseras que cest qui par ceste raisó se peut faire d'vne chacune chose: la cause soudain sera manifeste, s'offrant à mesmes l'ouurage. Et combien que ces choses semblent merueilleuses en leur dessaing, & pourtrait il les faut toutesfois accomoder à la raison. La coignoissance toutefois de telles choses est necessaire à l'ouurier, lequel élira à force de sciéces les choses conuenantes, & propres à son propos, & volonté : combien que parauanture les ignorans se moquent d'elles, & d'autres plus excellentes. Dorenauant donques enseignons la raison de ceste maniere de corruption de laquelle si quelqu'vn en vse sagement, il pourra faire beaucoup de choses meilleures de quelque principale figure. Il faudra aussi en ceçy se dõner garde, qu'il n'y ayt rien trop. Au regard de ce que noz exẽples exprimez suyuãt la doctrine prescripte n'ont fuy le trop, cela a esté non seulement pour la petitesse du papier, mais aussi à fin. que la difference de la mutatioɴ fut plus euidente. Parquoy que celuy garde le moyen qui s'en voudra ayder en quelque grande œuure: venons au fait. Premierement il faut proposer la ligne de hauteur de la principale image departir par ses points, qui ayt au dessus, x, & au dessous y, laquelle soit croisée au mylieu au point c, duquel on pourtraira vne ligne croisiere à angles egaux le bout de laquelle soit noté de la lettre z, Puis on clorra le triangle de cestes egaux x, z, & y, z, duquel la pointe soit z. Subsequemment tu tireras les lignes de tous les points de la ligne droite x, y, vers le point, z. autant longues qu'il en sera de besoing. Puis tu dresseras vne equidistante apres la ligne, x y, vers le point c. autant loing qu'il en sera necessité : car elle sera beaucoup plus haute que ceste autre premiere, qui est la basse du triangle : puis assies le pied du cõpas assez grand au point z, & tire de l'autre vn arc qui rase le point du mylieu de la ligne de la hauteur du principal triangle qui se clorra contre l'equidistante, laquelle nous auons ordonné estre tirée longue apres la ligne x, y. A laquelle comme les cornes se feront coiointes, note les de s, au dessus, & de t, au dessous. Et la ou cest arc croisera, & diuisera les lignes tirées des points de la hauteur de la ligne principale vers le point z, tu tireras de tous ces points de diuision des lignes croisieres toutes equidistantes par la ligne s, t, par ce moyã elle sera de nouueau diuisée au moyen de la ligne principale : mais diuersemét. Car elle est plus courte, & à le cercle pour autheur de son departement : & sont toutes choses haut & bas depuis le point du mylieu plus accourcies. Cela parfait, tu marqueras tous les points de la nouuelle diuision de ses propres notes. Et premieremét le dessus de ceste sorte : le plus haut point de la croisiere a, le prochain de b, puis c, & subsequemment d, e, f, g, &c. iusques au point du mylieu. Et de la iusques à la derniere croisiere des notes de chifre. Soit donques la plus basse i. depuis laquelle tirent en haut 2, 3, 4, 5, &c. Ceste ligne donques de hauteur diuisée de nouueau sera a i. Laquelle tu proposeras double, l'vne pour l'efigie de pourfil, l'autre pour celle de front, comme souuent nous l'auons commandé deuoir estre fait : & par ainsi tu pourtrairas, par les points de toutes les diuisions leurs croisieres : mais apres auoir trouué les parties de la hautesse, il reste à chercher l'épesseur, & la largeur : laquelle tu dresseras au moyen du Choisisseur par sa ligne mobile, de laquelle tu t'aydres d'vn costé & d'autre, à fin que conuenemmét les parties superieures, & inferieures puissent estre notées de ceste sorte. Tirons premierement vne ligne croisiere qui soit determinée par les notes a a, au mylieu de laquelle tu asserras vne autre à plomb, le dessous de laquelle soit b, & le dessus

r ij

g. Subfequemment tu adrefferas ça, & la, la ligne mobile a, c. Dont tu vferas de cefte forte. Retranche du ia-dit Corrompeur la lõgueur de la moyenne ligne qui droite tire comme nous auons dit au point, z, autant grande qu'elle eft au dedans de la ligne droite, qui eft tirée contre le point, c, & l'arc. Tu afferras donques cefte longueur cõme i'ay dit droite fur la croifiere a,a, en la perpendiculaire, b,g, en adreffant en fa fommité ça, & la, les mobiles, a c, de forte qu'elles foiẽt la entrecoupées de bies. Puis tu mettras à part toutes les lõgueurs de la partie fuperieure des lignes croifieres d'audedans de l'arc & de la droite ligne, & noteras diligemment les lettres, dõt chacune d'elles eft notée: lefquelles tu afferras droit fur la croifiere du Choififfant a, a: de forte qu'elles attaignent toutes equidiftãtes la ligne a, c, Par ce moyen il auiendra que toutes les courtes tendront au point, a, du Choififfant tout ainfi qu'elles ont efté proches en l'arc du point s. Mais les efpaces entremis ne demeurent pas de mefmes, à caufe de la diuerfité du droit, & du courbe. Tout ainfi donques que i'ay commandé les longueurs des parties fuperieures notées de lettres deuoir eftre pofées en vne partie du Choififfant: tu afferas auffi de mefmes en fon autre partie les inferieures que i'ay commandé deuoir eftre notées par les notes de chifre. Puis fubfequemment tu appoferas chacune largeur de chacune partie de l'image principale droit à la moyenne ligne, qui eft dreffée au Choififfãt, notée des lettres, g, b, de forte qu'elle s'arrefte au bas fur la croifiere a, a, & lors conioins luy de forte qu'elle attouche au deffus la ligne mobile ou le fil a, c, par ce moyen il auiendra que toutes les largeurs des autres parties ferõt confecutiuement determinées par ordre: & que quelque principale largeur que tu y affies, fa mefure fe trouuera en fon lieu notée de lettres ou chifres, conuenant à fa mutation, & definie par ladite affiette fur la croifiere a, a, & l'adreffe du fil a, c. Lefquelles chofes i'ay cy deffous defcrit euidemmẽt le mieux qu'il m'à efté poffible. Suyuant lequel moyen i'ay pourtrait deux images viriles, & deux feminines defquelles eft la proportion expofée cy deffus à la fin du fecond liure. Ie me fuis vn peu détourné tant feulement es bras, & pieds fuyuant la grace de la forme. Car à la verité cefte corruption abufe beaucoup es plus hautes, & plus baffes parties. Si tu renuerfes auffi ceft inftrument du corrompeur il en foudra vne image plus alongée es parties baffes, & hautes, & plus ferrée en celles du mylieu, comme on la veu par cy auant. Il faut ainfi dreffer ce renuerfement. Reprenõs la ligne des departemens de la hauteur, & qu'elle foit appofée à la propofée longueur s,t, comme deuant: affies par apres le point z, & y aiouftes les deux lignes x, z, & z.y. Puis alonge les lignes de touts les points du departement de la ligne x, y, au point z. Puis note le point c, repondant à feneftre au point z, & alors affies de forte vn pied d'vn long compas auant la ligne s.t, qu'vne portion de cercle foit defcrit qui donne aux points s, t, & qui fe courbe au dedans de x, y, & le point c. Es lieux donques que tu verras l'arc paffer les lignes tirées au point z, on tirera des lignes equidiftantes: lefquelles demontrerõt en la ligne tirée au trauers d'elles depuis l'arc vers le point z, vn departement nouueau & de rechef dreffé. Apres lefquelles chofes faites il faut chercher par la raifon par cy auant mõtrée les largeurs, & épeffeurs à l'ayde du Chofiffant. Chacun tire comme il voudra vne image, felon cefte corruption il nous fuffit d'auoir exprimé l'inftrument.

Lego c, pro z.

La mesure de PROPORTION DE L'HOMME. LIVRE. III. 57.

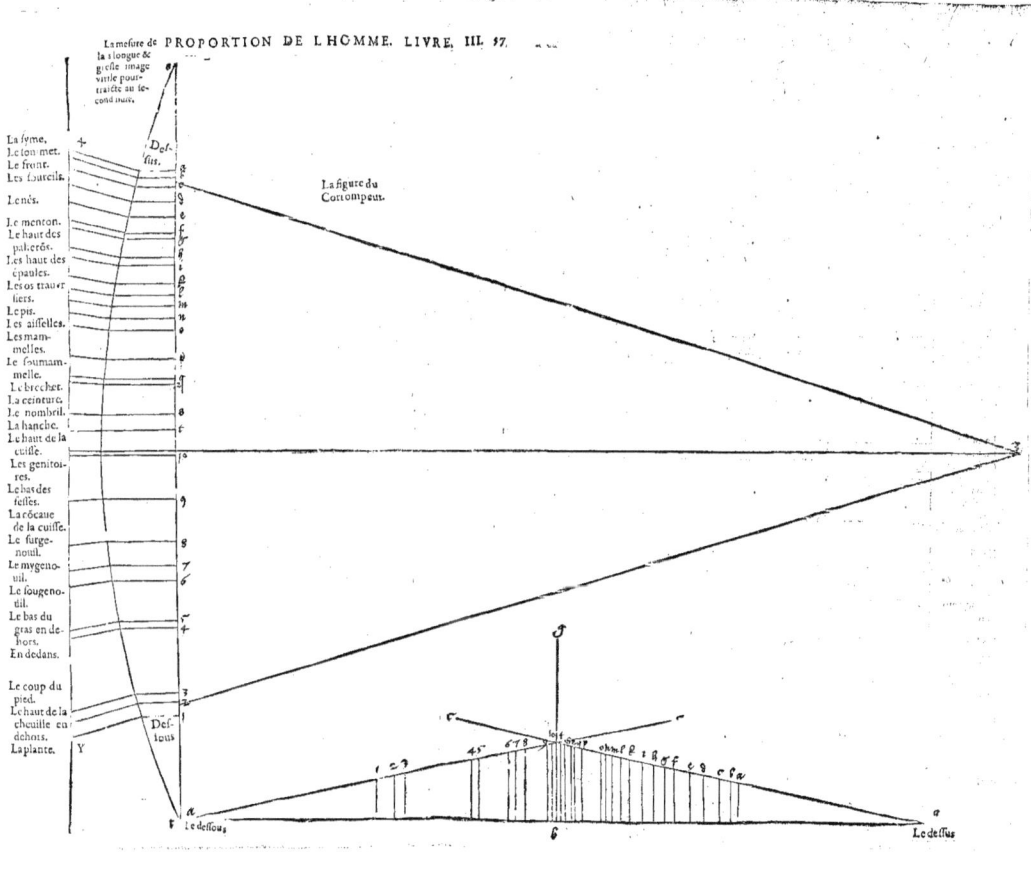

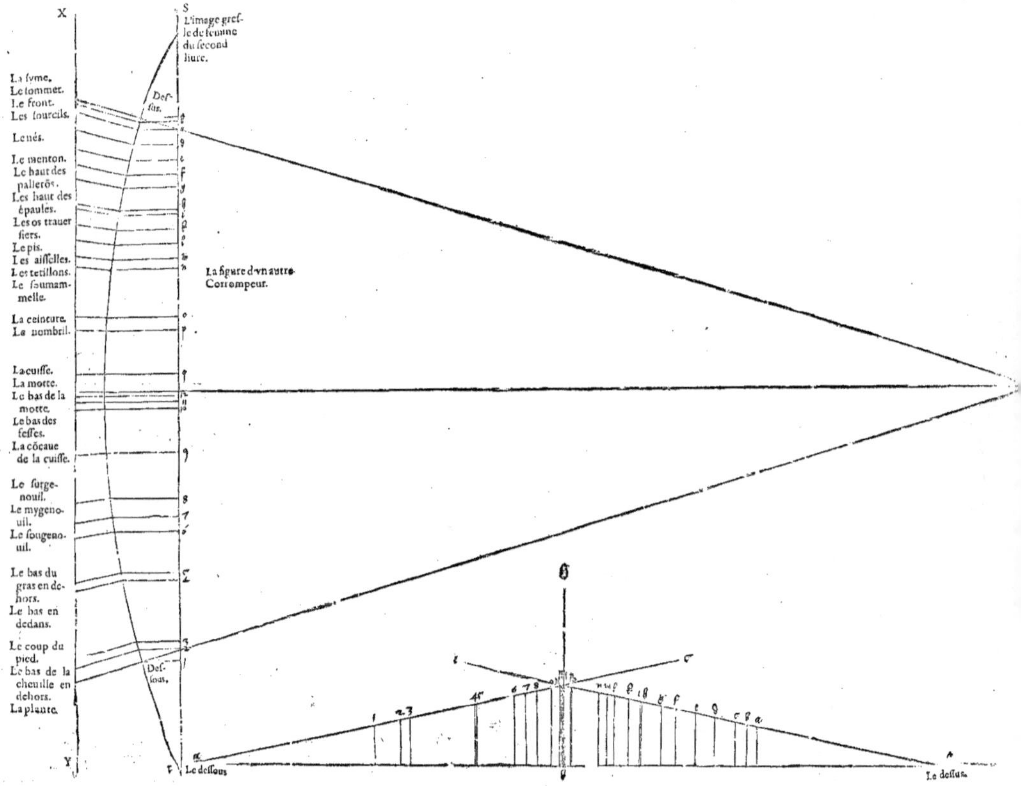

ALBERT DVRER DE LA

X

La fume.
Le sommet.
Le front.
Les sourcils.

Le nés.

Le menton.
Le haut des
palleros.
Les haut des
épaules.
Les os trauer
siers.
Le pis.
Les aisselles.
Les tetillons.
Le soumam-
melle.

La ceinture.
Le nombril.

La cuisse.
La motte.
Le bas de la
motte.
Le bas des
fesses.
La côcaue
de la cuisse.

Le surge-
nouil.
Le mygeno-
uil.
Le sougeno-
uil.

Le bas du
gras en de-
hors.
Le bas en
dedans.

Le coup du
pied.
Le bas de la
cheuille en
dehors.
La plante.

Y

S

L'image gref-
fe de femme
du second
liure.

Des-
sus.

La figure d'vn autre
Corrompeur.

Des-
sous.

Le dessous.   Le dessus.

PROPORTION DE L'HOMME. LIVRE. III.

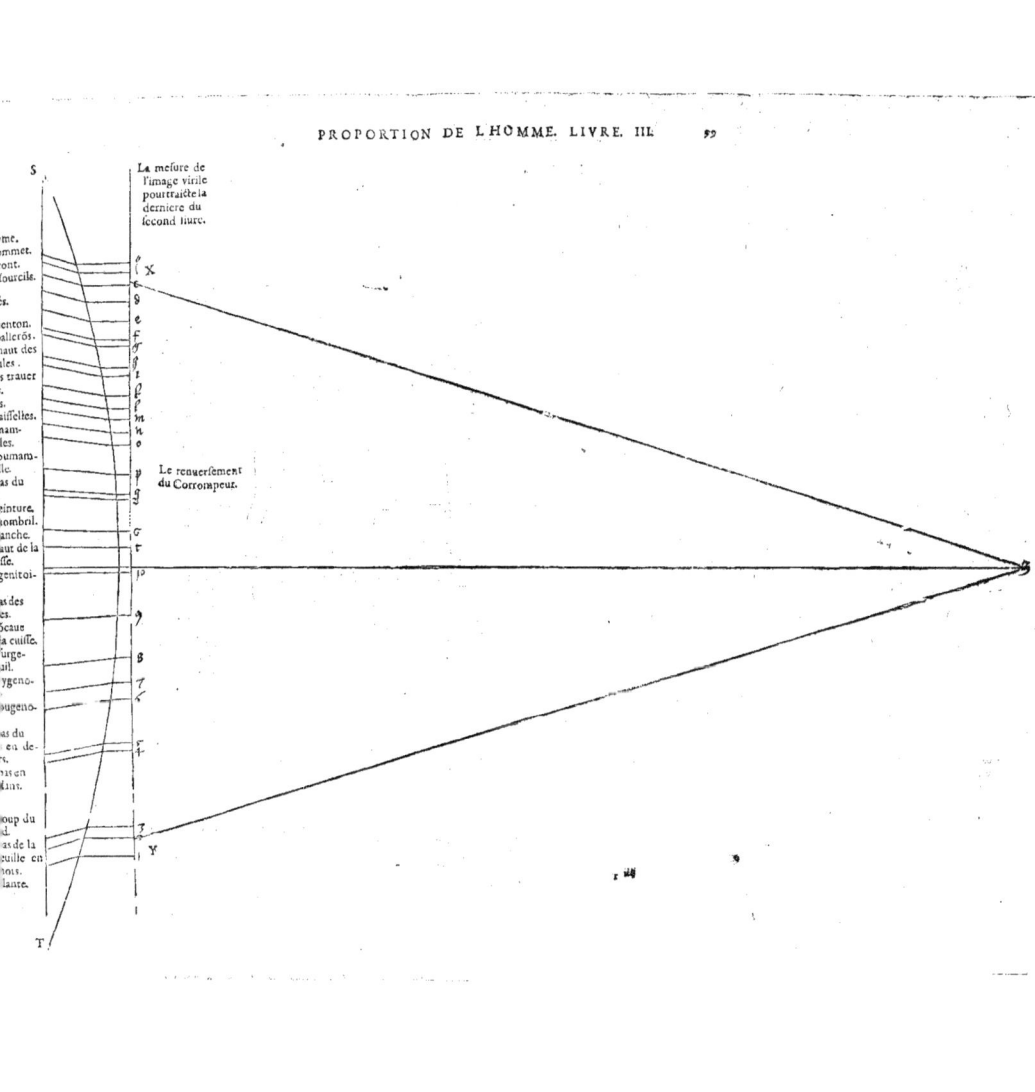

ALBERT DVRER DE LA

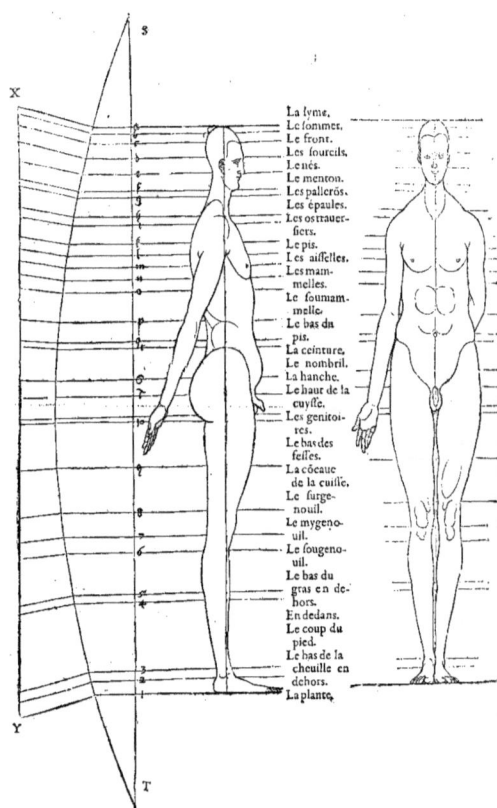

PROPORTION DE L'HOMME. LIVRE. III. 102

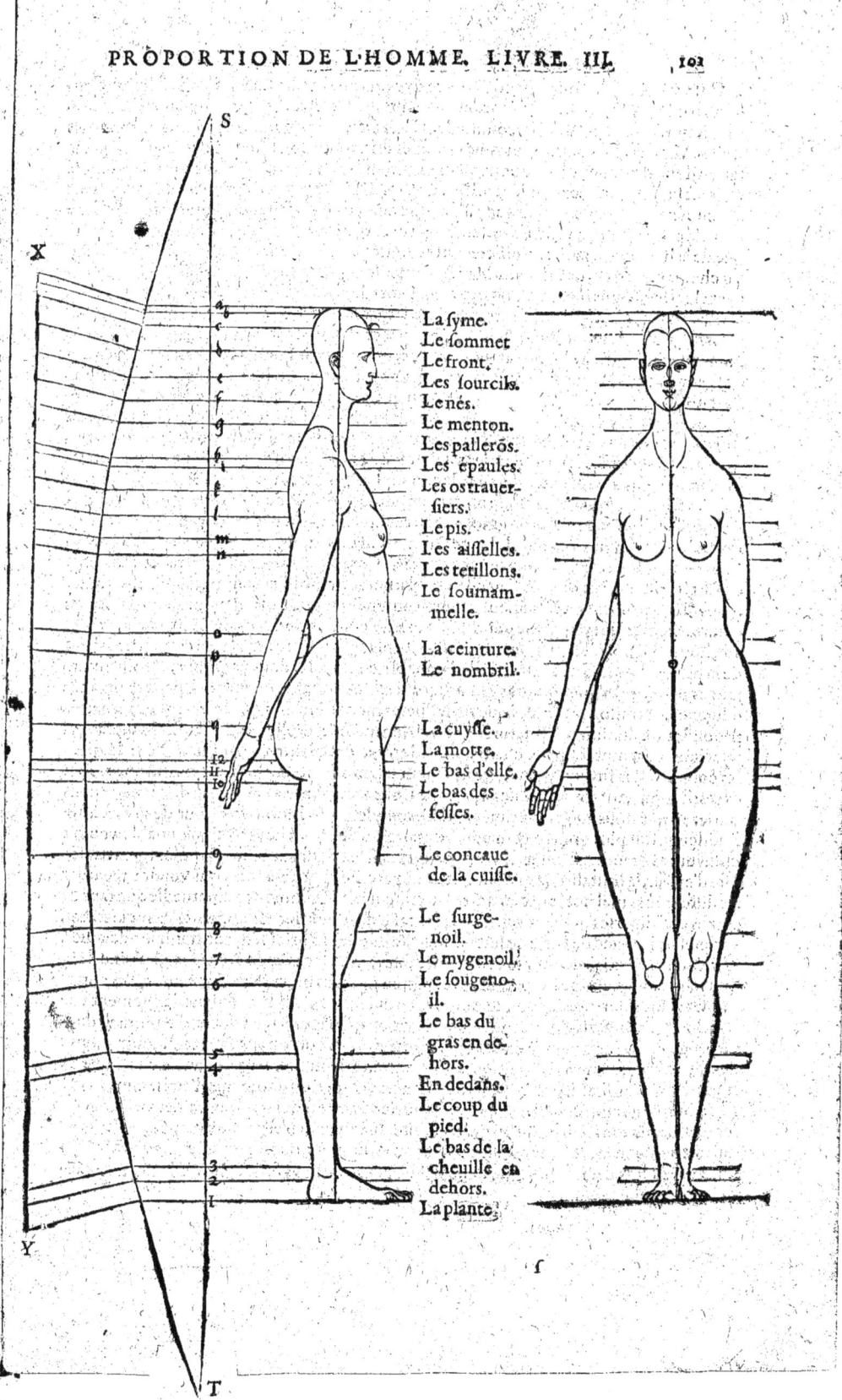

Ces variations donques sont de la sorte que nous auons dit. Lesquelles il est licite estans faites par le Variant, ou Choisissant, ou Gemelles, ou l'Indice, ou Corrompeur en outre encor les muer, à celuy qui les accommodera aux entieres images, ou bien à certaines parties d'elles. Mais encores pourra qui voudra mesler les proportions de diuerses images, par la raison dont il estimera cela se pouuoir mener à bonne fin, en cherchant toutesfois chose aggreable aux autres, comme à soy. Il est vray qu'il sourdra de ceste maniere de meslement des choses monstreuses. Parquoy il y faudra auoir egard, & tirer d'vn grand auis la forme selon la proportion des parties en leur hauteur, largeur, & épesseur. Car en l'extreme marque de la hauteur, & par les croisieres qui la limitét en montrant la largeur, & épesseur, toutes choses ont vn certain dessain. Mais les fautes sont faciles au dedans d'elles, de tant qu'õ tirera les lineamens interieurs ou exterieurs hors de raison : dont s'en ensuyt des parties vne déraisonnable épesseur, ou attenuation, largeur, ou reserrement : lesquelles choses pour la briefueté nous n'auons pas expliqué par pourtraits, comme à la main elles se pouuoient demonstrer. I'ay bien fantasié donques, qu'aucuns ignorans, & s'essayens d'entrer en la voye par nous montrée, & faillans en leur œuure, nous en blameront, & desestimeront nostre doctrine. Aussi entens-ie bien que ceux qui voudront s'ayder de nostre doctrine estimeront de prime face toutes choses difficiles: Mais ie conseille à ceux cy, d'auoir deuant leurs yeux vn corps vif, & le mieux conuenant à la proportion de l'image entreprinse : & par ce moyen contemplans l'oūurage de nature, qu'ils s'étudient de pourtraire de tout leur pouuoir & entendement, leur ouurage suiuant la verité de l'art. On loue de vray les images, esquelles presque on recognoist le vif, & ou la semblance apparoist en l'exemplaire : mesmement si la grace aussi si rencontre : car par ce moyen les pourtraictz sont louez, & estimez comme ils le meritent. Chacun donques s'ayde à son bon gré de ces noms de diuersitez, que nous auons exposé. Car par ce moyen il pourra s'accoustumer en l'art qui suyt la verité, & sans elle vser d'vne certaine liberté de peruersion de toutes choses, lequel labeur est ridicule aux gens d'entendement : tout ainsi qu'au contraire les œuures bien, & diligemment poursuiuies ont de coutume estre à honneur à dieu, vtiles aux hommes, & d'elles mesmes aggreables, & plaisantes : au regard de cest aultre labeur de la peruersion de l'art, il se treuue dedaignable, coulpable, dõmageable, & odieux autant es petits qu'es grans ouurages Parquoy il est raisonnable de mener à perfection auec diligence, & raison les choses que tu deliberes mettre en lumiere : & se donner garder de n'aiouster ou diminuer à la naturelle verité rien qui soit intollerable. Tu en trouueras qui reserrent leurs mutations, & changemens de sorte, qu'à peine apparoissent elles : lesquelles comme elles fuyent le sens, ne semblent pas moins blasmables que quand on en peuue par exces: Et pourtant toutes choses moyennes sont tres-bonnes. Au regard de tant de contrarietez, que nous auons exprimé en noz exemples, nous l'auons faict tout de gré, à finq; l'euidence fust plus grande, & manifeste es petites de cé qui ne seroit raisonnable vouloir ensuyure es grandes. Il y faut de vray corriger ceste rudesse, en adoucissant, leur pourtraict, à fin d'euiter, la brutalité, & que l'industrie apparoisse. Qui sera celuy qui voudra regarder les differences mal notées, & sans art? Au demeurant personne ne s'emerueille que tant de choses & si diuerses puissent venir en la fantasie d'vn ouurier experimenté, pour le trauail desquelles l'espace de sa vie soit suffisant, & duquel la briefueté contraint les delaisser. Celles de vray qui se present sont innumerables, & la fantasie de l'ouurier est pleine de simulachres: lesquelz tous auparauant incogneuz, tant es pourtraicts humains qu'es autres choses celuy pourra de iour à autre mettre en euidence, s'il luy aduient diuinement vne bien longue vie, & vn esprit & desir de c'est art auec l'vsage. Car les douez d'vne grace diuine peuuét beaucoup tant en cest art, qu'es autres. Mais cõme nous ayõs tenu long propos des diuersitez, & mutatiõs, il est toutesfois certain que nul ouurage ny autre chose que les hõmes sõt, à vne similitude inuariable, d'vn autre œuure, ou chose, que d'eux mesmes ils ne soiët differés, de sorte qu'il n'est point d'ouurier si perfect qui puisse faire deux ouurages si semblables de tous points, qu'on ne les puisse discerner. Il n'est rien de vray de noz œuures qui soit peruenu à vne si grande similitude, quelque peine que nous y mettions. Mesmes nous voyõs, que si nous imprimõs vne feuille en vne mesme forme, & puis soudain vne au-

tre, ou que nous fondions du cuyure en vne mesme argile, il s'y trouue des notes de difference : par lesquelles on les peut discerner par plusieurs causes. Mais si cela auient en ceste
certitude, que doit on estimer deuoir auenir es autres: Nous ne parlons pas toutesfois pour
le present d'vne telle difference: mais ie veux de vray qu'on entende de quelqu'vne, que
quelqu'vn s'est d'vn grand desir proposé : de laquelle tout le precedant se doit entendre.
Toutes les fois de vray, que quelqu'vn aura prins en fantasie quelque ouurage, soudain
s'offrent les images de difference, non pas de cest autre ineuitable & necessaire, mais de
celle par laquelle les choses belles sont discernees des laides, laquelle il acconsuyura par
les vocables de difference par cy auant exposez : apres l'ouurage mené à fin, le iugement
de l'entendement tient de pres la cõtemplation des yeux. Auquel les auiz de diuers hommes sont presques diuers. Au demeurant quant aux nostres, ie veux qu'il soit en cela licite
à chacun, que s'il luy semble bon, il les change & mue tous, dont bien tost cy apres nous
parlerons plus elegamment. Tant seulement qu'on se donne garde que l'ouurage ne soit
tiré à vne façon trop estrange, & hors nature, sinon que par fortune on soit deliberé de
pourtraire des monstres, & quasi vn songe de gens, la ou les natures de toutes choses sont
confuses. Mais pour venir à nostre entreprinse : qu'on establisse vne effigie departie par
les croisieres, ou espace de sa hauteur. Ces croisieres donques sont par nous comprinses en
vn certain nombre : mais il est licite à chascun d'en tirer plus ou moins. La pluralité de
vray sert à la recherche & certitude, qui est le deuoir d'vn diligent ouurier. Celuy qui en
fera moins, diminuera son trauail, & peine : mais il ne poutra pas paruenir à vne exquise
certitude. Il est loisible de vray aux bien experimentez de ne tirer point les lignes, vsans
tant seulement es departemens de points, si cela satisfait leur fantasie. Voila donc vne mutation lineaire de nostre raison L'autre est semblable de muer toutes les lignes par tout le
corps, demonstree par nous aux changemens des faces es testes, par le mesme moyen toutes ces croisieres de tout le corps, amenees sont plus pres, ou bien disioinctes plus long,
dont par le premier les parties seront plus courtes, & par l'autre plus eleuees : tout cela est
pour la difference de courtesse, & longueur.

Il ne faut pas au demeurant oublier la difference d'epesseur, & largeur, laquelle varie
tant par les croisietes, qu'au dedans elles. Car si tu fais les croisieres plus longues, par elles
sera la largeur augmentee des corps de front, & l'espesseur de ceux de pourfil, si aussi plus
courtes, l'vne & l'autre seront diminuees. Le mesme aussi auiendra aux parties assises entre elles, pour deuenir plus grãdes ou moindres. Mais encor de rechef vous auertis-ie en ce
lieu, de voir par tous les vocables de difference que n'on n'excede. Si quelque ingenieux
lecteur & eprouueur, s'aide de noz preceptes, il fera de merueilleuses mutations, & variations de figures.

D'elles donques sourdent, epaules larges, le ventre serré, les cuisses contrainctes, ou au
contraire : ou bien le tronc plus court, les greues longues, ou bien au contraire. Et aussi
des corps droicts auec les bras & greues: ou bien tortuz. Somme que la nature des hommes est manifeste par les mesures : Parquoy de la se tire le moyen de la forme, & de la deformité, & que l'ouurage se trouue de bonne grace, ou mauuaise. L'ouurier donques doit
auoir auisé, & deliberé ce qu'il veut pourtraire auant que de mettre la main au tableau :
à fin que comme le renom s'acquiert par l'œuure, il vse de toutes les choses exquises bonnes, & bien seantes pour la parfaire. Et si l'ouurier sauãt & exercité à mieux eprouué en vn
ouurage du peu d'esprit & petit, que n'a faict vn autre en vn grand & subtil, que peut lentendement & l'art, les artisans de bon esprit entendront facilement, & seulz ces choses in-
vsitees, & nouuelles aux autres. Dont il auient qu'aucunes choses sont tirees en vn iour à
la plume en papier, ou bien grauees qui seront meilleures & plus louables, que d'vn autre ouurage grand & du labeur d'vn an : qui se doit estimer vn don singulier de Dieu.
Il est souuent auenu à quelqu'vn tel entendement & bon heur en son œuure, qu'il ne s'est
trouué ne de son temps, ne longuement par apres, son semblable : Ce qu'on peut bien cognoistre par les sepulchres des anciens, desquelz encores on arrache des bribes: esquelz il
y a tant d'art que rien de noz œuures s'y peut accomparer. Mais si quelqu'vn demande qui
est le moyen de beauté aux images ? aucuns parauenture diront que c'est ce que plusieurs

appreuuent: ce que les autres nyeront, ny ne suis pas de cest auis si le iugement en demeure aux ignorans. Qui sera toutesfois celuy qui determinera le sçauoir qui soit suffisant? Quant à moy ie suis en opinion, qu'il n'est homme viuant qui puisse comprendre en son entendement la supreme perfection du moindre animal qui soit, dont ie pense que moins se pouroit il faire en l'homme, lequel Dieu ayant fabriqué d'vn singulier conseil & maniere, a voulu dominer sur tous autres animaux. Ie ne nye pas que quelqu'vn n'inuente & exprime à la main vne plus belle image qu'vn autre, & peut on demontrer par bonnes raisons pourquoy il est ainsi, mais on ne vient pas pourtant à vne supreme perfection, dont on ne puisse rien faire mieux. Car elle n'est point comprinse par les forces de l'entendement humain, l'entendement diuin en a la cognoissance, lequel seul peut instruire l'humain de semblable science: Ceste cy est la regle de verité, qu'vne forme & mesure soit tresbelle & conuenante, à laquelle vne certaine chose, & non plusieurs necessairement doit conuenir. Mais à la recherche des hommes, plusieurs choses & diuerses se rencontrent, & auient que les belles se poursuyuent, non pas d'vne seule voye: les difformes toutesfois s'offrent beaucoup plus partout. Et pourtant ie ne treuue point entre noz si grans erreurs, qu'elle beauté de la vraye maniere, & perfecte ie puisse demontrer : veu qu'il n'est rien que ie desire tant, que de retrancher des œuures des hommes nostres la rudesse & deformité, sinon que par auanture on la poursuyue tout degré, & si ie pouuois y donner quelque ayde, ie le ferois de grand desir.

Mais ie reuiens au iugement des hommes dont ores ie parlois, lesquelz ayans maintenant iugé vne image fort belle, soudain luy en proferent vn autre. L'ouurier est digne de louange qui peut faire vn image que chacun appreuue : à quoy il est requis beaucoup d'vsage, & experiéce, ny ne luy peut rien auenir mieux en cecy, que d'auoir le moyen de verité comprins en son entendemét: à fin d'entendre la mesure vraye & cõmode à son entreprinse, qui doit estre seule, & simple. Laquelle si quelqu'vn s'estime auoir, sera vne grande chose s'il la demontre ; Ce que ie ne pense pas à peine pouuoir estre faict en ces tenebres nostres, & tastonnemés. Tout ce toutesfois d'ouurage qui sera expliqué, & conservé par raison geometrale, a tant seulement ce de certitude, qu'il ne laisse aucune occasion de blame : car on ne luy peut contredire. A bonne raison sera vn tel ouurier honoré de tous hommes comme diuin. Ces demontrances sont fort plaisantes à l'ouye, mais l'œuure est plus aggreable à l'œil : Outre plus quelqu'vn dira : pourquoy donc nous étudions nous à ceste sciéce, estant par toy mis en auant le desespoir de la perfection? Cela est inhumain, ny n'est pas raisonnable estans les bonnes, & mauuaises choses proposées, ne poursuyure les meilleures, quoy que les excellentes nous soyent deniées. Et pourtant demontrons ce qui est le meilleur en nostre matiere, c'est à dire en quelque image. Il faut auant toutes choses faire de sorte qu'on cherche la plus certaine, & conuenante mesure toutes les parties : laquelle estant establie suyuant son ordre & maniere, on mettra au net auec grand cure, & diligence toutes les parties, tant grandes que petites, si par fortune nous pouuons trouuer quelque beauté, & approcher de la perfection. Mais comme le corps, (ainsi que nous l'auons ia dit) soit amassé & composé de plusieurs parties, chacune desquelles a vne mode de perfection, nous nous efforcerons le possible, d'entendre, que c'est qui est contraire à ceste mode : à fin qu'il soit plus aisé de le fuir, & d'approcher au plus pres de la naturelle composition, à laquelle nous tendrons de droicte voye de toutes noz forces : à fin que nous facions vn ouurage excellent d'art & de grace : toutes lesquelles choses, requierent vn grand soing, & entente. Premierement si quelqu'vn prent à garde la description separée de la face es testes cy dessus declarée, il decouurera vn admirable subtilité, tant des lignes courbes que des droictes, & autres marques qu'on ne peut pourtraire à la regle : & entendra bien qu'vn nonchalant ne menera pas à perfection ces rondeurs de front, des ioues, du nés, des yeux & du méton, ne ces quasi pommettes & fossettes, de sorte qui n'ometre rien des menues parcelles, qu'il ne les traicte de mesme soing que les grandes: en ne mettant point moins de diligence au pourtraict d'vne chacune partie, qu'en la composition & quasi assemblement de toutes. S'ensuyt apres le col qui doit quadrer à la teste, sans diformité de courtesse ou longueur, grosseur, ou gresseté. Finablement il faut auiser consequemment que toutes choses soyent diligemment, & distinctement pourtraictes es lineamens du pis, du ventre, du dos, des fesses, des greues, des piedz, des bras & des mains. Lesquelles & leurs parcelles doiuent estre perfaictes d'vne grande diligence, ny ne faut receuoir ceux qui disent qu'ayans haste, ils n'ont pas de coutume de tant s'amuser à l'œuure: Ce qu'on ne doit cõceder sinon en la necessité, quant la chose, ou le desir des requerans ne peut souffrir l'attente: Et si cela auient il faut pardõner à la hastiueté, si toutesfois la vraye raison est gardée en selle, & que la science & l'art y soit euidente. Somme que toute la face de l'image depuis la syme iusques au pied sera de proportion, de quelque mode qu'elle soit ordonnée, soit d'vn fort ou foible charnu ou maigre, à fin qu'elle ne semble en ceste partie estre trop charnue, & en l'autre trop decharnée : comme par exemple si les bras sont menuz & les iambes grosses: ou que de front tout soit bien plein, & non de dos, & au contraire: nous voulons de vray, que les parties soyent entre elles proportionnées, & non pas estre mal assemblées, & sans raison. Les choses de vray proportionnées, ont de coutume de sembler belles : Parquoy il faut aussi garder la forme de l'age, ny ne faut faire vne teste de ieune, le pis d'vn vieillard, ny les mains & piedz d'vn ia auancé d'age : ny ne pourtraira l'on vn ieune de front & vieil de dos, ou au contraire. Car les choses qui ne conuiennent à la nature sont tenues pour mauuaises. Au surplus il sera raisonnable de garder la conuenance des parties en tous ages, compositions, & modes en l'image d'vn ieune, d'vn vieillard, & d'vn auancé d'age, maigre, charnu, fort & foible. L'effige donc d'vn ieune homme sera polie, pleine & vnie: la ou la vieillesse sera ridée, tortue, rude & decharnée. Et pour vuider ces choses, il est necessaire auant que d'y mettre la main de tout pourtraire de mesure par lignes : à fin qu'on puisse cognoistre s'il y a rien qui defaille à la proportion. Celuy qui gardera cela attentiuement, & diligemment ne se fachera pas aisément de son œuure. A ceste cause vne cognoissance exquise des lineamens est requise à l'ouurier: car cela est de grande consequence en l'art. Et si la vraye mesure n'est bien notée, il n'est rien si prompt que la corruption de l'œuure par les delineamens de la main d'vn ignorant, donnant sans propos à la hauteur, largeur, & epesseur de l'image : La ou le scauant en elles ayant trouué la bonne & vraye mesure, fera son ouurage meilleur au pourtraict de la forme. Au demeurant ie ne trouue rien meilleur pour paruenir à quelque verité de mesure, & à celle fin que nous puissions par elle donner beauté à noz œuures, que d'auoir à l'œil plusieurs corps vifz : & de tirer la mesure de toutes les parties par le iugement des beaux. Celuy de vray qui est experimenté en l'art ne faudra pas à trouuer quelque proportion des parties, au moyen d'vne grande multitude d'hommes. Qui est celuy qui montrera homme, auquel toutes choses soyent perfectes, sans quelque defaillance à pas vne partie? Mais en cecy aye souuenance de ne confondre les raisons de nature, & à fin que toutes choses conuiennent : ce que ia auparauant nous auõs remontré deuoir estre faict, vse de l'obseruãce des corps ieunes, pour les images des ieunes, & des vieilz pour les vieilz ; ce que de mesmes se doit dire des perfectz d'age, tout ainsi que pour les maigres, charnus forts, mols, robustes, debiles, tu parragoneras semblables natures de vifz. Il n'y a point de doute qu'il ne s'offre beaucoup plus de choses en chacune partie aux studieux de ceste raison, qu'ilz n'en ont cherché & qu'ilz n'en scauroyent mener à perfection : car à peine exprime iamais l'art la beauté des choses. Ie ne dy pas vne excellente & perfecte, mais à nous cogneue, & toutesfois vainquant les forces de nostre entendement, & fuyant l'addresse de noz mains.

Or comme on doyue (comme nous auons dict) chercher diuerses natures des corps vifz, pour faire diuerses images : il se trouue aussi deux genres presques de diuersité Comme des nostres qui sont blancs, & des Meridionaux qui sont noirs que les Grecz appellent Ethiopiens : les faces desquelz sont entre elles dissemblables : ny ne sont les corps des Ethiopiens si agreables à l'œil, que les nostres. pour leur si grand écachement de nez, & grosseur de leures, leurs mains, aussi genoilz, iambes & piedz, sont difformes de leur nodosité. I'ay toutesfois veu leurs corps d'vne si grande conuenance en toutes les autres parties, comme qui estoyent si bien formez par nature, qu'à mon auis rien ne se pouuoit faire plus perfect. Au demeurant plusieurs diuersitez de formes s'offrent en vn mesme genre d'vne obseruãce vtile pour les images, en la varieté de leur composition : de sorte que des plus robustes, toutes choses sont grandes au tronc, & quasi leonines.

Mais les debiles les ont legieres, ny ne sont musculeux comme ces autres. On n'accommodera donc pas à l'image du robuste les lineamens de mollesse, ny à celle du foible, ceux de force. Et combien qu'il faille quelque fois entendre à la maigreur & carnosité, le moyen toutesfois de ceste force, & legereté se pourra garder, comme lon voudra : dont la verité se cognoit par la nature & vie. Ausquelles t'arrestât, & ayant l'œil: ne t'amuse pas à ton opinion, comme esperant mieux faire, asseure toy que tu sera trompé. L'art de vray est abismé en la nature, de laquelle si tu le peux retirer, tu pourras l'ayant en main euiter beaucoup de fautes en tõ œuure: l'addresse aussi duquel tu pourras demontrer par raisons Geometrales. Mais si elles ne se treuuent quelque part, cela se deura laisser au iugement, & auis des hommes: de sorte toutesfois que nous pensions que l'experience peut beaucoup. Il n'est rien de vray si certain que de tant plus pres tõ ouurage peruiendra à la semblance de la vie, de tant plus grande louenge de perfection trouuera il. Et pourtant tu fuyras la fausse opinion de penser faire quelque chose de meilleure perfection, que n'a donné Dieu à l'œuure qu'il à forgé: car tels effects aprestez à cela se trouueront sans vigueur. Dont on peut inferer, que personne ne peut exprimer la beauté de son propre sens, & pensée : & qu'il est necessaire que ceste beauté qu'il mettra en auant de son inuention, a esté auparauant posé en luy par estude, & par vne soigneuse, & diligente imitation. Ce que ne faut pas estimer estre son propre artifice, mais aquis d'estude & diligence, lequel semé en son entendement a produit ses fruits. Dela sans doute ce tresor caché en lentendement, & les especes la dedans conceues sont mises en œuure. A ceste cause il n'est pas necessaire aux ouuriers exercitez, d'auoir tousiours à l'œil les animaux viuans pour les exemples, ausquelz ilz veulent pourtraire leurs images. Car de long vsage, & estude il en est tant entré en leur fantasie, qu'on y en peut puiser beaucoup. Toutes choses sont en main à ceux cy : mais vne si grande intelligence est bien rare: la ou au contraire il en est beaucoup, qui d'vne longue coutume trauaillant à mal faire. Ces autres dont ie parlois qui sont ouuriers exercitez, & ia rosturiers d'art, & de contemplation, menent facilement vn excellent ouurage sans a-uoir égard à quelque exemple: combien qu'à la verité l'œil au vif, & à la nature rend toutes choses mieux faictes. Mais les indoctes, & ignorans ne se doyuent pas attendre à tel heur, car il n'y a rien la de fortuit. Et pourtant il s'en treuue quelquefois qui de soy, & de son seul entendement sans auoir l'œil à nul exemple animé, peindra toutesfois de plus excellentes images, que d'autres qui soigneusement, & de grand estude contempleront presentement le vif & la nature: par ce que l'art leur defaut. Or se doit sur toutes choses celuy donner garde qui quiert los, que son ouurage ne soit embroillé de quelque diformité. Parquoy il retrachera les superfluités des images qu'il voudra estre belles: car elles sont par elles diffamées : voicy comme tu l'entendras, l'aueuglement, debilité, siccité, boitement & torsure sont diformes, pour le defaut d'vn naturel. Mais aussi ne sera ce pas moins laid à voir quelqu'vn auec trois yeux, ou mains, ou piedz, non pas pour le defaut, mais pour la superfluité. Comme plus donques tu euiteras ces choses & que tu peindras les necessaires raisonnables, belles & bonnes, qui plaisent à tous & sont estimées, de tant plus grande louenge procureras tu à ton œuure. La beauté de vray cachée en nature, trouble presque nostre iugement, il se peut de vray trouuer deux hommes beaux, & de bonne grace, qui toutefois n'ont rien de commun l'vn auec l'autre, ne en composition, desquelz toutesfois on ne sçait qu'on doit dire le plus beau : voila ou sont les tenebres de nostre entendement. Qui pourra dire donques la verité de l'excellence de la forme ? & combien que cela ne nous apparoisse, il est toutesfois vray semblable que l'vn des beaux excelle l'autre de la perfection de ses parties.

De la prouient que l'ingenieux ouurier se doit garder de ne suiure tousiours vn mesme genre en pourtraicts, & luy est necessaire d'estre exercité en beaucoup, & diuerses façons. Dont il auiëdra qu'il pourra exprimer les images de toutes formes d'hommes com-me des choleriques, gracieux, & de toutes autres, lesquelles faictes de grand artifice sont estimées. Il viëdra quelqu'vn qui demãdera l'image du trahistre, & Saturnin, ou d'vn Martial, ou bien venerienne amiable & douce, que sera il rien plus facile à vn exercite, que suyuant les preceptes cy dessus declarez trouuer la conuenante, & vraye mesure d'vne chacune de ces images, & apres l'auoir trouué l'embellir d'vne forme cōmode? Toutes natures de vray peuuent par ce moyen estre pourtraites, autant ignées, que aerenses, que terrestres, par la puissance de l'art gouuernant l'œuure. La louãge & grace n'est pas manifeste aux ignorans ouuriers y regardans longuement, mais elle se montre soudain à ceux qui l'entendent, & les attire à vne incroyable amour d'elle. Ceux qui ont longuement versé en ces choses, entendent bien ce que ie dy, aussi ont ils la science du vray vsage : laquelle embrasse tousiours la verité, de laquelle souuent se deuoyent les opinions : parquoy personne ne doit point trop presumer de soy, à fin qu'il ne luy auienne d'estre par là trompé en son œuure. Et pourtãt le studieux de cest art fera tresbien si en contemplant les ouurages de plusieurs ouuriers approuuez, il les ensuit en peignant, & qu'il écoute les ouuriers disputans de leur raison. Ie ne voudroye pas toutesfois qu'on suiuist les fautes, si aucunes se treuuent en vn ouurage quoy que louable : lesquelles il sera raisonnable de cognoistre, & les amender. Ny ne te laisse persuader de t'astreindre à vn certain genre & façon d'images, que tu cognois auoir esté faictes par quelque ouurier. La nature à cela que communement l'œuure est telle, qui est le iugement, & la raison de l'entendement. Or ie conseille d'en contempler diuerses, & de plusieurs prendre les excellentes. Il n'est presque personne auquel la faussetté d'opinions ne murmure. Qui osera dire vne œuure estre si parfaite, qu'on ne puisse mieux faire? veu que personne voyant vn homme beau, ne pourroit iuger asseurement, qu'il ne s'en puisse trouuer de plus beau. Or le meilleur sera de prendre la plus seure voye, par la recerche de la doctrine des autres, ou par sa propre, d'vn exemple vif. Au demeurant ie ne loue pas ceste façon de maistres : lesquels comme ils ne puissēt mettre fin à leurs paroles de l'art, n'ont point pour mettre en auant aucun œuure louable: Ie suis certain en auoir veu quelques vns de tels: lesquels si tu imites, tu tomberas en erreur : ce qu'à mon silence crient les fautes de leurs œuures. Ce sont de vray choses separées, de parler beaucoup de l'œuure, & de faire. Ie ne deffens pourtant de receuoir les instructions des ignorans : car il peut auenir, que les Rustauz te montreront quelque faute en ton œuure, quoy qu'ils ne te puissent enseigner la raison pour la corriger.

Ie veux en ce passage amonester les neufs en cest art, & qui ont commencé l'apprendre suiuant nostre doctrine, qu'ils conoissent diligemment mes enseignemens : & que d'entrée ils deliberent d'apprendre, & mettre en effect quelques vns, apres lesquels comprins ils poursuiuent les autres. La science de vray doit croistre quant & l'vsage, à fin que la main serue à la volonté & intelligence : dont finalement s'en ensuit vne certitude de l'art, & de l'vsage : lesquelles deux choses doyuent estre conioinctes, ne vallans rien separées. Or les ignorans, & la plusspart de la commune semblent pouuoir discerner les meilleures des pires : Il n'est toutesfois personne qui en puisse iuger au vray que le scauant ouurier, & qui mesmes a souuent aquis louenge par ses ouurages.

Mais quelqu'vn dira, faudra il donc employer tant de trauail & peine en ces compassemens, & tant de temps : de sorte que particulierement toutes images soyent forcées à ceste raison? veu que souuent il en suruient à faire vn grand nombre en peu de temps. Nous ne commandons pas cela, mais ie dy bien qu'il faut pourchasser de soing & de diligence quelque certitude, qui consiste en ces raisons seulement, apres laquelle aquise d'vne certaine liberté de main infallible personne en requerra les mesures de tous corps, ne de toutes choses : auec ce que les yeux instruitz en l'art commencent à seruir de regle, aussi fait la main : laquelle cause vne confiance, & chasse par son pouuoir les erreurs, mettant hors la fausseté de l'œuure. Lors aussi la promptitude ne defaut, ny ne t'enquerras longuement ayant le scauoir que c'est que tu dois faire, ny tu tireras aucun point, ne ligne sans propos. Tels ouurages sont dignes de la louenge de l'art, qui semblerōt animables, hardis sans perplexité & raisonnables. Tels sont estimez de tous, d'autant qu'ilz contiennent vne perfection épandue par toutes leurs parties : mais les ignorans & sans cognoissance de l'art, ne meneront iamais rien à bonne fin & raisonnable : quoy qu'ilz ayent aquis la plus grande liberté de main qui puisse estre. Car à lors ceste liberté doit estre tenue pour prison, veu qu'elle contraint à erreurs. La main donc ne peut rien sans art : ny l'art aussi ne fera pas beaucoup sans l'vsage : ils doyuent estre ioincts ensemble, comme nous l'auons dit. Il est donc manifeste aux studieux de c'est art, que la raison des mesures doit estre cogneue, par laquelle il s'en ensuit clairement des succes admirables. Tu ne pourtrairas pas de vray vne image d'homme du traict d'vne regle ou compas : parquoy il est necessaire (comme nous l'auons montré) la pourtraire à poincts par ses parties : on ne pourra de vray rien louer qui defaut de la raison de mesure.

Ie sçay bien qu'il peut auenir, qu'aucuns par leur ignorance suyuans noz preceptes es grandes images se deuoyeront par leur bestise, dont on me blamera quasi que par eux on puisse bien mener à fin petits ouurages, & non pas les grans. Ce que ne se peut faire : car si tu loues les petits, pourquoy blameras tu les grans ? Si ces autres sont mauuais, ie m'accorderay aysement de reietter les grans. Car les vns & les autres ne reçoyuent point ceste dissimilitude de bonté, ou de viciosité, tout ainsi qu'vn cercle petit ne reçoit pas moins sa rondeur qu'vn grand ; vn carré est aussi bien clos de lignes courtes que lōgues. Les raisons conuenantes es grandes, qu'es petites choses : tout ainsi qu'en musique vne octaue est d'vn tō, soit que la voix soit resonante ou sourde. Finalement il faut entendre que les images demontrées peuuent estre variées d'auantage, & en plusieurs sortes, à la charge toutesfois que la mesure demeure entiere & incorrumpue.

Fin du troisiesme Liure.

LE QVATRIEME LIVRE
D'ALBERT DVRER DE LA PEINCTVRE,
touchant le souplement ou plieures & geste des ia
descriptes images.

APRES auoir es precedans trois liures demontré quelques raisons de pourtraire images à certaines & raisonnables modes: & de les varier diuersement, il reste d'enseigner la voye de les plier au vouloir de chacun, & les tourner es ioinctures des membres & de leurs liaisons, de tant que nature le semble souffrir. Quel profit ou quelle beauté se troueroit es formes susdictes plantées & droictes, ainsi que par nostre doctrine des precedans liures, elles ont esté pourtraictes: & au demeurant quoy qu'vn membre soit mignon & excellent, il a de coutume d'estre blamé d'vn geste diforme, la ou vn vil & contemptible est loué pour sa composition de bonne grace. Au regard de traicter des membres, comment ils sont admirablement assemblez, & liez ensemble par nature, cela ne touche point nostre œuure, n'y p'est de nostre entreprinse ; & en le laissant à ces anatomiques, ie n'en toucheray rien sinon que forcé par necessité. Il faut donc entendre, qu'ainsi que nous auons enseigné, que les images faictes de pourfil, ont de coutume d'estre souples le long de toute l'espine, depuis la nucque iusques à la cuisse, par & au dedans de toutes les lignes croisieres qu'aussi tu les faces plutost courbes, que recourbes. Tout ce souplement se doit exprimer en la quatrieme partie de l'espesseur vers le dos par & au dedans de toutes les croisieres, comme nous l'auons dict fors que la, ou est le pliemét des cuisses au milieu de la ligne du haut de la cuisse. Le genoil sera plié en sa ligne, le pied pres la ligne de la cheuille, & s'il est besoin en son milieu, & les orteils en leurs ioinctures. Tu plieras le bras en l'epaule, en la liaison du coude, & en la ioinctnre de la main, & les doigts en leurs ioinctures, & neuds. Mais l'image de front a de coustume de plier des deux costez depuis le col par toute l'espine du dos: & à fin qu'on le descouurist plus aisémét, i'ay mis les notes des souplesses es images plantées selon leurs lieux par la figure des triangles, ou cercles. Or pour autant que la raison des pliemens n'est pas simple, nous auons trouué bon de proposer quelques differences d'eux, à fin que toutes choses puissent estre declarées plus elegamment, suyuant lesquelles nous exposerons toute ceste nostre doctrine pour estre entenduz. Il faut aussi prendre soigneuse garde à l'estat, & face de l'image que nous luy voulons donner, soit seuere, ou douce: desquelles ceste autre est plus efrayamét, & rude, & ceste cy plus amiable & doux: voicy presque les noms de differences de pliemens.

Plié,   Dressé ou roide,
Courbé,   Ramassé, ou racourcy,
Renuersé, tourné, recoubé,   Remué.
Entrelassé.

Le corps humain se plie selon ces six noms de differences par plusieurs, ou moins ensemble, suyuant son mouuement: desquelles ie declareray mon auis es lignes subsequentes.

Premierement donques il faut entendre que i'ay esté d'auis ce estre dict plié de ceste sorte. Soit vne ligne droicte, a, b, en laquelle soyent notez deux points, c, d, esquels si tu plies de sa droicture vne ligne à chacune partie, de sorte toutesfois que les parcelles pourtraictes entre les points ne soyent point courbées : mais que la plieure se face es, quasi ioinctures des points : sachés que tu as faict le pliement selon nostre fantasie.

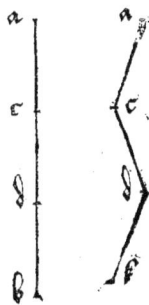

ALBERT DVRER DE LA

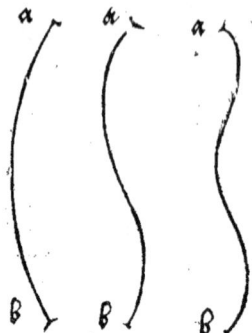

Secondement ie dy qu'il faut receuoir quelque chose estre courbée, qui a du tout perdu sa droicture comme que ce soit, cela à grand étendue, comme soit la ligne, a, b, portion d'arc, ou dessus ou dessoubs, ou dessus, au milieu, & au dessoubs, selon le vouloir d'vn chacun.

Tiercement nous disons le renuersé ou recourbé ainsi. Soit la ligne, a, b, & c, d, desquelles l'vne soit mise en l'autre de sorte qu'elles semblent estre vne : puis qu'on note au milieu d'elles le point e, & qu'on les renuerse estans ioinctes en ce point la, de sorte que haut & bas elles soyent ouuertes.

Quartement ie dy vne chose entrelassée, comme nous auons pourtraict en façon de tariere les entrelassées, a, b, c, d.

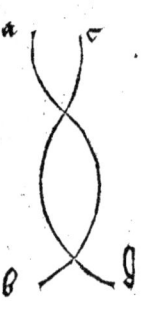

En cinquieme lieu i'appelle le roide ou dressé, & ramassée lors qu'vne ligne est étendué & dressée, ou bien qu'elle est quasi pliée & troussée : de sorte qu'elle soit rendue plus longue, ou courte ; ce que ie n'ay peu montrer autrement qu'auec deux lignes l'vne longue, l'autre courte.

PROPORTION DE L'HOMME. LIVRE IIII.

En sixiesme lieu nous auons entendu les lignes estre remuées, ou separées, quant mises ensemble : de sorte qu'elles ne semblent qu'vne, sont tellement separées, que l'vne ne touche point l'autre. Ce que se rencontre en diuerses manieres: car cela peut auenir es equidistantes par toutes les parties, & l'vne estant biesée, & aux courbes: la separation de vray se peut faire au plaisir de chacun, dont nous auons mis vn exemple es lignes a,b, & c,d.

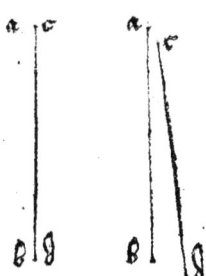

Au demeurant souuienne toy ces choses aussi bien auenir en la superficie pleine, & es corps molz, que d'auantage nous entendons larges & épes, comme elles sont demontrées es lignes. Ils ont de coutume de vray d'estre pliez, courbez, renuersez, recourbez, entrelassez, roidiz, ramassez & separez : mais nous enseignerons doresenauant comment on les vsurpe au corps humain.

Premierement, ce que nous auons dit plyé, est es iointures: car là les membres se plient, retenans toutesfois leur droiture : car si tu veux plier les oz, tu les rompras. Parquoy nous l'auons demontré es lignes mutilées, qui en certains points se conioignent, & sont de parcelles droictes.

Secondement les nerfs & la chair se courbent au corps humain : car quand le corps se plie de costé, deuant ou derriere, les nerfs & la chair sont courbez : de sorte que la chair apparoist d'vn costé creuse, & autrepart courbe.

Tiercement nous auons nommé le renuersement, ou recourbement des membres, comme quand on renuerse la teste, & en semblable les bras, les piedz, & le tronc mesme, & presque tous les membres du corps.

Quartement tu cognoistras l'entrelassement auenir es nerfs, & en la chair au renuersement du corps, lors que mols ils sont entrelassez au corps: comme au col, au tronc, bras, & pied.   Cinquiememement tu noteras le roidissement & ramassement se faire souuent au corps, desquels le premier amenuise, & le second grossit. Dont nous baillerons ceste exemple.   Si tu estans le bras pour le dresser, les nerfs aussi s'etendent, amenuisans la chair en longueur: si aussi tu le reserres à fin de le ramasser, la chair aussi se ramasse & reserre en epesseur: ce que de mesmes auient es autres parties.

Siximement nous disons au corps vne partie se separer de l'autre, lors que quasi separée elle semble s'esloigner à costé ou en deuant ou en derriere. Les chairs aussi se separent, & quasi s'abandonnent en dehors, en dedãs, ou de costé, es courbures, & plieures.

Au demeurant toutes ces six differences peuuent auenir au mouuement du corps, de sorte que les membres seront dicts se plier, renuerser & separer.   Cependant la chair & les choses molles se courbent au corps, si plient & ramassent : & les parties sont veues naturellement s'entrecontraindre : Par ces demonstrations donques chacun pourra dresser ses images á tel geste qu'il voudra, & que le cas le requerra. Mais il se faut donner garde, de ne se departir de la forme naturelle.   Car à quelque chose que ce soit qu'on fait violance, il est necessaire qu'elle soit diforme.   Il faut aussi euiter le trop, & le peu, par lesquels vne image soit rendue furieuse, ou assourpie, ce qui est blamable, sinon que ce soit par deliberation de former vne image d'vne sorte au d'autre.   Il faut entendre que l'vsage de toutes ces choses se treuue es images humaines, tant viriles, que feminines, & aussi en celles des bestes, comme cheuaux, & autres animaux.

Il faut aussi entendre que les statures des images par cy auãt pourtraictes, ne gardẽt pas la mesure des pliemens de toutes les parties, ny la proportion de largeur, & epesseur. Car il apparoit au mouuement quelque espace quasi se departir d'vne partie qui accroit à l'autre: par ce moyen il s'en ensuyt mutation en l'œuure : pour lesquelles plus iustement parfaire, il faut que l'ardant à telles choses trauaille en plusieurs exeples: lesquelz il pourtraira à la semblance des corps vifs. Par ce moyen certes il decouurira la mode de toutes les parties, que doit estre plus que manifeste, à fin de n'errer en l'œuure.

Outreplus pour chercher le moyen des pliemens, il y a une voye entre autres vtile, mesmement aux imagiers, & graueurs, si es ordonnances les principales parties du pourtraict sont encloses en figures carrées, & angulaires dedans les croisieres. Ces choses se font aisément es delineamens, & premier pourtraict. L'espace de la teste a de coutume d'estre comprins de mesme mode & du col, & en particulier tout le tronc iusques à la ceincture: & de la iusques au haut de la cuisse, & de la iusques au genoil, & consequemment les iambes, & les piedz. Il faut entendre de mesme des bras: car par les figures angulaires toutes choses pourront se declarer en toutes les parties du corps par lignes, & poincts: à fin que qar equidistantes lignes dressées, & croisieres l'asiete de chacune soit entendue. Il est vray qu'elles ne peuuent pas toutes estre faictes carrées, ou droictes angulaires: & les faut approprier par les costez, & angles aux subiectes parties du corps : à fin qu'elles puissent aider à la vraye intelligence: Mais à fin que ie vuide les preceptes de pliemens ie le declareray comme de coutume par exemples. Soit donc mise en auant l'effigie virile pourtraicte au premier liure & lieu: & premierement la teste à part. Laquelle soit tournée à plomb sur le costé. Tu asserras donc ceste teste ainsi declarée, panchant de sorte qu'elle te regarde: mais tu la poseras quasi la contournant sur l'angle, non pas toutesfois de sorte qu'elle soit plantée sur l'angle: cela faict, voyant les anglez notez de marquez, 1, 2, 3, 4, tu tireras contremont d'eux des lignes equidistantes autāt haut que le cas le requerra: par ce moyen le desseing de la largeur du carré sera faict, auquel la face tournée sera enclose. Puis tu soumettras à ces lignes dressées vne longue croisiere notée des points x, y, sur laquelle tu asserras la face de front vers la destre : & au moyen du Transposeur tire toutes les croisieres de front autrauers de ces quatre dressées, comme nous l'auons dict. Tu auras lors tous les lieux notez en ce departement du nouueau carré; comme de front, sourcils, yeux, nez, oreilles, bouche, & menton. Puis tire de tous les angles de la face panchant les lignes de chacune partie en equidistance contremont par les croisieres ia tirées. Par ce moyen seront notez le nez, les yeux, la bouche, le menton, les oreilles, le front, le col, la rōdeur de la teste, ou le test. Il apparoistra aussi en quelles lignes & dedans lesquelles doyuent estre exprimées les parties: par le desseing desquelles la forme conuenante à vne face tournée, & quasi regardant sera pourtraicte. Mais ceste raison, à fin d'euiter erreur, requiert bien vne singuliere diligence. Et pour plus certainement demontrer toutes choses, nous auons cy soumis l'exemple de la description.

PROPORTION DE L'HOMME, LIVRE IIII. 107

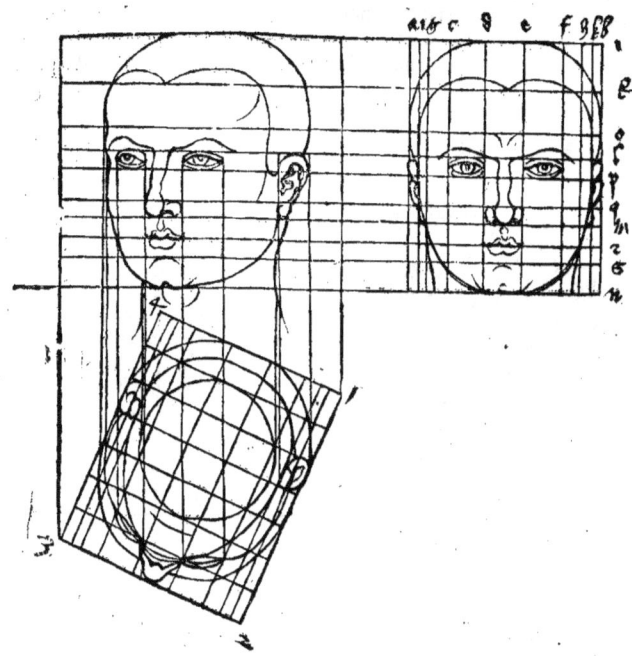

Or tout ainsi que nous auons tourné la principale face quasi comme regardant, maintenant ie montreray la raison par laquelle, en panchant le sommet, & dressant le mentō, elle soit de sorte assise qu'elle regarde à mōt. Qu'elle soit donc de ceste sorte: Tu asserras le carré d'vne face de pourfil, dressé cōme dessus, sur son angle inferieur du dernier costé en la ligne croisiere assez longue x, y, & dresseras l'angle inferieur du premier costé ou le menton est assis: puis tu tireras vne ligne croisiere assez longue en equidistance de la ligne x, y, laquelle tu asserras au dessus de sorte qu'elle touche l'angle eminent du carré, qui soit, t, l, : A laquelle tu aiousteras la face de front regardant haut, de ceste sorte. Tu pourtrairas au dedans de ces deux croisieres longuettes, l'espace de la largeur de la face de frōt auec deux lignes à plomb, a, b: dedans lesquelles aussi tu departiras le reste des lignes auec leurs notes, comme elles sōt posées au principal qui sont c, d, e, f, g, h, i, k, par lesquelles les parties de la largeur sont notees. Puis au moyen du Transferant tire de la face de pourfil toutes les lignes croisieres dedans le carré, assis aupres de celle de frōt du haut de la teste du front, des sourcils, du nez, des oreilles, de la bouche, du menton, du col, & des autres dont il sera besoin. Par ce moyen ces treillis montreront aisément, qu'elles parties, & quelz lieux de la face renuersée tu les deuras assoir : mais ce sera ton deuoir, de prendre bonne garde en pourtrayant la forme, en quelz lieux elles se rencontrent. Au demeurant on fera la face regardant bas de mesme raison que celle qui regarde à mont, si tu fais le carré de la face de pourfil regardāt en bas. Mais à fin que les choses fussent plus claires, nous avons cy soumis pour nostre doctrine, les deux faces du regardant contremont, & du contrebas, Il sera aussi licite d'vsurper le renuersement en l'vne & en l'autre: c'est à dire les faire regarder en ceste façon de contenance : combien que leur mutation en cela semble miraculeuse. A laquelle raison les panchemens seruirōt d'vn costé, & d'autre, de ces faces regardans sus, & bas. C'est vn cas merueilleux combien d'artifice est cōprins en telle variation de panchement, & quant grande certitude de toutes choses se manifeste: ny ne faut pas penser cela seulement avoir lieu es faces, veu qu'il se peut accommoder à

t

tout le corps. Car tout ainsi que nous auons montré de baisser la face, de mesmes aussi (si le cas le requiert) nous ferons le courbement de tout le corps. Mais auant que de l'entreprendre, le geste de l'image sera dressé, & seront tous les pliemens composez à l'auis d'vn chacun, & subsequemment en chacun lieu, & partie on tirera des lignes à plomb pour le panchement.

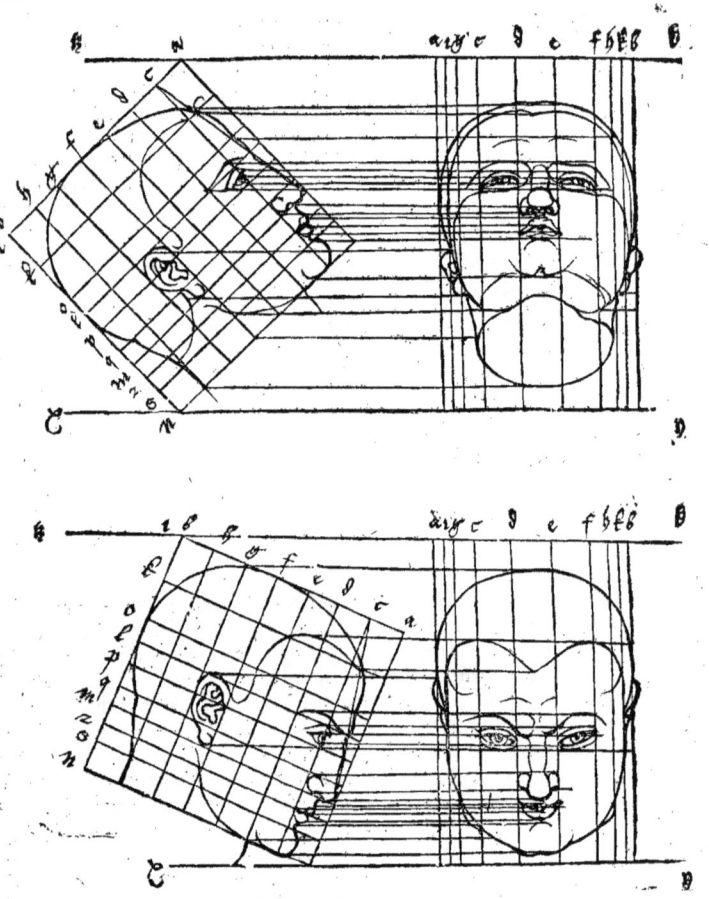

Mais à fin que nostre doctrine des pliemens puisse estre mieux entendue, & quelles images en sourdent, ie mettray maintenant en auant la principale image virile de la longueur de sept espaces de sa teste, pour la plier es lieux qu'il sera conuenant.

Prenons donc la face de pourfil regardant en bas, ia descrite: & qu'elle soit assise sur le tronc de l'image de front, & lors elle apparoistra regardant son costé senestre : nous mettrons aussi l'image de front regardant en bas sur le tronc de l'image de pourfil, par ce moyen la principale image deura estre apprestée en deux sortes. Puis tu la courberas sur les reins vers le costé senestre, & lors l'epaule dextre apparoistra plus eleuée que l'autre. Outreplus tu la plieras par l'espine du dos en aucunes croisieres, affin qu'il ne faille incliner le corps en vne droicte linge: tu dresseras aussi le bras senestre de sorte, qu'il seble s'auācer. Tu plieras aussi quelq; peu la cuisse au dessous des reins vers le costé senestre, & plá-

PROPORTION DE L'HOMME. LIVRE IIII.

teras le pied seneſtre, repondant au chef, de ſorte qu'il ſemble s'arreſter contre: mais tu dreſſeras le pied dextre de ſorte qu'il s'auance quelque peu vers le coſté dextre. Au regard de la iambe, tu la contreplieras au deſſous du genoil quaſi comme la retirant, de ſorte que la, elle ſemble s'affermir ſur les orteils.

Eſtant de ceſte ſorte l'image de front notée, ſubſequemment eſt accommodée celle de pourfil en tirant toutes les croiſieres par le moyen du Traſpoſeur: par leſquelles les lieux de toutes les parties ſont clairement demonſtrées. Suyuant leſquelles choſes la forme doit de nouueau eſtre pourtraicte.

Tu ſuyuras ſemblable raiſon au pliement de l'image feminine accommodée à la ſuſdicte virile, mais nous luy auons donné vn regard contraire en l'exemple, qui eſt d'vne face regardant l'aſſus, tournant toutesfois à coſté ſeneſtre, comme celle de l'homme. Duquel, comme nous ayons ordonné le corps ſe plier & pancher d'vn meſme coſté, auſſi ordonnons celuy de la femme eſtre plié au contraire, c'eſt à dire dextre, en gardant toutesfois la façon de la forme de la femme, cela faict tu recourras au Traſpoſeur pour tirer les lignes, & feras comme nous auons ordonné de faire en l'image virile. Nous auons cy deſſous pourtraict des exemples de point en point, la conſideration deſquels pourra inſtruire chacun. Mais il faut entendre que ces choſes ne ſeruet pas ſeulement à ceſte raiſon d'vſage: car elles montrent auſſi la voye à autres choſes, & les faire tant diuerſes qu'on voudra.

Outre plus il faut entendre que chacune partie pliée peut eſtre tournée ès lignes croiſieres ſelon qu'il en ſera beſoin, comme par exemple. Si l'epaule ſeneſtre de l'homme panche vers la cuiſſe on la peut ramener, & quaſi tourner ſouuent en derriere, & quaſi comme auancer la dextre, par le mouuement de ceſte partie la du corps ſuyuant le geſte. Il t'eſt licite de faire ainſi par tout, & en ſuyuant ces eſcris, d'vſurper toutes choſes.

Or apres auoir vuidé la raiſon de la plieure de l'image de front à tous les coſtez. Ie mettray doreſenauant la maniere de plier deuant & derriere l'image de pourfil: laquelle il faudra premierement eſtablir. Mais tout ainſi que ie me ſuis cy deſſus aidé de la principale effigie pourtraicte au premier liure & lieu: Ores auſſi nous prendrons pour plier l'effigie virile, & la feminine du meſme liure qui eſt pourtraicte en dernier lieu: la hauteur de laquelle contient dix eſpaces de la teſte. Ceſte contrarieté aura grande euidence en la comparaiſon de la courteſſe, & epeſſeur, & de la hauteur & greſleure grande en l'vn & en l'autre.

Premierement tu feras ceſte principale image quaſi planée ſur le pied dextre, en retirant le ſeneſtre, lequel auſſi les feſſes ſuyuront, & la iambe ſera retirée en pliant le genoil: à fin qu'en ceſte partie elle ſemble ſe ſouſtenir ſur les orteils. Puis tu commenceras au droit du nombril à courber l'eſchine, la courbât quelque peu en derriere, en auançant au deſſus pres les oz trauerſiers la courbure outre la ligne, marquant la hauteur: de ſorte que ceſte plieure tienne façon de portion de cercles, & lors tu courberas fort le col; de ſorte que la teſte panche, & que la face regarde en bas. Mais à fin que l'aſſiette demeure egale & balancée, on dreſſe le pied ſeneſtre, & le bras dextre en derriere.

Tu changeras en quelques endroits la plieure de l'image virile en ſa feminine de ceſte ſorte: Tu la recourberas depuis la ceincture en derriere par toute l'eſpine iuſques à la nucque, & roydiras le bras dextre en derriere. Et ſubſequemment depuis la ceincture iuſques à la hanche, tu tireras les feſſes en derriere: tu feras auſſi vn plis en la cuiſſe dextre, de ſorte que la cuiſſe & le genoil dextre outrepaſſent la ligne fixe de la hauteur: mais tu retireras la iambe au deſſous du genoil. Par ce moyen tu auras balancé le corps; de ſorte qu'il ſemble ſe planter ſur les orteils du pied ſeneſtre. Puis tu tireras auec le Traſpoſeur toutes les lignes croiſieres: par leſquelles les commencemens des hauteurs, & leurs fins ſont notées depuis l'image de front iuſques à celle de pourfil : & approprieras la largeur, & epeſſeur preſcrite : & tourneras les cuiſſes quelque peu vers le coſté droict, & auras ceſte image pourtraicte de nouueau en geſte, laquelle en luy donnant ſa forme tu perſeras, comme tu m'as veu faire. Ie vous auertis derechef que ie propoſe mes exemples pour vne generalle doctrine, à fin qu'on ne m'eſtime vouloir obliger perſonne à ce ſeul moyen. Chacun de vray pourra vſurper les pliemens d'images à ſon bon vouloir, & les pourtraire aſſiſes & couchées, & en tous geſtes propres à vn corps vif, en toutes modes, & genres. Dauantage il ſera licite faire en toutes autres images, deſquelles nous auons és precedens liures demontré les proportions, les pliemens que nous ayons montré en deux images propoſées, l'vne de courteſſe & groſſeur, & l'autre de longueur & greſleure.

e ij

ALBERT DVRER DE LA

Image virile & rustique, la hauteur de laquelle contient sept longueurs de sa teste.

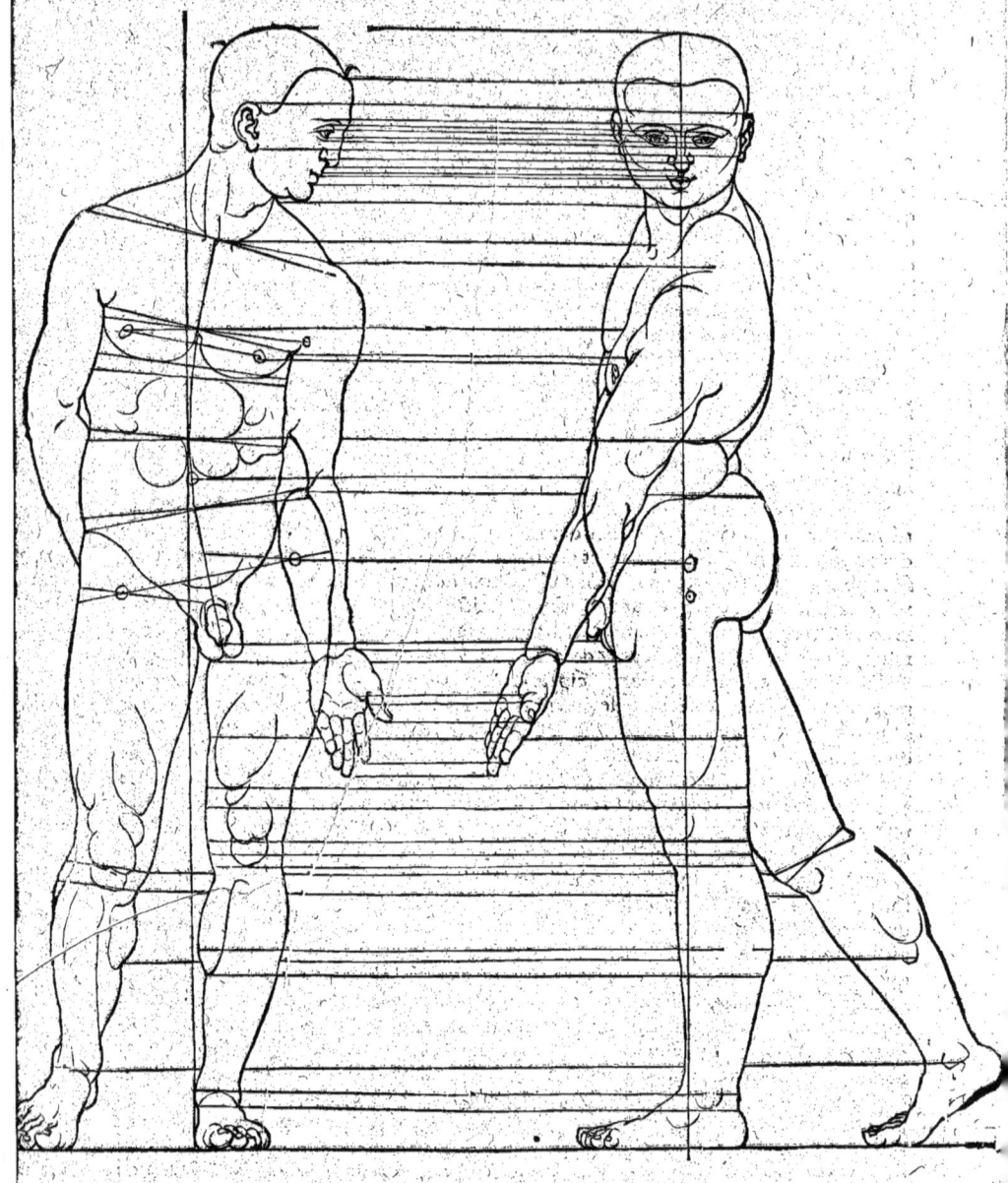

PROPORTION DE L'HOMME. LIVRE IIII.

Les lignes droictes remarquans les parties sont en ce lieu omises.

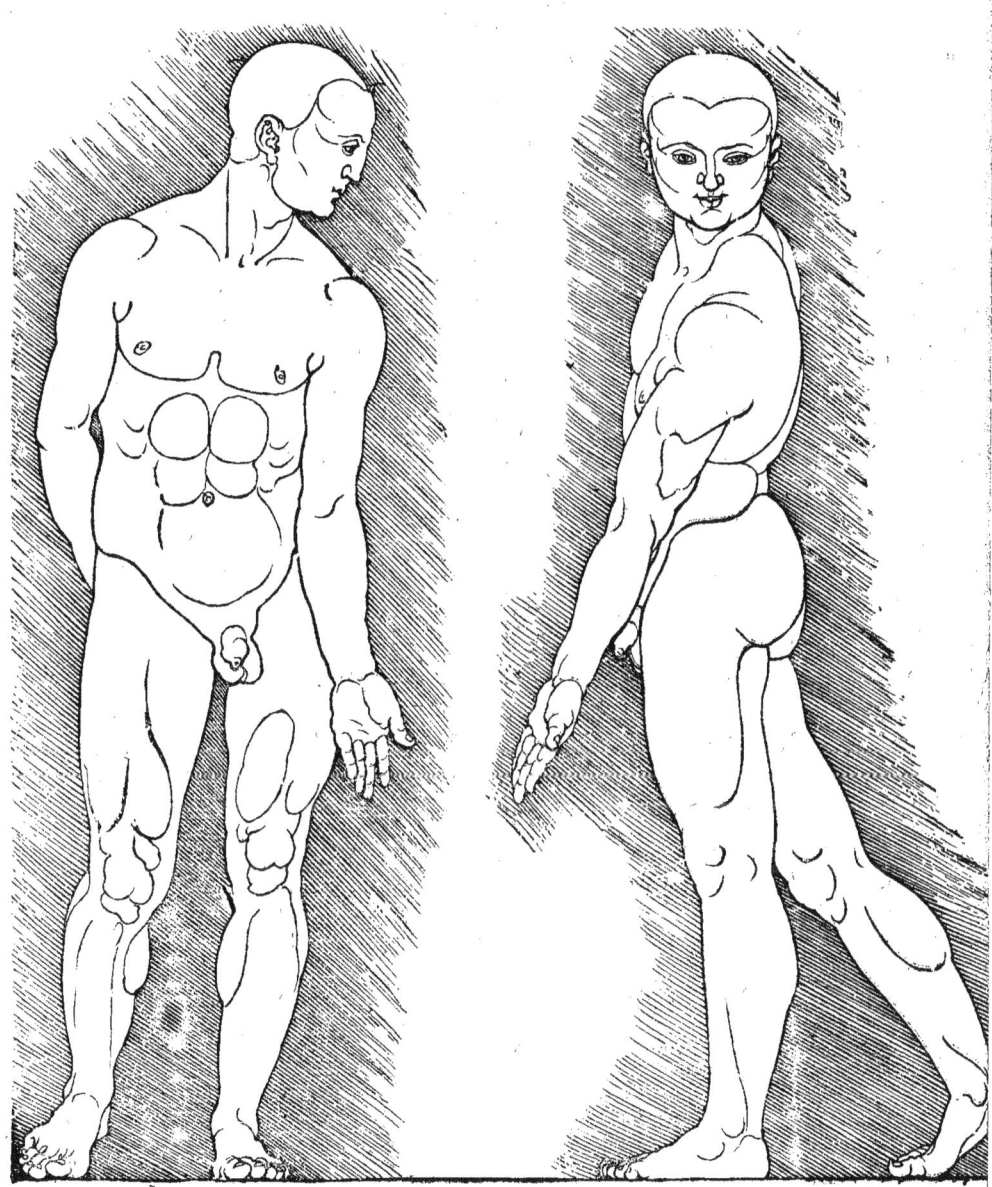

ALBERT DVRER DE LA

L'image d'vne femme Rustique la hauteur de laquelle contient sept
longueurs de sa teste.

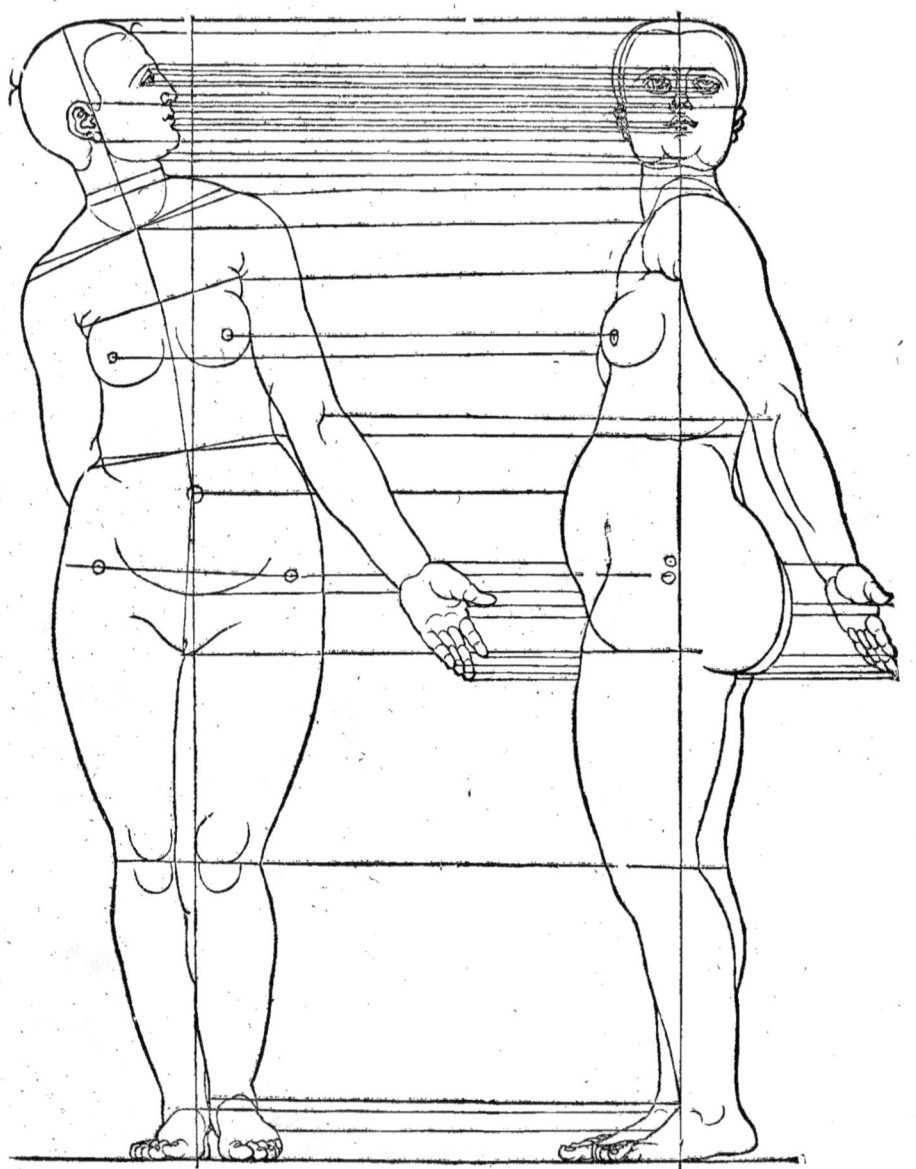

PROPORTION DE L'HOMME. LIVRE IIII.

Les lignes droictes marquans les parties sont omises.

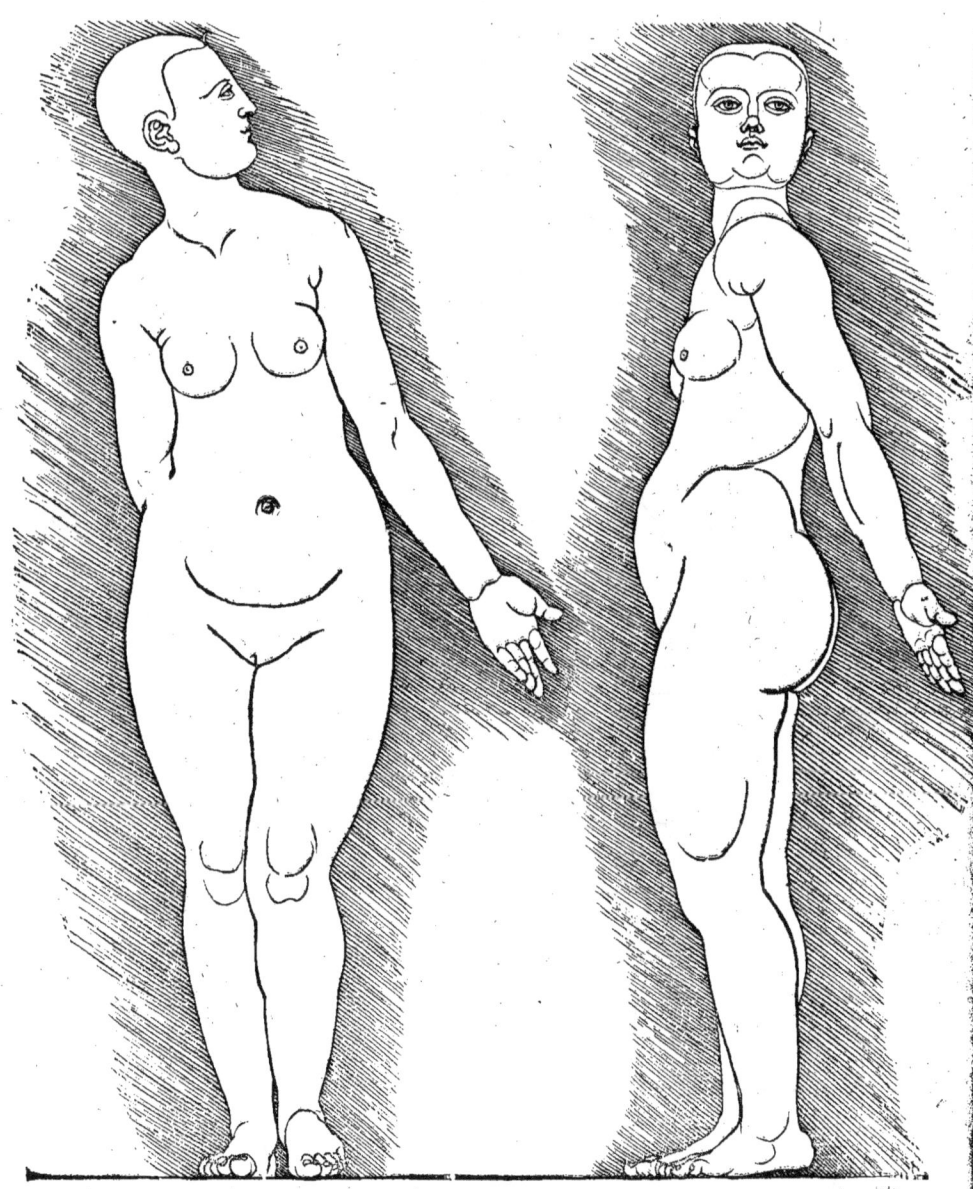

t iiij

ALBERT DVRER DE LA

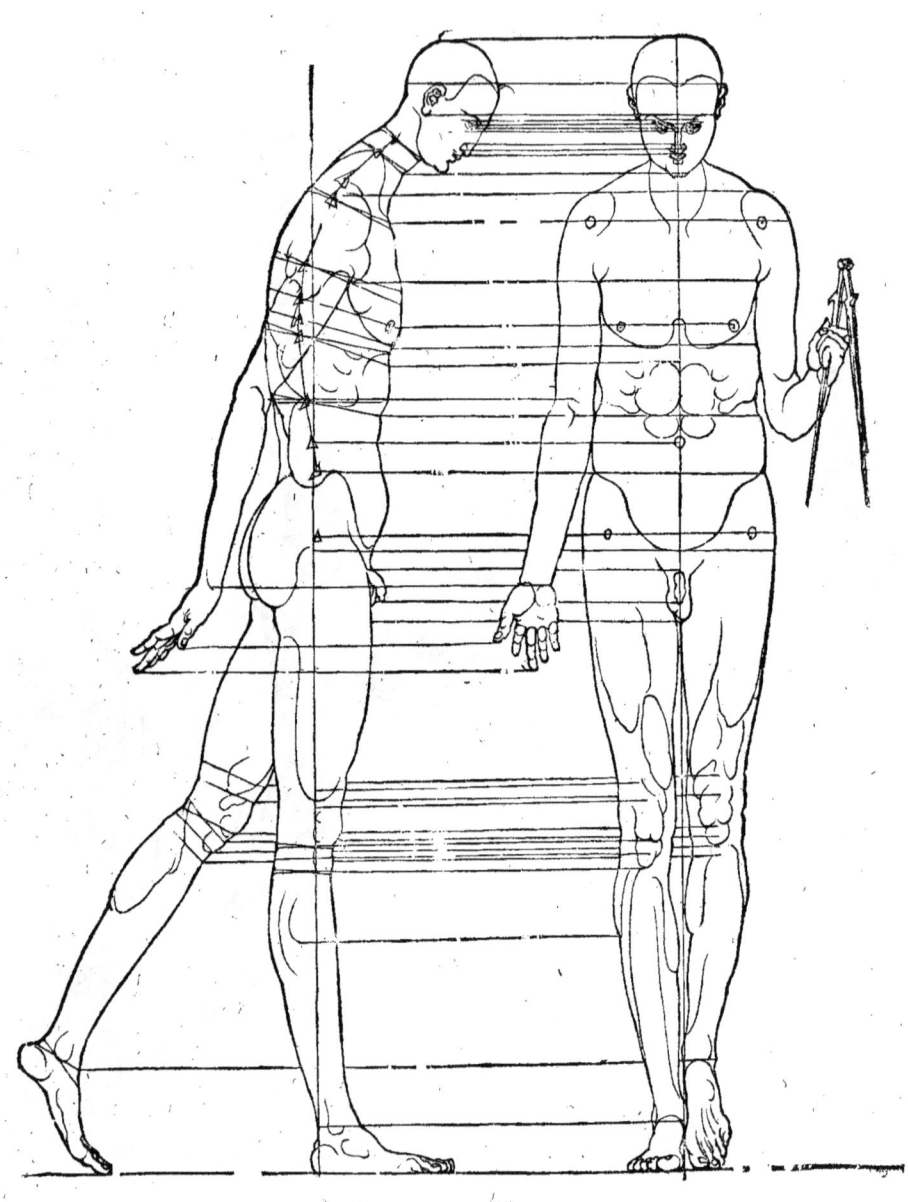

PROPORTION DE L'HOMME. LIVRE IIII.

Les lignes droictes marquans les partis sont omises.

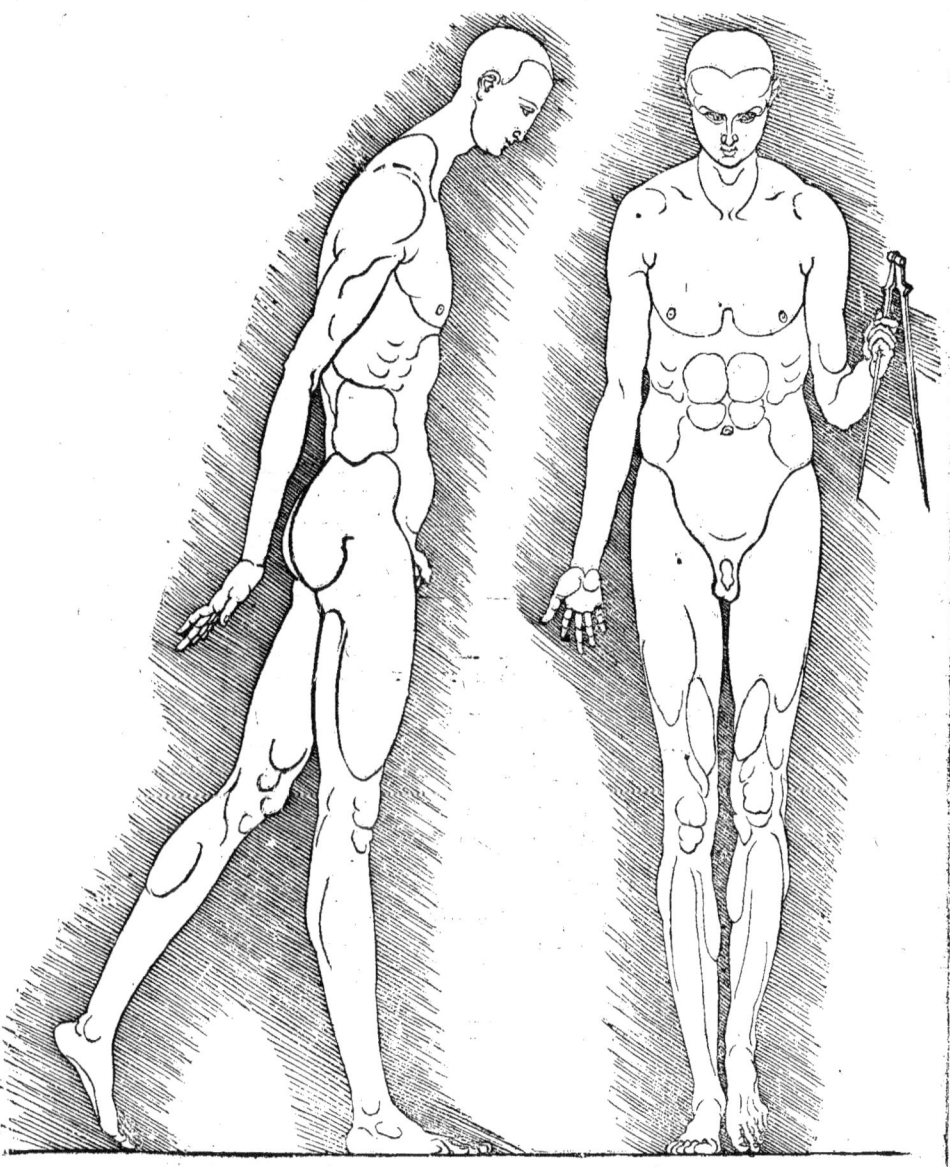

ALBERT DVRER DE LA

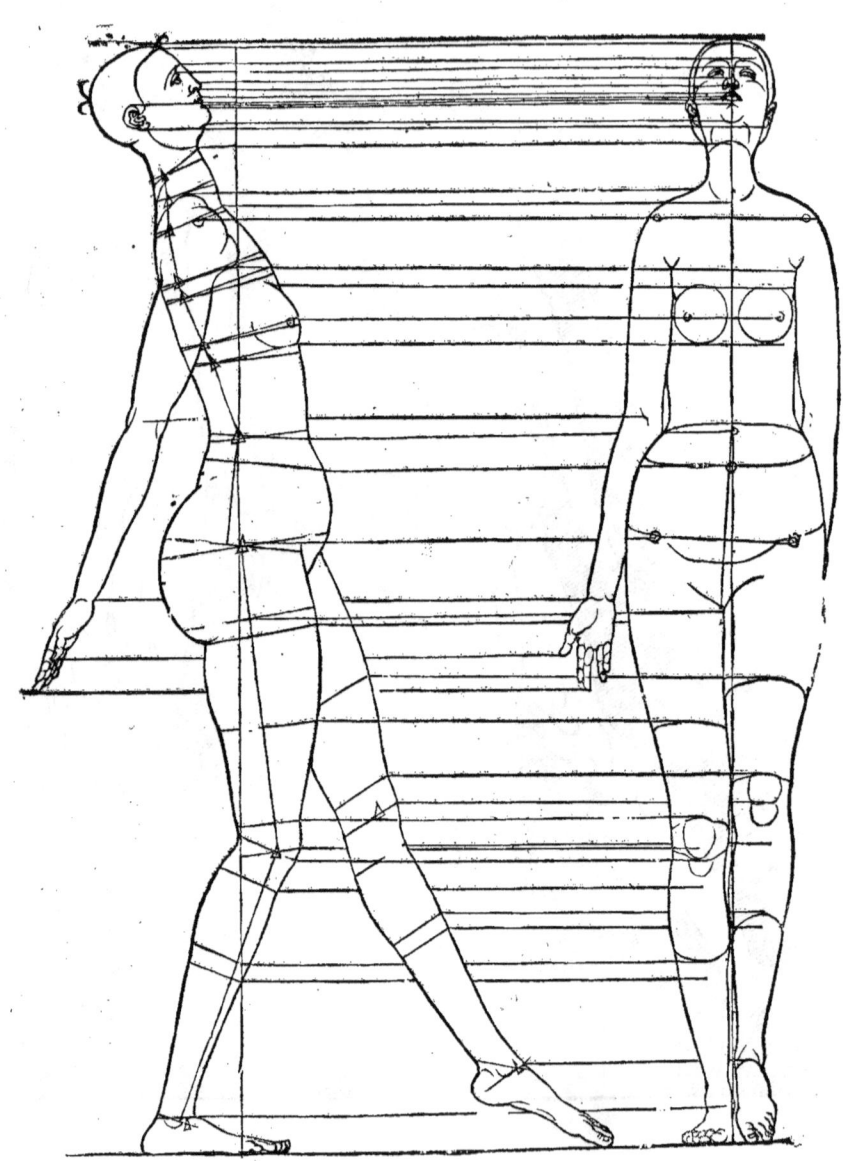

ALBERT DVRER DE LA

Les subsequentes images ont presque prins les mesmes plieures que les susdites.

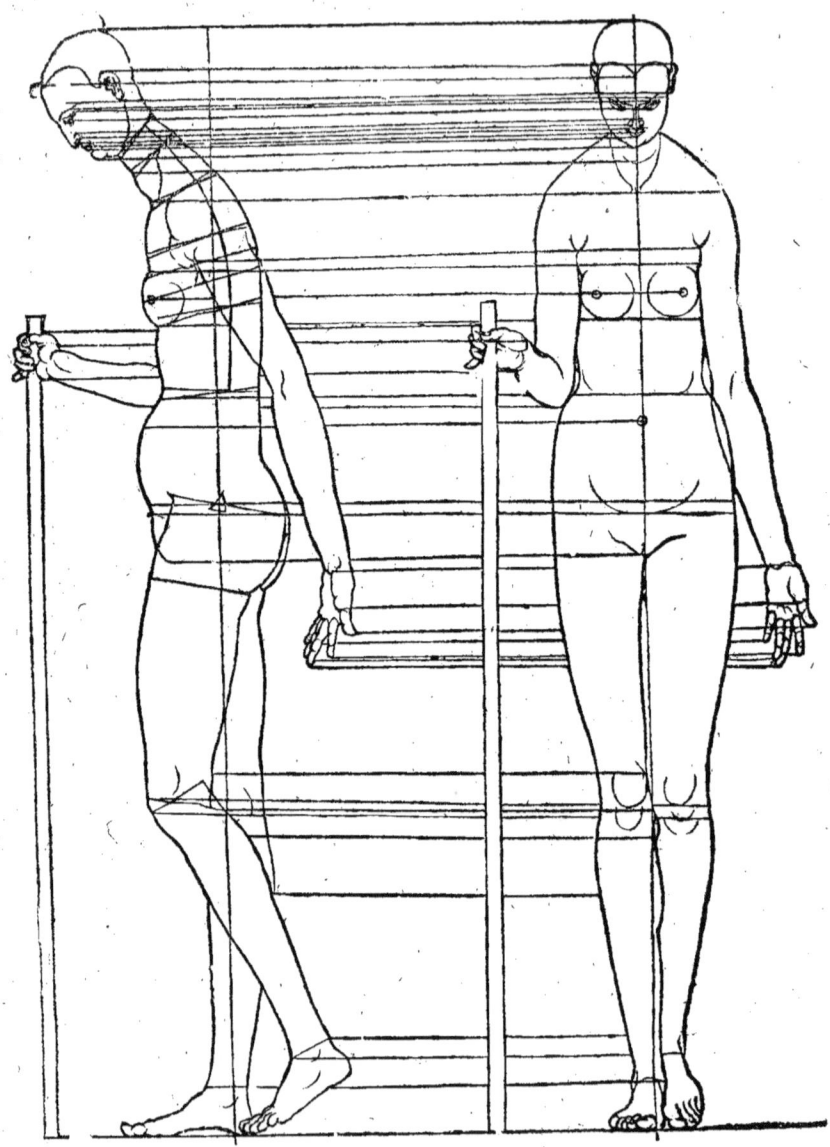

PROPORTION DE L'HOMME. LIVRE IIII. 113

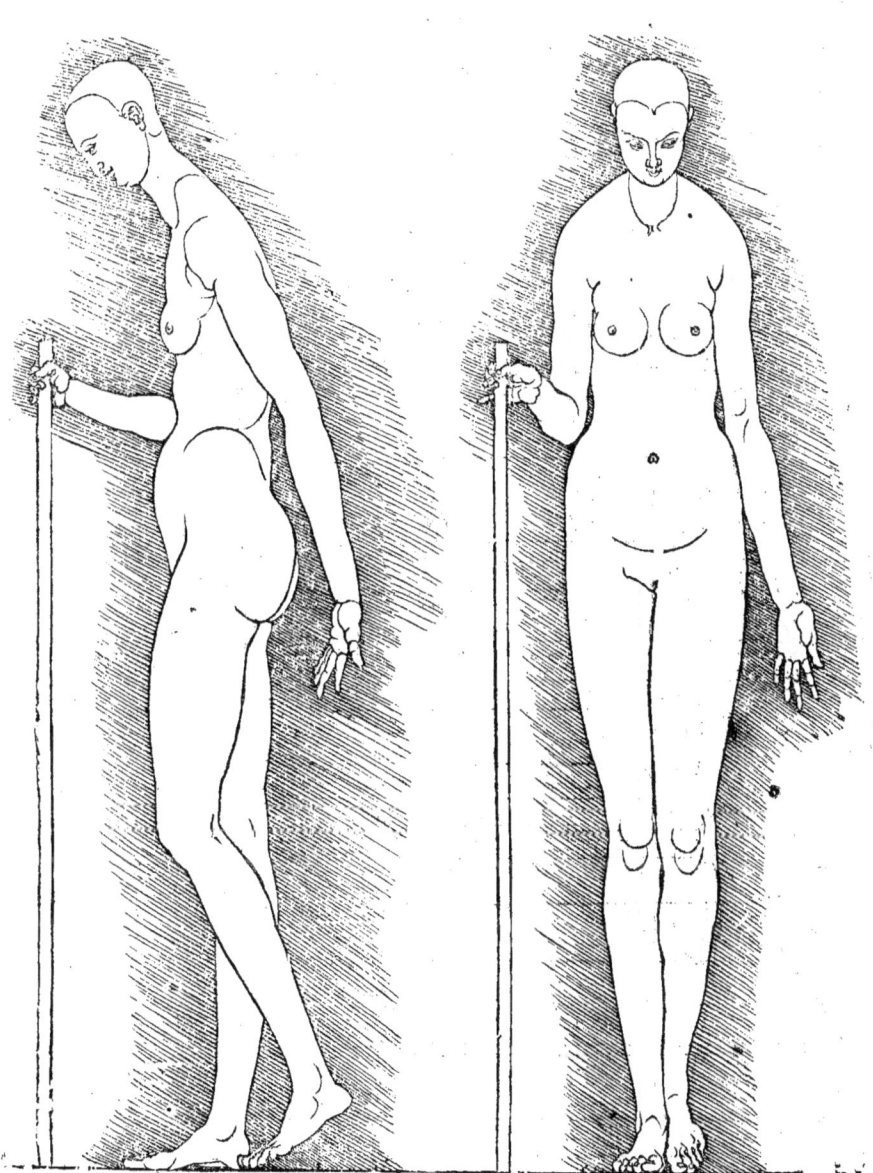

ALBERT DVRER DE LA

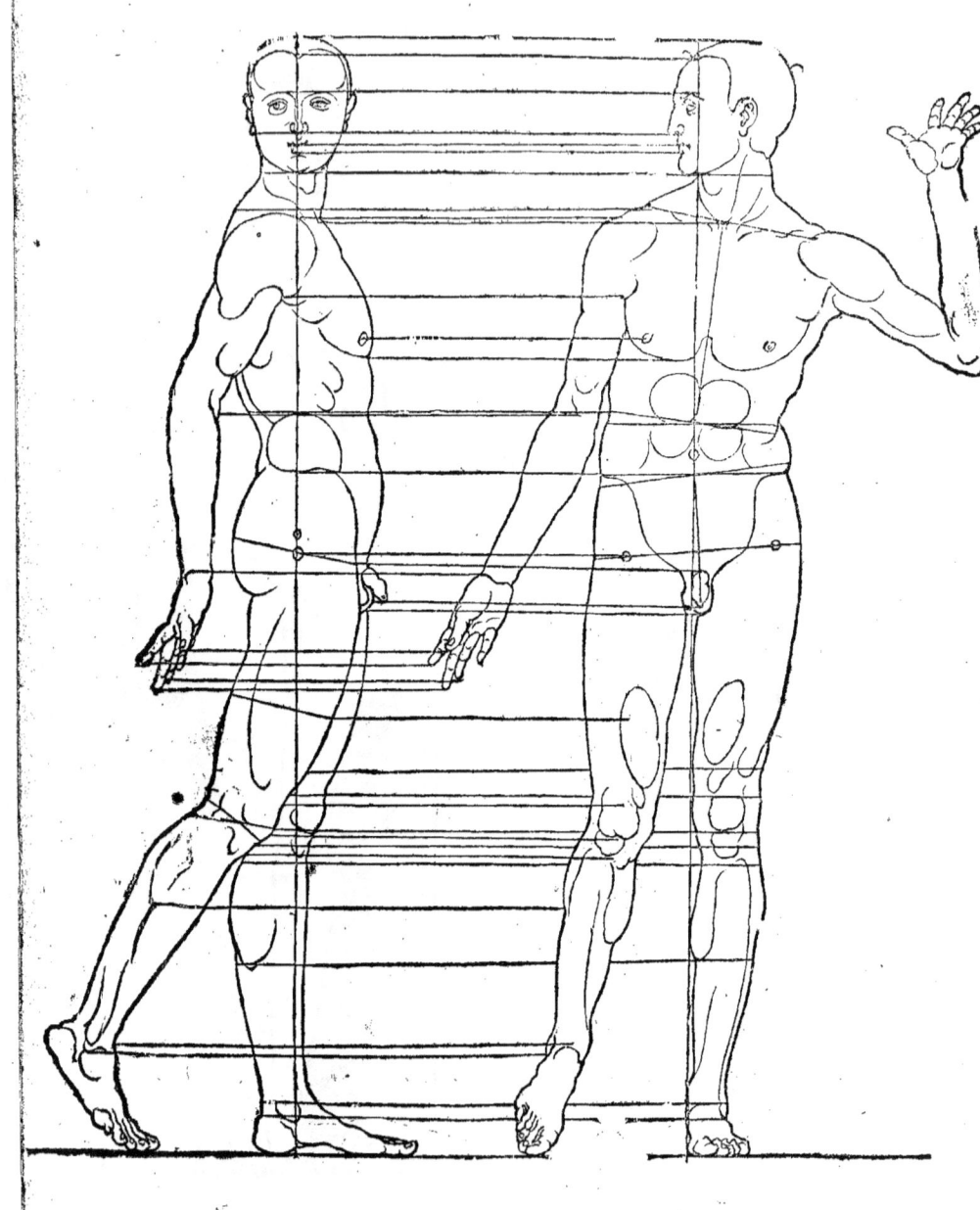

PROPORTION DE L'HOMME. LIVRE IIII.

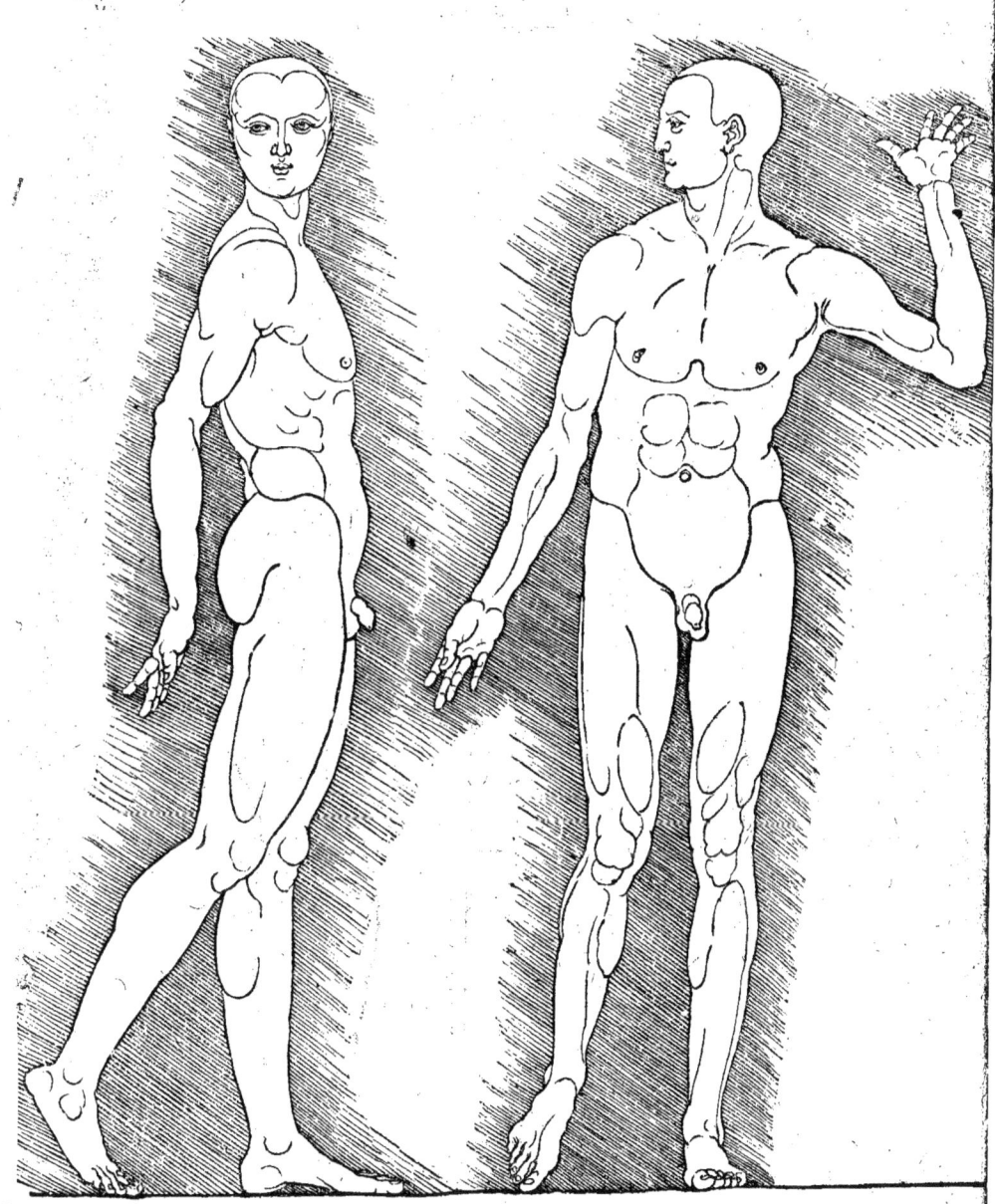

v ij

ALBERT DVRER DE LA

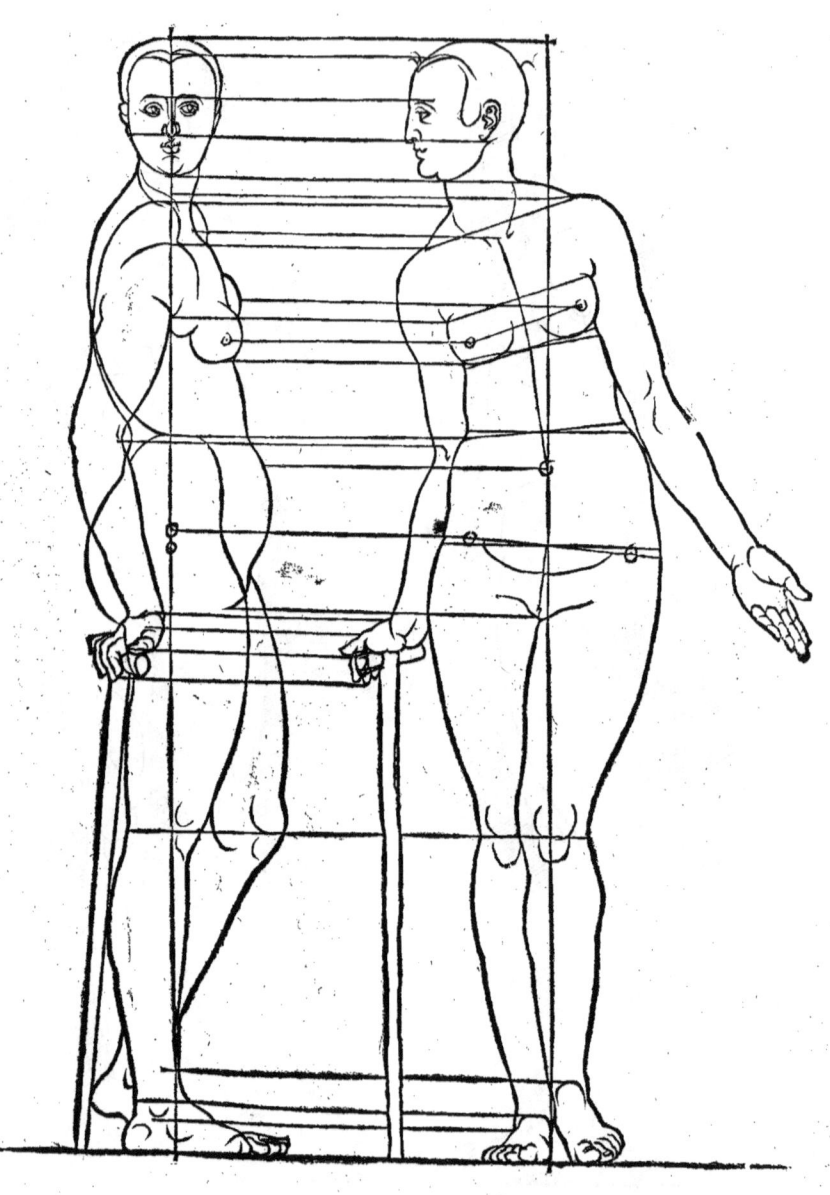

PROPORTION DE L'HOMME. LIVRE IIII. 115

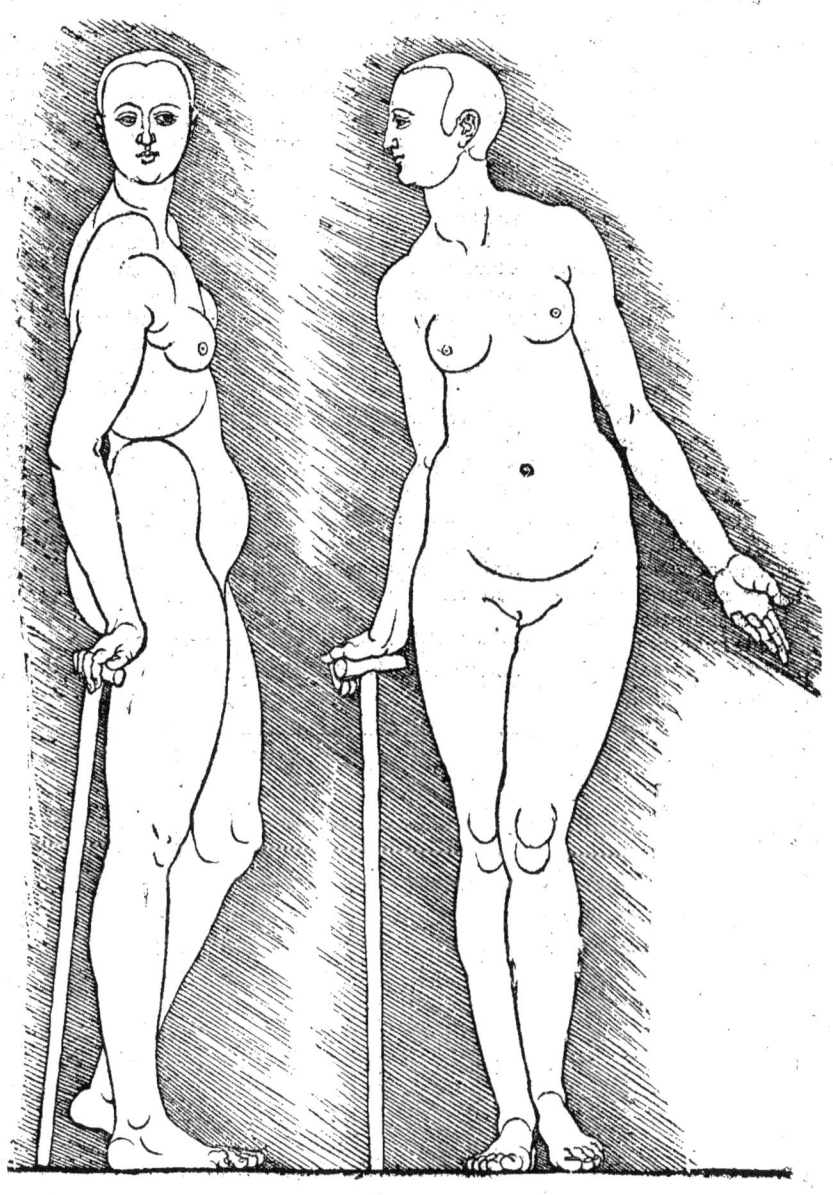

v iij

ALBERT DVRER DE LA

Es choses subsequentes ie prendray la charge de la raison de courber les images, aussi feray ie de la separation, renuersement ou recourbeure, entrelassement, étendue, & raccourcissement, & montreray quelque vsage d'eux, comme nous auons faict es pliement, & tournement cy dessus. Ce que ie declareray par deux corps. Par la de vray i'espere que l'intelligence en sera bonne: lesquelz seront quarrez, & l'vn assis sur l'autre, Le lecteur soit icy records qu'en ce cas autre chose est la superficie, & autre le corps. Considerons donc maintenant si tu entens que ce soyent corps mols, cõme quoy on les peut separer, dresser, contourner, & former selon les autres modes recitées Dõt voicy la demõstration. Qu'on assie au lieu de quelque membre deux corps quarrez, & note de l'vn & de l'autre leur superficie contigue chacune de ses certains points, à fin qu'on voye leur separation. Comme par exẽple tu noteras les angles de la superficie basse du corps superieur auec les lettres, a, b, c, d, & les angles de la superficie superieure du corps inferieur par les quatre nõbres; 1. 2. 3. 4. & qu'entre ces deux le point o, tienne le milieu: auquel ils soyent tousiours ioints, & dont ils ne partent iamais, en tous leurs maniement. Subsequemment tu leur soumettras vn quarré qui soit quasi comme fondement, & c'est abaissement de figure, dont nous auons souuent parlé: les angles duquel tu noteras aussi de lettres, & chifres comme la raison le requiert du trait des lignes droictes par le moyen du Transposeur : de sorte que l'vn des angles sera assorti des notes a, 1. & l'autre b. 2. le tiers c, 3. & le quart d, 4, toutes lesquelles choses nous auons exprimé cy dessous auec leurs lignes, & notes.

Deliberons donc pour cest heure de pancher sur le costé le corps precedent, par lequel panchement tous ses angles soyent separez du quarré d'au dessous, & que cela donc se face au quarré du fondement, & panchement, de sorte que l'angle a, semble se departir de l'angle 1. & celuy de b, de 2. & de c, de 3. & d, de 4. Desquels angles separez si tu dresses des lignes à mont par le moyen du Transposeur, le panchement du superieur quarré apparoistra incontinent, comme nous l'auons clairement pourtraict aupres du corps assis sur luy, & le fondement soumis.

Ceste raison de panchement aura lieu en toutes les lignes croisieres du corps humain pour exprimer tous les gestes naturels : & d'elle en est faict vn pourtraict en la face panchãt cy dessus.

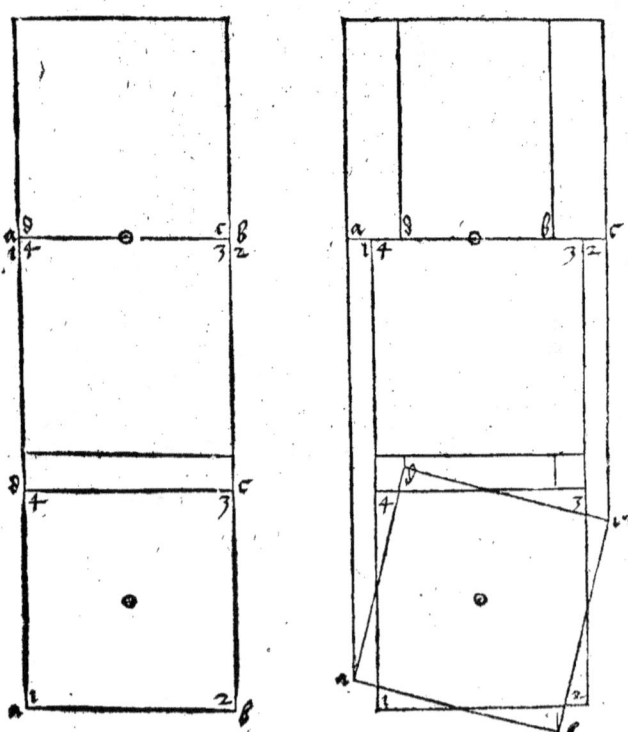

PROPORTION DE L'HOMME. LIVRE IIII.

Mais estant ainsi panchant le quarré superieur, de sorte que les angles soyent separez, le studieux de ces closes deura éprouuer aussi l'inclination, à fin que les costez biaisent & soudain essaier au fondement soumis le panchemēt. Mais à fin que tous les angles soyent apparās en cest panchemēt qu'on pose quelques lettres à la superficie superieure du superieur quarré qui soyent e, f, g, h. estāt celles de l'inferieur a, b, c, d. Lesquelles choses si tu fais bien, la figure de toutes en sourdra telle que nous l'auons cy soumis estant au fōdemēt la variation expliquée par les lignes droictes qu'on a de coutume de tirer par le moyen du Transposeur.

Puis estant le superieur quarré tourné en deux sortes comme nous l'auons montré & panché sur le costé, éprouuōs vne tierce raison d'vn panchemēt au contraire du quarré susdit. Le point o, que nous auons mis au milieu deura tousiours demourer immobile, sinon que quelque cas necessaire le remue. Ce quarré donc sera tourné, de sorte qu'il panchera sur le costé & de front : de sorte que quand le panchemēt du fondemēt sourdra par le moyē du Transposeur à lors la figure sera telle que la contient l'exemple cy dessous mis.

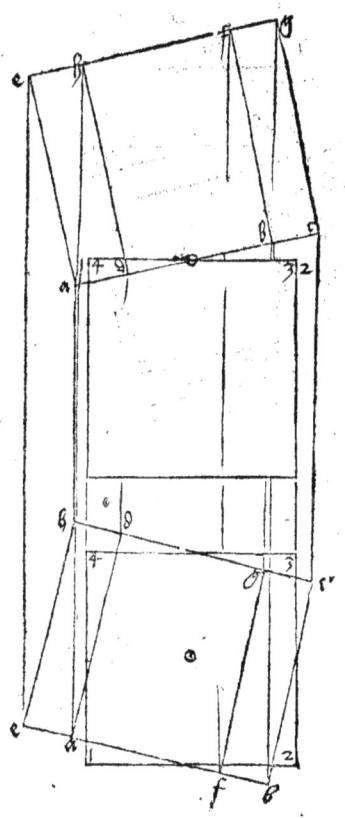 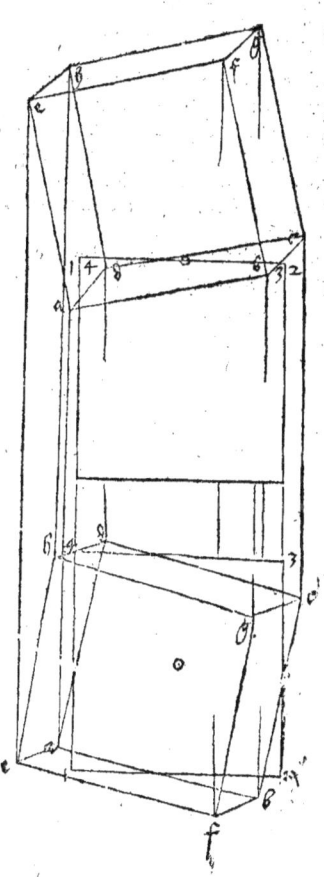

ALBERT DVRER DE LA

Tout ainsi donc que la raison de tourner & pancher deuant, derriere, & de costé a peu par nostre doctrine susdicte estre entendue, estans des deux quarrez l'vn posé sur l'autre, il faut aussi entedre que le traicté du quarré inferieur doit de mesmes estre vsurpé, & que tout ainsi que l'vn est mobile estant l'autre fixe, on pourra aussi les mouuoir tous ainsi que la commodité & le cas le requerra. Lesquelles choses quand quelqu'vn aura pourtraict à lors le discours des angles, des costez & des superficies es corps platez droit & panchans semblera merueilleuse, côme il appert. Car quelque fois les corps se courbét: & semblent autrefois s'ouurir. Pour lesquelles choses auenans aux corps mols, les dressemés & raccourcissemens sõt aussi au contraire decouvers. Dont il auient que ce qui oste à vne partie accroit à l'autre: à fin que ce que tu penses estre departi soit rempli.

Il ne faut pas d'avantage ignorer que la mesme raison que nous auons montré du pliemẽt & panchemét en droictes lignes, peut aussi seruir au corps mol auec les lignes, costez & superficies courbées au bon vouloir d'vn chacun. Pour la declaration desquels ie mettray cy dessous les courbures des susdictes plieures & panchemens en aucuns costez & superficies: à fin que rien ne puisse empescher l'intelligence.

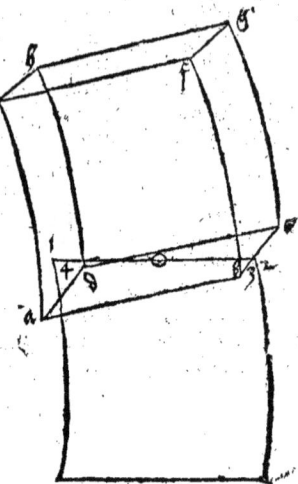

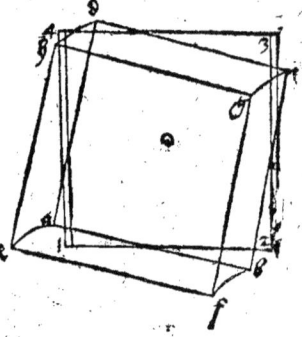

PROPORTION DE L'HOMME. LIVRE IIII. 117

Mais outre l'intelligence de ces differences de pliement & panchement, & d'autres mouuemens demontrez en ces corps quarrez: il reste encores l'entrelassure, la cognoissance de laquelle n'est pas à delaisser. L'entrelassure auient aux lignes laterales tirées d'vn angle à autre, auec lesquelles auient que la superficie aussi s'entrelasse: de laquelle la raison n'est pas diuerse de celle de la courbure, ia cy dessus declarée, sinon que l'entrelassure entremesle les lignes, veu que ces autres sont tirées quasi en contournant comme il a esté dict. Au regard de l'entrelassure chacun la peut vsurper à son vouloir, par laquelle il auiét que rien ne semble tenir sa premiere figure. Semblablement aussi il apparoist vn fondemét autre que le premier aux lignes entrelassées & panchées, comme on le peut voir es figures cy soumises. Il auient de vray necessairement que la mutation de figure cause vn autre panchement. En quoy il faut entendre que les choses qu'on tourne doyuent estre tournées au panchement, dont la figure soit dressée. Au regard de celles qu'on pliera, elles deuront estre pliées en la figure, dont elles sont tirées panchant contre bas.

Et quant à ce que nous auōs vsé de deux corps quarrez en la demōstration de ces choses, personne ne pense qu'il ne puisse aussi auenir es autres figures. Elles ne demandent pas de vray tousiours les quarrées, comme qui requierent quelque fois les elargies, ou allongées c'est à dire plus longues de l'vne de leurs parties: & aussi de plusieurs faces, & anglez, selon l'exigēce de la partie, & de la forme qu'on veut pourtraire. Dont il auiēt que les costez, ne la superficie, ne les angles ne retiennent pas l'egaleté, ne leur droiture, & que rien de tout ne semble semblable en vn corps. Lesquelles si quelqu'vn d'epreuue, il entendra que ie ne l'ay pas sans cause mis en auant. Au demeurāt c'est vne mesme raison de la figure muée, cōme que ce soit qui pliera, ou tournera celle que nous auons exposé des corps quarrez.

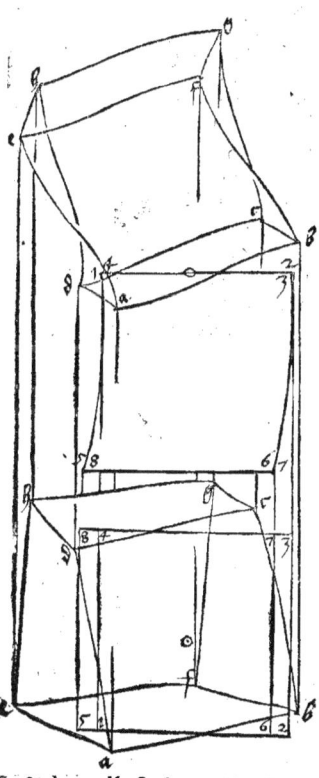

Au surplus quelqu'vn pourra enclorre suyuant cecy tout le corps humain en figure angulaire: en qui toutesfois se trouuera vne grande inegalité. Aussi pourra il en plusieurs autres choses. Car tu pourras tourner, & plier toutes choses naturelles exprimées en leur estat aupres de leurs croisieres, denotans les parties ou membres, de pourfil, ou de front, ou de dos: & marquer les lieux à figures quarrées ou angulaires, & donner tel geste que bon te semblera à l'image plantée, ou seant ou couchée. Et pourtant il t'est licite de pourtraire en vne image proposée toutes les parties des figures quarrées, ou angulaires, & de chercher par apres à ton plaisir les pliemens & tournemens. Et ainsi seront trouuées les figures cy dessus recitées de dresser, cōtourner, de courbure de pliemēt: dont tu pourras decouurir la raison, & voye de l'œuure: suyuant laquelle, on ne scauroit rié enseigner plus certain aux studieux de l'artifice de tailler marbre ou bois Par la de vray on decouure les choses qui se doyuent retrancher, en chacune superficie, à fin de n'y laisser ne trop, ne peu. Mais les ouuriers scauās & experimentez ne s'y amusent pas, sinon es grāds & singuliers ouurages, Et ont de coutume de marquer à points, les pliemēs es images pourtraictes, & ainsi soudain pourtraire de nouueau vne forme changée, & muée. Ie scay bié combien il est dificile de cōprendre par escrit la doctrine de ces choses & de quelle facherie elle est au lecteur & disciple en ceste multitude de points, & marques, & redicte de parolles. Il y a toutesfois beaucoup d'abregemés pour la suyte desquels

V

on soit moins fasché, & vienne l'on aisément à fin: sans lesquels, la difficulté de cest artifice sembleroit insupportable. Quiconques donc ce voudra exerciter d'vsage, & experience en ces choses il trouuera tous les iours quelque chose plus expediante & facile: auquel vn bon maistre sera necessaire, car les choses qui s'apprennent sans interprete, ont de coutume de donner en beaucoup de sortes plus grand trauail & fascherie.

Or auons nous des choses susdictes cy dessous mis vn exemple de l'image virile : qui sera celle qui par cy auant a esté pourtraicte au second liure, la hauteur de laquelle seroit de neuf espaces de sa teste : mais en faisant la teste vn peu plus haute la mesure ne demeurera pas de neuf testes. Nous auons donc enclos la forme de cest image, tant de front que de pourfil, de tous costez, dedans figures quarrées & angulaires : lesquelles sourdent de leurs croisieres qui les distinguent plus hautes & basses, & sont rendues inegalles à cause de la forme des parties, ausquelles elles sont accomdées. Nous auons aussi departi la hauteur de cest image en neuf parcelles, par dix figures angulaires. Voicy les noms des parcelles, la croisiere du menton, des épaules, des oz trauersiers, des mammelles, de la ceincture, des cuisses, du haut de la cuisse, du genoil, du bas de la cheuille sous la iambe. Mais pour plus grande declaration, nous auons pourtraict premierement la forme de l'image enclose de toutes pars à figures de lignes triangulaires de pourfil, & de frõt plantée, & dressée sans pliement auec le bras dextre étendu, estant le gauche pendant. Mais tu verras de l'autre costé de la fueille les sentes quadrangulaires figurez de lignes s'entrefermãs, sans le pourtraict de la forme. Puis tu verras ces quarrez assis les vns sur les autres, & enfermans l'image panchans au dessous du fondement par le moyen du Transposeur, tout ainsi que tu l'as veu par cy auant de la teste à part. Puis nous auons tiré à part vn arondissement de chacune partie conuenant à son quarré qu'il faut chercher en l'image de front & de pourfil. Par la il appert que c'est qu'il faut roigner de la superficie quarrée en chacune parcelle : il faut en ce passage entendre que quand la superficie quadrangulaire en vne mesme partie est l'vne du corps de dessus, & l'autre du dessous qui sont assis l'vn sur l'autre, il faut alors entendre que de l'vn & de l'autre le lineament est tout vn. Nous auons aussi distingué à part par entreillissemens de lignes les quarres des parcelles : à fin que s'il y a rien de plié ou tourné, on le puisse par elles raisonnablement former. Il auient qu'en aucuns lieux les quarres sont alongez pour estre reserrez, & autre part deuenir biaisez, & lors il faudra raisonnablement suyuant cela arondir la forme des parties: mais quand les quarrez sont biaisez les lignes tirées en treilliz, y echeent selon la figure. Et quant quelque chose grãde est estrecie, ayde toy du variãt, la figure duquel nous auõs exprimé au precedãt liure. Subsequemment nous auons quasi amassé ensemble toutes ces parcelles soumises au fondement en delaissant les quarres, à fin qu'on vist quel estoit entre elles le rencontre, & comment l'vne excederoit l'autre.

PROPORTION DE L'HOMME, LIVRE IIII.   118

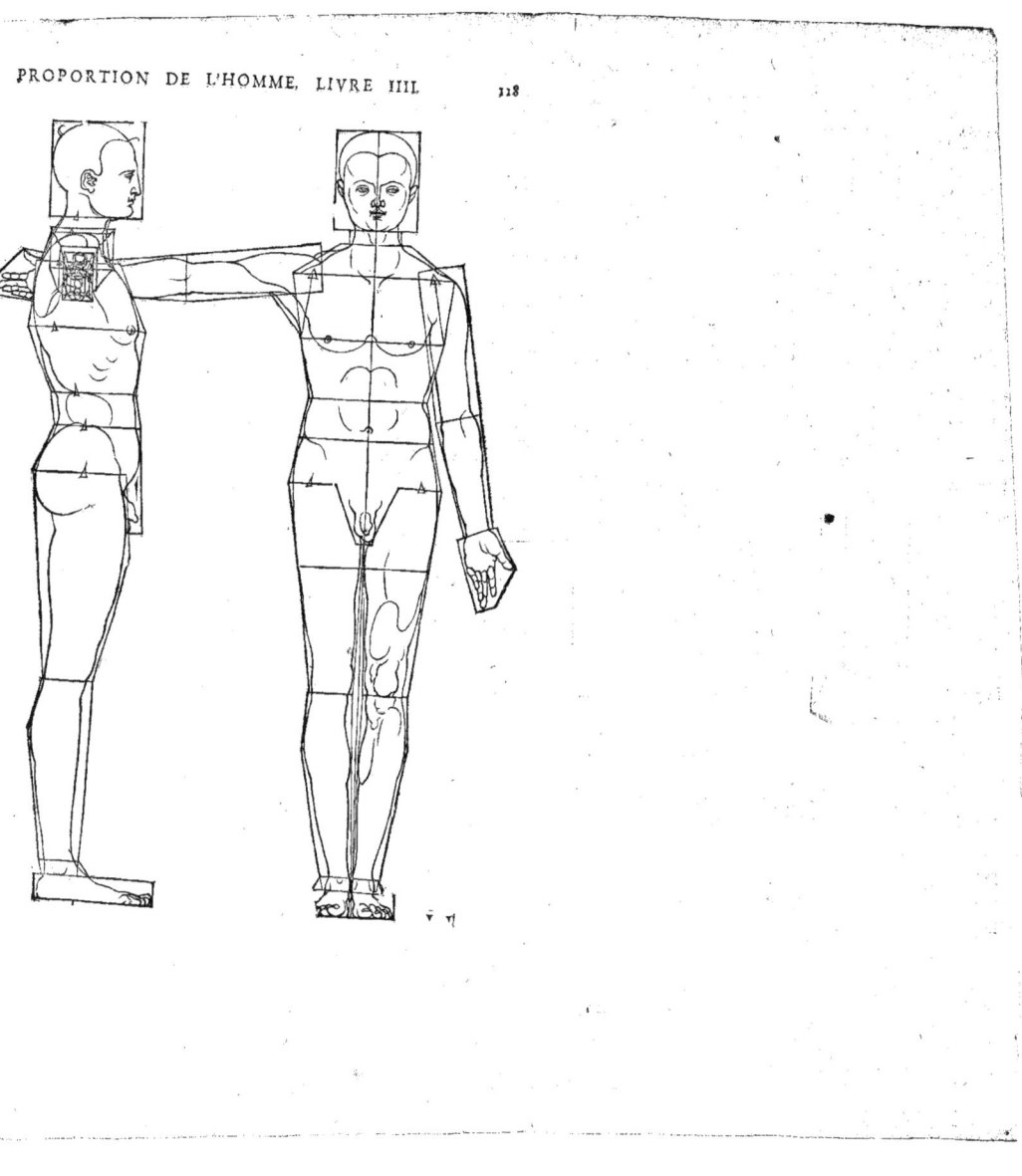

ALBERT DVRER DE L'A

la tefte.

Le men-
ton.
Les épau-
les.
Les oz tra-
uerfiers.

Les mam-
melles.

La cein-
cture.
La hanche.

La cuiffe.

Le genoil.

Le bas de
la cheuille.
La plante.

PROPORTION DE L'HOMME. LIVRE IIII.

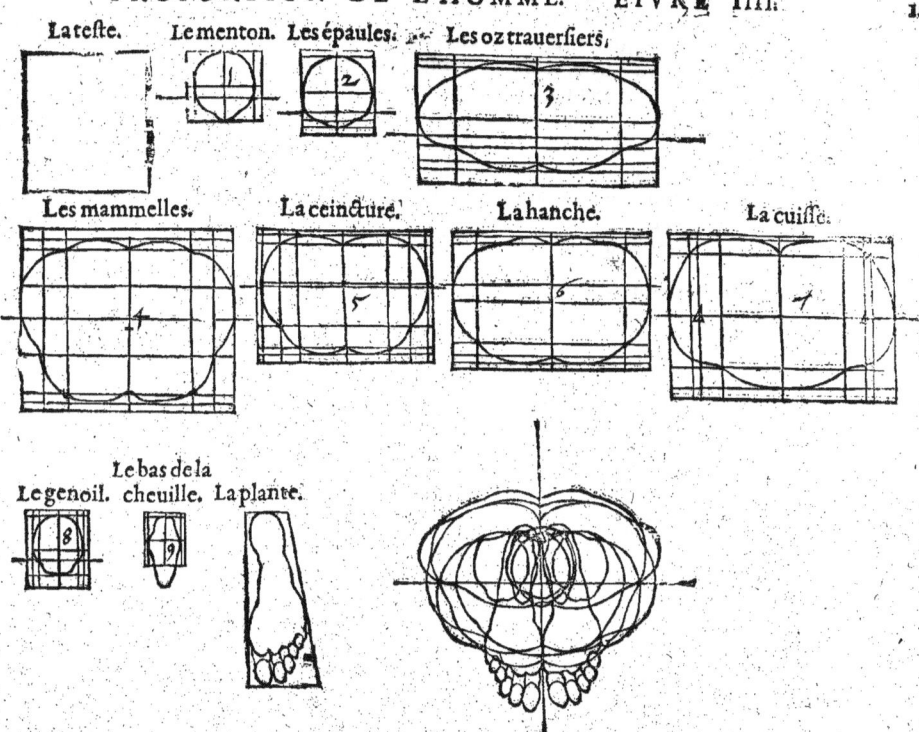

La teste. Le menton. Les epaules. Les oz trauersiers.
Les mammelles. La ceincture. La hanche. La cuisse.
Le genoil. Le bas de la cheuille. La plante.

Apres ces choses il nous faut chercher quelle diuersité il y a de regard de ces parties, lors qu'elles ne seront point plantées droictes en leurs superficies quadragulaires ; mais quasi par vn mouuement detournées. Pour la declaration desquelles soit par exemple mis en auant la partie quarrée escheant entre les mammelles & la ceincture : & soit ce solide quadrangle premierement assis en la forme de pourfil sur la droicte ligne croisiere, & noteras les angles au dessus la ou est le retranchemét des mammelles sur le deuant, par les lettres a, b, & sur le derriere c, d. Mais la ou est le retranchement de la ceincture tu noteras le deuant de 1,2. & le derriere de 3,4. Puis tu mettras sous son fondement ou panchement noté de mesmes notes de lettres, & de nombres: à fin que toutes choses s'entre-respondent. Puis le quarré de la forme de pourfil droictement assis sur la croisiere sera plié suyuant les notes de l'espine en deuant: auquel aussi on soumettra son panchement, & sera chacun angle noté par ses lettres & nombres. Ainsi donc ce corps pâchant aura prins nouueau baissement. Puis subsequemmét ce panchement en deuant, la ou est le pis sera tourné totalemét de frôt, tirant au costé droit au dessous de la susdicte croisiere. Cela faict on tirera de toutes les marques, tant de lettres, que des nombres des lignes côtremont, outre la crosiere. Puis soudain, tu tireras des croisieres du quarré de la forme de pourfil assis sur la croisiere par les susdictes lignes tirées des lettres, & nombres, comme ja au commencement il a esté dict par le moyen du Transposeur. Qu'on note bien les lettres & nombres, & toutes choses seront euidentes: & que par ce moyen on exprime les lignes des costez, & lors apparoistra ce tournemét vers le costé, & sera ceste partie panchant deuant & tournée vers le costé. Puis ceste partie ainsi pliée, & tournée à costé droit sur la croisiere sera pliée suyuant les notes de l'espine. Et par ce moyen tu tireras des lignes à plomb de toutes les lettres & nombres des angles de ceste partie droicte, & panchant en deuant, & de la tournée & pliée de coste par ces croisieres, & tireras de toutes les lettres & nombres du

ALBERT DVRER DE LA

panchement tourné par le moyen du Transposeur. Et la ou elles seront veuës se croiser ces lettres & nombres, tu tireras en ces endroits là, des lignes laterales, & toutes choses se trouueront d'accord. Au demeurant tu distribueras au dedans d'elles le treillissement des lignes de la forme de pourfil & de front, en renouuellant les quadrangles des departemens suyuant la largeur & épesseur dessus & dessous, par le moyen du Variant. Finallemēt tu poutrairas sa forme telle quelle doit estre par l'entreillissement tant en la partie dressée qu'à la panchante: comme aussi tu nous verras auoir faict. Or tout ainsi que i'ay enseigné ceste partie pouuoir estre conduicte, on pourra aussi faire de mesmes des autres. Il est necessaire d'auoir ces choses prestes, pour corriger les images en leur geste, & lors qu'on les voudra quasi soustraire, & derober de l'œil.

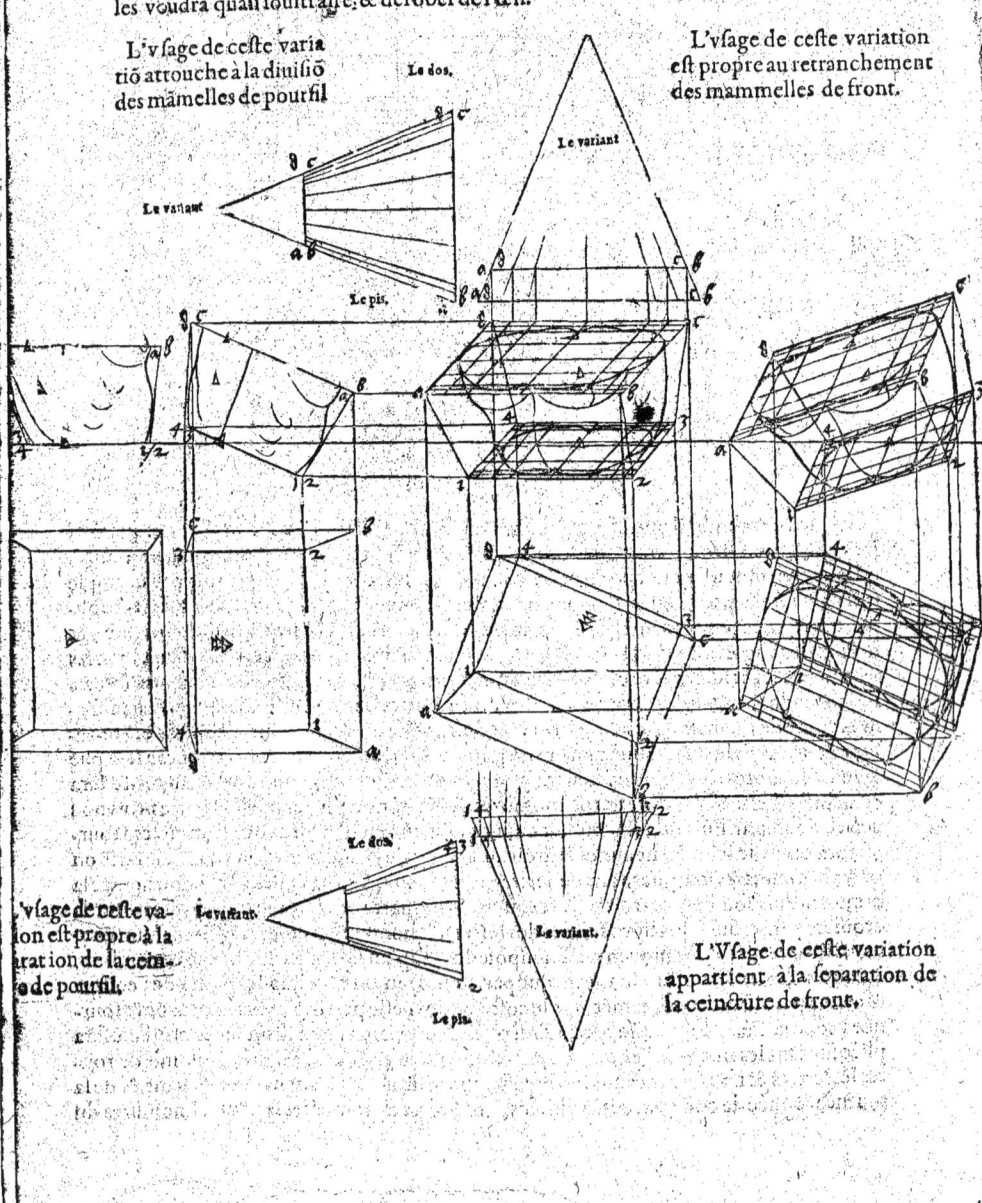

L'vsage de ceste variatiō attouche à la diuisiō des mammelles de pourfil.

L'vsage de ceste variation est propre au retranchement des mammelles de front.

L'vsage de ceste variation est propre à la separation de la ceincture de pourfil.

L'Vsage de ceste variation appartient à la separation de la ceincture de front.

PROPORTION DE L'HOMME. LIVRE IIII.

Mais apres auoir montré ceste raison par l'exemple de la plus grande portion de l'effigie de l'homme, qui est celle qui est au dedans des mammelles, & de la ceinture ; dont on peust entendre ce qui se deuroit faire par toutes les parties posées l'vne en l'autre, lors que l'estat changeroit sa droite ligne, ie depescheray maintenant la mesme raison des pliemens de toutes les parties par ordre, encloses dedans leurs quarrez: l'estat desquelles nous asserrons à nostre volonté, & le changerons, laissans à chacun la liberté d'en faire comme il voudra. Et pour ce faire, s'il y a rien exposé au par-auant qui y puisse seruir, nous le repeterons. Au demeurant, il est icy besoin de diligence, comme au par-auant nous l'auons dict, veu que de toutes les parties remuées en leurs quadrangles, la forme soit autre que n'est celle d'au par-auant contenue es pourtraicts des parties plantées & panchantes. Premierement vne partie panche en deuãt, ou derriere: & se tourne de costé, & aussi y pache : toutes lesquelles choses se deduisent conuenemmét de ceste raison. Mais en ce que quelque chose se trouuera des-ia dicte & repetée es subsequentes, il faut entendre que c'est par necessité: à fin que la doctrine subsequente conuienne auec la precedente. I'ay toutesfois aucunement esté d'auis de me contenter de ce seul exemple, mais i'ay eu peur que le reste fust peu entendu par luy. Ie mettray en auant d'entrée la premiere partie de l'image, c'est à dire le quadrangle du chef, au traictement duquel, celuy des autres parties sera semblable. On note premierement les quatre angles de dessus des quatre lettres a, b, c, d. Et ceux de dessous des nombres 1.2.3.4. De sorte que a, responde à 1. b, à 2. c, à 3. d, à 4. Puis en contemplant la face de pourfil, ie la plie en deuãt: de sorte qu'elle panche estant auancée outre la ligne de la hauteur de l'image. Par ce moyen, il faut faire le panchement, de sorte qu'on cognoisse de quant plus sont les parties superieures auancées que les inferieures. Ces choses sont notées de la lettre A. Puis ie tourne contre moy ce panchement, de sorte qu'il soit de front & regardant: & le tourne quelque peu du frõt vers le costé dextre: dressant par ce moyen des lignes de tous les points des lettres, & nombres. Puis ie tire des lignes croisieres par ces lignes dressées, des lettres, & nombres de la face de pourfil assise au pres, regardant en bas, par le moyen du Transposeur. La ou donques les croisemens des lettres, & nombres se rencontrent on y marque les angles d'au dessus des lettres: & au bas, de nombres. Et apres que i'ay conioint les notes à leurs costez, alors apparoist la face de front pliée de celle de pourfil en deuant, & tournée de costé, auec la dressée, & aussi panchante, qui sont choses notées de la lettre B. Mais il faut d'auantage sçauoir quelle apparoist ceste partie B. es pourtraicts, tournée de costé, dressée, & pachante: car il faut sçauoir quelle forme eschet à chacune chose de pourfil, & de front es pourtraicts. Premierement ceste partie B. pliée de front, & tournée de costé soit faite de pourfil. Tu tourneras egalement pour rendre de pourfil ce panchement tourné vers moy, pour le rendre regardant cõme i'ay dict. Puis tu dresseras soudain des lignes par le Transposeur des lettres, & nombres de ce panchement: & la ou sera aupres la face de front pliée, & tournée, là tu tireras des lignes croisieres de tous les poincts des lettres, & nombres auec le Transposeur au trauers des lignes dressées de ce panchement, & la ou tu trouueras le croisement des lignes, la tu mettras les notes des lettres & nõbres, & ioindras les costez. Par ce moyen tu auras le panchement, & dressement de la forme de ceste partie: laquelle tu noteras de C. Il faut suyuant cecy trouuer doresenauant ceste mesme partie panchante en deuant, tournée de costé, comment elle se panche aussi de costé : dont nous auons cy dessus atteint quelque chose de la raison. Mais tu feras pour ceste heure ainsi. Tu pancheras à costé droit la partie B. ia au par-auant tournée au mesme costé. Et quand tu luy auras de laissé son soumis panchement, tu la feras par apres respondant à ce panchement. Il la faut de vray changer, de sorte que les angles superieurs a, b, c, d, ch ayent quasi sur le costé droit : & que les inferieurs costez 1.2.3.4. s'estrecissent, tout ainsi que les superieurs a, b, c, d. Ce qui se fera ainsi. Tu tireras auec le Transposeur des perpendiculaires vers l'abbaissement des lettres a, b, c d, des angles superieurs : & lors soudain apparoistra le retranchement, & alongement des

x

lignes a, b, & c. d : lesquelles se manifestent par les lignes des lettres tirées de haut en bas. Semblablement aussi sont tirées contre bas des lignes des poincts des nombres : par lesquelles on voit combien sont estreciz les costez 1. 2. & 3. 4. en ce panchement, qu'ils n'estoient au par avant. Par ce moyen tu verras quelle est la plieure au panchement, & quel est le reculemét de la partie droicte. Et la tu mettras la lettre D. Et il faudra bien considerer, quel il sera veu estre de poursil: tu y perviendras de ceste sorte. Tu establiras de ceste partie D, le panchement de celle de poursil, tout ainsi que cy dessus il a esté dict de la partie C. Cela faict tu dresseras des lignes de tous les poincts des lettres, & nombres, au moyen du Transposeur: & tireras par apres de la partie notée D, des croisieres au trauers des lignes dressées: & la ou tu verras les lignes croisées, tu y asseras les notes des lettres, & nombres: & en pourtrayant les costez, tu auras la partie de poursil, à laquelle tu apposeras la note E: & par ce moyen tu auras finalement les choses de front, & de poursil perfaites, qui seront necessaires en l'œuure.

Subsequemment mects en auant le quadrangle du col, & le manie de mesmes que celuy de la teste: mais tu le plieras quelque peu moins en auant, & le tourneras quelque peu moins sur le costé en le pliant moins: duquel aussi tu noteras les angles des lettres a, b. c, d & des nombres 1, 2, 3, 4. Par ce moyen les formes des parties dressées, & des panchantes, apparoistront mesmement en la derniere raison de la note D, & E. Et garderas les mesmes choses qui seront necessaires es autres subsequentes parties de l'image: mais tu plieras & tourneras moins chacune des basses, à fin que l'ordre, & consequence soit gardée en toutes. Et par la apparoistra l'entrelassement du corps tourné sur le costé, & le courbement en deuant, & de costé.

Comme donques en poursuyvant ainsi, tu seras prevenu à la partie qui est denotée par la separation des mammelles, & ceinture: tu la lerras platée, mais tu la tourneras quelque peu à dextre, & la pourtrairas des lignes necessaires. Il est tant seulement besoin de trois pourtraitures. De celle de poursil, à cause du premier panchement qu'il faut tourner, & dresser, & de la tierce en laquelle le tournement est de costé. Lesquels panchemens tu noteras de C, D, E, ny ne commaceras par A, à fin que D, E, soyent tousiours couplez. Tu devras aussi entendre que si tu veux tourner vn panchement de front, tu ne seras iamais trompé. Si premierement tu en cloz en vn quarré rectangle la partie que tu voudras tourner: & que tu la tournes ainsi enclose avec son quadrangle: ou si tu cerches ce tournemét aupres de la ligne droicte à plomb, en prenant garde si les angles de cestie partie la, sortét point ouces, mou auguz pres la ligne de ceste partie: au demeurát vse des biesfets comme il a esté montré pour les lignes croisieres, & droictes. Le dernier sera le corps quadrangle au dedans de la separation de la ceinture & du nombril, lequel tu auanceras ou plieras en deuant en la separation du nombril, & luy mettras au dessous son panchement, laquelle pour autant qu'elle est en derriere tu noteras de la lettre E, & la partie de frót de la lettre D. Ceste partie s'exprime seulement en deux sortes, pour autant qu'elle ne se plie qu'en vne: De laquelle toutes choses se montréront euidentes en celle de front, lors qu'elle sera tirée en dressant des lignes de son panchement, & pourtrayant les croisieres par le Transposeur.

PROPORTION DE L'HOMME. LIVRE IIII.

Ces quadrangulaires attouchent au chef.

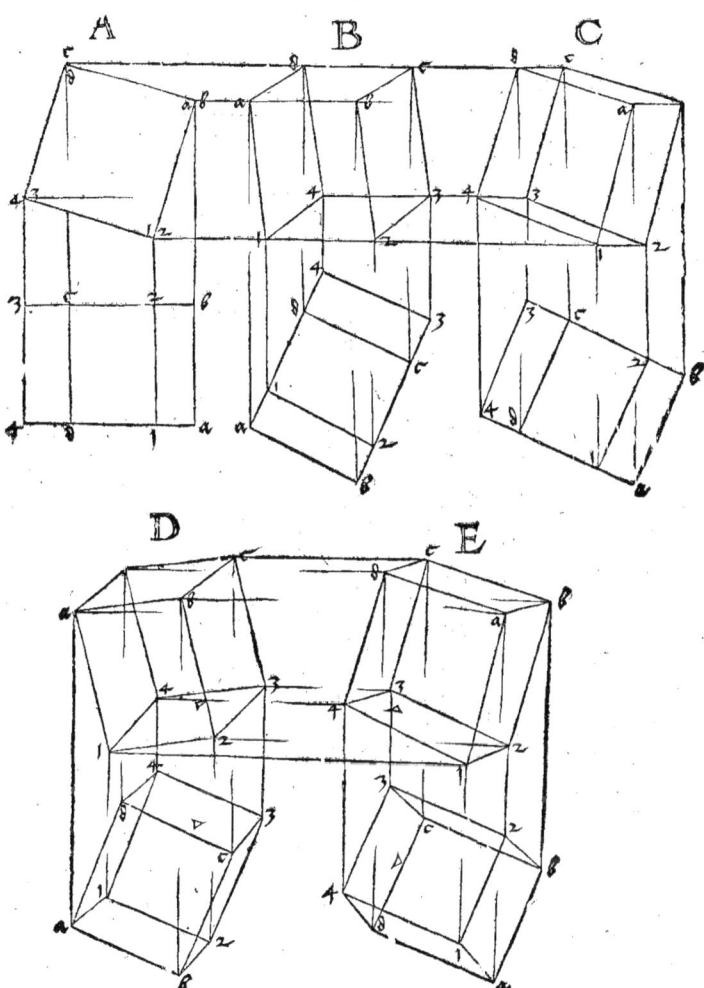

x ij

ALBERT DVRER DE LA

Ceux cy sont du col.

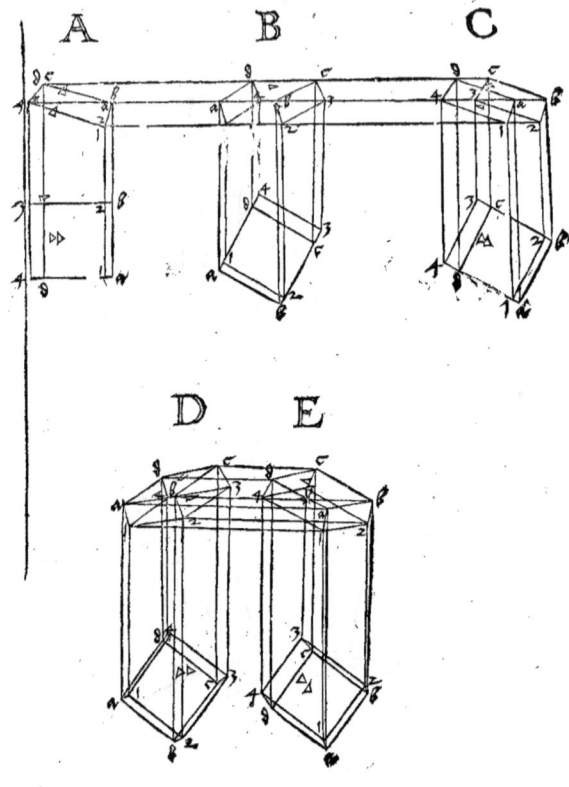

PROPORTION DE L'HOMME. LIVRE IIII.

Ceux cy sont deuz au haut des épaules.

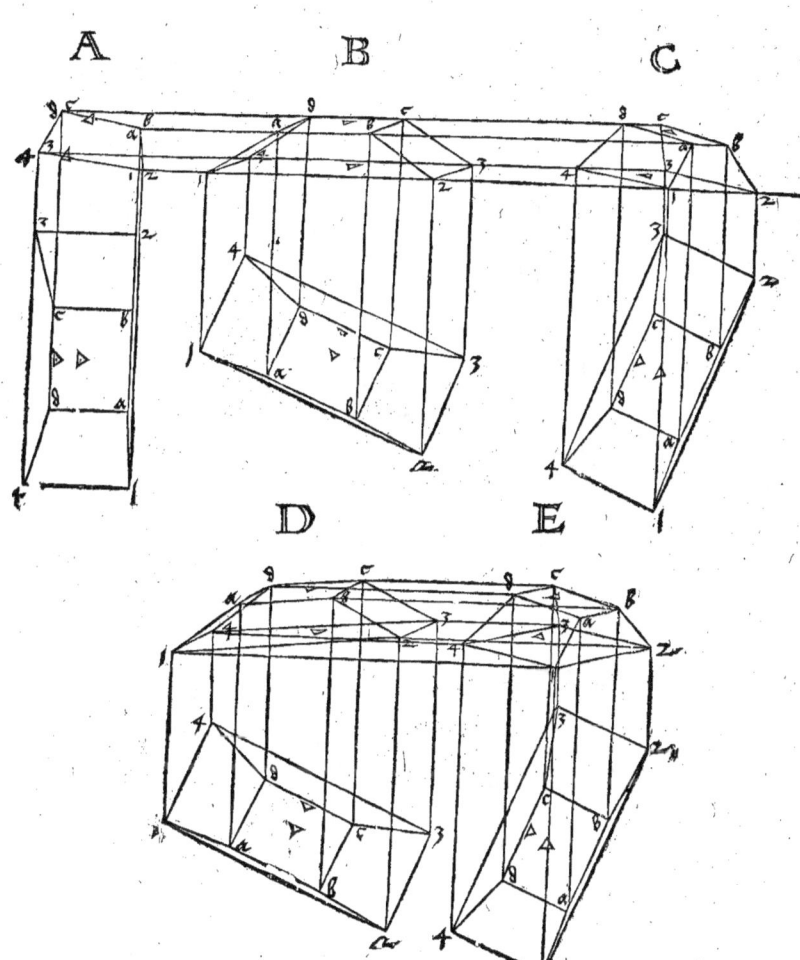

ALBERT DVRER DE LA

Ceux cy sont du haut du pis.

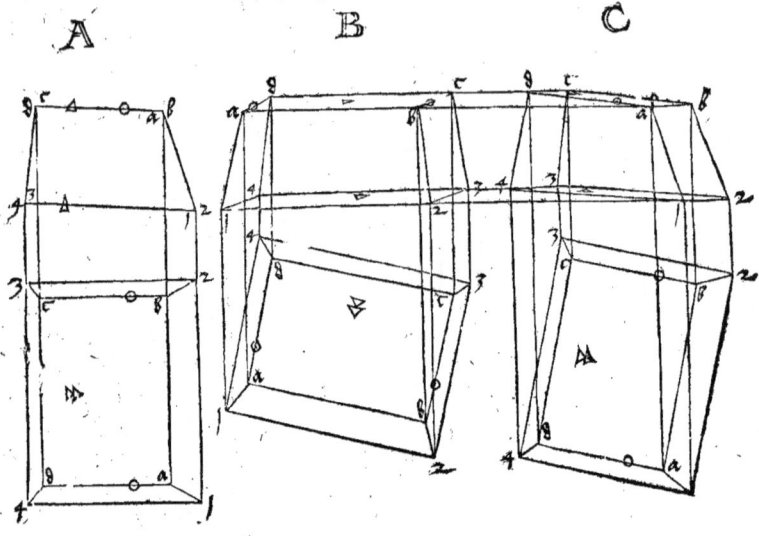

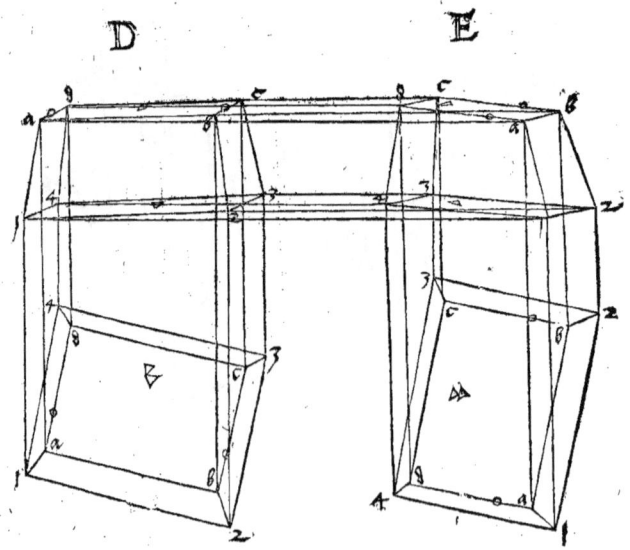

PROPORTION DE L'HOMME LIVRE IIII. 124

Ceux cy de bas.

C   D   E

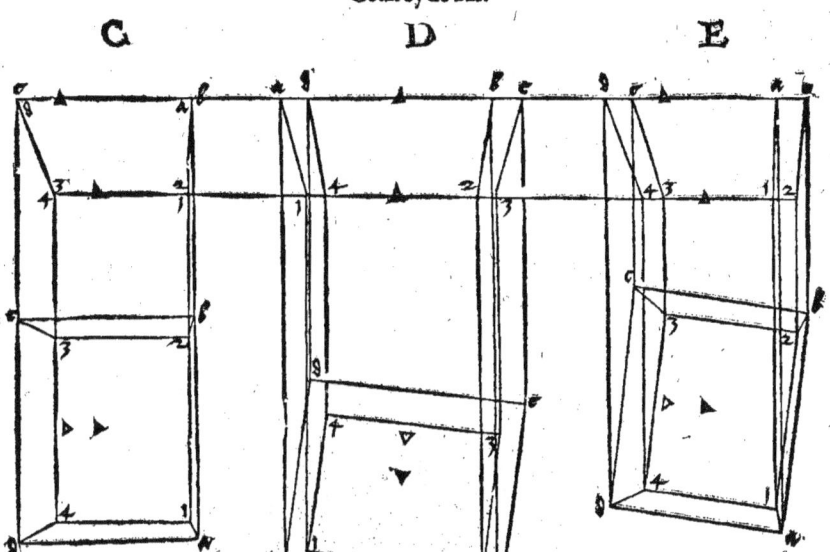

Ceux cy seront appliquez sous la ceincture.

D   E

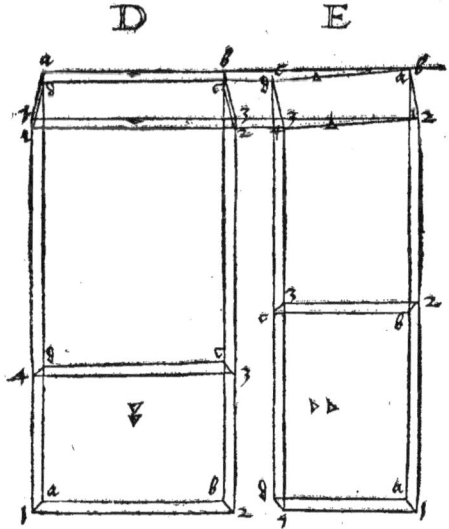

Si quelcun se veut ayder de ceste nostre doctrine, qu'il tire premierement les images par parcelles : à fin qu'il les pourtraye de droicte mesure, & qu'il leur donne vne stature commode. Et que par apres il les plie convenemment, en leur soumettant leur panche-ment, & qu'il la dresse par apres vsant de raisons de perspective : & s'il s'estudie de faire par ce moyen vn ouvrage louable, & estimable, il verra à quel fruit & vtilité il en doit espe-rer : ny ne doute point qu'en suyvant ces choses, il n'en trouve d'autres, & meilleures

ALBERT DVRER DE LA PROPOR. DE L'HOMME.

Ny ne suis pas ignorant qu'elles ne semblent en plusieurs passages difficiles à entendre, & pour s'en ayder : mais l'estude, & la diligence leur sera de secours. L'obscurité des esritz à de coutume d'estre vaincune d'vne assidue lecture, & soing. Or m'a il semblé bō de mettre icy fin à ma doctrine touchāt ces choses : mais si Dieu dōne faveur à mes travaux, ie dōneray par cy apres à entendre par mes escriz, plusieurs autres raysons de la peinture, à fin que noz peinctres ne semblent pas seulement bien faire par routure, & usage : mais aussi par vray precepts de l'art dont ie ne pense pas pouuoir rien faire plus à la gloire de Dieu, ne plus au gré des nostres.

FIN.

A VN SEVL DIEV HONNEVR ET GLOIRE.

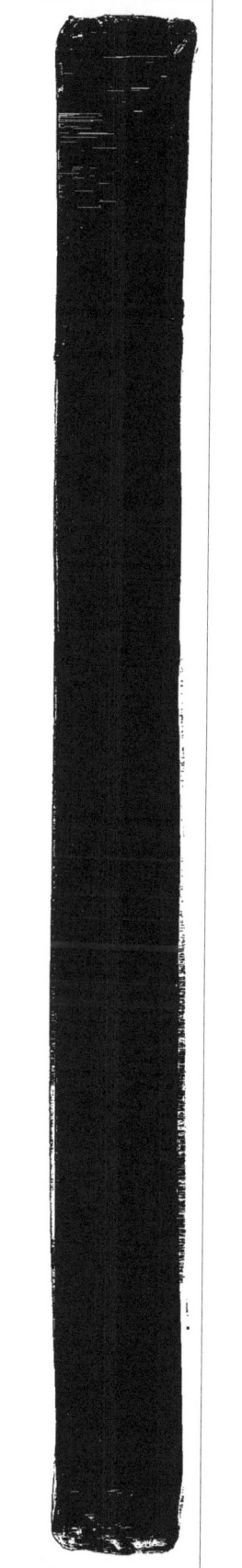

www.ingramcontent.com/pod-product-compliance
Lightning Source LLC
Chambersburg PA
CBHW070643170426
43200CB00010B/2112